미국 자본주의의 역사

Capitalism
in America

앨런 그린스펀, 에이드리언 울드리지 지음 | 김태훈 옮김 | 장경덕 감수

미국 자본주의의 역사

세종

추천의 글 창조적 파괴의 대서사시
미국은 어떻게 황무지에서 세계 최고의 부를 일구었나

"16세기 영국 엘리자베스 여왕은 실크 스타킹을 가질 수 있었다. 자본주의는 가난한 여공도 그 스타킹을 신을 수 있도록 하는 것이다." 혁신의 예언자 조지프 슘페터Joseph Schumpeter는 대중의 삶을 향상시키는 자본주의를 그렇게 설명했다.

인류 역사에서 자본주의 체제로 가장 큰 번영을 이룬 나라는 미국이다. 미국인들은 황무지에서 세계 최고의 부를 일구었다. 400년 전 스위스 다보스에서 세계경제포럼이 열렸다고 상상해보라. 다가오는 세기에 누가 세계를 지배할지 물었을 때 북미의 이주민들을 떠올린 이는 없었을 것이다. 하지만 오늘날 미국은 지구촌 총생산의 4분의 1을 차지한다. 보통 사람들의 삶은 그 옛날 여왕이 상상조차 못할 만큼 나아졌다.

미국은 어떻게 그토록 놀라운 부를 일구었을까.《미국 자본주의의 역사Capitalism in America》는 이 물음에 답한다. 1987년부터 18년 넘게 세계 경제 대통령이었던 앨런 그린스펀Alan Greenspan 전 미국 연방준비제도이사회Fed 의장과 경제사에 해박한 에이드리언 울드리지Adrian Wooldridge〈이코노미스트〉정치부장이 미국 자본주의의 사상과 제도, 기업제국의 흥망과 기업가들의 삶을 맛깔나게 버무렸다.

책은 창조적 파괴creative destruction의 대서사시다. 저자들은 미국 자본주의 역사를 관통하는 진보의 동력은 바로 슘페터가 말한 창조적 파괴의 힘이라고 설파한다. 이 나라는 파괴가 창조의 대가임을 기꺼이 받아들였기 때문에 번영했다. 미국은 더 나은 삶을 위해 위험을 감수하는 모험가들의 나라였다. 유럽의 국가들처럼 가진 것을 지키려는 성채의 나라가 아니라 끊임없이 새로운 기회를 찾아다니는 캐러밴의 나라였다.

창업자는 창조적 파괴의 영웅이다. 미국에서 창업자보다 높은 작위는 없었다. 철강왕 앤드루 카네기는 열세 살 때 무일푼으로 스코틀랜드에서 미국으로 건너왔다. 세계 정유산업의 90퍼센트를 쥐고 흔든 존 록펠러는 약장수의 아들이었다. 농부의 아들 헨리 포드는 대중에게 차를 판다는 혁명적인 아이디어를 떠올렸다. 끔찍한 도축장에서 얻은 대량 생산 라인의 아이디어 덕분에 인류의 생산성은 비약적으로 높아졌다. 미국은 그들의 실패를 용인한다. 헨리 포드와 스티브 잡스의 공통점은 파산한 적이 있다는 사실이다.

저자들의 혜안은 창조적 파괴의 세 가지 문제를 꿰뚫어보는 데서 가장 빛난다. 첫째, 창조적 파괴의 비용은 혜택보다 두드러진다. 실크 스타킹 양산의 수혜자보다 그 때문에 일자리를 잃은 이들이 더 잘 보이기 마련이다. 둘째, 창조적 파괴는 거센 정치적 반발에 부딪힌다. 정치인들은 일자리와 공장을 보존하려 창조적 파괴를 억누른다. 셋째, 금융위기 때 보았듯이 파괴만 하고 창조는 하지 않는 나쁜 혁신도 많다. 창조적 파괴는 흔히 불신과 증오, 도덕적 분노의 홍수에 직면한다.

책은 진보의 핵심 기제를 되살릴 처방을 제시한다. 개척정신을 잃어가는 미국은 성채사회와 비슷해지고 있다. 국민은 남북전쟁 이후 가장 분열되어 있다. 도널드 트럼프 대통령은 미국이 낳은 남미식 포퓰리스트 populist에 가깝다. 이 자유의 나라를 옥죄는 거미줄 규제도 늘고 있다. 앨라배마에서 매니큐어 미용사가 되려면 750시간의 수업 후 실기 시험을 봐야 한다. 지난 반세기 동안 복지 비용은 연 9퍼센트씩 늘어났다. 생산성 향상을 위한 투자는 그만큼 어려워졌다. 저자들은 이런 족쇄들을 풀 정치적 의지를 촉구한다.

어느 때보다 극심한 창조적 파괴의 진통을 겪을 우리에게 그린스펀과 울드리지가 생생하게 그려낸 역사는 지적 탐사의 즐거움과 함께 현실 문제를 풀 수 있는 통찰력을 선사한다. 책은 혁신의 길을 찾는 개인과 기업, 국가를 위한 더 없이 유용한 길잡이가 될 것이다.

장경덕
매일경제신문 논설실장

그린스펀

사랑하는 안드레아에게 이 책을 바칩니다.

울드리지

미국에서 태어난 내 딸들, 엘라와 도라에게 이 책을 바칩니다.

차례

머리글

상상으로 이 역사 이야기를 시작해보자. 1620년, 스위스 다보스에서 오늘날과 같은 일종의 세계경제포럼이 열렸다고 상상해보라. 전 세계의 실력자들이 이 알프스 산골에 모여든다. 예컨대 비단 예복을 입은 중국 학자들, 꼭 끼는 상의에 조끼를 걸친 영국 모험가들 그리고 터번에 카프탄caftan 차림의 터키 공직자들이⋯. 그들은 모두 종종 넘어지면서 빙판길을 조심스레 걸어가거나, 선술집과 식당에 모여 술로 흥을 돋운다.

이 포럼에서 논쟁을 불러일으킨 주제는 '다가오는 세기에 누가 세계를 지배할 것인가?'이다. 모두가 자신들의 지역을 내세우고 싶어한다. 당신은 급히 여러 토론장을(뒤이어 파티장을) 오가며 그곳에서의 지혜를 흡수한다.

중국인들은 설득력 있는 주장을 제시한다. 유럽 최대 도시(런던, 파리, 니스)의 인구가 30만 명을 넘지 않던 시기에 베이징의 인구는 100만 명을 넘어섰다. 중국의 공직자들은 세계에서 가장 어려운 시험을 거쳐 방대한 국토의 각지에서 선발된다. 중국 학자들은 1만 1천 권에 달하는 백과사전을 편찬했고, 뱃사람들은 세계에서 가장 큰 선박을 만들었다.

다른 나라들도 타당한 주장을 제시한다. 한 터키인은 터키와 아라비아에서 사하라 남부 아프리카와 아시아에 걸친 이슬람 진영의 주축인 오토만 제국이 서쪽으로 확장하고 있으며, 곧 유럽을 영향권 안에 둘 것이라고 자랑한다. 한 무굴인은 무굴 제국이 창의성의 칵테일 속에 모든 인종과 종교를 아우른다고 말한다. 한 스페인 사람은 스페인이 이미 세계를 석권하고 있으며, 하나의 참된 교회의 축복을 받아 유럽 전체를 자비롭게 다스리고 있을 뿐 아니라, 남미까지 영향력을 확대하고 있다고(또한 방대한 금과 은을 밑천 삼아 추가 확장을 계획하고 있다고) 자랑한다. 한 용감한 영국인은 설득력이 가장 약한 주장을 펼친다. 그 주장에 따르면 자신의 작은 나라는 부패하고 경직된 대륙과 단절했으며, 역동적인 새로운 제도를 만들어가고 있다. 새로운 제도란 힘 있는 의회와 (소수의 해적이 뒷받침하는) 강력한 해군 그리고 전 세계에서 사업을 할 수 있는 인허 법인 chartered corporation이라는 새로운 조직을 말한다.

다보스에서 이런 주장을 제시하는 모든 지역 가운데 북미는 언급되지 않는다. 이 지역은 지도의 여백에 지나지 않으며, 귀금속이 있는 남미의 위쪽, 교역로와 어장이 있는 대서양과 태평양 사이에 자리 잡은 방대한 황무지에 불과하다. 이 지역에는 다보스에 모인 사람들과 접촉한 적이 없는 원주민들이 산다. 뉴잉글랜드(미국 북동부의 메인, 뉴햄프셔, 버몬트, 매사추세츠, 로드아일랜드, 코네티컷의 6개 주를 포함하는 지역—옮긴이)와 버지니아에 소수의 유럽인이 있지만, 들리는 말로는 살기 힘들고 문명은 존재하지 않는다고 한다. 북미 대륙 전체가 생산하는 부는 독일의 가장 작은 공국에서 생산하는 부보다 적다.

하지만 오늘날 미국은 세계 최고의 경제대국이다. 인구는 세계 인구의 5퍼센트에 불과하지만 미국 달러 기준으로 세계 국내총생산GDP의 4분의

1을 창출한다. 또한 카타르와 노르웨이처럼 훨씬 작은 일부 국가를 제외하면 생활수준도 세계에서 가장 높다. 게다가 지능형 로봇, 무인 자동차, 수명 연장 약품과 같은 미래를 발명하는 산업을 지배하고 있다. 전 세계 특허에서 미국이 차지하는 비중은 레이건이 대통령에 당선된 1980년에 10퍼센트였다가 지금은 20퍼센트로 늘었다.

미국 경제는 거대한 만큼 다양하기도 하다. 미국은 정보기술뿐 아니라 천연자원, 생명공학뿐 아니라 종이와 펄프 같은 방대한 산업에서 세계를 선도한다. 대다수 주요 경제국들은 한 도시에 위험할 정도로 경제력이 집중되어 있다. 가장 명백한 사례는 영국이며, 한국과 스웨덴도 마찬가지다. 반면 미국은 중심지가 많다. 뉴욕은 금융산업 중심지, 샌프란시스코는 기술산업 중심지, 휴스턴은 에너지산업 중심지, 로스앤젤레스는 영화산업 중심지다.

미국의 자본주의는 세계에서 가장 민주적이기도 하다. 미국은 대량생산부터 프랜차이즈 사업, 뮤추얼 펀드까지 대중 자본주의의 동력원이 생긴 곳이다. 많은 나라에서 자본주의는 언제나 금권 엘리트들과 연계되었다. 반면 미국에서는 개방성 및 기회와 연계되었다. 그 덕분에 하층에서 태어난 사람이 상층까지 오를 수 있었으며, 보통사람도 과거 엘리트들에게 한정되었던 상품과 서비스를 즐길 수 있게 되었다. 한쪽 손에 문신을 새긴 고래잡이배 선장 출신인 R. H. 메이시R. H. Macy는 '백만장자에게 어울리는 상품을 수백만 명이 살 수 있는 가격에' 팔았다. 농부의 아들이던 헨리 포드는 모델 T를 '평범한 사람을 위한 자동차'로 내세웠다. 이탈리아 출신 이민자인 아마데오 지아니니Amadeo Giannini는 '소시민the little guy'들에게 은행 서비스를 제공하려고 뱅크 오브 아메리카Bank of America를 설립했다.

또 다른 이민자인 피에르 오미디아Pierre Omidyar는 일반인들도 자유로운 거래를 할 수 있도록 온라인 시장인 이베이eBay를 만들었다.

하지만 미국이 대국으로 성장하는 과정은 수많은 과오로 얼룩졌다. 그중에서도 가장 두드러진 과오는 원주민을 학대하고 수백 만 명의 흑인을 노예로 부린 것이다. 그러나 폭넓은 역사의 관점에서 보면 긍정적인 측면이 훨씬 크다. 미국은 자국민에게 풍요로운 삶을 선사했을 뿐 아니라, 혁신과 아이디어의 형태로 번영을 수출했다. 미국이 제2차 세계대전에 개입하지 않았다면 히틀러가 유럽을 장악했을 것이다. 미국이 냉전에 굳건하게 임하지 않았다면 스탈린의 후손이 여전히 동유럽뿐 아니라 아시아의 많은 지역을 다스렸을 것이다. 엉클 샘Uncle Sam(미국 정부 또는 미국인—옮긴이)은 20세기를 폐허로부터 구한 민주주의의 무기고 역할을 했다.

이는 인상적인 이야기다. 그러나 결말이 씁쓸한 이야기이기도 하다. 현재 생산성 증가율은 거의 정체되었다. 타일러 코웬Tyler Cowen은 '대정체great stagnation'에 대해 이야기했다. 로런스 서머스Lawrence Summers는 '구조적 장기 정체secular stagnation'라는 앨빈 한센Alvin Hansen의 표현을 되살렸다. 로버트 고든Robert Gordon은 남북전쟁 이후 미국 경제의 전개 양상을 다룬 책에 '미국식 성장의 성쇠The Rise and Fall of American Growth'라는 제목을 붙였다. 미국은 여러 산업에서 중국과 다른 신흥 강대국에게 차례로 패배하고 있다. 새로 생기는 기업의 수는 현재 최저 수준에 이르렀다. 노동시장도 갈수록 어려워지고 있다. 규제도 급증하고 있다.

그렇지만 미국은 지금까지 숱한 실패를 딛고 일어섰다. 1930년대 미국은 역사상 가장 길고 깊은 불황에 시달렸다. 그러나 제2차 세계대전 후 확고한 세계 최고의 경제대국으로 우뚝 섰다. 1970년대에는 스태그플레이션에 시달리고 독일, 일본과의 경쟁에서 상처를 입었다. 그러나 1980년대와 1990년대에 정보기술과 세계화가 안겨준 기회를 잡아 전 세계에서 가장 역동적인 경제대국이라는 위상을 탈환했다. 다만 이런 능력을 다시 보여줄 수 있을지는 아직 불확실하다.

이 책은 지난 400년 동안의 가장 인상적인 이야기, 즉 세계의 변방에 있던 13개의 이주지 연합이 어떻게 역사상 가장 강력한 경제대국으로 변신했는지에 대한 이야기를 들려줄 것이다. 또한 역사의 교훈을 바탕으로 우리 시대가 직면한 가장 중대한 문제, 즉 미국이 탁월성을 보존할지 아니면 (분명 덜 자유로운) 다른 강대국에게 불가피하게 리더의 자리를 내줄지에 대한 문제를 풀어낼 것이다.

시작하기에 좋은 시대

300년 전, 미국은 알려진 세계의 변방에 걸쳐 있었으며, 사람이 드문 정착지들이 모여 있는 지역에 지나지 않았다. 당연히 학식 있는 사람들은 그다지 신경 쓰지 않았으며, 강대국 정치에서는 부차적인 대상에 머물러 있었다. 천연자원은 풍부했지만 문명의 중심지에서 동떨어져 있었다. 또한 땅은 방대했지만 대부분 접근할 수 없었다. 그러나 행운의 여신이 이 젊은 나라에 미소를 보냈다. 미국은 일련의 행운 덕분에 탄생했다. 영국의 지배층이 에드먼드 버크Edmund Burke의 말을 들어서 좀 더 온화한 정책을 추진했다면 애초에 미국에서 독립군이 생기지 않았을 것이다. 이 독립군은 영국과 프랑스 사이에 벌어진 국제전의 수혜를 입었다. 조지 워싱턴이 그토록 대단한 지도자가 아니었다면 미국의 독립운동은 고전을 면치 못했을 것이다. 미국이라는 나라가 탄생한 후에도 행운은 계속 이어졌다. 토머스 제퍼슨은 1803년 프랑스로부터 루이지애나를 사들여 국토를 두 배로 늘렸다. 그 덕분에 비옥한 농지, 미시시피강, 뉴올리언스 항구가 국토에 추가되었다. 그뿐만 아니라 미국은 1821년 스페인으로부터 플로리다를 사들였고, 1845년에는 텍사스를, 1846년에는 오리건을 합병했으며, 1850년에는 멕시코와의 전쟁에서 승리하면서 캘리포니아까지 국토에 추가했다.

미국은 아버지를 잘 만났다. 스페인이나 벨기에의 자식이 되기보다 1차 산업혁명을 일으키고 최초로 의원내각제를 수립한 나라의 자식이 되는 편이 훨씬 나았다. 지금도 미국 사람들은 왕정 독재의 악덕과 독립혁명의 미덕을 언급한다. 그러나 미국의 독립혁명은 여러 측면에서 반쪽짜리 혁명에 불과했다. 미국은 제한적 정부부터 보통법, 개인의 인권 존중까지 영국의 좋은 전통을 많이 물려받았다. 유명한 역사가인 앨런 맥팔레인Alan Macfarlane에 따르면 이런 전통의 기원은 13세기까지 거슬러 올라간다.[1] 아울러 미국은 종종 산업 기밀을 가진 영국인 이민자들을 받아들였고, 자국민을 영국의 공장, 철공소, 전시회로 보내 비공식적으로 영국과 쉼 없이 지식을 교환했다. 또한 주식시장, 상품거래소, 특허법을 만들 때도 영국식 모델을 참고했다. 같은 언어를 쓰면서도 서로 갈라져 있던 미국과 영국은 그럼에도 공통의 문화로 뭉쳐 있었다.

가장 운이 좋았던 부분은 알맞은 시기였다. 미국은 오랜 진리가 재고되고 기성 제도가 재구성되는 계몽시대에 탄생했다. 독립을 위한 미국의 유혈 투쟁(1775~1783년)은 자유 시장 경제학의 가장 중요한 저서인 애덤 스미스의 《국부론The Wealth of Nations》(1776년)이 출판되기 1년 전에 시작되었다. 대부분의 역사에 걸쳐 사람들은 정적이면서 예측 가능한 사회를 묵인하거나, 어떤 측면에서는 그런 사회를 환영했다. 앵거스 매디슨Angus Maddison에 따르면 예수 탄생부터 1820년 무렵까지 경제성장률은 연 기준으로는 고작 0.11퍼센트, 세기 기준으로는 11퍼센트에 불과했다.[2] 15세기의 젊은 봉신封臣은 질병, 기아, 자연재해, 혹은 폭력으로 죽기 전까지는 주군이 하사한 땅을 갖고 살았다. 그의 자식과 손주도 마찬가지였다.

애덤 스미스는 부가 급증하고 기회가 풍부한 역동적 사회라는 이상을 제시했다. 그 과정에서 그는 탁월한 지적 도약을 이뤄냈다. 그때까지 사람들은 대개 사익 추구를 꼴불견으로, 심지어 죄악으로 여겼다. 스미스는 법과 도덕의 울타리 안에서 사익을 추구하는 일은 국가 전체의 행복을 증진시킨다고 반박했다.

애덤 스미스가 이런 주장을 제시한 직후 탄생한 나라인 미국만큼 그의 통찰을 전적으로 받아들인 나라는 없었다. 이 신생 국가는 한 국가의 경제적 성공이 보호주의 정책을 통한 무역 흑자와 그에 따른 금 보유고로 측정된다고 믿었던 중상주의 정권에 대항하면서 잉태되었다. 1787년에 기초되고 1788년에 비준된 미국 헌법은 국가 전체를 내국 관세나 주간州間 교역세가 없는 통합된 공통 시장으로 만들었다. 미국은 근본적인 경제 문제가 한정된 자원을 분배하는 것이 아닌 변화의 힘을 촉진하는, 성장의 시대에 태어난 최초의 국가였다.

미국을 만든 두 번째 힘은 계몽의 최대 적인 종교, 특히 개신교였다. 미국은 유럽에서 일어난 종교개혁의 적자였다. 가톨릭교회는 신도들에게 사제라는 매개자를 통해 하나님에게 접근하도록 권유했다. 반면 개신교

교회는 성경이라는 매개체를 통해 하나님에게 접근하도록 권유했다. 개신교도들은 집에서 성경을 읽고 종교적 문제와 관련해 권위자에게 기대지 않고 스스로 판단해야 했다. 매사추세츠의 청교도들은 다른 어떤 나라보다 큰 규모로 학교와 대학을 만들었다. 모든 아동에게 글 읽는 법을 가르쳐야 한다는 법도 제정했다. 1643년 하버드 대학이 운영 기금을 마련하기 위해 최초로 영국에 보낸 편지를 보면 이런 내용이 나온다. "하나님이 우리를 뉴잉글랜드로 이끄신 후로 우리가 거기에 집을 짓고, 생활에 필요한 필수품들을 마련하며, 편하게 하나님을 경배할 수 있는 곳들을 만들고, 지역정부를 세운 다음으로, 바라고 원하는 일은 배움을 진전시키고, 번영을 이룰 때까지 그 배움을 지속하는 것이었습니다."

미국은 건국 초기에 또 다른 행운을 누렸다. 미국의 국부國父들은 변하기 쉬운 세상에서 번영을 이루는 유일한 길은 지표로 삼을 확고한 기준을 마련하는 것이라는 사실을 깨달았다. 그들은 정부가 침해할 수 없는 일련의 권리를 국민에게 부여하고 권력을 제한하는 헌법을 만들었다. 헌법은 정부가 국민을 다스리는 일을 확대할 때는 권력을 남용하지 못하도록 보장했다. 또한 기업이 상업 활동을 추구할 때는 화폐의 가치를 떨어트리거나 속임수를 쓰지 못하도록 보장했다.

국부들은 재산권을 나라의 DNA에 심어두었다. 사람은 누구나 '생명, 자유, 행복 추구에 대해 빼앗을 수 없는 권리'를 지닌다는 토머스 제퍼슨의 말은 존 로크의 말에 대한 주석이었다. 로크는 《통치론 제2논고Second Treatise of Government》에서 사람은 "타인에 의한 권리 침해와 위해로부터 자신의 생명과 자유 그리고 재산을 지킬 권리를 타고난다"고 밝혔다. 미국 헌법은 주로 재산을 가진 사람을 대중 혹은 독재자의 약탈로부터 보호하기 위해 권력을 분산시켰다. 이처럼 엄격한 재산권 보호는 국민이 소득을 지킬 수 있도록 보장함으로써 창업 정신을 촉진했을 뿐만 아니라, 해외 투자자들이 자본을 도둑맞거나 계약에 따른 권리를 무시당할 염려 없이 미국에 투자할 수 있도록 해주었다.

재산권 보호에 대한 미국의 이런 열정은 상상의 산물로 확대되었다. 국부들은 특허권 보호 조항을 헌법 제1조 8항에 넣었다. 미국은 유럽인에게도 지적재산권을 부여하고, 특허 신청료는 영국 특허 신청료의 5퍼센트만 부과했다. 또한 발명가들에게 수익에 대한 권리를 보호해주는 한편으로 특허의 세부 내용을 공개하도록 요구해 혁신이 전파되도록 만들었다.

이처럼 특허에 집착하는 양상은 미국이 누린 또 다른 이점을 드러낸다. 미국은 기업의 시대에 탄생했는데, 버지니아 컴퍼니Virginia Company와 매사추세츠 베이 컴퍼니Massachusetts Bay Company 같은 기업을 밑바탕으로 삼았다. 실제로 미국 최초의 '자유민freemen'은 기업의 주주들이었으며, 미국 최초의 '공회commonwealth'는 주주총회였다. 미국인들은 최초로 현대적 의미에서 '사업가businessman'라는 말을 썼다. 18세기 영국에서 '비즈니스맨'은 공직자를 가리키는 말이었다. 데이비드 홈David Hume은 페리클레스Pericles를 '공무인man of business'이라 불렀다. 반면 1830년대 미국인들은 상업에 종사하는 사람들을 가리킬 때 '비즈니스맨'이라는 말을 썼다.[3]

이후 미국인은 영국인이 신사를, 프랑스인이 지식인을, 독일인이 학자를 바라보는 존경스러운 시선으로 사업가를 바라보았다. 알렉시 드 토크빌Alexis de Tocqueville이 말한 대로 '상업에 영웅적인 측면을 부여하려는' 미국의 태도는 사업가를 떠받드는 풍조를 낳았다. 미국인은 역사적 변화를 일으키는 진정한 동력원은 마르크스가 주장한 노동자나 다른 경제학자들이 시사하는 추상적인 경제적 힘이 아니라, 1,093건의 특허를 보유한 토머스 에디슨 같은 발명가나 헨리 포드, 토머스 왓슨, 빌 게이츠 같은 창업자들처럼 무에서 유를 창조하는 사람이라는 조지프 슘페터의 생각을 본능적으로 지지했다.

미국은 독립전쟁 이후 일직선으로 발전하지 않았다. 이 신생 공화국은 미래를 바라보는 두 개의 다른 관점으로 분열되었다. 하나는 자작농을 중심으로 하는 분권적 농업국가가 되어야 한다는 토머스 제퍼슨의 관점이었고, 다른 하나는 공장이 경제성장을 이끌고 은행이 경제성장을 뒷받침하는 도시 중심 공화국이 되어야 한다는 (놀라운 선견지명을 담은) 알렉산더 해밀턴Alexander Hamilton의 관점이었다. 또한 미국은 북부의 자본주의 경제와 남부의 노예 경제라는 확연히 다른 경제로 나눠져 있었다. 이 분열은 북부가 기계에 많이 투자하고, 남부가 목화 재배에 많이 투자하는 동시에 노예제를 캔자스 같은 새로운 지역으로 확대하려고 시도하면서 갈수록 두드러졌다. 결국 남북전쟁이 향후 미국이 나아갈 길을 결정했다. 미국은 대륙 전체에 걸쳐 기업을 토대로 삼는 문명을 쉼 없이 퍼트렸다.

풍요의 땅

미국의 기업 문명은 생산의 3대 요소인 자본, 토지, 노동력이 풍부한 곳에서 자리 잡았다. 먼저 자본의 경우 1818년에 338개 은행이 1억 6천만 달러의 총 자산을 보유했다. 이후 1914년에는 2만 7,864개 은행이 273

억 달러의 총 자산을 보유했다. 미국은 또한 전 세계, 특히 미국에 앞서 자본주의의 본산이었던 영국에서 자본을 가장 많이 수입하는 나라가 되었다. 한편 미국의 공식 국토 면적은 19세기 전반기에 크게 늘어났는데, 1800년 약 224만 제곱킬로미터였다가 1850년에는 약 761만 제곱킬로미터가 되었다. 미국은 남북전쟁이 끝나고 제1차 세계대전이 발발하기 전까지 서유럽 전체 면적의 거의 두 배인 약 162만 제곱킬로미터에 달하는 새로운 경작지를 조성했다.

이런 미국의 국토는 방대한 천연자원을 품고 있었다. 항해 가능한 미국의 하천은 나머지 세계 전체를 합한 것보다 더 길다. 미주리강, 오하이오강, 아칸소강, 테네시강 그리고 당연히 미시시피강을 비롯한 큰 강들은 직각이 아니라 비스듬하게 흐르면서 국토를 자연스럽게 분할한다.[4] 펜실베이니아에서 켄터키를 거쳐 웨스트버지니아에 이르는 애팔래치아산맥은 석탄으로 가득하다. 몬태나는 귀금속이 너무나 풍부해서 공식 별명이 보물주Treasure State다. 미네소타의 메사비산맥Mesabi Range은 철광석으로 넘쳐난다. 텍사스는 (현재 프랙킹fracking, 즉 수압 파쇄 기술의 개발로 계속 커지는) 유전 위에 자리 잡고 있다. 중서부는 곡창지대다.

풍부한 자원이 미국 역사에 미친 영향은 쉽게 파악할 수 있다. 1849년의 골드러시와 1900년대 초 및 1950년대의 오일 붐을 비롯한 미국 경제를 위태롭게 만든 일련의 원자재 관련 광풍이 그 예다. 밀을 비롯한 대규모 수출 작물을 토대로 형성된 산업도 마찬가지다. 그러나 가장 중요한 영향은 눈에 보이지 않았다. 미국은 다른 나라에서 성장을 지체시킨 자원 부족에 시달린 적이 없었다. 미국의 철강산업이 번성하던 1890~1905년까지 미네소타 주가 철광석 생산에서 차지한 비중은 6퍼센트에서 51퍼센트로 늘어났다. 철광석의 국내 가격이 절반으로 떨어져 대형 제철회사들은 영국의 경쟁사들보다 훨씬 저렴하게 원자재를 구매했다.

미국은 또한 인구 자석이기도 했다. 식민지 미국은 넉넉한 땅과 노동력 부족 덕분에 세계 최고 수준의 출산율을 기록했다. 게다가 해외에서 사람들을 빨아들이면서 인구증가율이 더욱 높아졌다. 19세기에 미국 인구는 530만 명에서 7,600만 명으로 거의 15배 늘어났는데, 이는 러시아를 제외하고 어떤 유럽 국가의 인구보다 많은 수치였다. 1890년 무렵 뉴욕 시민의 80퍼센트는 이민자이거나 이민자의 자녀였다. 시카고의 경우 그 비중이 무려 87퍼센트였다.

미국의 기업계 영웅 가운데 이민자 내지 이민자의 자녀가 차지하는 비중은 놀랄 만큼 높다. 알렉산더 그레이엄 벨과 앤드루 카네기는 스코틀랜드에서 태어났다. 교류AC 전류를 발견한 니콜라 테슬라Nikola Tesla는 세르비아 사람이었다. 프래킹 기술을 개발해 근래에 대단히 큰 영향력을 발휘한 기업인 가운데 한 명인 조지 미첼George Mitchell은 그리스 염소치기의 아들이었다.

미국에 도착한 이주민들은 유별나게 많이 이동했다. 땅이 부족한 나라에서 자란 그들은 미국에는 땅이 풍부하다는 사실을 알게 된 뒤 땅 욕심과 방랑벽에 사로잡혔다. 이런 방랑 중독은 풍요로운 문명을 건설한 뒤에도 계속 이어졌다. 로버트 린드Robert Rynd와 헬렌 린드Helen Rynd가 이른바 '미들타운Middletown 연구'를 통해 중서부의 전형적인 도시인 인디애나주 먼시Muncie를 조사한 결과, 미국인들은 시간이 흐를수록 더 많이 이동했다. 그 연구에 따르면 1893~1898년에 35퍼센트이던 이주 가구의 비중이 1920~1924년에는 57퍼센트로 늘어났다. 또한 1900년 이후 수십 년 동안 수백만 명의 흑인이 소작 계약에 얽매여야 하는 남부를 떠나 디트로이트나 시카고 같은 북부의 신흥 산업도시로 이주했다(1980년대 이후에는 모든 인종에 속한 수많은 사람들이 러스트 벨트Rust Belt를 떠나 선 벨트Sun Belt로 이주하면서 이런 흐름이 역전되었다).

19세기 후반기에 미국은 문화, 인구, 정치, 지리 측면의 다양한 이점을 통합해 세계 최고의 경제대국으로 탈바꿈했다. 철도는 미국을 세계 최고의 단일 시장으로 묶었다. 1905년 기준으로 세계 철도 연장의 14퍼센트가 미국의 단일 도시인 시카고를 지나갔다. 세계 최대 기업들도 탄생했다. 1901년에 설립되어 세계 최초로 10억 달러짜리 기업이 된 유에스 스틸U.S. Steel은 무려 25만 명을 고용했다. 미국은 전기와 내부연소기관이라는 두 가지 신기술을 다른 어떤 나라보다 잘 발전시켜 승용차, 트럭, 세탁기, 라디오를 비롯한 온갖 소비재를 만들어냈다.

부유해지는 비결

이 책은 생산성, 창조적 파괴, 정치라는 세 가지 주제에 초점을 맞춰 미국의 자본주의에 대한 이야기를 들려줄 것이다. 생산성은 주어진 투입물을 가지고 산출량을 더 많이 늘리는 능력을 말한다. 창조적 파괴는 생산성을 향상시키는 과정을 말한다. 정치는 창조적 파괴의 여파에 대응한다. 첫 번째 여파는 엄격한 의미의 경제적 사안이다. 두 번째 여파는 사회철학의 근원적인 문제를 건드리는 경제적 사안이다. 세 번째 여파는 도표와 수치의 세계를 훌쩍 넘어 현실 정치 세계로 우리를 데려간다. 정치는 경제사와 관계없다고 생각하는 사람은 이 책을 읽지 않아도 된다.

생산성은 경제적 성공의 궁극적 척도다.[5] 생산성의 수준은 그 사회의 평균적인 생활수준을 좌우하며, 선진국과 개도국을 가른다. 가장 흔히 사용되는 생산성 척도는 노동시간당 산출량(부가가치)으로 측정하는 노동생산성이다. 노동생산성의 두 가지 주요 결정 인자는 생산에 투입되는 자본(공장과 설비)의 양과 노동자의 교육 및 기술 수준으로 조정되는 노동시간이다.

1950년대 모제스 아브라모비치Moses Abramovitz와 로버트 솔로Robert Solow를 주축으로 한 '성장경제학자'들은 자본과 노동의 투입량이 GDP의 모든 증가분을 온전히 설명하지 못한다는 사실을 발견했다. 그들은 설명되지 않은 여분의 요소를 다요소생산성MFP(multifactor productivity) 혹은 총요소생산성total factor productivity이라 불렀다. 다요소생산성의 핵심은 혁신이다. 다요소생산성은 주로 생산에 투입되는 자본과 노동에 혁신이 적용될 때 증가한다.

GDP와 다요소생산성을 장기간에 걸쳐 계산하는 데 따른 문제는 시간을 멀리 거슬러 올라갈수록 확실한 통계치를 구하기 어렵다는 것이다. 미국 정부는 1930년대에 들어서야 스탠퍼드 대학의 사이먼 쿠즈네츠Simon Kuznets와 전미경제연구소National Bureau of Economic Research를 통해 국민소득계정에 대한 체계적인 자료를 수집하기 시작했다. 그 이전 자료는 1790년대부터 10년 단위로 이뤄진 인구조사 결과에 주로 의존해야 한다. 역사학자들은 이런 공식 인구조사 자료를 산업 생산, 작물, 가축, 노동시간에 대한 산발적 자료로 보충한다. 그러나 폴 데이비드Paul David가 지적한 대로 이 자료는 1840년대 이전에는 그리 정확하지 않았다. 이런 한계에도 불구하고 경제사가들은 건국 초기의 명목 GDP 및 실질 GDP를 말해주는 유용한 통계적 역사를 대략적으로 구성해냈다(부록 참고).[6] 이 책 전반에서 해당 자료를 참고할 것이다.

창조적 파괴

창조적 파괴는 경제 발전의 주된 원동력으로 사업과 생활을 뒤집어엎지만 그 과정에서 생산성을 높이는 '지속적 돌풍'이다. 드문 예외를 제외하고 시간당 생산량을 높이는 유일한 방법은 가장 많은 이익을 낼 수 있는 영역에 사회적 자원을 할당하는 것이다. 좀 더 학술적으로 표현하면 국내총저축(더하기 해외에서 빌려온 저축)으로 첨단 기술과 조직에 필요한 자금을 충당해야 한다. 창조와 파괴는 샴쌍둥이와 같다. 그 과정은 과거의 생산적인 자산과 그에 연계된 일자리를 새로운 기술과 일자리로 대체하는 작업을 수반한다. 1855년 헨리 베서머Henry Bessemer가 고안한 새로운 제철 기술이 비용이 더 많이 드는 이전의 제철 기술을 대체한 것처럼 말이다.

창조적 파괴라는 개념은 조지프 슘페터가 쓴 탁월한 저서인 《자본주의, 사회주의, 민주주의Capitalism, Socialism and Democracy》(1942년)에서 나왔다. 슘페터는 이 책에서 '창조적 파괴 과정은 자본주의에 대한 핵심적 사실이다. 이 과정은 자본주의를 구성하며, 자본가가 모든 관심을 기울여야 하는 대상'이라고 주장했다. 그러나 슘페터는 대단히 비범하기는 했지만 명민한 비유를 넘어 창조적 파괴에 대한 일관된 이론을 만들지는 못했다.

그래서 현대의 경제학자들은 슘페터의 사상에 살을 붙이고, 그의 비유를 정치적 현실을 반영하는, 말하자면 세상을 있는 그대로 드러내는 개념으로 바꾸고자 노력했다.

지속적 돌풍을 연구하기에 19세기 후반의 미국보다 나은 대상은 없다. 당시 미국에서는 대륙을 무대로 산업 전체를 재구성한 기업계 거물들이 등장했다. 연방 정부는 창조적 파괴 과정을 '완화'하기보다 재산권을 보호하고 계약을 강제하는 데 집중했다. 쉼 없는 혁신 덕분에 베서머 공정으로 철강을 생산하는 단가(시간당 산출량의 대리지표)가 크게 낮아지면서 1867~1901년까지 도매가격이 83.5퍼센트나 떨어졌다. 저렴한 철강은 일련의 개선을 촉발했다. 강철 철로는 연철 철로보다 약간 더 비쌌지만 수명은 10배 이상 길었다. 그 덕분에 더 적은 비용으로 더 많은 사람과 물건을 철도로 운송할 수 있었다. 거의 모든 생활 영역에서 비슷한 개선이 이뤄지면서 한 세대 동안 생활수준이 두 배로 높아졌다.

창조적 파괴를 일으키는 가장 명확한 방법은 더 강력한 기계를 만드는 것이다. 생산성에 혁신을 일으킨 수많은 기계는 임기응변으로 제작한 것처럼 보인다. 런던의 〈타임스〉는 사이러스 매코믹Cyrus McCormick이 개발한 수확기가 비행기와 외바퀴 손수레의 교잡종 같다고 말했다. 이 수확기가 개발된 1831년부터 19세기 말까지 시간당 산출량을 보면 밀은 500퍼센트, 옥수수는 250퍼센트 증가했다.[7] 그 과정에서 전 세계 농업 부문 노동인구의 최대 4분의 1이 일자리를 잃었다. 1800년에는 농부가 큰 낫을 들고 하루 종일 열심히 일하면 1에이커(약 4천 제곱미터)를 수확할 수 있었다. 반면 1890년에는 두 명의 농부가 두 마리의 말을 부리면 하루에 20에이커(약 8만 제곱미터)에 해당하는 밀을 자르고, 모으고, 묶을 수 있었다.

1846년에 발명되어 1870년대에 대량으로 생산된 재봉틀은 생산성을 500퍼센트 이상 높였다. 새로운 집계기는 1890년에 실시한 인구조사 자료를 1년 안에 집계하도록 해주었다. 반면 1880년에 실시한 인구조사 자료를 집계하는 데는 약 13년이 걸렸다. 1910년에 등장한 인쇄전신기는 1929년까지 모스 부호를 다루는 80~90퍼센트의 전신 기사를 몰아냈다.

더 나은 사업 절차는 더 나은 기계만큼 중요하다. 대량생산은 아마도 인류의 생산성에 미국이 가장 크게 기여한 부분일 것이다. 19세기 유럽에서 총이나 시계처럼 복잡한 물건을 만드는 일은 여전히 개별 장인의 손으로 이뤄졌다. 반면 미국에서는 엘리 휘트니Eli Whitney를 비롯한 혁신가들이 균일하게 생산한 부품을 조립해 기계를 제작하는 방식을 고안했다. 또한 1913년 헨리 포드는 작업에 필요한 부품을 노동자에게 옮겨주는 이동식 조립라인을 추가했다. 미국이 더 나은 기계를 만들고 더 원활한 생산 절차를 수립하는 데 성공한 사실은 무지한 사람들에게도 알려졌다. 스탈린은 미국을 '기계의 나라'라 불렀고,[8] 히틀러는 나치주의가 '포드주의에 총통總統을 더한 것'이라고 주장했다.

이런 거대한 힘은 좀 더 은근한 힘들로 뒷받침된다. 그중에서 가장 중요한 것은 더 나은 정보다. 근래에 우리는 제때 받아들이는 일에 익숙해진 나머지 정보를 공기처럼 대하는 경향이 있다. 그러나 인류사의 대부분에 걸쳐 정보를 획득하는 비용은 대단히 컸다. 사람들은 종종 아무것도 모르는 상태에서 활동해야 했다. 뉴올리언스 전투는 1812년 전쟁에서 벌어진 최후의 대규모 전투로, 앤드루 잭슨Andrew Jackson을 국가적 영웅으로 만들고 700명의 영국군을 전사시켰다. 하지만 이 전투는 1812년 전쟁이 겐트 조약Treaty of Ghent으로 종전이 이뤄진 지 2주 후에 일어났다.

1827년에 처음 발행된 〈저널 오브 커머스Journal of Commerce〉는 무역선들이 부두에 들어오기 전에 범선을 보내 먼저 소식을 입수함으로써 통상과 관련된 속보를 얻는 데 필수적인 원천이 되었다. 1844년에 처음 시연된 새뮤얼 모스Samuel Morse의 전신은 정보를 전송하는 데 걸리는 시간을 초 단위로 줄였다. 웨스턴 유니언Western Union은 1861년에 와이오밍주 포트 래러미Fort Laramie에서 동부와 서부를 전신으로 연결했다. 1869년에는 미 대륙을 가로질러 승객과 화물을 운송하는 일이 가능해졌다. 유타주 프로먼토리 서밋Promontory Summit에서는 유니언 퍼시픽Union Pacific과 센트럴 퍼시픽Central Pacific의 철도망을 연결하는 행사가 열렸다. 나중에는 여기에 새로운 전신선이 추가되었다. 1866년에는 (수차례 실패 후) 대서양 횡단 케이블이 설치되면서 마침내 뉴욕, 샌프란시스코, 런던의 금융계가 실시간으로 소통할 수 있게 되었다.

정보 혁명은 거래의 속도를 늦추는 모든 비효율성과 불확실성을 제거한다. 소매업체는 상품이 팔리자마자 주문을 넣을 수 있다. 공급업체는 공급사슬을 계속 주시할 수 있다. 매장과 공장, 화주와 운송사 사이의 즉각적인 소통은 배달 시간을 줄이고 잘 나가지 않는 재고를 대량으로 보유할 필요성을 없앤다.

창조적 파괴의 두 번째 측면은 기본적인 투입물의 비용을 줄이는 것이다. 앤드루 카네기와 존 록펠러는 창조적 파괴의 영웅이다. 탁월한 조직과 쉼 없는 혁신을 통해 각각 철강과 에너지라는 기본적인 투입물의 비용을 낮춰서 경제 전반에 걸쳐 비용 감소와 풍부한 자원의 물결을 일으켰기 때문이다.

세 번째 측면은 투입물을 좀 더 효율적으로 활용하는 것이다. 미국의 산업력이 막강하던 시절에는 공장의 크기나 고층 건물의 높이로 성공을 측정했다. 그러나 시간이 지나면서 경제력을 나타내는 대리지표로서 규모가 지니는 의미는 계속 약해졌다. 근래에 같은 단위의 산출물을 생산하는 데 필요한 원자재의 양은 줄어들었다. 집적회로가 개발되면서 간소한 전자 기기에 더 많은 기능을 집어넣을 수 있게 되었다. 재료공학이 발전하면서 더 가벼운 차(마력당)를 만들고 더 효율적인 건물을 지을 수 있게 되었다. 우리가 추정한 바에 따르면 1879~2015년까지 실질 GDP 1달러당 필요한 원자재의 양이 줄어든 덕분에 해마다 실질 GDP 성장률이 0.26퍼센트포인트 더 높아졌다. 해당 기간에 추가된 성장률을 더하면 무려 40퍼센트에 이른다. 특히 1879~1899년까지 효율성이 안겨준 효과가 두드러져서 실질 GDP 성장률을 0.52퍼센트포인트나 높였다. 그 결과 1899년에는 실질 GDP 수치가 10.6퍼센트 더 올라갔다.

창조적 파괴의 또 다른 측면은 운송비를 줄이는 것이다. 냉간 압연 강판은 피츠버그에 있는 제철소에 있을 때보다 매장에 전시된 자동차에 투입되었을 때 더 높은 가치를 지닌다. 따라서 개선된 물류는 두 가지 명백한 혜택을 안겨준다. 하나는 기업가들이 생산요소를 더 쉽게 조합하도록 해주는 것이고, 다른 하나는 그렇게 조합된 결과물인 최종 제품을 소비자에게 더 신속하게 제공하도록 해주는 것이다. 건국 초기에 생산성 향상은 말이나 배의 속도로 제한되었다. 도로나 삭구를 개선해도 말발굽이나 돛으로 낼 수 있는 속도가 한정되어 있어서 생산성을 약간만 향상시킬 뿐이었다. 증기선이 범선을 대체했을 때 비로소 생산성이 향상되었다. 증기선은 내륙 수로에서 범선보다 더 빠를 뿐 아니라 물길을 거슬러 올라갈 수도 있었다. 대륙 횡단 철도는 승객과 화물을 대륙 맞은편으로 옮기는 데 걸리는 시간을 6개월에서 6일로 줄였다.[9] 또한 지선支線이 추가되면서 점차 더 넓은 지역에 속한 인적 자원과 물리적 자원이 국가 철도망으로 연결되었다. 그에 따라 전국에 걸쳐 사람과 물자의 이동이 크게 늘었다. 최종적으로는 더 유연하고 유동적인 자동차와 고속도로가 철도를 대체했다. 자동차는 철도역이 아니라 집 앞까지 물건을 옮길 수 있었다. 소형화 혁명은 물류비용을 더욱 낮췄다. 예컨대 컴퓨터 산업은 콘크리트 산업보다 본질적으로 세계적인 성격을 지니고 있었다. 가볍고 가치가 높은 컴퓨터 부품을 세계의 한 지역에서 다른 지역으로 옮기는 일은 너무나 쉽기 때문이었다.

생산성을 향상시키는 다섯 번째 원천은 입지다. 전 세계에 걸쳐 공급사슬이 구축되고 쉼 없는 소통이 이뤄지는 지금의 평평한 세계에서 사람들은 선조들에게는 너무나 명백했던 사실을 잊는 경향이 있다. 입지만 잘 잡아도 생산성을 높일 수 있다는 사실 말이다. 기업가들은 (무료 전력을 제공하는) 폭포나 (무료 물류를 제공하는) 강 옆에 제분소를 세우거나 설비를 영리하게 배치하기만 해도 큰돈을 벌 수 있었다. 이 생산성 향상 논리는 야드나 마일 단위뿐 아니라 몇 분의 1인치 단위에도 적용된다. 19세기에 기업가들은 미네소타의 메사비산맥에서 나온 철광석과 웨스트버지니아에서 나온 석탄을 철도를 통해 피츠버그의 제철소로 보내고, 거기서 두 요소를 결합해 철강을 생산함으로써 경제적 가치를 창출했다. 지금은 갈수록 작아지는 실리콘 칩을 집적회로 안에 갈수록 촘촘하게 심어서 데이터 처리 용량을 늘림으로써 경제적 가치를 창출한다.

역사의 묘한 측면

현실 세계에서 창조적 파괴가 무어의 법칙Moore's law 같은 깔끔한 논리에 따라 이뤄지는 경우는 드물다. 신기술이 경제를 바꾸기까지는 오랜 시간이 걸릴 수 있다. 새뮤얼 모스의 전신 기술은 국토의 크기와 험한 지형 때문에 확산에 어려움을 겪었다. 전신선은 빠르게 동부를 덮고, 서부의 거주지에 더 빽빽하게 설치되어 사람들에게 거의 즉각적인 통신 수단을 제공했다. 그러나 중부는 정보의 빈칸으로 계속 남아 있었다. 1850년대 말에도 전신과 역마차를 통해 나라 맞은편으로 소식을 전하는 데 3주 이상이 걸렸다. 때로는 구기술이 신기술과 함께 작업을 수행한다. 1860년부터 기수가 말을 계속 갈아타는 방식을 취한 포니 익스프레스Pony Express가 나라 맞은편으로 소식을 전달하는 시간을 10일 이내로 줄였다.[10] 조랑말은 마차나 기차 같은 진전된 교통수단보다 훨씬 유연했다. 다시 말하면 조랑말은 가파른 골짜기를 올라갈 수 있고 좁은 길을 지날 수 있었다.

포니 익스프레스의 사례가 시사하듯이 신기술은 종종 구기술로 뒷받침된다. 〈네이션Nation〉지는 1872년 10월 증기 시대에 말이 인기를 끄는 역설을 이렇게 지적했다.

우리는 오랫동안 철도, 증기선, 전신이 위대한 '진보의 매개체'라고 말해왔다. 그래서 증기에 의존하는 것 못지않게pari passu 말에도 의존하게 되었다는 사실을 거의 간과하고 있다. 우리는 전국에 걸쳐 증기 운송과 통신을 위한 방대한 경로를 구축했다. 그러나 이 노선까지 물자와 승객을 옮기는 것은 말이다. 우리는 바다를 거대한 증기선들로 뒤덮었지만 말이 없으면 화물을 싣지도, 내리지도

못한다.[11]

    미국의 말 개체수는 수십 년 동안 사람 수보다 두 배나 빨리 늘어났다. 1840년에 430만 마리이던 말과 노새는 1910년에 2,750만 마리가 되었다. 그에 따라 70년 동안 사람 대비 말과 노새의 비율은 5명당 1마리에서 3명당 1마리로 급격하게 높아졌다.[12] 사람들은 말로 기계를 돌렸고, 쟁기를 끌었으며, 운하용 배와 나란히 걸었고, 소를 몰았으며, 전투를 치렀고, 무엇보다 짧은 거리로 짐을 옮겼다. 말을 미국 경제의 중심에서 몰아내기 위해서는 세 가지 힘이 결합되어야 했다. 즉 증기력은 장거리 운송에서, 전력은 도시 교통에서, '말 없는 마차'는 단거리 운송에서 말을 대체했다.

    신기술의 발명과 그에 따른 생산성 향상 사이에는 종종 상당한 시차가 존재한다. 에디슨이 1882년에 뉴욕의 로어 맨해튼Lower Manhattan을 눈부시게 밝힌 뒤 40년이 지나도록 전기는 미국의 공장들이 생산성을 높이는 데 거의 기여하지 못했다. 전기를 도입하는 것은 단지 공장들을 전력망에 연결하는 문제가 아니었다. 거기에는 전체 생산 과정을 재구성하고 수직적 공장을 수평적 공장으로 대체해 새로운 전력원을 최대한 활용하는 작업이 필요했다.[13]

    일부 중요한 생산성 향상은 별로 요란하지 않게 이뤄진다. 철강업과 농업 부문에서는 '철강 시대'나 '농업 혁명' 같은 말들이 나온 지 한참 후에서야 비로소 놀라운 개선이 일어났다. 제2차 세계대전 후 평로open-hearth furnaces를 대체한 (그리고 이름에서 알 수 있듯이 공기가 아닌 산소를 활용하는) 전로oxygen furnaces는 단위당 철강 생산 시간을 8~9시간에서 35~40분으로 줄였다. 1920~2000년 사이에 철강 1톤당 필요한 노동력이 1천 분의 1 수준으로 줄어서 1메트릭톤(주로 프랑스에서 사용하는데 1천 킬로그램을 1톤으로 하는 중량 단위—옮긴이)당 필요한 노동시간이 3시간 이상에서 0.003시간이 되었다.

일부 중요한 개선은 '산업'이나 '농업' 같은 개별경제 부문이 아니라 일상의 편의를 통해 체감된다. 고대 그리스의 역사학자 헤로도토스는 6년밖에 살 수 없는 이집트 왕에 대해 이렇게 썼다. "죽음의 날이 멀지 않았다는 사실을 안 그는 … 항상 등을 밝혀서 … 즐겼다. … 밤을 낮으로 바꿔서 6년 동안 12년의 삶을 살았다." 1900년 이후 보급된 전기는 전체 미국인에게 이와 비슷한 효과를 안겨주었다.[14] 가전제품과 간편식은 일주일 동안 음식을 만들고, 빨래와 청소를 하는 데 쓰는 시간을 1900년 58시간에서 1975년 18시간으로 줄였다.[15] 미국 노동통계국Bureau of Labor Statistics이 추정한 바에 따르면 계산대에 바코드 스캐너가 설치되면서 계산 속도가 30퍼센트 빨라졌으며, 필요 노동력은 10퍼센트에서 15퍼센트 줄었다.

창조적 파괴의 부작용

창조적 파괴의 부작용은 두 가지 형태로 나타난다. 하나는 더 이상 필요 없는 잉여 자산이 파괴되는 것이고, 다른 하나는 구시대의 일자리가 사라지면서 노동자들이 밀려나는 것이다. 여기에 불확실성의 문제도 추가된다. '창조적 파괴의 돌풍'은 과거의 작업 방식과 함께 과거의 확실성도 날려버린다. 앞으로 어떤 자산이 가치를 생산할지 누구도 알지 못한다. 신기술은 거의 언제나 투기성 거품을 수반하고, 이 거품이 꺼지면 때로 위험한 결과를 낳는다.

사람들은 부분적으로 변화를 두려워하고, 변화는 일부분 승자뿐 아니라 패자도 만든다. 그래서 창조적 파괴는 대개 막스 베버Max Weber가 말한 '불신, 때로는 증오, 무엇보다 도덕적 분노의 홍수'에 직면하게 된다.[16] 가장 명백한 형태의 저항은 시대에 뒤처진 일자리를 지키려는 노동자에게서 나온다. 미국의 노동자는 남북전쟁 이전에는 기업의 규모가 작아서 노조를 결성할 기회가 별로 없었다. 노동시장은 엘리트 장인 길드로 구성되었고, 노사관계는 대면으로 이뤄졌으며, 파업은 드물었기 때문이다. 그러다가 남북전쟁이 끝난 뒤 대기업이 생겨났고, 미숙련 노동자들이 임금을 늘리고 근로조건을 개선하기 위해 노조를 결성하기 시작했다. 경영진과의 분쟁은 가끔 폭력으로, 종종 해로운 계급관계로 귀결되었다.

미국의 노조는 유럽의 노조보다 훨씬 약했다. 노조 결성을 불법으로 보는 법원의 거듭된 판결뿐 아니라 숙련 노동자와 미숙련 노동자, 이민 노동자와 미국 출생 노동자, 여러 지역 이익집단 사이의 내부 갈등으로 어려움을 겪었기 때문이다. 노조는 1930년대에 일련의 친노조 법안이 생긴 후에야 비로소 상당한 힘을 얻게 되었다. 제2차 세계대전 후 장기간에 걸쳐 호황이 지속되는 동안 민간 부문 노동자의 약 3분의 1이 노조에 가입했다. 노조는 공공정책 수립에 중요한 역할을 했다. 그러나 미국의 개인주의적 전통은 여전히 강한 영향력을 발휘했다. 1947년에 만들어진 태프트-하틀리법Taft-Hartley Act은 '노조 가입 의무화 제도closed shops'를 불법화했다. 남부 주는 북부 주보다 훨씬 반노조 성향이 강했다. 1970년대부터 연이은 규제 완화 조치가 실행된 뒤 노조 가입률이 하락세로 접어들었다. 노조는 제2차 세계대전 후 장기간 이뤄진 관리 자본주의managerial capitalism의 진전에 그다지 제동을 걸지 않았다. 국가적으로 전기 같은 성숙한 기술과 대량생산의 과실을 수확하고 있었기 때문이다. 반면 대량생산을 유연한 생산으로, 관리 자본주의를 좀 더 기업가적 자본주의로 대체해야 할 때는 강력한 걸림돌이 되었다.

노조뿐 아니라 기업계 거물들도 창조적 파괴에 저항할 수 있다. 창조적 파괴가 지닌 중대한 역설은 한때 창조적 파괴로 이득을 본 사람들이 나중에는 그것에 저항할 수 있다는 것이다. 그들은 자신들의 공장이 쓸모없어지거나 경쟁자가 더 나은 제품을 생산할까 봐 두려워서 경쟁을 막고 일시적 우위를 영구적 우위로 굳히기 위해 대정부 로비부터 법원에 대한 호소까지 가능한 모든 수단을 동원한다. 1880년대에 신시내티 가스 컴퍼니Cincinnati Gas Company의 사장이자 전미가스협회American Gas Association의 대표를 지낸 앤드루 히켄루퍼Andrew Hickenlooper는 '발전기dynamo'에 맞서 '가스계량기gas meter'를 지키기 위한 치열한 투쟁을 벌였다. 그는 전력회사(혹은 경쟁 천연가스회사)와 계약을 맺지 못하도록 시 행정 담당자들을 협박했다. 또한 언론을 통해 감전으로 사람이 죽거나 누전으로 화재가 날 수 있다며 새로운 전기의 위험을 알리는 선전전을 펼쳤다.[17]

정치인의 등장

미국은 다른 어떤 나라보다 창조적 파괴가 지닌 창조적 측면과 파괴적 측면을 잘 드러냈다. 다시 말해 미국은 기업을 만들고 규모를 키우는 데 뛰어난 동시에 기업이 망했을 때 정리하는 데도 뛰어났다. 이 점을 명확하게 보여주는 것은 파산에 대한 이례적인 관용이다. 찰스 굿이어Charles Goodyear, R.H.메이시, H.J.하인츠H. J. Heniz를 비롯한 19세기의 주요 기업가 가운데 다수는 여러 번 사업에 실패한 뒤에야 성공했다.

창조적 파괴를 선호하는 미국의 태도에는 여러 근원이 있다. 먼저 미국은 아주 큰 나라여서 사람들은 다른 곳에서 다시 시작하려는 의지를 갖고 있었다. 건국 초기부터 서부는 사람들이 새로 도시를 만들었다가 곧 버리고 떠나버린 유령 도시로 가득했다. 또한 미국은 비교적 신생 국가여서 기득권이 약했다. 특히 서부에는 지켜야 할 기존 생활방식을 가진 사람이 적었다. 영국에서는 오랜 주거지를 피하기 위해 철도가 이상하게 휘어지는 경우가 많았다. 반면 미국에서는 런던 〈타임스〉가 쓴 표현대로 '아무 데서나 아무 데로' 직선 노선을 깔 수 있었다. 이처럼 미래를 고려하지 않고 날림으로 거주지를 만들었다가 쉽게 포기하는 태도 때문에, 미국은 때로 미학적 측면뿐 아니라 경제적 측면에서도 비싼 대가를 치러야 했다. 그러나 최소한 나라가 정체되는 일은 피할 수 있었다.

미국의 정치체제는 이런 지리적, 문화적 이점을 강력하게 뒷받침했다. 창조적 파괴의 잠재적 최대 걸림돌은 정치적 저항이다. 창조적 파괴의 패자들은 뭉쳐 있는 경향이 있는 반면, 승자들은 흩어져 있는 경향이 있다. 흩어져 있는 사람들보다 뭉쳐 있는 사람들을 동원하기가 훨씬 쉽다. 창조적 파괴의 혜택이 실현되려면 수십 년이 걸릴 수 있는 반면, 그 비용은 종종 즉각적이다. 여기에 지속적 돌풍은 패자뿐 아니라 승자에게도 부담스럽다는 사실이 추가된다. 그래서 사람들은 변화를 받아들이기보다 익숙한 것을 고수하는 것을 훨씬 선호한다(또한 그들에게 여건이 안 되면 익숙한 것을 보존할 수 없다고 설명하기는 어렵다).

　미국은 다른 어떤 나라보다 창조적 파괴의 논리에 맞서고 싶은 유혹을 잘 이겨냈다. 대부분의 국가에서 정치인들은 창조적 파괴의 비용을 치르지 않고 혜택만 누릴 수 있다고 약속하면서 정치적인 성공을 일구었다. 공산주의자들은 그 비용을 자본가의 탐욕 탓으로 돌렸다. 포퓰리스트들은 그 비용을 사악한 기득권 탓으로 돌렸다. 유럽식 사회주의자들은 좀 더 성숙한 접근법을 취해 창조와 파괴가 한데 엮여 있음을 인정했다. 그들은 수요 관리와 현명한 개입을 조합해 창조적 파괴의 파괴적 측면을 제거하는 한편, 창조적 측면을 확대할 수 있다고 주장했다. 하지만 실망스럽게도 그 결과는 대개 스태그네이션stagnation, 즉 장기적인 경제 침체나 인플레이션 혹은 일부 다른 위기였다.

　미국은 대부분의 역사에 걸쳐 이런 정치체제의 근시안적 압력으로부터 자유로웠다. 미국 국부들은 시민에게 빼앗을 수 없는 권리를 부여하고 다양한 방식으로 정치권력을 제한함으로써 정치적 간섭으로부터 경제를 보호하는 데 탁월한 성과를 올렸다. 미국의 경제 문화는 절약과 자립이라는 건강한 미덕을 촉진했다. 금본위제가 통화정책의 안정적인 기반을 제공한 덕분에 미국은 (앤드루 잭슨이 3차 중앙은행 인가 법안에 거부권을 행사한) 1836년부터 1913년까지 77년 동안 중앙은행 없이 경제를 운용했다. 소득세도 존재하지 않았다. 대다수 교육받은 미국인은 적자생존의 법칙을 믿었다.

　진보 진영이 이런 오랜 시각에 문제를 제기했다. 1913년 우드로 윌슨 대통령은 연방소득세를 도입했다. 뉴딜은 자유방임주의 시대에 종지부를 찍었다. 제2차 세계대전 후의 정부들은 1920년대의 정부들보다 훨씬 강력하게 변혁을 추구했다. 드와이트 아이젠하워 대통령은 방대한 고속도로 건설 사업을 추진했다. 린든 존슨 대통령은 '위대한 사회'를 건설하겠다고 약속했다.

그러나 미국이 자유방임주의로부터 멀어지는 양상은 남미는 말할 것도 없고 유럽보다 훨씬 덜 극적이었다. 미국 헌법은 거듭 정부의 활동가들을 저지했다. 연방 대법원은 정부가 경제 부문을 광범위하게 통제할 수 있도록 허용하는 프랭클린 델러노 루스벨트 대통령의 국가산업재건법National Industrial Recovery Act을 폐지시켰다. 공화당 의원들은 제2차 세계대전 후 트루먼 대통령이 국가의료보험 제도를 도입하지 못하도록 막았다. 보수적 후임들이 진보적 활동가 성향을 지닌 대통령의 뒤를 계속 이었다. 루스벨트 대통령의 뒤를 (트루먼을 거쳐) 아이젠하워 대통령이 이었고, 린든 존슨 대통령의 뒤를 닉슨 대통령이 이었으며, 카터 대통령의 뒤를 레이건 대통령이 이었다. 제2차 세계대전 후 미국의 강력한 자유방임주의 전통도 되살아났다. 프리드리히 하이에크Friedrich Hayek가 쓴 《노예의 길The Road to Serfdom》(1944년)은 〈리더스 다이제스트Reader's Digest〉에 축약본으로 실려서 수백만 명에게 읽혔다. 밀턴 프리드먼Milton Friedman은 텔레비전 스타가 되었다. 레이건은 정부가 해결책이 아니라 문제라는 주장을 내세우며 유세를 펼쳤다.

그렇다면 미국은 창조적 파괴를 이루는 능력에 따른 비교우위를 계속 보존할 수 있을까? 그 답은 불확실하다. 현재 창업률은 1980년대 이후 최저치를 기록하고 있다. 주요 경제 부문의 75퍼센트 이상에서 경쟁이 약화되고 있다. 베이비붐 세대가 은퇴하면서 의존율이 높아지고 있다. 복지지출은 거침없이 늘어나고 있으며, 자본 투자를 밀어내면서 생산성과 경제성장을 저해하고 있다. 직업 정치인들이 최고 입찰자에게 자신이 행사할 표를 팔고, 유권자는 부패한 체제를 다스릴 정제되지 않은 민주주의를 요구하면서 포퓰리즘populism에 맞서는 국가적 능력이 매일 약화되고 있다. 외국의 경쟁자들을 막아내고 기업이 노동자를 '공정하게' 대우하도록 만들겠다는 트럼프 대통령은 미국이 낳은 남미식 포퓰리스트에 가장 가까운 인물이다.

잃어버린 역동성의 회복

이 책은 약화되고 있는 미국의 역동성을 되살릴 정책들을 제안하면서 마무리될 것이다. 가장 중요한 개혁은 1991년 복지제도를 개혁한 스웨덴의 전례를 따르는 것이다. 스웨덴은 사회보장혜택(복지제도)에서 확정기여형 연금 체제로 전환하면서 재정위기에 대응했다. 2017년 미국의 복지 지출은 GDP의 14퍼센트 이상을 차지했다. 반면 1965년에는 그 비율이 5퍼센트 미만이었다. 그에 따라 GDP의 10퍼센트포인트와 경제활동이 투자에서 지출로 이전되면서 이미 우려스러운 지경에 이른 재정적자를 악화시켰다. 2017년 연방노령및유족보험Federal Old-Age and Survivors Insurance 신탁위원회와 연방장애보험신탁기금Federal Disability Insurance Trust Funds이 발표한 연례보고서에 따르면, 사회보장 체제의 재정 기반을 안정화하기 위해서는 무기한으로 보장 수준을 25퍼센트 낮추거나 세율을 높여야 한다. 이런 진단이 296쪽에 달하는 연례보고서 끝부분에 나온다는 것은 그만큼 정치적으로 민감한 내용이라는 방증이다.

복지제도 개혁 못지않게 중요한 것은 금융 시스템 개혁이다. 2008년이나 1929년 수준의 금융 위기가 한 번 더 일어나면 단기적으로 엄청난 피해를 입는 것은 물론, 금융 시스템 전체의 정당성이 훼손될 것이다. 나중에 자세히 살펴보겠지만, 이런 위기는 모두 금융 중개 기관이 준비금을 너무 적게 확보하고, 전염성이 강한 현대판 예금 인출 사태를 불러옴으로써 일어났다. 비금융 부문의 자산 대비 자기자본 비율은 역사적으로 40~50퍼센트였다. 이런 자본 구조에서는 파산 사태가 거의 전염되지 않는다. 반면 자산 대비 자기자본 비율이 훨씬 낮은 금융 부문에서는 주기적으로 파산 사태가 전염되는 안타까운 일이 일어났다. 금융 위기가 재발하지 않도록 막는 최선의 방안은 은행들이 훨씬 많은 자기자본과 담보를 보유하도록 강제하는 것이다. 역사는 이런 요건이 대출과 경제성장을 크게 저해할 것이라는 주장을 뒷받침하지 않는다. 안타깝게도 정책 입안자들은 다른 해법을 택했다. 그들은 당면한 문제를 해결하는 데 집중하기보다 일련의 요구 목록을 가진 압력단체에 밀려서 도드-프랭크법Dodd-Frank Act(2010년) 같은 복잡한 규제안을 만들었다. 이 도드-프랭크법은 오랫동안 날림으로 구축된 규제 구조의 복잡성을 더욱 악화시켰다.

그러나 미국은 과거, 가령 1930년대 혹은 1970년대 국가적 위기에 봉착할 때마다 항상 문제와 씨름하면서 더 강하게 되살아났다. 미국의 국가경제 그리고 국가적 성향에 잠재된 활력은 언제나 정책 수립의 실패를 이겨냈다. 10년 동안 경기 부진과 금융 위기에 시달렸던 1940년, 미국의 미래는 암울해 보였다. 그러나 10년 뒤 미국 경제는 다시 한 번 활황을 구가했으며, 미국은 압도적으로 세계에서 가장 성공적인 경제대국이 되었다.

퍼져가는 비관적 태도에 맞서는 한 가지 방법은 창업자들이 스마트폰부터 로봇까지 모든 것의 미래를 발명하는 실리콘밸리를 바라보는 것이다. 또 다른 방법은 과거를 바라보는 것이다. 200년 전, 미국 정착민들은 지금의 문제를 별것 아니게 만드는 여러 문제에 직면했다. 그들은 드넓고 험한 땅에서 먹고살 방법을 찾아내고, 각 주의 권리를 중앙정부의 권리와 조화시키면서 개인의 바람을 집단적 책임과 조화시키는 정치체제를 구축해야 했다.

그들이 어떻게 성공했는지 말해주는 이야기는 교훈적인 동시에 흥미진진하다.

1장

상업공화국: 1776~1860년

'식민지'라는 말은 착취와 주변화의 이미지를 연상시킨다. 그러나 식민지 미국은 많은 측면에서 가장 축복받은 땅 가운데 하나로, 자원이 풍부하고 비교적 진보적인 정부를 두었다. 1600~1766년까지 식민지 미국은 세계 최고의 성장률을 기록하면서 모국인 영국보다 두 배나 빨리 성장했다. 또한 모국과 결별할 준비가 되었을 무렵, 미국인들은 2017년 달러 기준으로 1인당 하루 평균 4.71달러의 가치를 생산하면서 세계에서 가장 부유한 사람들이 되었다.[1] 그들은 유럽인보다 키가 5~7센티미터 더 컸다. 또한 출산율도 높아서 여성 1인당 자녀 수가 영국의 4~5명보다 많은 6~7명이었다. 벤저민 프랭클린은 1800년대 중반이 되면 '영국인 가운데 다수는 대서양 이쪽 편에 있을 것'이라고 말했다. 거대한 대륙에 자리 잡은 미국인들은 생활에 필요한 기본적 자원인 땅, 사냥감, 물고기, 목재, 광물을 비교적 풍부하게 누렸다. 또한 모국으로부터 약 4,800킬로미터나 떨어져 있어 비교적 자유롭게 살아갈 수 있었다.

영국에서 건너온 이주민들은 영국의 폐쇄적 사회를 대서양 맞은편에 재현하는 데 실패했다. 원주민에게 자신들의 의지를 강제할 식민지 관리자나 성직자가 너무 부족했기 때문이다.[2] 영국에서는 학식 높은 직업(신학, 법학, 의학) 및 장인 길드가 사상을 억압하고 경쟁을 조정할 수 있었다. 하지만 미국에서는 그런 것들이 사회적 영향력을 얻기에 너무 약했다. 이 주민들은 자립심에 도취되어 있었다. 한 논평가는 이렇게 말했다. "그들은 한 장소에 집착하지 않으며, 이리저리 떠도는 습성을 얻은 듯하다. 그에 따른 문제점은 더 먼 땅이 이미 자리 잡은 곳보다 나을 것이라고 계속 상상하게 되는 것이다."[3]

동시에 이주민들은 세련된 삶을 추구했다. '상류층 사람들the quality'은 영국 신사처럼 살려고 애쓰면서 가구, 자기 그릇, 옷, 차를 모국에서 수입했다. 미국은 고등교육에서는 어느 나라에도 뒤지지 않았다. 영국에 대학이 겨우 2개이던 1800년에 미국에는 10여 개의 대학이 생겼다. 대륙회의the Continental Congress(1774년 9월 미국 13개 주 식민지 대표들이 창설한 미국 독립을 위한 최고 기관으로, 독립 전쟁을 지도하고 1776년에 독립 선언을 공포하였다—옮긴이)에 참가한 56명의 대표자 가운데 29명이 대학 학위 소지자였다.[4] 교육받은 미국인들은 다른 나라의 교육받은 사람들만큼 지적 수준이 높았다. 그들은 그리스와 로마의 고전, 성경과 다양한 주석서 등 서구 사상을 담은 위대한 문헌을 공부했다. 특히 그들은 영국 사상가들에게 깊이 빠져 윌리엄 블랙스톤William Blackstone 같은 법학자나 존 로크 같은 철학자를 떠받들었으며, 프랑스 철학도 어느 정도 공부했다. 마침내 새로운 나라를 건설하기로 결심했을 때 그들은 세계에서 가장 인상적인 헌법을 만들었다.

미국 헌법은 정치철학에서 가장 오랜 문제들, 예컨대 현자와 범부의 참여 사이에 어떻게 균형을 잡을 것인가, 개인의 권리와 대중의 의지 사이에 어떻게 균형을 잡을 것인가 같은 문제에 답했다. 또한 오래되고 안정된 세계가 해체되면서 촉발된 새로운 문제들, 예컨대 어떻게 상업과 국민을 통제할 권력을 부여할 것인가, 어떻게 유동적인 세상에서 분명한 기준점을 제시할 것인가 같은 문제에도 답했다.

헌법은 미국을 역사적으로 특이한 존재, 즉 다수가 하는 일을 엄격하게 제한하는 신생 민주주의 사회로 만들었다. 개인이 재산을 소유하고, 거래에 참여하며, (정신노동을 비롯한) 노동의 대가를 가질 권리를 다수는 침해할 수 없었다. 이런 제한은 다른 어떤 것보다, 다시 말해 풍부한 토지와 자원 같은 전통적인 경제적 이점보다 미래에 미국이 번영하는 데 훨씬 큰 역할을 했다. 무엇보다 노동의 대가를 빼앗길 위험을 줄임으로써 사람들이 거래에 참여하도록 북돋았다. 국부들은 전반적인 구조뿐 아니라 그에 맞는 세부 사항도 수립했다. 그들은 (유럽인들이 1980년대까지 하지 못한) 내국 관세를 폐지함으로써 세계 최대의 단일 시장을 만들었다. 그 덕분에 산업의 규모가 커지고, 지역별 전문화가 이뤄졌다. 국부들은 재산권의 범위를 너무나 중요한 아이디어의 세계로 확장하기도 했다.

힘든 삶

이 모든 이점에도 불구하고 독립전쟁을 통해 태어난 미국의 경제는 대부분 여전히 어려웠다. 1794~1796년까지 미국을 여행한 프랑스의 뛰어난 외교관 탈레랑Talleyrand은 낙후된 미국의 모습에 큰 충격을 받았다. 그의 글에 따르면 미국은 "제조 부문에서 아직 갓난아이 수준으로 소수의 철공소와 유리 공장, 가죽 공방, 다수의 하찮고 불완전한 커지미어 kerseymere(거친 직물) 공장, 일부 지역에는 면직 공장이 있을 뿐이다. … 이런 실정은 지금까지 일상생활에 필요한 물건을 생산하기 위해 이 나라가 기울인 노력이 얼마나 미미한지 말해준다."[5]

미국의 금융 시스템은 모국의 금융 시스템과 비교해볼 때 원시적인 수준이었다. 영국은 1694년 중앙은행인 영란은행Bank of England을 설립하고 은행권을 발행할 독점적 권리를 부여했다. 또한 1717년부터 금본위제를 시행했다. 당시 조폐청장이었던 아이작 뉴턴 경은 금의 무게를 기준으로 파운드의 가치를 정했다(1트로이온스당 4.25파운드. 트로이온스는 귀금속이나 보석류의 무게 단위로, 1트로이온스는 약 31.1034그램—옮긴이). 반면 미국에는 1780년대까지, 즉 로버트 모리스Robert Morris가 북아메리카은행Bank of North America(1781년)을 인가하고, 알렉산더 해밀턴이 뉴욕은행Bank of New York(1781년)을 설립하며, 존 핸콕John Hancock과 새뮤얼 애덤스Samuel Adams가 매사추세츠은행Massachusetts Bank(1784년)을 허가할 때까지 아무 은행도 없었다. 또한 1830년대까지 분명한 통화정책도 실시하지 않았다. 헌법에는 의회가 '화폐를 발행하고 그 가치를 조정할' 권리를 가진다는 조항(1조 8절)이 있었다. 그리고 1792년에 제정된 화폐법은 금이 아니라 은을 기준으로 미국 '달러'의 가치를 정의했다(1달러는 은 371.25그레인. 1그레인은 약 0.0648그램—옮긴이). 그러나 큰 단위(2.50달러와 10달러)에는 금화를 쓰도록 승인하고 1달러의 가치를 순금 24.75그레인으로, 금과 은의 가격을 15 대 1로 고정함으로써 금을 기준으로 삼을 여지도 만들었다. 하지만 이 비율은 오래가지 못했다. 은의 상대적 시장가격이 떨어지면서 국내보다 해외에서 더 높은 가치를 얻게 된 금이 대량으로 수출되어 미국에서 유통되는 금화가 동날 지경에 이르렀기 때문이다. 결국 1834년 연방 정부는 금과 은의 가격 비율을 16 대 1로 되돌리고 영국의 금본위제를 받아들임으로써 문제를 해결했다.

미국인 가운데 90퍼센트 이상은 시골의 소규모 또는 대규모 농장에서 살았다. 인구가 1만 6천 명 이상인 도시는 필라델피아, 보스턴, 뉴욕뿐이었는데, 이 세 도시도 런던(75만 명)이나 베이징(거의 300만 명)과 비교하면 미미한 수준에 불과했다.[6] 대다수 미국인은 직접 먹을거리를 재배하고 옷감을 짰으며, 옷과 신발을 만들었다. 그리고 무엇보다 피곤한 일은 동물의 비계를 끓여 비누와 양초를 만드는 것이었다. 또한 미국인들은 나무로 집을 짓고 연료를 확보했으며, 동물의 힘을 빌렸다. 제조업이 발전하기 시작할 무렵에는 수력을 활용해 조악한 기계를 돌렸다. 당시 미국인 농부가 쓰던 쟁기는 나무막대에 약간의 쇠붙이와 소가죽을 더한 것으로, 고대 로마인이 썼던 쟁기보다 별반 나은 것이 없었다. 마차 바퀴 자국으로 깊게 파인 도로에는 바위와 그루터기가 널려 있었다. 도로는 폭우가 쏟아지면 진흙탕으로, 가뭄이 길어지면 먼지투성이로 변했다.

대개 삶은 지루하고 힘들었으며, 쉼 없고 가차 없었다. 농가는 어른뿐 아니라 아이들, 남성뿐 아니라 여성들, 젊은이뿐 아니라 노인들까지 모두가 전력을 기울여야 생존할 수 있었다. 게으른 사람은 벌을 받거나 알아서 살라며 세상으로 내쫓겼다. 목욕이나 빨래에 필요한 물을 길어오거나 쓰레기를 처리하는 기본적인 일도 허리를 휘게 만들고 시간을 잡아먹었다. 일상의 리듬은 일출과 일몰에 따라 정해졌다(빛을 밝혀주는 양초와 고래기름 램프는 비효율적이고 비쌌다). 속도의 개념은 '말발굽과 돛'으로 정의되었다. 여행자는 말을 타거나, 역마차 안에서 감자 포대처럼 내던져지거나,

뱃멀미에 시달렸으며, 말발굽이 벗겨지거나 역마차의 바퀴축이 부러지면 발이 묶이는 등 끝없는 불편을 겪어야 했다. 토머스 제퍼슨은 1801년 대통령에 취임하기 위해 집이 있는 버지니아주 몬티셀로Monticello에서 워싱턴 DC까지 가는 동안 5개의 강을 건너야 했다.[7]

과거 미국인은 기후의 포로였다. 에어컨이 있는 안락한 연구실에서 연구하는 현대 역사학자들은 몽테스키외가 《법의 정신The Spirit of the Laws》 (1748년)에서 기후가 운명이라고 한 말을 깔보는 경향이 있다. 조지 워싱턴과 동시대 사람들에게 이 말은 당연한 것이었다. 북동부에서는 겨울에 몇 달 동안 눈이 내렸다. 중서부에서는 토네이도가 마을을 파괴했다. 남부에는 더위와 폭염이라는 두 가지 날씨밖에 없었다(노예제는 어떤 의미에서 기후라는 근본적 조건을 극복하기 위한 끔찍한 대응이었다. 자유인이라면 누구도 덥고 습한 날씨에 노동력이 많이 필요한 작물을 수확하려 하지 않았다). 날씨는 고압적인 동시에 변덕이 심한 주인이었다. 갑작스러운 홍수는 도로를 지날 수 없게 만들었다. 늦은 서리는 작물을 망쳤다.

독립혁명 직후 미국인은 동부 해안의 좁은 땅에 갇힌 포로이기도 했다. 그들은 감히 내륙으로 진출하지 못했다. 내륙은 대개 경쟁하는 유럽의 강대국과 민간 기업들이 지배하고 있는 미지의 황야였기 때문이다. 황야는 온갖 위험으로 가득했다. 원주민은 백인에게 밀려나는 데 분노하고 있었다. 곰과 늑대는 인육을 맛보고 싶어했다. 적대국의 군인과 용병도 도사리고 있었다. 무엇보다 황야는 텅 빈 땅이어서 정확한 지도가 없으면 길을 잃기 쉬웠다.

미국인은 기후뿐 아니라 무지의 포로이기도 했다. 그들은 세상에서 어떤 일이 일어나고 있는지 몰랐다. 중요한 사건에 대한 뉴스는 유럽에서 미국까지는 말할 것도 없고, 한 지역에서 다른 지역까지 닿는 데 몇 주가 걸렸다. 조지 워싱턴이 사망했다는 소식이 뉴욕까지 알려지는 데 거의 일주일이 걸렸다. 나폴레옹이 '루이지애나'를 팔 용의가 있다는 소식이 파리에 있던 제임스 먼로James Monroe로부터 워싱턴 DC에 있는 토머스 제퍼슨에게 전달되는 데 한 달 넘게 걸렸다.

로버트 맥나마라Robert McNamara는 '전쟁의 안개fog of war'를 이야기했다. 건국 초기 미국인은 일상의 안개에 둘러싸인 채 삶을 이어 가려 애썼다. 그들은 이미 전쟁을 이긴 상태에서도 전투에 나섰다. 원자재를 가득 실은 배가 곧 당도할 예정인데도 '귀한' 원자재를 사려고 비싼 값을 치렀다. 삶의 변동성이 너무나 컸기에 이런 양상은 더욱 위험했다. 동해안을 통한 수입은 경쟁국 사이의 전쟁이나 악천후로 다니지 못할지 모르는 소수의 배에 의존했다.

이 무지의 안개는 민간뿐 아니라 정부도 해당되었다. 독립혁명 동안 독립군은 자신들이 해방시키려는 땅에 대한 기본적인 정보도 몰랐다. 가령 사람들이 어디에 얼마나 사는지, 어떻게 살아가는지, 자신들을 지원할 수 있는지 전혀 알지 못했다. 신생 정부는 서둘러 인구 관련 자료를 수집하기 시작했다. 헌법에는 의석수를 배분하기 위해 10년 단위로 인구조사를 실시한다는 조항이 삽입되었다. 첫 인구조사는 건국 직후인 1790년에 이뤄졌다. 제조업과 농업에 대한 자료는 1840년에 이르러서야 수집되기 시작했다. 스탠퍼드 대학의 폴 데이비드는 1840년 이전 시기를 '통계의 암흑시대'라 불렀다.

사람들에게 가장 중요한 경제적 관계는 자연계, 특히 동물, 물, 바람과 맺은 것이었다. 농촌 사람뿐 아니라 도시 사람도 돼지, 양, 닭, 오리, 말을 비롯한 온갖 동물에 둘러싸여 있었다. 돼지들은 거리에서 쓰레기를 뒤졌다. 개들은 거리를 마구 뛰어다녔다. 가축우리가 있는 집은 모두 말을 키웠다. 당시 동물들은 고기나 우유 혹은 달걀을 최대한 많이 생산하기보다 거친 환경에 적응하느라 지금보다 작고 근육질이었다. 오늘날의 소들은 연간 약 7,260킬로그램의 우유를 생산하는 반면, 1800년 무렵의 소들은 연간 약 450킬로그램의 우유를 생산했다.[8] 또한 당시 동물들은 고기 제공 이상의 역할을 했는데, 가죽은 옷과 신발을, 발은 접착제를 만드는 데 사용되었다. 감수성과 거리가 멀었던 당시에는 '하나도 버리지 않고 취하는 것'이 관례였다. 미국인들은 농부인 동시에 사냥꾼이었다. 드넓은 야생에는 엘크, 사슴, 오리 같은 먹고 입을 것들이 풍부했다. 존 제이컵 애스터John Jacob Astor는 비버, 수달, 사향쥐, 곰 가죽을 거래하면서 미국에서 가장 많은 부를 쌓는 데 성공했다(그는 현명하게도 미국의 드넓은 황야에서 동물을 사냥해 번 돈 가운데 일부로 맨해튼의 부동산을 사들였다).

무엇보다 중요한 동물은 말이었다. 실로 말은 당시 미국이 보유한 자산의 가장 중요한 요소였다. 1800년 미국에는 대략 100만 마리의 말과 노새가 있었다. 인간과 말의 조합은 현재 인간과 컴퓨터의 조합처럼 경제생활의 중심이었다. 순종 말은 오락의 원천인 동시에 부를 축적하는 수단이었다. 특히 버지니아와 켄터키에서는 말의 혈통에 대한 대화가 흔했다.

미국인들은 운 좋게도 고속도로처럼 기능하는 강과 호수를 활용할 수 있었다. 특히 미시시피강은 남부와 중서부를 잇는 약 6,400킬로미터 길이의 대규모 고속도로와 같았다. 강과 호수를 통해 수많은 상품이 수월하게 이동했다. 정착민들은 물살 빠른 개천 옆에 제분소를 지어 수력을 활용하거나, 더 낮게는 매사추세츠주 월섬Waltham의 찰스강 폭포 같은 폭포

옆에 제분소를 지어 중력과 수력을 같이 활용했다. 심지어 프랜시스 캐벗 로웰Francis Cabot Lowell과 한 무리의 보스턴 상인은 메리맥Merrimack강 인근에 수문 및 운하사업소Proprietors of the Locks and Canals라는 회사를 만들어 물길을 통제하고, 지역 제분소와 공장에 수력을 판매했다.[9] 그러나 수로는 한계를 안고 있었다. 물길을 거슬러 오르는 일은 특히 미시시피강처럼 물살이 센 강에서는 종종 불가능했다.

미국인들은 풍부한 어류를 제공하고 유럽 대륙까지 데려다주는 드넓은 대서양을 끼고 있다는 점에서도 운이 좋았다. 뉴잉글랜드 지역의 어업은 너무나 발전한 나머지, 다름 아닌 애덤 스미스도《국부론》에서 '세상에서 가장 중요한 산업 가운데 하나'로 꼽았다.[10] 여러 지역 사회가 바닷가재, 굴, 청어, 철갑상어, 대구, 게를 잡아 먹고살았다. 실제로 버지니아에 담배가 있다면 매사추세츠에는 대구가 있었다. '미국식 자유의 요람'으로 불리던 퍼네일 홀Faneuil Hall은 뉴잉글랜드산 연어를 전 세계에 팔아 큰돈을 번 보스턴 상인 피터 퍼네일Peter Faneuil의 선물이었다.

가장 높은 가치를 지닌 '바다 동물'은 어류가 아니라 포유류였다. 고래기름에 대한 수요는 끝이 없어서 주요 포경 기지인 매사추세츠주 뉴베드퍼드New Bedford의 포경업은 1817~1892년까지 연평균 14퍼센트의 수익을 남겼다. 이 지역에 본거지를 둔 포경 조합인 기디언 앨런 앤드 선스Gideon Allen & Sons는 고래잡이 항해에 필요한 자금을 대줌으로써 19세기 대부분의 기간에 걸쳐 연간 60퍼센트의 수익을 올렸다. 이는 미국 역사상 최고의 실적에 해당한다.[11]

미국은 바다 생물뿐 아니라 나무도 풍부했는데, 전국에 약 364만 제곱킬로미터의 숲이 있었다. 영국에서 온 정착민들은 숲이 사라진 영국에 비해 미국에는 소나무, 참나무, 단풍나무, 느릅나무, 버드나무, 침엽수 같은 나무가 너무나 많다는 사실을 언급했다. 버지니아의 한 정착민은 "물속에 숲이 서 있는 것 같다"고 말했다. 메릴랜드의 한 정착민은 "집들을 가까이 지었는데도 나무에 가려 이웃집이 보이지 않는다"고 썼다. 정착민들은 풍부한 나무를 보고 문명화된 삶의 밑그림을 그렸다. 나무는 집에 들일 가구, 난로와 화로에 불을 지필 연료, 배의 돛대와 선체, 기계의 부품, 심지어 모조 이빨로 쓰였다.[12]

월트 휘트먼Walt Whitman은 도끼를 구세계와 신세계를 나누는 상징으로 치켜세웠다. 유럽에서 도끼는 전제군주의 목을 베는 데 쓰였다. 반면 미국에서 도끼는 숲을 유용한 물건으로 바꾸는 데 쓰였다.[13]

> 도끼가 날뛴다!
> 튼튼한 숲이 수액을 내뱉고,
> 앞으로 넘어졌다가,
> 다시 일어나
> 오두막, 천막, 공터, 측지,
> 도리깨, 쟁기, 곡괭이, 지렛대, 삽,
> 지붕널, 침목, 버팀목, 벽판, 문설주, 윗가지, 판자, 박공이 된다.

미국인들은 풍부한 천연자원을 바탕으로 소박하게 사는 데 만족하지 않았다. 그들은 자연환경에서 더 많은 부를 쥐어짜는 새로운 방법을 개발했다. 제이컵 퍼킨스Jacob Perkins는 1795년 하루 20만 개의 못을 만들 수 있는 기계를 발명했다. 이 기계는 최소한의 기술과 노력만으로 '외피

구조ballon frame'의 집을 지을 수 있도록 해주었다. 윌리엄 워즈워스William Wordsworth는 1820년대에 나무를 규격대로 자를 수 있는 기계를 고안해 못 만드는 기계의 유용성을 더욱 높였다. 1829년까지 미국인들은 1년에 8억 5천만 보드피트board feet(미국의 목재 측정 단위로, 넓이 1피트 평방에 두께 1인치의 판자 체적—옮긴이)의 목재를 소비했다. 이는 1인당 기준으로 영국보다 3.5배나 많은 양이었다.[14] 그러나 미국인들은 창의성을 통해 자연계를 변화시키는 와중에도 계속 자연계에 의존했다. 1850년까지 가장 진전된 기계도 나무로 만들었고, 가죽으로 만든 벨트를 사용했다.

놀라운 변화

독립전쟁은 영국이 유럽연합EU을 떠나면서 받은 충격을 미미하게 만들 정도의 충격을 미국에 안겼다. 18세기 동안 영국령 미국은 영국 경제와 더욱 긴밀하게 얽혔다. 미국은 세계의 공장에서 만들어진 공산품을 수입하고, 물고기와 원목 같은 풍부한 천연자원이나 담배와 쌀 같은 현금성 작물로 대금을 지불했다. 약 4,800킬로미터의 바다를 건너는 교역의 증가는 중상주의 이론이 정당화해주었고, 유럽의 주요 강대국 사이에 벌어진 경제 분쟁이 뒷받침해주었다.

독립전쟁은 미국의 취약한 경제를 무너트렸다. 영·미 양쪽 군대는 도시와 농가를 파괴했다. 영국의 전함은 교역을 가로막았다. 2만 5천 명이 넘는 미국인이 전투에서 사망했다. 콘티넨털continentals이라는 이름으로 2억 4,200만 달러어치의 화폐를 발행해 전비를 조달하려는 대륙회의의 시도는 초기에는 잘 통했다. 그 덕분에 조지 워싱턴은 식량과 무기를 살 수 있었다. 그러나 결국에는 극심한 인플레이션이 발생하고 말았다. 1780년 콘티넨털의 가치는 액면가보다 40분의 1이나 낮게 거래되었고(그래서 "콘티넨털만큼의 가치도 없다"는 말이 생겼다), 정부는 유통을 중단시킬 수밖에 없었다. 그에 따라 새 화폐는 미국인들, 특히 콘티넨털로 예금을 보유한 부자들에게 숨겨진 세금으로 작용했다. 그들은 예금의 가치를 점차 잃어가면서 결국 전비의 상당 부분을 감당하게 되었다(아래 그래프 참고).

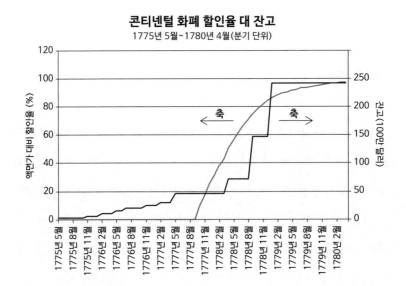

콘티넨털 화폐 할인율 대 잔고
1775년 5월~1780년 4월(분기 단위)

전쟁의 여파는 추가적인 피해를 입혔다. 미국은 바뀐 세상에서 새로운 역할을 찾으려 애쓰는 과정에서 역사가들이 말하는 '역대 최고의 소득 침체'를 겪었다. 국제 교역에 반영된 수치로는 국민소득이 30퍼센트나 줄었다.[15] 게다가 전쟁 부채도 엄청났다. 연합규약Articles of Confederation(1781

년 북부 13주가 제정한 미국 최초의 헌법. 1789년에 현행 헌법으로 개정되었다―옮긴이)에 따라 만들어진 신생 정부가 짊어진 부채는 5,100만 달러에 이르렀지만(개별 주들이 추가로 짊어진 부채는 2,500만 달러였다) 세금으로 수입을 올릴 능력이 없었다.

그럼에도 주로 재무부 장관인 알렉산더 해밀턴 덕분에 미국은 정부 재정을 바로잡는 데 놀라운 능력을 보였다. 헌법은 연방 정부가 세관 수수료를 통해 수입을 올릴 수 있는 권한을 늘려주었다. 그 덕분에 해밀턴은 오랜 채무, 특히 대불 채무를 갚아 국가적 신용을 쌓고, 이를 바탕으로 새로운 채무 협상을 벌일 수 있었다.[16]

독립 후 몇 년 만에 미국의 성장세가 재개되었다. 1819년 워싱턴 어빙 Washington Irving은 신생 국가의 정신을 담은 《립 밴 윙클Rip Van Winkle》이라는 소설을 펴냈다. 이 소설은 20년 동안 잠들었다가 다시 깨어나 완전히 바뀐 세상을 접한 남자에 대한 이야기다. 미국은 전반적으로 영토, 인구, 물질적 행복처럼 경제생활의 가장 중요한 측면에서 크게 도약했다. 원주민들이 오랫동안 살았고, 뒤이어 프랑스, 스페인, 영국, 멕시코가 차지한 땅들을 매입, 정복, 병합하고 거기에 정착하면서 영토가 네 배나 넓어졌다. 1803년에 토머스 제퍼슨은 루이지애나를 매입할 때 나폴레옹에게 1,500만 달러를 주고 미시시피강 서쪽 유역을 전부 사들였다. 베어링 브라더스 Baring Brothers가 대부분의 자금을 댄 이 매입은 신생 국가인 미국의 신용 상태가 개선되었음을 말해주었으며, 뉴올리언스를 미국의 항구로, 미시시피강을 미국의 강으로 만들었다.[17] 또한 1821년 앤드루 잭슨은 스페인으로부터 플로리다를 사들였다. 이후에도 미국은 텍사스(1845년)와 캘리포니아(1850년) 그리고 오늘날의 남서부 지역 대부분을 영토에 추가했다.

1846년에는 마지막으로 남은 영국 땅인 오리건까지 차지했다.

인구는 인구조사를 처음 실시한 1790년에 390만 명이었다가 1860년에는 3,150만 명으로 늘어났다. 이는 유럽보다 네 배, 세계 평균보다 여섯 배나 빠른 증가 속도였다. 1815~1830년까지 애팔래치아산맥 서쪽 지역의 인구는 초기 13개 식민지보다 세 배나 빨리 늘어났다. 이 기간에 3년마다 새로운 주가 추가되었다. 남부와 서부에서는 피츠버그, 신시내티, 내슈빌 같은 신도시가 지역 중심지로 형성되었고, 사람들이 그곳으로 몰려들었다. 자본 스톡capital stock은 더 빨리 불어나서 1774~1799년까지 세 배 이상, 이후 남북전쟁까지 16배가 되었다.[18]

미국의 실질 GDP는 1800~1850년까지 연평균 3.7퍼센트 성장했다. 1인당 소득은 40퍼센트 성장했다. 제임스 맥퍼슨James McPherson은 《자유의 함성Battle Cry of Freedom》에서 이렇게 말했다. "당시 어떤 나라도 이런 폭발적인 성장의 단일 요소조차 따라잡지 못했다. 세 가지 요소의 조합이 미국을 19세기의 '기린아Wunderkind'로 만들었다."[19] 성장은 결과적으로 경기순환을 수반했다. 최저 생활 사회에서는 대개 지역적 여건이나 자연적 힘이 경기 문제를 불러온다. 반면 성숙한 경제에서 기업 활동은 동시에 움직이는 경향이 있다. 즉, 기업 활동이 점진적으로 늘어나다가 '위기'나 '공황' 등으로 불리는 극적인 붕괴를 겪는다.

1819년에 발생한 공황은 미국이 평시에 처음 겪은 경제 위기였다. 1818년 8월, 미합중국제2은행Second Bank of the United States은 신용이 위험할 정도로 확장되었다는 우려에 따라 은행권을 거부하기 시작했다. 뒤이어 10월에는 재무부가 200만 달러의 정화로 루이지애나 매입 채권을 상환하라고 해당 은행을 압박하면서 신용 경색을 악화시켰다. 남부와 서부의 주

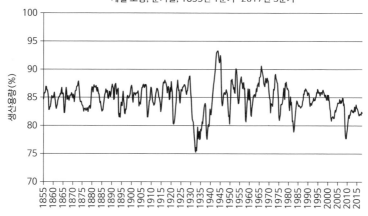

비농업 기업 가동률

계절 조정, 분기별, 1855년 1분기~2017년 3분기

립 은행은 과도한 대출을 낀 농장에 빌려준 돈을 회수하기 시작했다. 많은 농장의 가치가 50퍼센트 이상 떨어졌다. 지역 은행은 많은 농장을 압류하고 미합중국제2은행으로 소유권을 넘겼다. 1819년에 목화 가격이 하루에 25퍼센트나 떨어지는 일이 발생했다. 미국은 1821년이 되어서야 뒤이은 불경기에서 회복할 수 있었다.

이 공황은 1837년, 1857년, 1873년, 1884년, 1893년, 1896년, 1907년에 연달아 공황이 발생하는 패턴을 촉발했다. 각 경기 순환의 구체적 원인은 많이 달랐다. 그러나 이면의 패턴은 항상 같았다. 즉, 경기가 계속 확장되다가 결국 신용 공급을 제한하는 '황금 천장gold ceiling'에 가로막혀 기업 활동을 위축시켰다. 확장은 도취로, 도취는 과도한 팽창으로 이어졌다. 과도한 팽창은 금리 상승으로, 금리 상승은 급격한 주가 조정과 정치적 분노로 이어졌다. 앞의 그래프에서 볼 수 있듯이 1855~1907년까지

경제활동은 줄곧 생산용량의 약 85~87퍼센트에 이른 직후에 크게 쇠퇴
했다. 이는 삶의 리듬이 계절 변화에 주로 좌우되던 18세기의 양상과는
동떨어진 것이었다.

이후 황금 천장은 조금 더 높아졌다. 1848년에 캘리포니아에서, 1886
년에 남아프리카에서, 1896년에 유콘Yukon에서 금이 발견되면서 금 공급
이 늘었다. 시안화물 용탈 같은 기술 혁신으로 기존 금광과 신규 금광에
서 채굴량도 늘어났다. 어음교환소 같은 금융 거래 수단이 생기면서 금
의 공급량에 따라 확장할 수 있는 신용도 늘어났다. 하지만 부작용이 없
지는 않았다. 늘어난 금 공급량은 1893년부터 미국 역사상 가장 심각한
경기후퇴를 불러왔다. 이런 위기가 재발되지 않도록 막아야 한다는 압박
감이 1908년에 올드리치-브릴랜드법Aldrich-Vreeland Act을 낳았다. 이 법은
결국 1913년에 연방준비제도(연준)의 설립으로 이어졌다. 그에 따라 정금
正金이 미국의 국가 신용으로 발행되는 소모성 화폐로 대체되었다.

성장의 문화

미국이라는 기린아는 두드러지게 개방적이고 역동적인 문화를 갖고 있
었다. 미국의 국부들은 새로운 문화의 시대정신을 잘 표현했다. 벤저민
프랭클린은 "두 발로 선 농부는 무릎 꿇은 신사보다 높은 사람이다"라고
말했다. 토머스 제퍼슨은 "민중은 등에 안장을 얹은 채 태어나지 않았고,
소수 특권층은 그들을 타고 다니도록 박차 달린 부츠를 신은 채 태어나
지 않았다"고 말했다. 이처럼 개방적인 새로운 문화는 이후 수십 년 동안

더 깊이 뿌리내렸다. 해외에서 온 방문자들은 미국의 부르주아적 성향에 깊은 인상을 받았다(혹은 질색했다). 그들은 사업과 돈에 집착하는 미국인의 태도를 기록했다. 스튜어트 워틀리Stuart Wortley는 "대서양 저편에 있는 거대한 벌집은 어떤 수벌도 받아들이지 않는다"고 썼다. 프랜시스 그룬드 Francis Grund는 "음식과 의복이 유럽인의 행복에 필수적인 만큼 노동은 그들의 행복에 필수적이다"라고 주장했다. 토크빌은 "미국만큼 부가 애착의 대상으로 사람들의 마음속에 굳게 자리 잡은 나라를 알지 못한다"고 썼다. 그는 오하이오에 도착한 날, '사회 전체가 공장'이라고 감탄했다. 방문자들은 대개 미국인이 이처럼 열성적으로 돈을 벌려는 이유가 프랜시스 트롤럽Francis Trollope이 말한 대로 "누구의 아들도 다른 누구의 아들과 동등하게 될 수 있기" 때문이라고 보았다.[20] 물론 노예제는 나중에 살피겠지만 혐오스러운 예외로 남았다.

이런 개방적 문화는 두 가지 강력한 영향으로 뒷받침되었다. 청교도들은 근면을 미덕의 증거로, 교육을 성경적 이해의 길로 삼았다. 계몽철학자들은 위계와 권위의 가치에 의문을 제기했으며, 사람들에게 자신의 판단을 따르라고 권했다. 이 두 전통은 여러 측면에서 다르기는 하지만 모두 창조적 파괴에 우호적이었다. 그들은 미국인에게 기성 질서에 도전해 개인적 발전을 도모하고, 통념에 의문을 제기해 합리적 이해를 추구하라고 가르쳤다.

노동력 부족도 나름대로 기여했다. 미국은 전 세계에서 영토 대비 인구 비율이 가장 낮았다(실제로 영국이 식민지 주민들을 이기는 데 어려움을 겪은 한 가지 이유는 그들이 너무 넓게 흩어져 있었기 때문이다. 그래서 강력한 해군을 앞세워 해안 도시를 함락시켜도 인구의 95퍼센트가 사는 농촌 지역을 진압할 인력이 부족했다). 유럽에서는 맬서스가 《인구론Essay on the Principle of Population》 (1798년)에 담은 경고, 즉 인구가 부양에 필요한 토지보다 빠르게 늘어날 것이라는 경고가 맞는 것처럼 들렸다. 그러나 남아도는 땅을 일굴 일손이 부족한 미국에서 이 경고는 말이 되지 않았다.[21] 미국이 이민자로 넘쳐나도 영토 대비 인구 비율은 계속 여유로웠다. 인구가 늘어나는 만큼 영토도 넓어졌기 때문이다. 그래서 1제곱마일(약 2.6제곱킬로미터)당 인구수가 1800년에 6.1명이었다가 1810년에는 4.3명으로 오히려 줄었다.

이처럼 풍부한 자원과 부족한 노동력은 넉넉한 물질적 보상을 안겼다. 미국인들은 농사를 지을 땅을 쉽게 찾을 수 있었기 때문에 일찍 결혼했고, 일손이 필요했기 때문에 아이를 많이 낳았다. 1815년 중위中位 연령은 16세였으며, 43세 이상인 사람은 8명 가운데 1명뿐이었다.[22] 이처럼 전반적으로 젊은데다가 질병이 유럽의 북적거리는 도시처럼 잘 퍼지지 않았기 때문에 미국인들은 더 오래 살았다(남부는 높은 습도에 따른 질병 때문에 기대수명이 더 짧았다).

심리적 보상도 넉넉했다. 노동력 부족은 권력의 균형을 바꿨다. 월터 맥두걸Walter McDougall의 말에 따르면 "미국인들은 지구상의 그 어떤 사람들보다 '이따위 일, 당신이나 해'라고 말할 여지가 많았다."[23] 너무나 넓은 땅을 정복해야 할 필요성은 사람들을 조직하는 능력에 높은 가치를 부여했다. 모르몬교도들의 유타 대이주Great Trek가 이 점을 가장 잘 말해주는 사례다. 그들은 브리검 영Brigham Young의 명민한 인도 아래 직접 도로와 다리를 만들었고, 심지어 다음 정착민이 수확할 곡물까지 심었다.[24] 동시에 넉넉한 땅은 산업화 초기에 어려움을 덜어주었다. 유럽에서 산업혁명은 도시 과밀화 및 '시커먼 악마의 공장'과 연계되었다. 반면 미국의 경우 산업화의 첫 씨앗은 녹색의 쾌적한 땅, 주로 강을 끼고 있는 뉴잉글랜드의 소도시들에서 자라났다. 1830년대에 프랑스 경제학자인 미셸 슈발리에Michel Chevalier는 미국의 공장이 "오페라의 한 장면에 나오는 것처럼 새롭고 신선하다"고 말했다. 또한 1837년에 영국 여성인 해리엇 마티노Harriet Martineau는 미국 노동자들이 "산이 옹기종기 모여 있고, 강물이 바위틈에서 튀어 올라 맴도는 곳에 집과 일터가 있어서" 운이 좋다고 말했다.[25]

금세 영국을 따라잡은 미국은 세계에서 가장 많은 창업자를 배출하면서, 1810년에는 가장 많은 1인당 특허 건수를 기록했다. 또한 증기선, 농기계, 공작기계, 재봉틀을 비롯해 생산성 혁명의 핵심에 있는 산업에서 우월한 능력을 선보였다. 미국의 창업자는 사회의 모든 계층에서 배출되었는데, 열심히 고민하면 모든 문제를 해결할 수 있다는 태도를 공유하고 있었다.

올리버 에번스Oliver Evans는 델라웨어 지역 농부의 아들로 독학한 사람이었다. 그는 1784~1785년 필라델피아 외곽에 중력, 마찰력, 수력으로 돌아가는 제분소를 만들었다. 큰 통에 담긴 곡물은 작은 통과 가죽 벨트를 통해 여러 층으로 옮겨졌다. 사람은 이동 경로를 설정하고 속도를 조절하는 일만 하면 되었다. 토머스 제퍼슨과 조지 워싱턴은 에번스가 개발한 제분소를 자신들의 농장에 설치하고 사용료를 지불했다. 몇 년 후, 에번스는 최초의 고압 증기기관을 고안했으며, 대중적 발명품을 개발하고 수리할 공방 네트워크를 만들었다. 1813년에는 사람들이 '증기로 움직이는' 역마차를 타고 철로를 통해 다른 도시로 여행하는 미래를 예측하기도 했다.

엘리 휘트니는 예일 대학 졸업생이었다. 그는 1793년 목화에서 목화씨를 분리하는 데 필요한 노동량을 50분의 1로 줄여주는 장치를 개발했다. 못이 박힌 롤러를 통해 목화씨가 통과할 수 없는 아주 좁은 격자판으로 목화를 밀어 넣어 목화솜을 벗겨내는 방식이었다. 그러면 목화씨와 목화솜이 각각 다른 통으로 분리되어 떨어졌다. 어느 정도 솜씨 있는 목수라면 한 시간 안에 이 장치를 만들 수 있었다. 이 장치의 특허가 승인되지 않아서 좌절한 휘트니는 정부를 위해 장총과 다른 무기를 제조하는 일로 옮겨갔다.

새뮤얼 모스는 뛰어난 화가이자 뉴욕 대학 미대 교수였다. 그는 의회가 국회의사당 원형 홀에 역사적 벽화를 그릴 수 있도록 허가하지 않는 데 분노한 나머지 그림 그리기를 포기했다. 그 대신 전자기장을 이용해서 전선을 통해 메시지를 전달하는 기술을 개발하는 데 열정을 쏟았다. 그는 1843년 의회를 설득해 볼티모어에서 워싱턴까지 시연용 전신선을 설치하는 데 필요한 3만 달러를 지원받았다. 1844년 5월 24일, 그는 "실로 하나님의 위업이로다"라는 첫 메시지를 전송했다.

사이러스 매코믹과 존 디어John Deere는 둘 다 농장에서 일하면서 여유 시간에 기계를 개발했다. 매코믹은 1833~1834년에 5명이 큰 낫을 들고 일할 때보다 많은 곡물을 수확할 수 있는 수확기를 발명했다. 디어는 1837년에 밭을 갈 때 저절로 '연마'되는 강철 볏(보습 위에 비스듬하게 덧댄 쇳조각─옮긴이)을 단 쟁기를 고안했다. 몇 년 뒤에는 의자가 추가되면서 농부들은 쟁기 뒤를 따라 걸을 필요 없이, 진정한 들판의 왕처럼 쟁기를 타고 일할 수 있게 되었다. '들판을 뒤집는 쟁기'는 효율적인 동시에 편안했다. 아이작 싱어Isaac Singer는 세 집 살림을 하면서 적어도 24명의 아이를 낳은 난봉꾼이었다. 그는 1840년대에 재봉틀을 발명했다. 재봉틀은

상의 한 벌을 만드는 데 필요한 시간을 14시간 20분에서 1시간 16분으로 줄임으로써 19세기의 다른 어떤 발명품보다 여성 해방에 기여했다. 찰스 굿이어는 코네티컷주 뉴헤이븐New Haven에서 가게를 운영하며 살아가던 무명의 인물로, 화학을 공부한 적이 전혀 없었다. 그러나 그는 과학자들도 실패한 화학적 문제를 해결할 사람으로 자신이 창조주에게 선택받았다고 확신했다. 오랫동안 가난에 시달리고 빚을 갚지 못해 교도소까지 갔다 온 그는 1844년에 황, 고무나무 유액, 백연白鉛을 혼합해 고무를 '경화'하는 방법에 대한 특허를 따냈다.

현저한 수의 창업자들이 기술적 창의성과 상업적 수완을 결합시켰다. 디어는 꾸준히 경진대회에 참가해 자신이 발명한 쟁기에 대한 수요를 늘렸으며, 전국을 아우르는 '외판外販' 네트워크를 구축해 수요를 충족시켰다.[26] 매코믹은 현지 사업가를 '대리인'으로 삼아 수확기를 팔았다. 그는 구매욕을 자극하기 위한 무료 체험, 의구심을 지우기 위한 환불 보증, 새로운 시장을 창출하기 위해 농촌 신문에 싣는 '교육용' 광고 등 현대적 사업의 여러 필수 요소를 개척했다.[27] 심지어 신문 광고비가 오르자 〈파머스 어드밴스Farmers' Advance〉라는 신문을 직접 발행하기도 했다. 정보 광고informercial로 가득한 이 신문은 나중에 35만 부나 발행되었다. 이 신문의 한 편집자는 이렇게 말했다. "광고 없이 사업을 하는 것은 녹색 안경을 끼고 예쁜 여자에게 윙크를 보내는 것과 같다. 자신은 무슨 행동을 하는지 알지만 다른 사람들은 누구도 모른다."[28] 싱어와 그의 동업자인 에드워드 클라크Edward Clark는 두 가지 혁신을 통해 재봉틀 시장에서 차지한 입지를 확고히 다졌다. 하나는 5달러를 선불로 내고 이후 16개월 동안 한 달에 3달러를 내면 재봉틀을 살 수 있는 장기 할부 제도였고, 다른 하나는 자사 제품이든 아니든 모든 중고 재봉틀을 반납하면 새 재봉틀의 가격을 깎아주는 보상 판매 제도였다. 고객이 반납한 중고 재봉틀은 중고 시장을 죽이고 수리용 부품을 확보하기 위해 해체되었다.

창업자들은 노동의 대가를 누릴 수 있다는 합리적인 자신감 덕분에 높은 생산성을 올렸다. 1790년에 제정된 특허법은 미국을 단일 지적재산권 시장으로 만들고 발명가에게 14년 동안 수익을 독점할 수 있는 권리를 주었다. 1836년 특허청이 설립되면서 특허법이 실질적인 효력을 얻게 되었다. 특허청은 당시 정부 기관에 만연한 비효율과 부패로부터 벗어났을 뿐 아니라 혁신에 대한 이 새 나라의 믿음을 구현하는 데 성공했다. 워싱턴 DC의 에프 스트리트F Street에 자리한 그리스 신전 같은 건물의 특허청은 최신 발명품으로 가득해서 주요 관광지가 되었다. 신생 국가인 미국을 종종 무시하던 찰스 디킨스Charles Dickens조차 특허청이 '미국의 진취성과 창의성을 보여주는 탁월한 예'라고 인정했다.

선구적 창업자들은 생산성을 향상시키는 세 가지 변화로 바뀌어가는 세상에서 사업을 펼쳤다. 첫 번째 변화는 자원 혁명이었다. 벤저민 프랭클린은 1790년 "금과 은은 북미의 산물이 아니며, 광산도 없다"고 썼다.[29] 그러나 이후 수십 년 동안 모든 것이 바뀌었다. 미국인들은 철광석, 은, 구리, 금을 비롯한 광물을 발견해 1840년대와 1850년대의 골드러시를 일으켰다. 또한 미국인들은 폭넓은 원자재를 활용해 에너지를 얻는 방법을 익혔다. 1800년에는 거의 모든 에너지를 나무에 의존해 얻었다. 그로부터 80년 후, 나무가 차지하는 비중은 100퍼센트에서 57퍼센트로 줄었다.[30] 석탄 생산량은 1813년까지 두 배로 늘었고, 1818년까지는 세 배로 늘었다. 펜실베이니아에서는 '역청탄(유연탄)'보다 연기와 재가 덜 나는

'경탄(무연탄)'이 대량으로 발견되었다. 석탄은 너무나 중요한 에너지원이어서 프리먼 헌트Freeman Hunt가 발행하는 〈머천츠 매거진Merchants' Magazine〉은 1854년 '상업은 국가의 대통령이며, 석탄은 국무부 장관'이라고 주장했다.[31] 그로부터 불과 5년 뒤 펜실베이니아에서 공동 국무부 장관이라 부를 수 있는 석유가 발견되었다. 석탄은 기관차와 용광로를 돌렸고, 석유는 조명용 등유와 기계용 윤활유를 제공했다.

미국인들은 새로운 동력원을 선보이는 와중에도 오랜 동력원에서 더 많은 것을 뽑아내는 새로운 방법을 찾아냈다. 뉴잉글랜드 직물업계는 물과 중력을 영리하게 활용해 최소한의 비용으로 동력을 창출하는 방법을 개발했다. 이 시스템은 수차로 시작해 나중에는 수력 터빈을 추가했다.

미국인들은 말의 생산성을 높이는 데 특히 뛰어났다. 물론 분명한 한계는 있었다. 말은 먹이고, 돌보고, 같이 걸어야 해서 손이 많이 갔다. 말이 실어 나를 수 있는 양도 한계가 있었다. 그래도 미국인들은 말에게서 더 많은 것을 뽑아냈다. 그들은 프랜시스 골턴Francis Galton이 감탄할 만큼 말 우생학을 열심히 활용했다. 1900년 무렵 말의 품종은 1800년보다 훨씬 다양했다. 미국인들은 온갖 영리한 방식으로 말을 부렸다. 역마차 회사들은 4~6마리의 말로 길이가 18미터 이상인 '마차'를 끌었다. 역마차는 최대 시속 16킬로미터로 달렸으며, 시간을 비교적 잘 지켰다. 보스턴에 있는 이스턴 스테이지 컴퍼니Eastern Stage Company는 1천 마리가 넘는 말과 방대한 마구간, 대장간뿐 아니라 상점, 여관, 호텔의 지분도 보유하고 있었다.[32] 포니 익스프레스는 산업계의 기획 방식으로 서부를 개척했다. 그들은 기수가 어디로 가고 있는지 알 수 있도록 전국에 걸쳐 도로와 다리를 건설했을 뿐 아니라, 말을 갈아탈 수 있는 여관, 마구간, 중계소까지 지었다. 그들은 전성기에 400마리가 넘는 말과 자세한 일지를 기록해야 하는 125명의 기수, 275명의 지원 인력을 보유하고 있었다.[33]

포니 익스프레스는 두 번째 변화인 운송 혁명의 일부였다.[34] 건국 이후 100년 동안의 큰 주제 가운데 하나가 새로운 영토를 추가하는 쉼 없는 지리적 확장이었다면, 다른 하나는 새로운 운송 수단이 거의 100배로 여행 시간을 줄이는 데 따른 시간적 축소였다. 1815년 이전에 비용 측면에서 장거리 화물을 효율적으로 운송하는 유일한 방법은 수로를 통해 범선이나 나룻배로 옮기는 것이었다. 1톤 화물을 마차로 48킬로미터 옮기는 비용은 배로 4,800킬로미터 옮기는 비용과 비슷했다.[35] 1815년 이후 미국인들은 세 가지 방식으로 운송을 개선했다. 하나는 기존의 물리적 자원(기본적으로는 강)을 더 잘 활용하는 것이었고, 다른 하나는 증기 같은 새로운 동력원을 이용하는 것이었으며, 또 다른 하나는 도로, 철도, 운하 같은 새로운 운송 경로를 추가하는 것이었다.

19세기 초에 수백 개의 인허회사chartered company가 수천 킬로미터에 달하는 유료 도로를 만들었다. 이 도로는 (돌이나 자갈 혹은 판자를 깔아) 비교적 다니기 편했다.[36] 앨버트 피쉬로Albert Fishlow의 추정에 따르면 유료 도료의 연평균 수익률은 3퍼센트에서 5퍼센트로 낮았다. 그 이유는 정부가 엄격하게 규제했고, 여행자들이 유료 도로와 무료 도로를 오가며 영리하게 비용을 아꼈기 때문이다.[37] 도로 건설 열풍은 곧 운하 건설 열풍에 자리를 내주었다. 1850년 무렵 미국은 약 6천 킬로미터에 달하는 운하를 보유하고 있었다. 운하로 화물을 옮기는 비용은 1톤당 2~3센트 사이였다. 반면 마차로 옮기는 비용은 30센트가 넘었다. 일반적으로 말은 육지에서 1톤의 화물밖에 못 끌었지만, 배는 화물 50톤을 끌 수 있었기 때문이다.

운하 시대를 연 것은 뉴욕주가 올버니Albany의 허드슨강과 버펄로Buffalo
의 이리호Lake Erie 사이에 건설한 이리 운하Erie Canal였다. 1820년대는 물
론이거니와 오늘날에도 이런 운하를 건설하는 것은 엄청난 도전일 것이
다. 이리 운하는 총연장이 580킬로미터로 늪과 산등성이를 가로지르고
강 위를 지나갔다(로체스터Rochester 구역의 경우 245미터 길이의 수로를 만들어
야 했다). 공사 소요 기간은 8년이었다. 그러나 첫해에 통행료로 건설 비용
을 회수하면서 운하위원회가 토지 수용권을 폭넓게 활용해 지주들에게
땅을 팔도록 강요한 조치를 정당화했다. 이리 운하가 안겨준 경제적 혜택
은 엄청났다. 이리 운하는 운송 비용을 75퍼센트, 운송 시간을 67퍼센트
줄였다. 미국의 대표 항구 자리를 놓고 보스턴, 뉴욕, 뉴올리언스가 벌이
던 경쟁도 뉴욕의 승리로 끝났다. 또한 이리 운하는 서부로 나아가는 확
장을 촉진했다. 버펄로는 여러 호수로 향하는 출발지로서 디트로이트, 클
리블랜드, 시카고를 비롯한 호숫가 도시들이 대도시로 성장하는 데 도움
을 주었다. 올버니, 시러큐스Syracuse, 로체스터, 버펄로처럼 운하를 낀 도
시는 모두 번성했다. 또한 이리 운하는 다른 운하의 건설을 촉진했다. 메
릴랜드는 체서피크Chesapeake만과 델라웨어강Delaware River을 잇는 운하 건
설 사업을 후원했다. 펜실베이니아는 피츠버그까지 가는 운하를 건설하
기 시작했다.

운하는 오대호Great Lakes를 미국의 폭넓은 운송 체계와 연결했다. 1855
년 한 무리의 사업가들이 미시건의 주요 정치인들과 손잡고 여러 갑문을
거쳐 슈피리어호Lake Superior를 지대가 낮은 지역의 다른 호수들과 이어주
며, 8미터 높이의 세인트 메리 폭포St. Mary's Falls를 우회하는 경로를 제공

하는 운하를 건설했다. 수 갑문Soo Locks(슈피리어호와 휴런호를 잇는 갑문—옮긴이)의 현지 물동량은 1855년에 1만 4,503톤이었다가 1867년에는 32만 5,357톤으로 연간 약 30퍼센트씩 늘었다. 운하 덕분에 중서부의 곡물 창고에서 동해안으로 곡물을 옮기는 일이 훨씬 쉬워졌다. 운하는 이후 양방향 산업 교역이 폭발적으로 늘어날 수 있는 길을 열어주었다. 배들은 메사비 지역에서 나온 철광석을 (제철소가 있는) 피츠버그로 실어갔다가 펜실베이니아에서 나온 석탄을 싣고 돌아왔다.

대다수 사람들에게 19세기가 연상시키는 것은 유료 도로나 운하가 아니라 좀 더 극적인 것, 바로 불을 들이마시고, 증기를 뿜어내며, 지축을 흔드는 철마다. 1780년대 미국에는 총 3대의 증기 엔진이 있었다. 이 엔진들은 기관차를 움직이는 것이 아니라 물을 퍼올리는 데 쓰였는데, 구체적으로 2대는 광산에서 물을 빼내는 데, 1대는 뉴욕시에 물을 대는 데 쓰였다. 1838년 재무부가 증기력에 대한 보고서를 만들었을 때 미국에는 총 4만 마력을 내는 2천 대의 증기 엔진이 있었다. 올리버 에번스는 1801년 고압 증기 엔진을 개발하고, 1811년 펜실베이니아주 피츠버그에 피츠버그 스팀 엔진 컴퍼니Pittsburgh Steam Engine Company를 세워 증기 엔진 붐의 밑바탕을 마련했다.

증기 엔진의 가장 흥미로운 용도는 운송이었다. 증기는 전적으로 인간이 제어할 수 있는 최초의 동력원이었다. 다시 말해 바람의 경우처럼 원하는 방향으로 불기를 기다리거나, 말의 경우처럼 길들일 필요가 없었다.[38] 최초의 증기 동력 운송 수단은 기차가 아니라 배였다. 미국 최초의 노paddle 추진 증기선인 '노스 리버North River'호는 1807년 8월 17일에 저압 엔진을 달고 뉴욕에서 올버니까지 첫 운행을 했다. 1838년 무렵에는 고압 엔진을 단 수백 척의 증기선이 미국의 강을 돌아다녔다. 증기선은 낭만과 효율성을 모두 갖추고 있었는데, 측면이나 후면에 커다란 수차를 달아 멋있게 보였다. 또한 효율이 매우 뛰어나 물길을 거슬러 화물을 옮길 수 있었다. 증기선은 강한 물살을 극복할 수 있었으며, 심지어 미시시피강도 문제없었다. 시간이 지날수록 속도도 빨라졌다. 1817년에는 뉴올리언스에서 루이빌Louisville까지 가는 데 25일이 걸렸다. 이마저도 당시에는 빠르다고 호들갑을 떨던 속도였다. 그러나 1826년에는 8일로 줄었다.[39] 운송 비용은 1815~1860년 사이에 상류로 가는 경우 90퍼센트가 줄었고, 하류로 가는 경우는 거의 40퍼센트가 줄었다.

　부상하는 증기선 기술을 육지 운송 수단용 엔진에 적용하는 일은 쉽지 않았다. 올리버 에번스는 1813년에 일찍이 '증기 엔진이 끄는 객차'로 뉴욕과 필라델피아를 연결하자고 제안했다. 그러나 아무것도 이뤄지지 않았다. 처음에 미국은 '스투어브리지 라이언Stourbridge Lion'(1829년)과 '존 불John Bull'(1831년)을 포함하는 기술적으로 진전된 엔진을 영국에서 수입해야 했다. 그러나 곧 영국산 엔진을 개조하고 혁신을 추가해 자체 생산에 성공했다.

　미국 최초의 철도인 볼티모어 앤드 오하이오Baltimore and Ohio 철도는 영국에서 스톡턴 앤드 달링턴Stockton and Darlington 철도가 개통된 지 5년 뒤인 1830년에 운영을 시작했다. 곧 이 신기술은 유럽보다 미국에서 훨씬 빨리 전파되었다. 미국의 철도회사는 나라가 텅 비어 있었고, 정부에서 땅을 무료로 혹은 저렴하게 제공했기 때문에 유럽의 철도회사보다 훨씬 쉽게 통행권을 획득할 수 있었다. 미국은 1840년대에 약 8천 킬로미터, 1850년대에 약 3만 2천 킬로미터의 철로를 깔았다. 남북전쟁이 터질 무렵 미국은 영국, 프랑스, 독일의 철도를 합친 것보다 긴 철도를 보유하고 있었다. 앨버트 피쉬로에 따르면 철도에 투자된 돈은 운하에 투자된 돈의 다섯 배 이상이었다.[40]

철도 붐은 대단히 미국적인 방식으로 전개되었다. 수많은 창조적 파괴가 이뤄졌다. 철도는 50배나 많은 화물을 옮길 수 있었을 뿐 아니라 겨울에도 얼지 않았기 때문에 금세 운하를 쇠퇴시켰다. 낭비도 많았다. 많은 철도 거물들이 맹렬하게 철도를 깔다가 장렬하게 파산했다. 통일된 철도 체계도 없었다. 서로 다른 치수나 크기의 화차를 쓰고, 심지어 다른 시간대를 따르는 경쟁 철도회사들이 뒤엉켜 있었다(때로 치수 표준 문제와 시간대 표준 문제는 지역적으로 해결되었다). 위선도 많았다. 연방 정부는 현금이나 채권의 형태로 제공되는 보조금에 적대적인 태도를 취했지만, 서부의 방대한 토지를 활용해 철도 개발을 보조했다. 예를 들면 1851년 1만 5천 제곱킬로미터의 땅을 공여해 일리노이중앙철도Illinois Central Railroad의 설립을 촉진했다.[41] 토지 공여 시스템은 효과가 좋았다. 철도회사가 땅의 가치를 몇 배로 높일 기회를 제공했기 때문이다. 외진 곳에 철도를 놓는 일은 비용이 많이 들고 위험하지만, 그 외진 곳이 나중에 세계경제의 일부가 될 수도 있었다.

역사가들은 한때 철도가 다른 무엇보다 많이 미국을 '개방'시켰다고 자신 있게 주장했다. 철도는 전국에 걸쳐 산같이 쌓여 있는 밀, 수많은 코크스, 구리, 철광석, 막대한 양의 석유, 숲을 이룬 목재와 같은 대량의 화물을 옮기는 데 의존하는 경제 구조에는 완벽한 운송 수단이었다. 로버트 포겔Robert Fogel과 앨버트 피쉬로가 이끄는 열정적인 수정주의자들은 예컨대 철도가 여러 운송 수단 가운데 하나에 불과했다는 점을 지적하며 이 관점에 단서를 달았다.[42] 그러나 이 모든 단서 조항에도 불구하고 철도는 화관을 쓸 자격이 있었다. 철도는 다른 운송 수단보다 훨씬 효율적이었다. 게다가 거의 모든 곳에 철로를 깔 수 있었다. 즉, 증기선처럼 구불구불한 강을 따라가거나, 운하용 선박처럼 높은 산맥에 가로막힐 필요 없이 최단 경로를 만들 수 있었다. 피츠버그에서 세인트루이스까지 강을 따라가면 약 1,900킬로미터지만 철도로는 약 1천 킬로미터밖에 되지 않았다. 해발 약 670미터 높이인 앨러게니Alleghenies산맥은 운하 시대에는 피츠버그와 클리블랜드 사이에 놓인, 넘을 수 없는 장벽이었다. 그러나 철도가 깔린 다음에는 두 도시 사이의 교통량이 세계에서 가장 많은 수준이 되었다. 게다가 철도는 수익성까지 제공했다. 철도는 기차가 도착할 시간을 분 단위로 알려주는 시간표를 재빨리 채택했다.[43] 거기에 우월한 속도를 더하면 승리의 공식이 완성되었다.

이 공식은 경제 전체의 생산성을 향상시켰다. 철도는 육로 운송 단가를 크게 낮췄다. 1890년 톤마일ton-mile 기준으로 철도 운송 비용은 마차의 24.5센트보다 96퍼센트나 낮은 0.875센트였다.[44] 철도는 경제적 전문화를 촉진했다. 농부들은 철도 덕분에 해당 지역의 기후에 알맞는 작물을 전문적으로 재배하고 가장 효율적인 농사 기구를 구입할 수 있었다. 철도는 임금 차익 거래labor arbitrage도 촉진했다. 노동자들은 철도 덕분에 더 높은 임금을 받을 수 있는 곳으로 이동할 수 있었다. 철도는 자원을 많이 소모하기 때문에 산업 개발까지 촉진했다. 석탄은 연료로, 철강은 철로 재료로 쓰였으며, 기관차와 숙련 노동자들이 운행에 동원되었다. 많은 농민이 땅을 버리고 화부, 엔지니어, 기계공, 제동수brakeman, 조차원switchman, 안내원이 되었다.

무엇보다 철도는 전체 삶의 경향을 바꿨다. 앤드루 잭슨은 1829년 워싱턴에 도착했을 때 마차를 타고 로마 황제들과 같은 속도로 이동했다. 그로부터 8년 뒤 워싱턴을 떠날 때 그는 기차를 타고 오늘날의 대통령들이 황송하게도 기차를 탔을 때와 같은 속도로 이동했다. 너새니얼 호손 Nathaniel Hawthorne은 "기관차의 기적汽笛은 바쁜 사람들의 이야기를 들려주고, 시끄러운 세상을 우리의 나른한 평화 속으로 불러온다"라는 글을 통해 어떤 경제적 통계만큼이나 시간과 공간의 단축을 잘 표현했다.[45]

세 번째 혁명은 정보 혁명이었다. 창조적 파괴 과정의 핵심에는 어떤 자원을 어떻게 혼합해야 생활수준을 최대한 높일 수 있는지에 대한 지식이 있다. 정보에 굶주린 미국인들은 눈먼 자들의 땅에서는 외눈박이가 왕이라는 오랜 격언의 중요성을 이해했다. 수입 동향에 대한 정보를 제공하기 위해 1827년부터 발행된 〈저널 오브 커머스〉는 무역선들이 부두에 들어오기 전에 범선을 보내 먼저 소식을 입수하는 영리한 아이디어를 고안했다. 정보와 관련된 가장 중요한 돌파구는 물론 전신이었다. 철도회사는 충돌 사고를 방지하기 위해 장거리에 걸쳐 신속한 소통 수단이 필요했기 때문에 가는 곳마다 전신선을 설치했다. 전신 혁명은 철도 혁명을 빠르게 앞질렀다. 전신선은 철로보다 훨씬 저렴하게 구축할 수 있었다. 1852년 무렵 철도의 총연장이 약 1만 7,700킬로미터였던 반면, 전신선의 총연장은 약 3만 5,400킬로미터였다. 전신선은 효과도 더 극적이었다. 과거에는 A에서 B까지 소식을 전달하는 데 몇 주가 걸렸지만 이제는 몇 초밖에 걸리지 않았다.

전신의 발명은 수십 년 뒤 이뤄진 전화의 발명보다 훨씬 더 혁명적이었다. 전화는(오늘날의 페이스북 같은 SNS와 비슷하게) 사람들이 서로 대화를 나누는 일을 더 쉽게 만들어 사회생활의 질을 개선할 뿐이었다. 반면 전신은 경제생활의 한계를 바꾸었다. 전신은 복잡한 메시지를 보내는 일과 물리적 대상을 보내는 일 사이의 연결 고리를 끊었으며, 정보를 보내는 데 걸리는 시간을 크게 줄였다. 전신이 도입된 초기부터 이런 효과는 분명하게 드러났다. 1851년에 수집된 자료에 따르면 전신의 약 70퍼센트는 신용 조회부터 '시장의 등락에 대한 비밀'까지 주로 상업적인 내용이었다.[46]

전신은 마침내 미국을 금융 정보의 단일시장으로 바꿨다. 시카고는 동해안과 즉시 소통이 가능했기 때문에 1848년 상품거래소를 열 수 있었다. 샌프란시스코는 뉴욕과 긴밀하게 소통한 덕분에 상업 도시로 번성할 수 있었다. 릴런드 스탠퍼드Leland Stanford가 은 망치로 황금 대못을 때려서 동서 양방향으로 전신 신호를 자동으로 내보내고, 뉴욕과 샌프란시스코에서 축포가 터지도록 했을 때, 그는 그저 멋진 철도 연결 축하 행사를 벌인 것이 아니었다.[47] 그는 새로운 사업의 시대를 불러왔던 것이다.

1866년 7월 28일 대서양 횡단 케이블이 개통되면서 전신은 세계적으로 확장되었다. 대양을 가로질러 케이블을 까는 일은 어려울 수밖에 없었다. 1857~1866년까지 다섯 번의 시도가 이뤄졌지만 케이블이 끊기는 바람에 모두 수포로 돌아갔다. 그래도 노력할 가치는 있었다. 대서양 횡단 케이블이 개통되기 전에는 배로 대서양을 가로질러 메시지를 전달하는 데 약 10일이 걸렸다. 날씨가 나쁘면 더 오래 걸렸다. 대서양 횡단 케이블은 메시지 전송 시간을 1~2시간 혹은 그보다 짧은 시간으로 줄였다(초기에는 1분에 약 8단어를 전송할 수 있었다). 또한 이 케이블은 런던, 뉴욕, 샌프란시스코를 아우르는 통합된 금융시장을 만들었다. 이 금융시장은 정보의 흐름을 유지하면서 수급을 조절하고 세계적 자원의 배분을 개선했다.

쉬지 않는 사람들

유럽에서 온 방문자들은 거의 언제나 신생 국가의 국민들이 바쁘게 살아가는 모습에 깊은 인상을 받았다. 미국은 모두가 돈을 벌려고 이리저리 뛰어다니는 역동적인 국가였다. 프랜시스 트롤럽은 '바쁘고, 부산하며, 근면한 사람들이' 대륙의 안으로 '길을 열어간다'고 말했다.[48] 토크빌은 이 모든 활동의 이면에는 하나의 논리가 있다고 생각했다. 미국인들은 새로운 땅을 찾아 서쪽으로 향하고 있었다. 사실 미국에서는 두 가지 거대한 이동이 이뤄지고 있었다.

첫 번째는 동해안에서 내륙으로 향하는 이동이었다. 1790년 대부분의 인구는 대서양 해안에 몰려 있었으며, 북부(뉴잉글랜드)와 중부, 남부에 걸쳐 대략 균일하게 나눠져 있었다. 미국의 실질적인 국경은 대서양에서 내륙으로 800킬로미터 정도 떨어진 애팔래치아산맥이었다. 그로부터 몇십 년 뒤인 1850년 무렵 총 3,100만 명의 인구 가운데 절반과 30개 주 가운데 절반은 애팔래치아산맥 너머에 있었다.

이 방대한 내국 식민지화에는 신생 공화국이 제공할 수 있는 모든 자원이 동원되었다. 확장은 정보 수집에서 시작되었다. 건국 초기부터 측량은 국가적으로 집착하는 활동이었다. 열성적인 아마추어 측량사였던 조지 워싱턴은 '보석 세공인이 귀금속을 조사하듯 그 흠집과 단면 그리고 가치를 꼼꼼히 따지며' 땅을 연구했다.[49] 1814년 미 육군 의무대는 전국에 걸쳐 날씨에 대한 체계적 자료를 수집하기 시작했다. 1847년 스미스소니언협회Smithsonian Institution는 광물에 대한 정보를 수집하기 시작했다. 정보는 정착의 전주였다. 연방 정부, 주 정부, 시 정부를 비롯한 미국의 다양한 정부는 강과 개천을 준설하고, 유료 도로와 운하를 건설하며, 사기업들이 서쪽으로 이주하도록 유인책을 제공하면서 적극적으로 확장을 촉진했다. 창업자들도 서부 진출을 앞당기기 위해 합자회사나 주식회사를 세웠다.

두 번째 이동은 농촌에서 도시로 향한 것이었다. 도시 인구 비중은 1790년에 5퍼센트였다가 1860년에는 20퍼센트로 늘었다.[50] 비농업 부문에 종사하는 인구 비중은 26퍼센트에서 47퍼센트로 늘었다. 1810년 인구가 5만 명 이상인 도시는 2개뿐이었다(뉴욕과 필라델피아). 반면 1860년 무렵에는 16개가 되었다.

이동은 생산성을 향상시켰다. 가장 강한 추진력은 사람들을 농촌에서 도시로, 농업 부문에서 공업 부문으로 재배치한 데서 나왔다. 미국의 농업은 세계에서 가장 생산성이 높았다. 그러나 농업 노동자들은 도시에서 일하기만 해도 평균적으로 소득을 두 배로 늘릴 수 있었다.[51] 이동은 새로운 생산력을 줄기차게 제공했다. 이주민은 새로운 자원을 장악했으며, 운하와 철도를 통해 그 자원을 오랜 인구 밀집 지역과(뒤이어 세계경제와) 연결시켰다. 또한 이동은 국가적 정체성을 강화했다. 사람들은 점차 자신을 뉴욕 사람이나 버지니아 사람이 아니라 '미국인'으로 인식했다. 19세기 전반기에는 미국성서협회American Bible Society(1816년), 미국교육협회American Education Society(1816년), 미국식민협회American Colonization Society(1816년) 그리고 미래의 역사에 가장 중요한 의미를 지닌 미국반노예제협회American

Anti-Slavery Society(1833년) 같은 국가적 협회가 연이어 탄생했다.

성장은 사람들의 생활수준을 높였다. 19세기 초까지는 인구성장만큼 '폭넓은' 경제성장이 이뤄졌다. 1812년 전쟁 이후 한때는 '집중적인' 경제성장이 이뤄졌다. 즉, 경제가 인구보다 빨리 성장하기 시작했다. 경제학자들은 연간 1인당 실질 생산량이 1800~1820년까지는 0.24퍼센트 증가한 데 반해, 1820~1860년까지는 1.25퍼센트 증가했을 것으로 추정한다.[52]

이런 내용은 모두 비교적 단순해 보인다. 미국은 혁명적 아이디어로 힘을 얻고 성장의 신에게 헌신하는 젊은 공화국이었다. 사실 미국의 이야기는 훨씬 단순했다. 미국은 좋은 사회에 대한 두 가지 다른 관점(하나는 역동적인 사회, 다른 하나는 정적인 사회)과 두 가지 다른 경제관(하나는 자유노동을 밑바탕으로 삼고, 다른 하나는 노예제를 밑바탕으로 삼음)으로 나뉘어 있었다.

2장

두 개의 미국

국가 형성기의 미국을 바라보는 여러 다른 견해들이 있었다. 데이비드 해킷 피셔David Hackett Fisher는 《앨비언의 씨앗Albion's Seed》(1989년)에서 미국 문화를 형성한 네 가지 영국식 '민습'을 제시했다. 청교도는 북동부의 문화를 만들었다. 그들은 뿌리 깊은 도덕주의자인 동시에 성공적인 제도 수립자이기도 했다. 퀘이커 교도는 펜실베이니아와 델라웨어 지역의 문화를 만들었다. 그들은 북부 사람보다 평등주의 성향이 강했지만 제도를 수립하는 데는 훨씬 부진했다. 왕당파는 버지니아와 메릴랜드, 나아가 남부 지역의 문화를 만들었다. 그들은 귀족적이고, 위계적이며, 노예를 부렸다. 또한 경마와 도박에 중독되어 있었다. 성공회 교도이자 영국 추종자인 그들은 대부분 영국 귀족의 서자였는데, 미국으로 이주해 장자처럼 살았다. 변경을 차지한 스코틀랜드계 아일랜드인은 대단히 독립적이고 평등 지향적이며, 강인하고 열심히 살았다. 그들은 '하얀 번개white lightning'로 불리는 독주를 마셨고, 담배를 씹었으며, 사냥이나 닭싸움, 레슬링을 즐겼다. 그들을 고분고분하게 만들려는 시도는 어리석었다.

이런 영국풍 하위문화에 수많은 외국의 하위문화가 혼합되었다. 미국은 서인도제도를 통해 아프리카로부터 수백만 명의 노예를 수입했다. 또한 2010년에 실시한 인구조사 결과에 따르면 영국을 비롯한 다른 어떤 나라보다 독일에 뿌리를 둔 미국인이 많았다. 독일인들은 세 차례에 걸쳐, 즉 18세기, 1848년 이후, 1890년 이후에 대규모로 미국에 이주했다. 이 대열에는 청교도, 구교도, 유대인이 포함되어 있었는데, 결혼을 통해 온갖 종교적 하위문화가 혼합되었다. 미국의 경제가 성공한 부분적 요인 가운데 하나는 다양한 전통을 활용하는 능력이며, 미국이 성공한 부분적 요인 가운데 하나는 수많은 전통에서 하나의 전통을 만들어내는 능력이다.

해밀턴 대 제퍼슨

1776~1865년까지 미국을 구성한 여러 하위집단은 미국의 역사가 나아갈 경로를 놓고 대립하는 두 개의 진영으로 나누어졌다. 그것은 바로 산업적 근대화를 추구하는 진영과 노예제를 바탕으로 한 농업사회를 추구하는 진영이었다. 두 진영의 대립은 미국의 초대 재무부 장관인 알렉산더 해밀턴과 미국의 초대 국무부 장관이자 3대 대통령인 토머스 제퍼슨이 벌인 지적 논쟁으로 시작되었다. 이 논쟁은 결국 산업화된 북부와 노예제를 고수하는 남부 사이의 거대한 지역 분쟁으로 확대되었다. 1861년 2월, '두 개의 미국'은 단순한 비유가 아닌 현실이 되었다. 독자적 대통령(제퍼슨 데이비스Jefferson Davis)과 수도(리치먼드Richmond)를 내세운 별개의 국가로서 남부 연합Confederate States of America이 탄생한 것이다. 남부 연합은 자신

들의 관점으로는 1865년 4월까지 49개월 동안 유지되었다.

알렉산더 해밀턴과 토머스 제퍼슨은 상반되는 출신 배경을 지녔다. 존 애덤스John Adams의 설명에 따르면 해밀턴은 '스코틀랜드 행상인의 사생아'였다. 이에 비해 제퍼슨은 스물한 살 생일에 방대한 토지와 거기서 일할 노예들을 물려받았으며, 버지니아에서 가장 부유한 가문의 딸과 결혼했다. 해밀턴은 서인도제도의 네비스Nevis에서 태어나 당시 킹스 칼리지King's College로 불리던 뉴욕의 컬럼비아 대학Columbia University을 고학으로 졸업했다(그는 토론에서 존 애덤스가 '외국 출생'이라고 비난했을 때 드물게 평정심을 잃었다). 제퍼슨은 버지니아의 엘리트들이 선호하는 대학인 윌리엄 앤드 메리 William and Mary에 들어갔다. 해밀턴은 계층 상승을 중심으로 세상을 바라보았는데, 미국은 노력하면 누구나 위로 올라갈 수 있는 나라가 되어야 했다. 반면 제퍼슨은 노블레스 오블리주noblesse oblige의 관점에서 세상을 바라보았는데, 지주 계층은 인재를 찾아내 엘리트 계층으로 올라설 수 있도록 도와줘야 했다.

두 사람 사이의 논쟁은 감정적인 측면이 있었다. 제퍼슨은 해밀턴을 매우 싫어했다. 이 악감정은 시간이 지날수록 두려움과 부러움으로 더욱 심해졌다. 제퍼슨은 자신이 미국의 독립을 이끌 타고난 지도자라고 생각했다. 미국 최고의 가문 출신이었고, 독립선언문을 기초했으며, 경쟁자인 해밀턴보다 열두 살이나 많았기 때문이다. 그렇지만 해밀턴은 계속 권력을 쌓아갔다. 그는 독립전쟁 동안 핵심 참모로 발탁되었고, 가장 힘 있는 부처인 재무부를 이끌면서 외무부를 비롯한 다른 모든 부처의 일에 간섭했다. 워싱턴은 제퍼슨처럼 버지니아의 귀족 계급 출신임에도 해밀턴과 같이 있는 것을 더 좋아했고, 해밀턴의 아이디어를 더 선호하는 것처럼 보였다. 해밀턴의 머릿속은 신생 국가를 개발할 정교한 계획으로 가득했다. 반면 제퍼슨은 몬티셀로에서 책 읽는 일을 더 즐겼다.

해밀턴은 미국이 제조업, 통상, 도시로 뒷받침되는 상업공화국이 되기를 원했다. 반면 제퍼슨은 미국이 농업 중심의 탈중심화된 공화국으로 남기를 원했다. 해밀턴은 미국이 상업공화국으로서 필요한 모든 요소를 갖추기를 바랐다. 반면 제퍼슨은 미국을 공공심을 지닌 지주와 독립심을 지닌 평민으로 구성된 농업사회로 보존되기를 바랐다. 그는 1785년 존 제이John Jay에게 보낸 서신에 이렇게 썼다. "땅을 일구는 사람은 가장 귀중한 시민입니다. 그들은 가장 활기차고, 독립적이며, 선합니다. 그들은 이 나라와 한 몸으로서 오래도록 이어질 유대를 통해 자유를 누릴 권리와 결혼했습니다."1 미국이 지닌 가장 큰 이점은 '농부들이 열심히 일굴 방대한 땅'이 있다는 것이었다. 미국이 나아갈 현명한 길은 최대한 많은 사람이 땅을 일구는 일에 나서도록 만드는 것이었다.

해밀턴과 제퍼슨은 그 시대 사람들이 보기에 '타고난 귀족'이었다. 그들은 잡식성 독서광, 탁월한 문장가, 명민한 토론가로서 원고 없이 몇 시간이고 말할 수 있었다. 그러나 두 사람 가운데 해밀턴이 더 인상적이었다. 제퍼슨은 오랜 농업사회의 보존(및 개선)을 중심으로 생각했다. 반면 해밀턴은 거의 백지상태에서 미래를 구상했다. 그는 미국에 산업이 발생하기 이전에 산업사회가 개발될 것이라고 예측했다. 또한 영란은행과 비슷한 중앙은행이 관리하는 안정된 화폐, 관세를 통한 재원, 노동 분업을 촉진하는 단일 시장, 상업의 규칙을 집행할 '열정적 경영자' 등 상업사회를 실현하기 위해 무엇이 필요한지 알았다. 그는 모차르트나 바흐 같은 타고난 천재였다.

두 위인 사이에 벌어진 논쟁은 공적 토론장과 국무회의장에서 끝없이 이어졌다. 해밀턴은 강한 제조 부문을 개발하는 능력에 미국의 생존이 달렸다고 주장했다. 강한 제조 부문은 신생 국가인 미국이 강한 군대를 만들고 경제적 운명을 제어하도록 해줄 것이었다. 생존은 시작일 뿐이었다. 해밀턴의 비전이 지닌 흥미로운 측면은 정적이지 않고 역동적이라는 것이었다. 상업공화국은 시간이 지날수록 더 성공할 것이었다. 은행가는 가장 유용하게 쓰일 곳에 자본을 배분할 것이고, 창업자는 새로운 기계에 투자할 것이었다. 경제 발전은 더 많은 발전을 수반할 것이었다. 지금까지 땅을 일구고 물을 긷는 일에 종속되어 있던 사람들은 능력을 최대한 발휘할 수 있을 것이었다. 해밀턴은 "공동체에 다양한 산업이 형성되면 각 개인은 적절한 능력을 찾아 적성에 맞게 열심히 일할 수 있다"고 썼다. 그는 특히 이 점을 단호하게 내세웠다. 프랭클린을 비롯한 모든 국부 가운데 그가 자수성가한 인물에 가장 가까웠기 때문이다.

귀족 집안에서 태어난 제퍼슨은 이 모든 것이 헛소리라고 생각했다. 해밀턴이 내세우는 경제 발전은 야만족이 로마를 파괴한 것처럼 분명히 미국을 파괴할 것이었다. 그의 주장에 따르면 미국의 생존은 시민의 덕목을 보존하는 능력에 달려 있으며, 시민의 덕목을 보존하는 능력은 국민에게 (절약, 근면, 절제, 소박함 같은) 고결한 자질을 권장하고 일부 권력층이 세도를 부리지 못하도록 막는 능력에 달려 있었다. 그가 보기에 해밀턴이 추구하는 공화국은 호사를 추구해 고결한 미덕을 파괴하고, 고용자와 주식 투기꾼의 힘을 강화해 독립을 파괴할 것이었다. 산업화는 나라를 망치는 길이었다.

제퍼슨은 "염증이 몸의 기운을 빼앗듯이 대도시의 군중은 순수한 정부가 뒷받침하기에 너무 큰 부담을 더한다"고 불평했다(그는 노예제보다 더 국력을 쇠퇴시키는 '염증'은 없다는 사실을 자신에게 편리하게 망각했다). 그는 해밀턴이 발표한 '제조업 문제에 대한 보고서'에 맞서 농업 부문의 이해관계를 대변할 목소리를 키우려고 시도했다. 해밀턴의 보고서가 나온 직후 그는 조지 메이슨George Mason에게 쓴 서신에서 이렇게 말했다. "현재 형태의 정부에서 부패를 바로잡는 유일한 방법은 하원을 키워 농업 부문을 대변할 의원 수를 늘리는 것입니다. 그러면 농민의 이해관계를 주식 투기꾼의 이해관계보다 앞세울 수 있을지도 모릅니다."

제퍼슨은 발전 자체만큼 해밀턴이 내세운 경제 발전 방식, 즉 연방 정부에 권한을 몰아주고 중앙에서 국가를 통제하는 방식을 싫어했다. 미국은 이런 권력 집중을 막으려고 불과 얼마 전에 영국과 전쟁을 벌이지 않았는가? 미국인들은 모든 지배자가 잠재적 독재자라고 생각했다. 그래서 제임스 매디슨James Madison이 《연방주의자Federalist》 논집 51권에서 쓴 표현대로 야심이 야심을 견제하도록 만드는 방식을 추구했다. 또한 미국인들은 지역 정부의 권력도 맹렬하게 질투했다.

제퍼슨은 유리한 상황에서 싸움을 시작했다. 1789년 미국의 비교우위는 농업에 있었다. 미국에는 다른 어떤 나라보다 빈 땅이 많았다. 또한 영국 귀족의 서자부터 포메라니아Pomerania(독일과 폴란드 북부 발트해 연안 지역—옮긴이)의 농부까지 대다수 이민자는 농업에 익숙했다. 반면 제조 산업은 가내수공업에 머물러 있었다. 그러나 해밀턴은 토론과 역사에 모두 뛰어났다. 조지 워싱턴 정부에서 미국 초대 재무부 장관이 된 그는 자신이 주창한 해밀턴주의Hamiltonian(미국의 규범적 관료제 모형 가운데 정부의 적극적인 역할을 통해 행정의 유효성을 지향하는 모형—옮긴이) 공화국의 기틀을 마련했다. 그는 '묵시적 권한implied powers'이라는 영리한 말을 고안했다. 말하자면 연방 정부의 행위는 헌법에 따라 승인받으므로 실행에 필요한 사업도 마찬가지로 승인받았다는 것이다. 연방 정부는 국경 방어가 헌법적 의무이기 때문에 헌법에 명시되어 있지 않아도 등대를 세울 수 있었다.

좀 더 중요한 사실로서 해밀턴은 주 정부의 부채를 인수하고, 1789년에 제정된 해밀턴 관세법Hamilton Tariff에 따른 관세 수입으로 부채를 상환해 탄탄한 국가적 신용을 구축하는 데 성공했다.[2] 또한 그는 1791년 (당시 수도인 필라델피아에) 1811년까지 운영 허가를 받은 미합중국제1은행First Bank of the United States을 설립했다. 이 은행에 출자된 준비금은 오늘날의 통화승수(통화량이 확대되거나 감소되는 비율을 나타내는 수치. 통화량을 본원통화로 나눈 값으로 나타낸다—옮긴이)와 비슷하게 국가적 신용을 추가로 늘려주었다.

세기의 전환기에 산업경제가 부상하면서 제퍼슨은 농업사회에 대한 구상을 재고했다. 그는 자신이 시대에 뒤처졌을지 모른다는 사실과 미국 경제가 해밀턴식 상업경제로 변모하기 시작하는 현실을 우려했다. 1801년 3월, 그는 탁월한 대통령 취임 연설에서 해밀턴과의 간극을 줄이기 위해 많은 애를 썼다.[3] 그는 오늘날 다시 읽어야 할 구절에서 이렇게 말했다. "의견이 다르다고 해서 무조건 원칙이 다른 것은 아닙니다. 우리는 모두 공화주의자이며, 연방주의자입니다." 해밀턴은 '사실상 과거의 오해를 솔직히 인정하고 공통점을 추구하겠다는 약속'으로서, 신임 대통령이 '전임자의 발자국을 따를 것'이라며 연설을 환영했다. 연방주의자인 수석재판관 존 마셜John Marshall은 제퍼슨의 발언이 '뛰어난 판단력과 화해 정신'을 드러냈다고 평가했다. 같은 연방주의자인 제임스 바야드James Bayard 상원의원은 "**우리**가 기대한 것보다 뛰어난 정치적 골자가 담겨 있으며, 반대편에 있는 당파주의자의 기대에는 어긋났다"고 평가했다. 제퍼슨의 추종자이자 의사인 벤저민 러시Benjamin Rush가 보기에 이 연설은 추수감사절 같은 분위기를 만들어냈다. 그는 "소속 정당과 겉으로 드러나는 정치적 **원칙**의 차이로 오랫동안 갈라섰던 오랜 친구들이 대통령의 취임 연설을 읽은 뒤 바로 악수를 나눴으며, 우리나라를 발전시키는 최선의 방법에 대한 **의견**이 달랐을 뿐임을 처음으로 깨달았다"라고 썼다.[4]

존 미첨John Meacham은 제퍼슨의 전기에서 "제퍼슨이 해밀턴식 수단을 통해 제퍼슨식 목적을 추구했다고 말해도 지나치지 않다"고 평가했다.[5] 이 설득력 있는 평가조차 제퍼슨의 태도 변화를 충분히 표현하지 못한다. 이전에는 1788년 헌법에 명시된 내용을 엄격하게 따르던 제퍼슨은 대통령이 된 뒤 철저하게 실리를 추구하고 기회를 살리려는 태도를 드러냈다. 심지어 해밀턴이라 해도 다르게 행동했을지 의심스러울 지경이었다. 특히 1803년 루이지애나를 매입한 데서 이런 태도가 분명하게 드러났다. 1800년 프랑스 황제인 나폴레옹은 북미에 프랑스 제국을 건설하려는 폭넓은 시도의 일환으로 스페인으로부터 루이지애나에 대한 통제권을 빼앗았다. 그러나 생도맹그Saint-Domingue에서 일어난 반란을 진압하는 데 실패하면서 멀리 떨어진 식민지를 다스리는 일이 대단히 힘들다는 사실이 드러났고, 제국을 방어하려는 영국의 단호한 의지 때문에 영토 확장 비용이 상승하면서 제국의 꿈을 바로 포기해버렸다. 결국 그는 1,500만 달러(혹은 4천 제곱미터당 3센트)를 받고 미국에 루이지애나를 팔기로 결정했다. 제퍼슨은 추가로 영토를 획득하는 것은 헌법에 어긋난다는 연방주의자들의 격렬한 반대를 무릅쓰고 최대한 기회를 살리려 애썼다. 가령 항구 도시인 뉴올리언스와 인근 해안지대의 매입에 반대하는 목소리를 억눌렀다. 그는 헌법 수정안 없이도 매입 계획을 밀어붙였다. 매입 자금이 부족하면 해밀턴이 구축한 미국의 높은 신용도를 활용해 차액을 빌렸다. 이는 국무부 장관으로 재직하던 1791년, 워싱턴 대통령에게 국립은행 설립의 헌법 합치 여부에 대한 질문을 받고 헌법에 명시되지 않은 모든 권한은 연방 정부가 아니라 주 정부에 속한다고 대답하던 때와 아주 다른 모습이었다. 당시 그는 "의회의 권한으로 명시된 범위를 한 발짝이라도 넘어서면 더 이상 정의할 수 없는 무한한 월권이 가능하다"고 말했다.

　루이지애나 매입은 어떤 대통령이든 국가 개발을 위해 할 수 있는 가장 중요한 일 가운데 하나였다. 그 덕분에 영토가 크게 늘어나면서 비옥하고 광물이 풍부한 땅이 추가되었다. 이 사실은 루이스와 클라크의 서해안 탐험Lewis and Clark Expedition to the West Coast(1804년 5월~1806년 9월)에서 분명하게 드러났다. 또한 루이지애나 매입은 제퍼슨이 과거에는 경계했지만 지금은 밀어주는 상업 세력에게 활력을 불어넣었다. 제퍼슨은 과감하게 확장과 혁신을 추구한 데 대한 정치적 보상을 얻었다. 그는 재선에서 162표 대 14표로 찰스 코츠워스 핑크니Charles Cotesworth Pinckney를 물리쳤을 뿐 아니라, 측근인 제임스 매디슨과 제임스 먼로가 후임 대통령으로 백악관에 입성하는 데 도움을 주었다.

　제임스 매디슨은 1811년 국립은행 운영 기한이 종료되도록 방치하는 실수를 저질렀다. 곧 그는 생각을 고칠 수밖에 없는 상황에 직면했다. 영국과 벌인 2차 전쟁인 1812년 전쟁은 세수를 올릴 수단이 별로 없던 시절에 1억 5,800만 달러의 비용을 초래했다. 영국산 물품에 대한 금수 조치 때문에 관세라는 가장 중요한 재원이 차단되었을 뿐 아니라 경제활동도 위축되었다. 의회는 세금 인상을 거부했다. 초기에 정부는 전비를 대기 위한 절박한 시도로 거액을 차입했으나 1814년 상환에 실패하면서 병사와 무기 제조업체에게 돈을 주지 못했다. 1816년 매디슨은 현실을 받아들이고 20년 기한으로 두 번째 국립은행을 설립했다. 무덤 속에 있던 해밀턴은 다시 한 번 승리를 거두었다.

농업사회를 추구하는 관점과 산업사회를 추구하는 관점을 화해시키는 데 중심적인 역할을 한 인물은 앤드루 잭슨이었다. 싸움꾼에 허풍쟁이로서 영국인뿐 아니라 원주민에게도 위해를 가한 잭슨은 좋아하기 힘든 사람이었다. 그는 도시에서 상업에 종사하는 해밀턴의 부르주아 세계에도, 노예를 부려서 대농장을 운영하는 제퍼슨의 귀족 세계에도 속하지 않았다. 그는 스코틀랜드계 아일랜드인의 개척 문화에 속해 있었다. 그의 부모는 테네시 출신이지만 그는 사우스캐롤라이나에서 태어났다.

앤드루 잭슨은 미국인의 삶에서 점차 커지는 힘, 바로 대중민주주의를 구현했다. 1824년 대선에 출마한 그는 귀족주의의 마지막 대변자인 존 퀸시 애덤스John Quincy Adams에게 패배했다. 존 퀸시 애덤스는 온갖 제약으로 둘러싸야만 민주주의가 생존할 수 있다는 아버지 존 애덤스의 신념을 따랐다. 그가 대선에서 승리할 수 있었던 이유는 의회에서 선출했기 때문이다. 분노한 비판론자들은 그가 백악관에서 불행하게 지내는 내내 이 사실을 공격했다. 4년 뒤 잭슨은 대중적 인기를 등에 업고 대승을 거두었다. 특히 기존 주들보다 참정권에 대한 제약이 적은 신생 주들에서 크게 승리했다. 그는 기계공, 상인, 장인으로부터 열정적인 지지를 받았다. 그들 중에는 취임식을 축하하기 위해 워싱턴 DC까지 힘들게 여행한 사람도 있었다.

잭슨식 민주주의는 다른 힘, 바로 특권과 제약에 대한 적대적 태도와 긴밀하게 연계되었다. 잭슨은 자신이 대헌장Magna Carta에서 출발해 16세기의 종교개혁과 18세기의 미국 독립혁명으로 이어지는 특권에 맞선 역사적 투쟁의 흐름에 속한다고 생각했다. 각 단계에서 민중은 소수가 권력을 독점하도록 만들려는 세력에 대항해 정당한 권리를 더 많이 획득했다. 그는 법인을 설립하기 위해 인가를 받아야 하는 것을 비롯한 '인위적 차별'에 반대했다.

동시에 잭슨은 포퓰리즘과 재정적 보수주의를 묶는 보기 드문 조합을 이뤄냈다. 그는 미국 역사상 최초이자 마지막으로 연방 부채를 3년 연속 제로(0)로 만들었고, 건전화폐와 금본위제를 강력하게 지지했다. 그에 따라 경제와 관련된 논쟁에 자유방임 포퓰리즘이라는 강력한 새로운 요소가 추가되었다.

북부 대 남부

미국은 건국 이후 70년 동안 두 개의 다른 경제권, 즉 북부의 자본주의 경제권과 남부의 노예제 경제권으로 나뉘어졌다. 뉴잉글랜드에는 수력을 활용하는 방직공장이 있었고, 남부에는 노예를 활용하는 대농장이 있었다. 이런 분열은 북부가 새로운 기계를 사들이는 데 투자하고, 남부가 더 많은 노예를 사들이는 데 투자하면서 시간이 갈수록 두드러졌다.

북부는 문제를 해결하고 혁신을 창출하려는 태도에 바탕을 둔 양키식 창의성의 본고장이었다(양키는 미국 북부, 특히 뉴잉글랜드 지방 사람을 가리킨다―옮긴이). 마크 트웨인은 《아서 왕 궁전의 코네티컷 양키》A Connecticut

Yankee in King Arthur's Court》(1889년)에서 행크 모건Hank Morgan이라는 인물을 통해 이런 태도를 다음과 같이 완벽하게 담아냈다.

> 나는 양키 중의 양키인 미국인으로서 실용적이다. 감성적인 면, 다시 말해 시적인 면은 전혀 없다. 나의 아버지는 대장장이였고 삼촌은 수의사였는데, 나는 처음에 두 가지 일을 다 했다. 그러다가 커다란 무기 공장에 들어가 천직을 배웠다. 나는 거기서 모든 것을 배웠다. 장총, 권총, 대포, 보일러, 엔진 등 일손을 줄여주는 온갖 기계를 만드는 법을 배웠다. 나는 몸이 원하는 모든 것, 즉 별로 소용이 없어도 세상에 있는 어떤 것이든 만들 수 있었고, 만약 물건을 신속하게 만드는 최신식 수단이 없으면 새로 고안했다.

1790~1860년까지 미국에서 특허를 받은 주요 발명품의 93퍼센트는 자유주自由州에서 나왔고, 거의 절반은 뉴잉글랜드에서 나왔다. 양키들은 손대는 모든 것에 창의성을 발휘했다. 프레더릭 튜더Frederic Tudor는 뉴잉글랜드의 얼음을 열대 국가에 수출해 수익을 얻을 수 있다는 사실을 발견했다. 뒤이어 너새니얼 와이어스Nathaniel Wyeth는 현지 제재소에서 나오는 톱밥으로 얼음을 포장하는 방식을 추가했다.[6] 매사추세츠 시골에서 견습 제화공으로 일하던 에이리얼 브래그Arial Bragg는 맞춤식이 아닌 기성 신발을 만드는 방식을 선보여 업계를 뒤집어놓았다.[7] 영국에서 온 방문자는 이렇게 말했다. "모든 노동자가 작업에 도움을 주는 새로운 것을 계속 고안하려고 애쓰는 듯하다. 뉴잉글랜드 전역에 걸쳐 노동자와 업주 모두가 새로운 개선을 이룬 사람으로 '이름을 날리려는' 강한 욕구를 지니고 있다."[8] 아르헨티나에서 온 방문자는 양키들을 '걸어 다니는 공방'이라고 가

장 잘 표현했다.[9]

에이브러햄 링컨은 변호사가 생업이었지만 '걸어 다니는 공방'이라는 표현에 딱 들어맞았다. 그는 거리에서 기계를 볼 때마다 멈춰 서서 어떻게 작동하는지 확인했다. 동료 변호사에 따르면 시계, 합승 마차, 외차paddle wheel는 그의 '관찰과 분석'을 결코 벗어난 적이 없었다. 그는 하원 의원으로 재직하는 동안 얕은 물에 배를 띄울 수 있도록 홀수선 아래에서 주름통을 부풀리는 '선박 부상 장치'에 대한 특허를 얻었다(국립미국사박물관 National Museum of American History에서 링컨이 주문 제작한 목제 모형을 볼 수 있다). 또한 1859년에는 '증기 쟁기steam plough'에 대한 아이디어를 상업화하겠다고 밝혔지만 곧 더 시급한 다른 문제들이 있음을 발견했다.

19세기 전반기에 이런 창의성의 상당 부분은 주름통이나 증기 쟁기가 아닌 직물 산업으로 투입되었다. 북부의 직물 제조업자들은 영국에서 동력 직기에 대한 아이디어를 훔치는 산업 스파이 활동과 상업적 투지를 결합해 북부를 방적·방직 산업의 중심지로 탈바꿈시켰다. 1790년 알미 Almy와 브라운Brown은 영국 출신 이민자로서 영국인이 '배신자 슬레이터 Slater'라 불리는 새뮤얼 슬레이터가 기억해낸 설계도에 따라 로드아일랜드주 포터킷Pawtucket에 방직 공장을 세웠다(영국은 이민자가 신형 직기의 설계도를 미국으로 가져가지 못하도록 금지해 심지어 짐 가방까지 검색했지만, 슬레이터 같은 사람의 기억력까지 막을 수는 없었다). 1815년에 보스턴 매뉴팩처링 컴퍼니Boston Manufacturing Company의 프랜시스 캐벗 로웰은 영국 랭커셔Lancashire에서 본 공장을 참고해 매사추세츠주 월섬에 새 공장을 짓고 300여 명을 고용했다. 보스턴 매뉴팩처링 컴퍼니의 사업은 큰 성공을 거두었는데, 1817년 10월에는 17퍼센트의 배당을 하고 1818년에는 또 다른 공장을 지었다.

동력 직기는 전문 방적 공장으로 원사를 보낼 필요 없이 한 지붕 아래에서 방적사를 옷감으로 엮어낼 수 있도록 해주었다. 그에 따라 생산 비용이 금세 절반으로 줄어들었다. 신기술은 뉴잉글랜드 전역으로 빠르게 확산되었다. 1820년 무렵 86개 기업들이 1,667대의 동력 직기를 가동했다. 결국 필라델피아와 로드아일랜드에 있는 전통적인 방적 공장은 문을 닫을 수밖에 없었다.[10] 연간 면포 생산량은 1817년 약 3,600킬로미터에서 20년 뒤 약 28만 2천 킬로미터로 급증했다.[11]

양키들은 영국에서 공장에 대한 아이디어를 수입하는 데 그치지 않고 새로운 생산 체제를 개척했다. 유럽인들은 이 생산 체제를 '미국식 생산 체제'라고 불렀는데, 호환 부품 체제로 더 잘 알려진 생산 체제였다.

1798년 엘리 휘트니는 1만 정의 장총을 공급하는 대규모 계약을 미국 정부와 맺었다. 그러나 납품 기한을 맞추지 못할 것이라는 사실이 명확해지자, 그는 호환 가능한 부품으로 장총을 대량생산한다는 아이디어를 떠올렸다. 그러나 이 아이디어는 독창적인 것이 아니었다. 이미 프랑스가 1780년대 장총에 들어갈 호환 가능한 부품을 만들었기 때문이다. 그렇지만 미국인들은 그 수준을 훨씬 높였다. 프랑스에서는 장인이 연장을 가지고 부품을 만들었다. 반면 미국에서는 반숙련공들이 계속 부품을 뽑아낼 수 있도록 특별하게 설계된 기계를 통해 부품을 만들었다. 프랑스 방식의 핵심은 수작업을 약간 더 효율적으로 만드는 것이었다. 이에 비해 미국 방식의 핵심은 수작업을 새로운 것, 아름답다기보다 기능적인 것, 배타적이라기보다 민주적인 것으로 대체하는 것이었다. 6연발 권총을 발명한 새뮤얼 콜트Samuel Colt는 정부와 넉넉한 계약을 맺은 뒤, 1855~1856

년 겨울 휘트니의 발자취를 따라 코네티컷주 하트퍼드Hartford에 대규모 공장을 세우고 1천여 명을 고용했다. 정부는 또한 매사추세츠주 스프링필드Springfield와 버지니아주 하퍼스 페리Harpers Ferry에 대규모 자체 병기 공장을 세웠다.

군대는 대량의 동일 제품을 필요로 하고, 조달에 따른 파산을 걱정할 필요가 없었기 때문에 대량생산 혁명을 추동했다. 대량생산에 대한 아이디어는 곧 시민사회로 확산되었다. 콜트의 병기 공장에서 일한 프랜시스 프랫Francis Pratt과 에이머스 휘트니Amos Whitney는 기계 공구에 대량생산 방식을 적용했다. 엘리 테리Eli Terry는 값싼 시계를 대량생산해 바쁘게 생활하는 국민에게 시간을 알려주었다.[12]

양키들은 땅을 찾아 중서부로 진출하면서 산업뿐 아니라 농업도 혁신했다. 농민들은 오랫동안 등골이 휘도록 큰 낫으로 옥수수를 수확했다. 그러다가 매코믹이 개발한 수확기 덕분에 편하게 앉아서 하루에 약 4만 제곱미터의 땅을 수확할 수 있게 되었다. 수확기는 빙산의 일각에 지나지 않았다. 1850년대 미 특허청은 쟁기와 탈곡기, 속도 조절 장치와 옥수수 탈곡기, 버터 교반기와 인공 벌집 등 659건의 농업 관련 발명품이 특허 등록을 했다고 밝혔다.[13] 농민은 지식에 굶주려 있었다. 그들은 지역 축제를 열어 최고의 가축과 새로운 기계를 전시했으며, 이해관계를 대변하고 '모범 관행'을 퍼트릴 협회를 조직했다. 1858년 기준으로 912개의 농민협회 가운데 137개를 제외한 모든 농민협회가 북부에 있었다.[14] 토머스 그린 페선던Thomas Green Fessenden이 쓴 《완벽한 농민과 농촌 경제학자The Complete Farmer and Rural Economist》(1834년)는 베스트셀러가 되었다. 지역 창업자들은 〈웨스턴 파머Western Farmer〉(1839년)와 〈프레리 파머Prairie

Farmer〉(1841년) 같은 신문과 잡지를 창간했다. 호러스 그릴리Horace Greeley가 만든 〈뉴욕 트리뷴New York Tribune〉에는 목축과 토질 보존에 대한 기사로 가득했으며, 그중 다수는 〈클리블랜드 플레인 딜러Cleveland Plain Dealer〉나 〈시카고 트리뷴Chicago Tribune〉 같은 지역 신문에 다시 게재되었다. 1860년 기준으로 60개의 농업 전문 간행물이 있었으며, 총 발행 부수는 30만 부였다.[15]

동시에 북부는 현대적 상업국가의 인프라를 구축했다. 보스턴 서퍽은행Suffolk Bank of Boston은 뉴잉글랜드 지역에서 중앙은행의 일부 기능을 수행해, 1836년 미합중국제2은행이 폐지된 데 따른 혼란을 방지하는 데 도움을 주었다. 또한 매사추세츠주 교육위원회Massachusetts State Board of Education는 호러스 맨Horace Mann의 선도 아래 현대적인 교육 시스템을 만들었다. 그에 따라 교육대학, 표준화된 학년별 교과과정, 다양한 수준의 농촌학교, 고연령 학생을 위한 중학교가 생겼다. 맨은 1848년 학교는 "국가 자원을 개발하거나 증강하기 위한 탁월한 수단으로서 국가의 부를 창출하고 효과적으로 활용하는 데서 정치경제학자들이 쓴 책에 언급된 다른 모든 것보다 강력하다"고 썼다.[16]

북부가 산업에 전념하는 동안, 남부는 목화 왕King Cotton(미국 남부의 면화 생산을 의인화한 표현이다—옮긴이)의 힘에 휘둘렸다. 1793년 예일 대학을 졸업하고 서배너Savannah로 돌아온 엘리 휘트니는 조면기cotton gin('gin'은 '엔진engine'의 줄임말)를 고안했다. 조면기는 앞서 설명한 대로 면화에서 목화씨를 분리하는 속도를 25배나 높였다. 이는 미국 역사의 전환점이었다. 조면기가 고안되기 이전에 대다수 농장은 담배, 설탕, 쌀, 인디고indigo(쪽빛 염료—옮긴이)에 집중했다. 목화는 호사스러운 작물이었다. 고품질의 긴 섬유 목화는 조지아와 사우스캐롤라이나 해안에서 조금 떨어진 시아일랜 즈 제도Sea Islands(미국 남동부 해안에 늘어서 있는 섬들―옮긴이)에서만 자랐으며, 해안에서 멀리 떨어진 지역에서는 자라지 않았다(시아일랜즈 무명은 지금도 고급 무명의 대명사다). 그러나 휘트니가 만든 조면기는 (면화가 목화씨와 단단하게 붙어 있어서) 긴 섬유 목화보다 수확하기 훨씬 힘들지만 남부 전역에서 재배할 수 있는 육지면을 현금성 작물로 탈바꿈시켰다. 조면기가 고안된 1793년에 약 2,300톤이던 면화 생산량은 10년 뒤 약 2만 8,600톤으로 늘어났다.

조면기는 미국의 최대 수출 산업 가운데 하나가 탄생하는 데 도움을 주었다. 1820년 무렵 면화는 미국 수출량의 절반을 차지했다. 그 결과 남부는 미국의 수출 중심지가 되었고, 남부의 농장주들은 자유무역의 가장 적극적인 지지자가 되었다. 적절한 강우량과 강수 분포, 적절한 무상일수無霜日數 그리고 특히 미시시피 삼각주의 경우 퇴적물이 풍부한 적절한 토양을 갖춘 남부는 목화를 대량생산하기에 최상의 지역으로 드러났다.[17] 농민들은 곧바로 목화를 더욱 개량하는 일에 착수했다. 1806년 나체즈Natchez의 농장주인 월터 벌링Walter Burling은 멕시코에서 새로운 품종의 목화씨를 들여왔다. 이 품종은 부피가 커서 쉽게 딸 수 있었고, 섬유 질도 더 좋았다.[18] 목화 재배업자들은 〈아메리칸 코튼 플랜터American Cotton Planter〉 같은 전문 잡지를 발행하고, 목화 왕을 최대한 잘 섬기는 법을 가르치는 농업대학을 설립했다.

목화 재배업자들은 또한 〈아메리칸 코튼 플랜터〉가 '세상에서 가장 저렴하고 쉽게 구할 수 있는 노동력'이라고 말한 노예에 의존했다.[19] 1860년 무렵 미국에 사는 450만 명의 흑인 가운데 약 400만 명이 노예였으며,

그들 모두가 남부 농장주 소유였다. 목화 왕이 부상하기 전만 해도 노예제가 자연스럽게 소멸할 가능성이 있었다. 그때 노예제 폐지론자들은 노예제를 야만적이라고 비판했고, 자유주의자liberal들은 자유노동이 강제노동보다 효율적이라고 주장했다(미국의 자유주의liberalism는 개인주의를 바탕으로 자유방임 경제정책을 추구하는 유럽의 자유주의와 달리, 자유주의자는 물론이고 복지국가 정책을 지지하는 진보파까지 아우르는 개념이다—옮긴이). 1807년 노예수입금지법이 의회를 통과하고, 노예를 보유하고 있던 토머스 제퍼슨의 서명을 받았다. 1833~1834년, 노예제를 폐지해야 한다는 정서는 영국이 제국 전체에 걸쳐 노예무역을 폐지하기로 결정하면서 더욱 힘을 얻었다. 그러나 조면기는 남부 전역에서 오랜 악폐에 새로운 생명력을 부여했다. 조면기가 없었다면 대영제국에서 그랬던 것처럼 노예제가 평화롭게 폐지되었을지는 알 수 없다. 다만 노예제와 목화 생산은 스벤 베커트Sven Beckert가 증명한 대로 분명 보조를 맞춰 나갔다. 사우스캐롤라이나에 속한 네 개의 전형적인 내륙 지방에서의 노예 비율은 1790년에 18.4퍼센트였다가 1820년에 39.5퍼센트, 1860년에 61.1퍼센트로 늘어났다.

노예제는 생산성 혁명의 핵심에 있었다. 파운드 기준으로 노예(10~54세 사이)당 목화 생산량은 1790~1800년까지 연간 34퍼센트, 1800~1806년까지 연간 11퍼센트 늘어났다. 이런 성장률을 오래 유지할 수는 없었지만, 그럼에도 생산성은 1806년부터 남북전쟁 발발 전까지 연간 무려 3.3퍼센트씩 향상되었다. 노예 주인들은 노예를 사들이는 데 점차 많은 자본을 투자했다. 1861년 무렵 남부 자본자산의 총 가치 가운데 거의 절반이 '깜둥이negro'의 몸값'으로 들어갔다. 1830년대 목화 왕국을 방문한 한 북부 사람은 이렇게 말했다. "깜둥이를 사기 위해 목화를 파는 것, 더 많은 깜둥이를 사기 위해 더 많은 목화를 만드는 '무한 증식'은 아주 철저한 목화 농장주의 모든 사업 방식이 지닌 목표이자 노골적인 성향이다. 그들의 정신은 온통 이 목표에 쏠려 있다. 이 목표는 명백히 그들의 '삶과 행동 그리고 존재 방식'을 이끄는 원칙이다."[20] 목화 산업이 팽창하면서 미국에 사는 흑인 인구의 지역적 분포가 바뀌었다. 흑인(납치 및 감금당한 자유민 포함)은 북부에서 남부로, 남부 위쪽에서 아래쪽으로 강제로 이주되었다. 집안에서 일하던 하인은 밭으로 나가야 했다. 그래도 노예제의 효율성이 너무나 뛰어났기 때문에 노예에 대한 수요가 공급을 앞질렀다. 뉴올리언스 노예시장에서 젊은 남성의 가격은 1800년에 520달러에서 남북전쟁 직전에는 1,800달러까지 올랐으며(아래 그래프 참조), 남부의 신문들은 '깜둥이 열풍'에 대해 이야기했다.

뉴올리언스의 젊은 농장 노동자 평균 가격
(1800~1860년)

신기술(조면술)과 이동 가능한 노예 노동력 덕분에 목화 산업은 새로운 영토로 쉽게 확장할 수 있었다. 1850년 미국 목화의 67퍼센트는 휘트니가 조면기를 발명할 당시 미국의 일부가 아니었던 땅에서 재배되었다.[21] 목화 수출량도 기하급수적으로 늘었다. 1820년의 수출량은 25만 더미로 그 가치는 2,200만 달러였다. 1840년의 수출량은 150만 더미로 그 가치는 6,400만 달러였다. 남북전쟁 직전인 1860년의 수출량은 350만 더미로 그 가치는 1억 9,200만 달러였다. 동시에 원면의 가격은 생산 비용이 크게 낮아지면서 1799~1845년까지 86퍼센트나 떨어졌다. 미국은 실로 목화 강국이 되었다. 전 세계 생산량에서 차지하는 비율도 1801년에는 9퍼센트에 불과했으나 나중에는 75퍼센트까지 늘어났다. 미국은 1862년의 추정치에 따르면 전 세계에 걸쳐 2천만 명, 또는 65명 가운데 1명이 종사하는 산업에 원자재를 공급했다.[22]

이처럼 빠르게 성장한 산업은 가늠할 수 없는 잔혹성에 바탕을 두고 있었다. 노예제는 피부색을 토대로 수백만 명의 기본적인 인권을 빼앗았다. 반항하거나 일을 못하는 노예는 구타당했다. 도망친 노예는 체포되어 고문당했다. 여성 노예는 강간과 폭행에 시달렸다. 시간이 지날수록 '채찍을 든 주인들'은 더욱 포악하고 교묘한 수단을 동원해 인간 동산動産으로부터 최대한의 노동력을 짜냈다.

그들은 조별 노동을 통해 노예들을 최대한 기계처럼 부렸다. 노예들은 새벽부터 황혼까지 같은 속도로 같은 작업을 했다. 그들은 능력에 따라 세 집단으로 나뉘었다. 1조 혹은 우수 조는 힘 좋은 노예들, 2조는 10대와 노인들, 3조는 부실한 사람들로 구성되었다. 가령 맥더피McDuffie 대농장의 경우 파종 작업을 할 때 1조는 18~25센티미터 간격으로 땅에 구멍을 팠고, 2조는 씨앗을 떨궜으며, 3조는 흙을 덮었다.[23] 탈주 노예인 존 브라운John Brown은 국제시장의 목화 가격과 딕시Dixie(미국 남부 여러 주의 별칭―옮긴이)에서 노예들에게 가해지는 강압의 상관성에 대해 이렇게 말했다. "영국 시장에서 가격이 오르면 불쌍한 노예들은 바로 그 효과를 느낄 수 있었습니다. 주인이 더 가혹하게 몰아붙였고, 채찍을 더 많이 휘둘렀거든요."[24]

남부의 백인은 이런 강제 체제 덕분에 훨씬 후진적인 경제권에 속해 있으면서도 북부의 백인과 거의 비슷한 수준의 1인당 소득을 올렸다. 또한 남부의 엘리트는 전국의 다른 어떤 부자보다 부유하게 살았다. 1860년, 330만 달러(오늘날의 가치로) 이상의 재산을 지닌 7,500명의 미국인 가운데 4,500명이 남부에 있었다.[25] 같은 해 노예 인구의 총 가치는 27억~37억 달러 사이로, 전국의 철도 및 제조 자본보다 많았다. 노예가 과세 자산에서 차지하는 비중을 보면 버지니아는 37퍼센트, 미시시피는 61퍼센트였다(다음 쪽 표 참조).

대다수 노예 소유자는 약 10명의 노예밖에 보유하지 않았지만, 339개의 엘리트 가문은 각각 250명 이상의 노예를 보유했다. 미시시피 삼각주 지역의 최대 농장주인 스티븐 덩컨Stephen Duncan이 보유한 노예는 무려 1,036명이었다.[26] 대규모 농장 소유주는 남북전쟁 전 미국의 최대 소비자였다. 그들은 영국 귀족처럼 거대한 저택을 지었고, 수많은 하인을 부렸으며, 호화로운 유흥을 즐겼다.[27]

남부 사람만 노예제의 이득을 누린 것은 아니었다. 딕시는 미시시피 삼각주부터 뉴욕의 은행, 유럽의 방적 공장과 증권거래소에 이르는 세계적인 목화 경제와 얽혀 있었다.[28] 뉴욕시의 여러 주요 은행은 목화 거래로

남부 연합 주별 과세 재산 현황(1861년)

1,000남부 연합 달러(미국 달러와 동일) 기준

	총 과세 재산 평가액	노예 가치 평가액	노예 가치의 비중
전체	4,632,161	2,142,635	46.3
앨라배마	484,966	261,284	52.8
아칸소	138,442	65,438	47.3
플로리다	67,752	38,285	56.5
조지아	633,322	280,477	44.3
루이지애나	480,597	187,312	39.0
미시시피	471,677	287,765	61.0
노스캐롤라이나	343,125	197,026	57.4
사우스캐롤라이나	440,034	244,311	55.5
테네시	485,339	172,267	35.5
텍사스	282,077	110,974	39.3
버지니아	794,830	297,496	37.4

큰돈을 벌었다. 브라운 브라더스Brown Brothers는 목화 재배업자에게 향후 수확분을 담보로 돈을 빌려주고 자체 선박으로 영국의 리버풀까지 목화를 실어주면서 금융과 물류 서비스를 제공했다. 리먼Lehman가의 형제들인 헨리Henry, 이매뉴얼Emanuel, 메이어Mayer는 앨라배마의 목화 재배 농민을 상대하는 중개상으로 사업을 시작했다. 이후 메이어는 뉴욕으로 사업지를 옮겨 최초의 뉴욕 목화 거래소를 세웠다. 그는 남북전쟁 때 남부를 지원했으며, 개인적으로 예닐곱 명의 노예를 거느렸다. 노예제의 망령은 당시에 존재하지 않았던 금융회사에도 깃들어 있다. 체이스은행Chase Bank은 지난 인수 기록을 되짚다가 과거에 인수했던 두 개의 은행인 루이지애나 시민은행Citizens Bank of Louisiana과 뉴올리언스 운하은행New Orleans Canal Bank이

1만 3천 명의 노예를 담보로 잡았다는 사실을 발견했다.[29]

이런 이득은 노예의 불행뿐 아니라 전반적인 경제의 후진성이라는 대가를 불러왔다. 노예 주인은 억류된 노동자를 공급받을 수 있었기 때문에 전국적 노동시장에 접근할 동기가 없었다. 또한 여기저기 흩어진 농장에 재산이 있었기 때문에 도시나 다른 인구 중심지를 개발할 동기가 없었다. 그리고 노예가 바깥세상을 알게 되기를 원치 않았기 때문에 교육에 투자할 동기는 더욱 없었다.

불공정한 싸움

어떤 형태의 미국이 번성할지에 대해서는 의문의 여지가 없어야 마땅했다. 윌리엄 테쿰세 셔먼William Tecumseh Sherman 장군은 1860년 말, 남부 지인에게 보낸 편지에서 다음과 같이 경고했다.

북부는 증기기관, 기관차, 열차를 만들 수 있지만 당신들은 옷감 한 마碼, 신발 한 짝도 만들 수 없소. 당신들은 세상에서 가장 강하고 결연한 사람들과 바로 문밖에서 싸우려 서두르고 있소. 당신들은 패배할 수밖에 없소. 당신들은 투지와 의지로만 전쟁을 벌일 준비가 되어 있을 뿐이오. 다른 모든 것들은 전혀 준비가 되어 있지 않소.[30]

북부는 국가 부의 70퍼센트, 은행 자산의 80퍼센트를 보유하고 있었다. 1850년대 실행된 제조 부문 조사에 따르면 북부에 속한 3개의 주, 즉 매사추세츠, 뉴욕, 펜실베이니아만 해도 전국 제조 자본의 53퍼센트를, 제조 부문 산출량의 54퍼센트를 보유하고 있었다.[31] 또한 북부는 농업과 산업 부문에서 노동력을 절약하는 기계에 투자했다. 농업 종사 인구 비율을 보면 북부는 80퍼센트에서 40퍼센트로 줄어든 반면, 남부는 80퍼센트에 계속 머물렀다.[32] 북부는 인적 자본에도 투자를 많이 했다. 뉴잉글랜드는 세상에서 가장 교육 수준이 높은 지역이었다. 주민 가운데 95퍼센트가 글을 읽고 쓸 수 있었으며, 5~19세 인구 가운데 75퍼센트는 학교에 다녔다. 북부의 다른 지역도 크게 뒤처지지 않는 수준이었다. 그러니 1815~1860년까지 유럽에서 온 이민자 가운데 8분의 7에 해당하는 400만 명은 북부를 선택할 만했다.

남부가 동원할 수 있는 병력은 북부의 절반밖에 되지 않았다. 게다가 외부로 수출해야 하는 현금성 작물, 특히 목화에 위험할 정도로 많이 의존하고 있었다. 북부는 육지 경계를 폐쇄하고 항구를 봉쇄하기만 하면 남부의 돈줄을 죌 수 있었다. 다음 쪽 그래프는 1인당 GDP와 전국 GDP의 비중을 기준으로 1800년부터 북부 주와 남부 주의 경제를 비교한 것이다. 이 표는 북부 주의 경제 규모가 남부 주의 경제 규모보다 얼마나 컸는지, 남북전쟁 이후 남부가 북부를 따라잡는 데 얼마나 오랜 시간이 걸렸는지 보여준다.

그렇지만 북부가 거둔 승리는 전혀 쉽게 이긴 것이 아니었다. 북부의 지휘부는 전쟁 발발 3년이 지날 때까지 경제력을 총동원하지 않았다. 남부는 북부만큼 생산성이 높지 않았지만 게으르지는 않았다. 남부는 가장 국제화된 산업의 중심지였다. 게다가 북한North Korea이 종종 상기시키는 대로 경제력과 군사력 사이에는 단순한 관계가 성립되지 않는다. 남

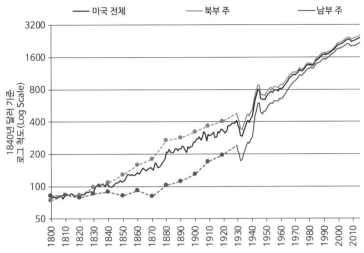

1인당 실질 GDP
(1800~2015년)

— 미국 전체   — 북부 주   — 남부 주

참고: '북부 주'는 남북전쟁 당시 북부 연방에 속한 주와 이후 미합중국에 가입한 주를 포함한다.

부 엘리트는 말안장에서 성장하고 '명예'에 집착하는 군사적 집단이었다. 군의 고위급에는 북부 사람보다 남부 사람이 훨씬 많았다. 다시 말해 인구가 적음에도 불구하고 남북전쟁 이전에 《전국인명사전Dictionary of National Biography》에 등재될 만큼 유력한 군인 가운데 남부 사람의 비율은 북부 사람의 비율보다 두 배나 높았다.[33]

군사 부문만큼 경제 부문을 관리하는 일에도 창의성을 발휘했다면 남부는 더 오래 유지되었을 것이다. 남부 연합 재무부는 전쟁 채권으로 성공을 거두었다. 그들은 1863년 초에 금이 아닌 목화를 담보로 암스테르담 시장에서 채권을 발행했다. 주관사인 프랑스 회사의 이름을 따서 '에를랑제 채권Erlanger Bonds'으로 불린 이 채권은 남부가 전쟁에서 질 것이라는 사실이 명확해진 뒤에도 오랫동안 가치를 유지했다. 투자자들이 목화를 살 수 있는 권리를 통해 전쟁에 따른 위험을 회피할 수 있었기 때문이다.[34] 그러나 전반적으로 남부는 재정정책과 통화정책을 엉망으로 만들었다. 과세로 재원을 마련하려는 노력은 미미한 수준에 불과했다. 23억 달러의 수익 가운데 6퍼센트만이 수출입 관세와 원자재에 대한 '전쟁세war tax'에서 나온 것이었다. 북부와 남부는 모두 병사들에게 급여를 지급하고, 군수품을 매입하기 위해 명목화폐를 발행했다. 그러나 북부는 남부보다 훨씬 절제했다. 북부의 '그린백greenback(색깔 때문에 붙은 이름)'은 전쟁 말미에도 액면가의 약 70퍼센트에 해당하는 가치를 유지했다. 남부 연합의 화폐는 훨씬 빨리 가치를 잃으면서 군의 물자 구매력을 떨어트리고 9천 퍼센트에 달하는 극심한 인플레이션을 일으켰다(아래 그래프 참조). 남

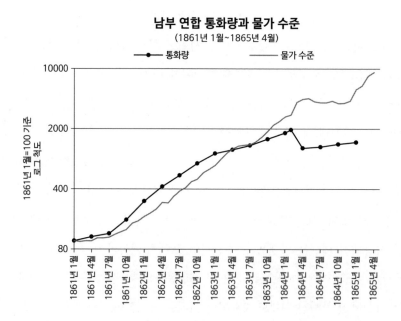

남부 연합 통화량과 물가 수준
(1861년 1월~1865년 4월)

부 연합은 1864년 미발행 통화 공급을 상당 부분 취소해 일시적으로 물가 상승 속도를 늦췄다. 물론 전쟁이 끝난 뒤 남부의 돈은 대부분이 아니라 완전히 가치를 잃었으며, 남부 사람들은 물물교환에 의존해야 했다.

산업시대에 일어난 최초의 대규모 분쟁인 남북전쟁은 인명과 재산 측면에서 남북 양쪽 모두에게 파멸적인 피해를 입혔다. 근래의 추정치에 따르면 사망자 수가 65만~85만 명 사이였다. 이는 이후 일어난 모든 전쟁에서 사망한 미국인의 수보다 많으며, 인구 규모로 보정하면 지금의 500만 명에 해당한다.[35] 50만 명이 부상을 입었다. 사람만 피해를 입은 것이 아니었다. 1천 명당 가축의 수는 주로 남부에서 벌어진 학살 때문에 749마리에서 1870년에는 509마리로 줄었다.[36] 경제적 비용은 개전 이전 연도 국가 GDP의 거의 150퍼센트에 이르며, 모든 노예의 소유권을 사들이는 비용보다 훨씬 많은 66억 달러(1860년 달러 기준)였다.

남부는 불가피하게 가장 큰 비용을 치렀다. 징집 연령 남성의 약 13퍼센트가 전사했다. 이는 자유주나 자유 지역에서 태어난 남성보다 두 배 높은 수치였다. 전사자보다 많은 사람이 손발을 잃었다. 전후 1년 차인 1866년, 미시시피주는 인공 수족에 세수의 20퍼센트를 썼다.[37] 노예 주인들은 노예 해방으로 20억 달러가 넘는 재산 손실을 입었다. 또한 그들은 목화 생산량을 극대화하기 위해 오랫동안 완벽하게 다듬은 조별 작업 방식을 더 이상 활용하지 못했다. 대부분 남부에서 기여하던 GDP 대비 수출 비중은 1860년에는 7퍼센트였다가 1865년에는 2퍼센트 미만으로 떨어졌다.[38] 심지어 남부는 숨겨진 최고의 자원 가운데 하나인 정치력까지 잃고 말았다. 남부는 남북전쟁 이후 반세기 동안 하원 의장이나 상원 원내대표를 단 한 명도 배출하지 못했다.

남북전쟁은 어떤 의미에서 진전된 경제와 낙후된 경제의 분열을 더 오래 유지시켰다. 북부의 경제는 전쟁 발발로 더욱 활기를 띠었다. 상원 의원인 존 셔먼John Sherman은 형인 윌리엄 테쿰세 셔먼에게 다음과 같이 거의 흡족해하는 내용의 편지를 보냈다. "사실 우리의 자원이 손상되지 않은 채 전쟁이 끝나면 주요 자본가들이 이 나라에서 이전에 실행되었던 어떤 사업보다 훨씬 방대하게 구상을 펼칠 여지, 상승의 기회가 생깁니다. 그들은 이전에 수천을 말할 때만큼 자신 있게 수백만을 말합니다." 반면 남부의 경제는 무너졌다. 1870년 남부의 총 산출량은 1860년의 3분의 2에 불과했고, 1890년이 되어서야 1인당 소득이 전쟁 전 수준을 회복했다.[39] 남북전쟁 전후인 1860년과 1870년에 실시한 두 번의 조사는 전쟁이 농업 경제의 여러 부문에 얼마나 나쁜 영향을 미쳤는지 보여준다(아래 표 참조). 농장의 가치는 42퍼센트, 개간 농지 면적은 13퍼센트, 농사와 이동에 쓴 '역축役畜'은 21퍼센트 감소했다. 또한 경작 면적이 약 40만 제곱미터 이상인 농장의 수는 17퍼센트 감소한 반면, 약 20만 제곱미터 미만인 농장의 수는 거의 두 배로 늘었다.[40]

남부의 농업이 붕괴한 이유는 쉽게 이해할 수 있었다. 그 이유는 노예제 아래에서 주인의 명령에 따라 억지로 일해야 했던 사람들이 스스로 일을 얼마나 할지 결정할 수 있는 자유를 얻었기 때문이다. 로저 랜섬Roger Ransom과 리처드 서치Richard Sutch는 노예 노동의 감소(주말 노동 중단부터 노동인구에서 완전히 이탈하는 것까지)는 이전 노예 노동인구의 28~37퍼센트를 잃은 것에 해당한다고 추정했다. 감소분은 남성의 경우 비교적 적은 12.4퍼센트였지만 여성의 경우는 최대 60퍼센트였으며, 아동의 경우는 그보다 더 많았다.[41]

연방 주의 농장 및 농업 산출량
1860년 수치 대비 1870년 수치(퍼센트)

농장	
수	148
가치	58
개간 농지 면적(에이커)	87
역축	79
농업 산출량	
목화	56
담배	36
밀	77
옥수수	66
감자	84
고구마	47
쌀	39
귀리	111

　　노예제 폐지는 농업 생산성 감소뿐만 아니라 훨씬 많은 영향을 낳았다. 노예제는 남부 경제생활의 모든 측면을 떠받쳤다. 부 스리니바산Bhu Srinivasan의 지적에 따르면 대다수 농업사회에서 가장 가치 있는 자산은 땅이다. 반면 노예를 보유한 남부에서는 노예가 더욱 가치 있는 자산이었다. 노예는 이동이 가능했다. 그래서 남부 사람들은 평생 부릴 수 있는 노동력을 사서 다른 지역에 팔 수 있었다. 노예를 담보로 잡는 것은 자금을 확보하는 가장 흔한 방식이 되었다.[42] 예를 들면 남북전쟁 이전 루이지애나에서는 대출의 88퍼센트가 (적어도 부분적으로) 노예를 담보로 잡은 것이었다. 수정 헌법 13조는 다른 형태의 자본이 사라지거나 급감하는 시기에 이런 관행을 끝장냈다. 전쟁 채권은 가치를 잃었고, 토지 가격은 급락했다.[43]

남부는 특별한 문제, 즉 강제 노동이라는 끔찍하면서도 효율적인 수단의 종말에 어떻게 적응할 것인가라는 문제와 씨름했다. '미스터 래시Mr. Lash(채찍)'를 어떻게 '미스터 캐시Mr. Cash(현금)'로 대체할 것인가? 돈을 쓰거나, 부동산을 보유하거나, 글을 배우지 못한 거의 400만 명의 전직 노예를 어떻게 임금 노동자로 바꿀 것인가? 동산 노예 제도를 폐지하는 것과 자유노동 체제를 만드는 일은 완전히 다른 문제였다. 다른 목화 생산국, 특히 이집트와 인도가 가하는 경쟁 압력 때문에 문제를 해결하는 일이 한층 어려워졌다. 1870년 남부는 10년 전 목화 생산량의 56퍼센트밖에 생산하지 못했다.

노예해방선언이 이뤄진 직후 많은 노예 소유주는 새 병에 오랜 와인을 담으려 갖은 애를 썼다. 자유민이 '통상적인 방법으로 식량과 옷'을 구하기 위해 근로에 합의하는 연간 계약이 남부 전역에서 흔해졌다. 사우스캐롤라이나에서는 윌리엄 턴로William Tunro라는 사람이 이전 노예들과 종신 계약을 맺으려 시도했다. 계약을 거부한 4명은 농장에서 쫓겨난 뒤 살해당했다.[44] 백인들은 또한 자유민을 조별 노동에 다시 투입하기 위해 폭력을 행사했다.

농장주들은 결국 강제 노동과 자유노동 사이의 회색지대에 해당하는 소작이라는 방식을 착안해냈다. 이 체제 아래에서 이전 노예는 주인의 농기구로 주인의 땅을 일구는 대신 재배한 작물의 일부를 받았다. 이 체제는 강압적 법률, 불법적 폭력 그리고 무엇보다 무거운 부채로 강화되었다. 대다수 소작인은 땅에 발이 묶이게 만드는 부채의 덫에 갇혔다. 빚을 갚는 유일한 길은 재배량을 늘리는 것이었다. 그러나 그럴수록 가격이 떨어졌고, 생계 수단을 제공하는 땅이 나빠졌다. 남북전쟁 이후 전체 경제

규모가 커지는 속도보다 더 빨리 인구가 늘어났다. 가난한 백인도 결국에는 소작 체제에 휘말리면서 인종 갈등을 악화시켰다.

남북전쟁 이후 수감자는 가혹한 노역에 시달렸다. 재소자(약 90퍼센트는 흑인)는 철도, 탄광, 테레빈유 제조는 물론이고, 목화 재배와 같은 해당 지역의 가장 힘든 산업에서 일해야 했다. 조지아주는 노역 중계 전문 회사인 페니텐셔리 컴퍼니 원, 투, 스리Penitentiary Company One, Two, Three라는 세 기업의 설립을 허가했다. 조지아주 오글소프 카운티Oglethorpe County에 있는 약 81제곱킬로미터의 대규모 농장으로, 목화 수확에 1천 명의 노동자가 필요한 스미스소니아Smithsonia의 주인 제임스 먼로 스미스James Monroe Smith는 노역을 너무나 활용하고 싶었던 나머지 재소자를 안정적으로 공급받기 위해 페니텐셔리 컴퍼니 스리의 지분을 4분의 1이나 사들였다.[45] 그는 200~300명의 재소자를 꾸준히 고용했으며, 1895~1896년에는 최대 426명을 고용했다.[46]

재소자는 지시를 따를 수밖에 없었다. 거역할 경우 채찍질을 당하거나, 손발이 잘리거나, 심지어 처형당하기도 했다. 노역자 사망률은 1880년 미시시피의 경우 11퍼센트였고, 1887년에는 루이지애나 14퍼센트, 미시시피 16퍼센트로 놀라운 수준이었다. 재소자를 빌려 쓴 한 남부의 사업가는 다음과 같이 솔직한 말로 당시 상황을 요약했다. "전쟁 이전에 우리는 노예를 소유했다. 착한 깜둥이는 계속 데리고 있을 수 있었다. … 하지만 이 재소자들은 우리가 소유하지 않는다. 하나가 죽으면 다른 하나를 구하면 그만이다."[47]

노역의 도움에도 불구하고 남부의 산업은 미미한 진전밖에 이루지 못했다.[48] 1880년대 석탄과 철광석 산지인 앨라배마주 버밍엄Birmingham은 남부에서 가장 성공적인 철 생산지가 되었다. 1890년대 공장 소유자들은 증기기관을 쓰는 공장을 짓기 시작했다. 프랭크 스프래그Frank Sprague는 1888년 버지니아주 리치먼드에 미국 최초의 노면 전차를 만들었다. 그러나 진전은 산발적이었다. 버밍엄은 북부 제조업체가 강철을 생산하던 시기에 저렴한 선철을 생산했다. 북부의 많은 기업계 리더는 남부에 투자하기를 거부했다. 그레이트 노던 철도Great Northern Railway를 건설한 제임스 J. 힐James J. Hill은 "눈이 내리지 않는 곳에 대한 사업 제안은 일체 관심 없다"고 선언했다.[49] 대개 남부 엘리트는 계속 농업 부문에서 최대한 많은 가치를 짜내려 애썼다. 1874년 미국을 방문한 독일의 지리학자 프리드리히 라첼Friedrich Ratzel은 남부 도시와 다른 지역의 도시가 너무나 다른 데 상당한 충격을 받고 다음과 같이 썼다.

남부 도시의 일반적인 특징은 … 북부 도시나 서부 도시와 크게 다르다. … 이 지역의 상업은 아직 이렇다 할 산업 활동과 연계되지 않았다. 그런 이유로 거물 상업가 외에는 거물 산업가도, 숙련공도, 언급할 가치가 있는 규모의 활기찬 백인 노동계급도 없다. 가게 주인과 수공업자는 문명과 부를 창출하는 이 강력한 계급의 결여를 보충하지 못한다. … 따라서 … 이 사회는 주로 농업에 의존하는 국가의 산업 부재 대도시와 연계되는 불완전하고, 어중간하게 개발된 모습을 지닌다. 이런 측면에서 뉴올리언스, 모빌Mobile, 서배너, 찰스턴Charleston은 보스턴이나 포틀랜드Portland보다 쿠바의 아바나Havana나 멕시코의 베라크루스 Veracruz와 더 비슷하다.[50]

또한 강제로 평등권을 부여하려는 북부의 시도가 힘을 잃으면서 남부는 문화적으로도 다른 양상을 유지했다. 남부 백인은 법적으로 인종을 분리하고 유권자를 협박하는 체제를 열심히 구축해 모든 고비에서 통합주의자를 따돌렸다. 그들은 민주당 현지 지부를 지역적 저항의 수단으로 삼았을 뿐 아니라 민주당 안에 무장 분파까지 만들었다. 1866년에 설립된 큐 클럭스 클랜Ku Klux Klan(일명 KKK. 미국 남부 여러 주에서 결성된 극우적 성향의 백인 비밀 결사—옮긴이)은 건방진 흑인이나 진보적 백인을 상대로 자주 폭력을 행사했다. 야망을 가진 흑인은 비교적 자유로운 북부로 떠났다. 이민자는 남부를 기피했다. 1910년 기준으로 해외 출생자 비율은 미국 전체로는 14.7퍼센트였지만 남부는 2퍼센트에 불과했다. 1930년대의 뉴딜과 1980년대의 선 벨트 붐이 있고 나서야 남부는 미국의 경제적 동력원 가운데 하나로 변모했다.

남북전쟁은 발전한 북부와 퇴보한 남부 사이의 분열을 굳히기는 했지만 미국의 미래를 둘러싼 최대의 분열을 해소했다. 워싱턴을 장악한 공화당은 미국이 향후 어떤 모습이 되기를 원하는지 분명하게 알았다. 그들은 공장이 동력을 부여하고, 전국에 철도가 깔리며, 학교가 세워지고, 대도시가 정점을 찍는 위대한 산업국가를 원했으며, 이 구상을 실현하는 일에 나섰다.

여러 측면에서 연방 정부는 초라할 만큼 허약했다. 인력은 거의 없었고, 과세권과 입법권도 여전히 불확실했다. 그러나 어떤 측면에서는 대단히 강력하기도 했다. 연방 정부는 연이은 현명한 토지 매입 덕분에 어떤 서유럽 국가보다 넓은 약 800만 제곱킬로미터의 국토를 보유하게 되었다. 그들은 이 땅을 현명하게 활용해 부채를 청산하고, 인프라를 현대화하며, 서쪽으로 제국을 넓혔다. 1862년에 제정된 공유지불하법Homestead

Act은 누구라도 차지해 개간할 수 있도록 약 65만 제곱미터의 땅을 무상으로 제공했다(개간을 불하 조건으로 내건 것은 전형적인 미국 스타일이었다). 구세계에서는 여러 세대에 걸쳐 약 4만~8만 제곱미터의 땅을 가질 수 있기를 바라던 사람은 대서양을 건너 신청서만 작성하면 그 20배에 달하는 땅을 가질 수 있었다. 제1차 세계대전이 발발할 무렵에는 250만 명 정도가 땅을 불하받았다.

자본주의로 묶인 하나의 국가

미국이 한 나라로 '뭉친' 여러 위대한 순간이 있었다. 1869년 릴런드 스탠퍼드가 유타주 프로먼토리 서밋에서 유니언 퍼시픽과 센트럴 퍼시픽의 철도망을 합치는 황금 대못을 은 망치로 내려치면서 광활한 서부를 오래된 동부와 연결한 순간이나, 1986년 노동자들이 맨해튼의 조지 워싱턴 다리부터 샌프란시스코-오클랜드 베이 다리의 서쪽 끝까지 이어지는 최초의 대륙 횡단 주간고속도로인 I-80을 마침내 완성한 순간이 그랬다. 그러나 남북전쟁에서 남부가 북부에 항복하면서 한때 분열되었던 나라가 온전한 자본주의 공화국으로서의 운명을 받아들인 순간보다 중요한 순간은 없었다.

---------------- **3장** ----------------

자본주의의 승리: 1865~1914년

------------------- ★ -------------------

남북전쟁이 끝나고 제1차 세계대전이 일어나기 전까지 10년 사이에 미국은 눈에 띄게 현대적인 사회가 되었다. 1864년 미국은 여전히 최저 수준의 생활에 머무는 구시대의 흔적을 지니고 있었다. 도시에는 사람만큼 동물이 많았다. 말뿐 아니라 소, 돼지, 닭도 있었다. 대다수 건물이 나무로 지어져서 불씨 하나가 대화재를 일으킬 수 있었는데, 1871년 시카고에서 소가 랜턴을 차서 넘어뜨리는 바람에 시작된 것으로 알려진 대화재가 가장 극적인 사례였다. 사람들은 소규모 가족기업에서 일했다. 반면 1914년 무렵의 미국인들은 코카콜라를 마셨고, 포드 자동차를 몰았으며, 지하철을 탔고, 고층 건물에서 일했으며, '과학적 경영'을 중시했고, 질레트Gillette 1회용 면도기를 썼으며, 전기로 조명과 난방을 했고, 비행기로 여행을 다니거나 적어도 비행에 대한 기사를 읽었으며, AT&T가 제공하는 전화기를 썼다.

　AT&T는 미국 경제의 중심에 자리 잡은 100여 개의 대기업 가운데 하나였다. 2000년 〈포천Fortune〉지가 선정한 500대 기업 가운데 53개는 1880년대에, 39개는 1890년대에, 52개는 1900년대에 설립되었다. 미국은 철강, 자동차, 전력 같은 신산업에서 다른 나라를 크게 앞서 나갔다. 또한 농업 같은 구산업에서도 선두를 달렸다. 1870년대 국제 교역에서 미국의 농업 부문이 차지하는 비중은 곡물의 경우 30~50퍼센트, 육류의 경우 70~80퍼센트였다.

동시에 미국은 세계에서 가장 많은 백만장자(1914년에 4천 명)와 가장 부유한 노동자를 둔 소비사회가 되었다. 미국인들은 1914년에 1인당 346달러의 소득을 올렸다. 다른 나라의 경우 영국은 244달러, 독일은 184달러, 프랑스는 153달러, 이탈리아는 108달러였다. 기업들은 제품뿐 아니라 앤트 제미마Aunt Jemima의 핫케이크, 켈로그의 시리얼, 쥬시 프루트Juicy Fruit의 껌, 팹스트 블루 리본Pabst Blue Ribbon의 맥주, 퀘이커 오츠Quaker Oats 등 소비자가 신뢰하는 브랜드를 만들었다. 광고주는 금세 익숙해진 요란한 이미지로 브랜드를 팔았다. 젤로Jell-O 젤리는 '빠르고 간편'했다. 켈로그의 제품은 건강한 생활의 열쇠였다. 1896년 식품회사 하인츠Heinz는 타임스 스퀘어에 1,200개의 조명으로 57종의 제품을 나열하고 15미터 크기의 피클을 묘사하는 광고판을 세웠다.[1] 소비자는 수많은 열풍에 휩싸였다. 1870년대에는 롤러스케이트 열풍이, 1890년대에는 자전거 열풍이 불었다. 대도시는 소비의 전당을 자랑했다. 필라델피아에는 워너메이커스Wanamaker's, 뉴욕에는 메이시스Macy's와 블루밍데일스Bloomingdale's, 로드 앤드 테일러Lord & Taylor, 보스턴에는 파일린스Filene's 그리고 가장 인상적인 백화점으로 시카고에는 마셜 필즈Marshall Field's가 있었다. 1864년 뉴욕시에서 가장 높은 건물은 월가와 브로드웨이에 있는 트리니티 교회Trinity Church였다. 1914년에는 '상업의 성당'인 60층짜리 울워스 빌딩Woolworth Building이 그 자리를 차지했다.

이 시기에 미국은 자기 강화적 성장 국면으로 도약했다. 오랫동안 정체 혹은 그에 준하는 상태에 머물렀기 때문에 처음에는 성장률이 낮고 지지부진할 수밖에 없었다. 대개 혁신(다요소생산성)과 단위 원가 감소(시간당 산출량)는 새로운 아이디어와 생산 과정 사이의 복잡한 상호작용에 의존하며, 그 결실을 맺기까지는 수십 년이 걸린다. 19세기 후반에 개선된 정보 전달(전신), 거리의 극복(철도), 새로운 동력원(전기) 같은 위대한 경제적 돌파구는 네트워크 구축에 의존했기 때문에 아주 느리게 열렸다. 그러다가 새로운 아이디어들이 서로를 뒷받침하고, 상품이 더 빨리 유통되며, 지역적 전문화가 강화되면서 19세기 후반과 20세기 초반에 마침내 성장률이 빠르게 상승하기 시작했다. 연 기준 생산성 증가율은 1800~1890년까지 평균 1.4퍼센트였다가 1889~1899년 사이에 2퍼센트 이상으로 올라 0.4

비농업 기업 생산성과 혁신

퍼센트의 기조적인 성장률을 높였고, 뒤이어 1920년대에 다시 올랐다.

미국인은 유럽인보다 훨씬 활기차게 이 모든 성장을 축하했다. 남북전쟁 이후 상당 기간 권력을 잡은 공화당은 노골적으로 친성장, 친기업 기조를 추구했다. 1864년 의회는 이민촉진법Act to Encourage Immigration을 통과시키고 국무부에 이민국을 창설했다. 또한 연방 자금과 인력을 투입해 외국인 노동자를 모집하고 입국 절차를 간소화했다. 대기업(특히 철도회사)과 주 정부는 유럽 전역에서 새로운 시민이 되라고 홍보했다. 대개 자본주의와 관련해 목소리를 내지 않던 지식인조차 홍보 대열에 합류했다. 월트 휘트먼은 미국의 '엄청난 사업 열기'와 '부에 대한 거의 광적인 욕구'를 칭찬했다. 랠프 월도 에머슨Ralph Waldo Emerson은 미국을 '미래의 나라 … 시작, 프로젝트, 방대한 설계와 구상의 나라'로 칭송했다. 그는 전국을 돌며 자기 계발과 상업적 발전의 미덕에 대해 강연했다. 서부의 시인인 호아킨 밀러Joaquin Miller는 "대륙을 가로지르는 단일 철로의 속도는 불타는 트로이를 다룬 온갖 유혈극보다 더 시적이다"라고 말했다.[2]

제1차 세계대전 이전의 어느 시점에 이 자신만만하고 야심 찬 젊은 나라는 나이 든 부모인 영국을 대신해 세계 최고의 경제대국이 되었다. 미국은 여러 척도에서 연달아 노쇠한 영국을 앞질렀다. 1857년 미국의 인구는 영국의 인구(아일랜드 포함)를 넘어섰다. 1870~1910년까지 미국이 세계 제조업에서 차지하는 비중은 23.3퍼센트에서 35.3퍼센트로 늘어난 반면, 영국의 비중은 31.8퍼센트에서 14.7퍼센트로 줄었다. 한 신중한 계산에 따르면 1910년 무렵 미국의 1인당 소득은 영국보다 26퍼센트 더 높았다.[3]

기술과 아이디어는 이전과 다른 방향으로 흘러갔다. 19세기 전반기에 미국인들은 생산성을 높이는 대부분의 아이디어를 모국인 영국에서 훔쳤다. 줄리어스 모건Julius Morgan 같은 야심 찬 은행가는 런던으로 가서 경영 방식을 익혔다. 그러나 19세기 후반기에는 관계가 역전되었다. 시카고 출신의 부정한 재벌인 찰스 타이슨 여키스Charles Tyson Yerkes는 런던 지하철 사업을 상당수 장악해 세 개의 신규 노선을 건설하고, 전차를 도입했으며, 여러 노선을 단일 체계로 통합했다. J.P.모건J. P. Morgan은 모건 그렌펠 앤드 컴퍼니Morgan Grenfell & Co.를 자신의 국제적 거대 기업의 일부로 만들었다. H.J.하인츠는 런던의 페캄Peckham에 공장을 세웠다. 프랭크 울워스Frank Woolworth는 최초의 해외 지점을 리버풀에 차렸다.

미국인이 기술적으로 뒤처졌다고 놀리던 영국인은 미국인을 경쟁자로 경계하기 시작했다. 후기 빅토리아 시대와 에드워드 시대에 미국의 커지는 산업력을 다룬 책이 쏟아졌다. 또한 식민지로서 영국에 굴복하던 미국인은 갈수록 과거의 주인을 무시했다. 1896년 미국에서 최초로 상영된 '동작 사진moving pictures'에는 '엉클 샘이 왜소한 악당, 존 불John Bull(영국 또는 영국인을 가리키는 별명—옮긴이)을 무릎 꿇리는' 장면이 나왔다.[4]

풀려난 프로메테우스

이 시기에 국토 확장, 대규모 이민, 철도 건설이 거침없이 계속되었다. 미국은 1867년에 알래스카, 1898년에 하와이를 추가하면서 국토 확장을 마무리 지었다. 1900년에 이르렀을 때 미국의 국토 면적은 영국을 몰아냈을 때보다 세 배나 넓어진 약 777만 6,146제곱킬로미터였다. 인구는

1870년의 4천만 명에서 1914년에는 9,900만 명으로 늘어났다. 이는 연평균 2.1퍼센트에 해당하는 성장률이었다. 다른 나라의 경우 독일은 1.2퍼센트, 영국은 1.9퍼센트, 프랑스는 0.2퍼센트였다. 인구성장분 가운데 3분의 2는 미래에 대한 국민의 낙관을 반영해 자연스럽게 증가한 것이며, 3분의 1은 미국이 기회의 땅이라는 세계적인 믿음을 반영한 이민에 따른 것이었다.

이 시대에 '요란한 흡입음giant sucking sound(1992년 미국 대선에서 로스 페로 Ross Perot 후보가 북미자유무역협정NAFTA의 부정적인 영향을 비판하기 위해 쓴 표현—옮긴이)'은 유럽에서 미국으로 이민자들이 빨려 들어가는 소리였다. 1880년대만 해도 530만 명이 미국으로 이주했다. 이는 1880년에 미국에 살던 5천만 명의 10.5퍼센트에 해당하는 수치였다. 이민자들은 의심의 여지없이 경제에 보탬이 되었다.[5] 그들은 대개 부양가족이 거의 없는 젊은이였으며, 성공하려는 의욕으로 넘쳐났다. 또한 더 나은 삶을 누릴 기회를 얻기 위해 대양을 건너는 위험을 기꺼이 감수하는 모험가였다. 그들은 빠르게 산업화되어가는 나라에서 기계, 도로, 교량을 건설할 일손을 제공했다. 1920년 무렵 이민자와 그 자손은 제조업 노동자의 절반 이상을 차지했다. 많은 이민자는 가치 있는 기술을 보유하고 있었다. 중서부 위쪽에 몰려든 스칸디나비아 출신은 농부들이었고, 뉴욕에 몰려든 동유럽 유대인은 상인과 중개인들이었다. 숙련된 영국 이민자는 미국사 전반에 걸쳐 그랬던 것처럼 금속공학, 직조, 화학 분야의 산업 기밀을 대서양 건너편으로 들여왔다.

이 시대에 세워진 주요 건물 가운데 다수가 철도 터미널인 것은 자연스러운 일이었다. 뉴욕의 그랜드 센트럴역Grand Central Station(1871년), 시카고의 유니언역Union Station(1881년), 워싱턴 DC의 유니언역(1907년)은 모두 증기기관을 위한 대리석 사원이었다. 철도는 당시 번영을 낳는 최고의 수단이었다. 영국의 소설가 앤서니 트롤럽Anthony Trollope은 1860년대 미국을 여행한 뒤 이렇게 썼다. "160킬로미터 떨어진 도시도 철도로는 너무나 가까워서 그 주민들이 이웃과 같다. 반면 철도가 놓이지 않은 지역에서 32킬로미터 떨어진 정착지의 경우 여성과 아동은 서로 알지도 못하고, 방문하지도 않으며, 들어보지도 못할 가능성이 높다. 이런 여건에서 철도는 모든 것이다. 철도는 생활의 첫 번째 필수 요소로서 부에 대한 유일한 희망을 부여한다."

19세기 후반기 '부에 대한 유일한 희망'은 대규모로 확장된다. 철도회사들은 1870년 이후 40년 동안 매일 20킬로미터의 철로를 추가해 총연장을 다섯 배로 늘렸다. 그에 따라 1917년 무렵 미국은 세계 철도 총연장의 35퍼센트를 보유하게 되었다(다음 쪽 그래프 참조). 철도 1마일(약 1.6킬로미터) 대비 사람의 수는 1840년의 6,194명에서 1880년에는 571명, 1890년에는 375명으로 줄었다. 당시 상당수 철도는 사람이 드문드문 살던 서부에 건설되었다.

철도는 물건을 옮기는 비용을 줄였다. 한 추정치에 따르면 1890년 기준으로 철도 화물 비용은 1톤마일당 0.875달러로서 24.50달러인 마차 화물 비용보다 96퍼센트나 저렴했다. 철도는 지역 간 연결 속도를 높였다. 대륙 횡단 철도는 미 대륙을 가로지르는 데 걸리는 시간을 6개월에서 6일로 줄였다. 철도는 또한 안정성을 높였다. 사람들은 대체로 제시간에 원하는 곳까지 갈 수 있었다. 열차는 마차보다 10여 배나 많은 화물을 실을 수 있었다. 데이비드 웰스David Wells가 계산한 바에 따르면 1887년 기준으

철도 건설량
(1830~1940년)

로 철도 물동량은 모든 사람이 1천 톤의 화물을 1마일 혹은 1톤의 화물을 1천 마일 옮긴 것과 같았다.[6]

철도는 또한 그 자체로 산업 발전을 촉진했다. 1880년대 20만 명이 철도 건설 부문에, 25만 명이 철도 운영 부문에 고용되었다.[7] 남북전쟁 이후 30년 동안 생산된 철강의 약 절반은 철도 건설에 투입되었다.

철도는 그저 단절된 지역을 잇고 화물의 이동 속도를 높이는 것 이상의 일을 했다. 철도는 교통의 방향을 바꿨다. 철도 시대 이전에는 대다수 화물이 해안 혹은 방대한 하천을 따라 북부에서 남부로(혹은 그 반대로) 이동했다. 그러다가 철도가 생긴 뒤부터는 동부에서 서부로 이동하는 교통량이 점차 늘었다. 사람들은 광활한 황무지 땅으로 몰려가 곡물을 재배하고 가축을 키웠다. 이 모든 노동의 산물은 다시 동해안을 거쳐 전 세계로 퍼져나갔다. 이는 마치 거인이 나라 전체에 지렛대를 놓고 축을 돌린

것과 같았다.[8]

미국은 다른 어떤 시대보다 이 시대에 많이 변화했다. 이 장에서는 두 가지 측면의 변화를 살필 것이다. 하나는 새로운 원자재(강철과 석유)와 새로운 기술(자동차와 전기)의 도래에 따른 기술적 변화이고, 다른 하나는 서부가 국가경제(및 세계경제)에 통합되는 지리적 변화다. 다음 장에서도 같은 시대를 대상으로 경제를 재구성한 기업계 거물들을 살필 것이다.

혁신의 시대

1865~1914년 사이에 대단히 폭넓은 분야에서 근본적 혁신이 도래했다. 새로운 원자재(강철), 새로운 기본 원료(석유), 새로운 동력원(전기), 새로운 개인 이동 수단(자동차), 새로운 통신 수단(전화) 그리고 더 큰 혁신을 활용하거나 나름의 방향으로 나아간 작은 혁신이 이 시기에 등장했다. 1860~1890년까지 특허청은 50만 건의 특허를 내줬다. 이는 이전 70년 동안 등록된 특허 건수보다 10배 이상 많고, 다른 어떤 나라보다 월등하게 많은 수치였다. 과거 패스트 팔로어fast follower(새로운 제품이나 기술을 빠르게 쫓아가는 전략 또는 그런 기업―옮긴이)였던 미국은 이제 다른 나라들이 뒤따를 수 있도록 기술적 변경을 용감하게 개척하는 새로운 입지를 차지하게 되었으며, 이후로도 줄곧 이 입지를 유지했다.

강철의 시대는 돌풍처럼 찾아왔는데, 그 계기는 1856년 영국인 헨리 베서머가 용해된 선철에 차가운 공기를 불어넣으면 공기 중의 산소가 선철 속의 탄소와 결합해 불순물을 저절로 제거해준다는 사실을 발견하면서다. 강철은 문명이 시작된 이래 주로 무기나 고급 날붙이를 만드는 데 사용되었다. 영국의 셰필드Sheffield는 제프리 초서Geoffrey Chaucer(1342~1400년) 시대에 이미 강철로 유명한 도시였다. 그러나 강철은 1차 산업혁명 때 아무런 역할을 하지 못했다. 대량으로 생산하기가 너무 어려웠기 때문이다. 헨리 베서머는 이 모든 것을 바꿔놓았다. 그는 새로운 유형의 포탄을 개발했지만 당시의 주철 대포는 너무 부실해서 이 포탄을 감당하지 못했다. 베서머가 더 강한 금속을 만들 방법을 실험하고 있을 때 마침 불어온 돌풍이 용해된 철을 과열시켜 강철이 형성되었다. 그는 이 행복한 우연을 산업적으로 재현할 수 있는 절차를 재빨리 설계했다. 베서머 공정은 2.5톤의 연료(코크스)만 소비해 1톤의 고급 '도가니강'을 생산할 수 있는 반면, 구식 공정은 7톤의 석탄을 태워 1톤의 저급 '삼탄강'만 생산할 수 있었다. 베서머 공정은 지금까지 이어지는 일련의 혁신 가운데 최초에 불과했다. 10년 뒤 개발된 지멘스-마르탱Siemens-Martin 공정(평로 공정)은 생산성을 더욱 높였다. 이후 제철 기업은 고철을 활용해 폐기물을 줄이는 법을 익혔다. 19세기 말 무렵 1톤의 강철을 생산하는 비용은 세기 중반보다 90퍼센트나 줄었다(다음 쪽 그래프 참조).

미국은 이런 개선을 활용하는 일에서 어떤 경쟁국보다 뛰어났다. 1870년 38만 톤에 불과하던 강철 생산량은 1913년에 2,840만 톤으로 늘어났다. 미국은 강철 분야에서 커다란 경쟁우위를 지니고 있었다. 우선 모든 생산요소가 땅에 묻혀 있어 운송 인프라가 구축된 뒤에는 비교적 저렴하게 모을 수 있었다. 백지상태에서 시작한 것도 강점이었다. 세계를 선도하는 초기 제철 강국이던 영국은 구식 제철 기술에 많은 자본을 투자한 반면, 미국은 신식 제철소와 제철법을 도입했다.

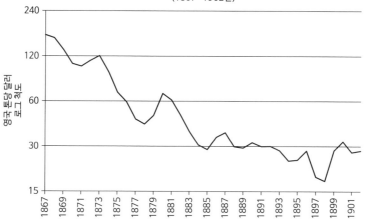

베서머 강철의 도매가
(1867~1902년)

제철 혁명은 산업시대로 접어든 미국의 얼굴을 바꿨다. 존 피치^{John Fitch}는 신형 용광로의 위용을 이렇게 묘사했다.

> 엄청난 연장, 생산 규모 등 모든 것의 크기부터 압도적인 강력함으로 마음을 휘어잡는다. 24, 27, 30미터 높이에 으스스하고 만족할 줄 모르는 용광로는 계속 입을 벌려 수 톤의 철광석, 연료, 석회, 돌을 집어삼킨다. 베서머 전로는 날뛰는 불꽃으로 눈을 어지럽힌다. 수백 킬로그램의 무게에 백열 상태로 달아오른 강괴는 이리저리 옮겨지고 장난감처럼 던져진다. … 크레인은 강철 레일이나 15미터짜리 대들보를 가볍게 들어올린다. 이런 것들은 불카누스^{Vulcan}(로마신화에 나오는 불과 대장장이의 신—옮긴이)의 대장간을 방문한 사람에게 주문을 건다.⁹

제철 혁명은 생산지도 바꾸었다. 정도의 차이는 있지만 클리블랜드, 베들레헴Bethlehem, 시카고, 버밍엄, 영스타운Youngstown이 철강 동네가 되었다. 피츠버그는 철강 도시가 되었다. 새로운 제철회사들은 수요를 충족할 만큼 빠르게 강철을 생산하지 못했다. 1880년대에 걸쳐 10년 동안 강철 철로의 비중은 30퍼센트에서 80퍼센트로 늘었다.[10] 미국은 현재 실리콘 국가가 된 것과 비슷한 방식으로 철강 국가가 되었다. 강철 철로는 주철 철로보다 훨씬 효율적으로 대륙을 한데 이어주었다. 강철 철로는 주철 철로보다 약 10배 오래 유지되었으며, 더 많은 하중을 견딜 수 있었다. 더 무거운 기관차는 더 많은 화물을 실은 더 긴 열차를 끌 수 있었다. 강철 펌프, 압축기와 결합된 강철 파이프라인은 기계를 돌릴 석유와 천연가스를 운반했다. 강철 교량은 다리를 가로질렀고, 강철 프레임은 고층 건물을 떠받쳤다. 강철은 저렴한 연장을 모두의 손에 쥐어주고, 저렴한 식기를 모두의 식탁에 올려주었다. 강철이 앤드루 카네기라는 최고의 부호를, 유에스 스틸이라는 최대 기업을 미국에 안긴 이유가 여기에 있다.

강철이 미국의 신경제를 구축했다면 석유는 윤활제 역할을 했다. 1855년 예일대 화학교수인 벤저민 실리먼Benjamin Silliman은 '조명과 기타 용도에 초점을 맞춘 펜실베이니아 베낭고 카운티Venango Co.의 석유 혹은 퍼트롤리엄Petroleum에 대한 보고서'를 발표했다. 3년 뒤 에드윈 드레이크Edwin Drake는 펜실베이니아주 타이터스빌Titusville에서 염정塩井에 쓰이는 기술을 활용해 유정을 파기 시작했다. 남북전쟁이 잠시 작업을 중단시키기는 했지만 전쟁이 끝나자마자 캘리포니아의 골드러시를 연상시키는 '오일러시'가 일어났다. 펜실베이니아 북서부에는 가설 유정과 조잡한 정유소가 여기저기 생겨났다. 사람들은 위스키를 증류할 때처럼 석유를 끓여서 등유로 쓸 수 있을지 냄새로 판단했다. 펜실베이니아 유전은 산악 지역에 있어 운송이 힘들었다. 그러나 1865년 석유 파이프라인이 건설되면서 병목이 제거되었다. 석유는 펜실베이니아에서 철도 유조차와 유조선을 거쳐 대형 정유소로 흘러갔다. 곧 수급이 급증했다. 1880~1920년까지 연간 정유량은 2,600만 배럴에서 4억 4,200만 배럴로 늘었다. 펜실베이니아의 유전이 마르자 텍사스와 캘리포니아를 중심으로 새 유전이 발견되었다. 아래 표는 1860~1900년까지 등유 가격이 놀라울 만큼 하락한 양상을 보여준다. 이런 양상은 1920~1930년 사이에 다시 나타났다.

등유와 원유 가격
(1851~1945년)

새로운 유전이 발견되고 석유회사의 전문성이 확보되면서 미국은 드레이크가 최초로 석유를 캐낸 때부터 1960년대 걸프 국가들이 부상하기 전까지 약 1세기 동안 석유 시대를 지배했다. 석유가 저렴하게 공급되면서 미국의 소비 습관이 빠르게 변해갔다. 19세기에 석유의 주된 용도는 조명이었다(존 록펠러는 등유 램프가 아직 신문물이던 시기에 등유 공장을 사들이면서 석유업계에 발을 들였다). 또한 석유는 기계 시대의 중심에 있는 기계들의 윤활제로 사용되었다. 20세기에 석유는 미국의 주된 에너지원이 되었다. 휘발유와 경유는 자동차에, 연료유는 산업에, 난방유는 가정에서 사용되었다.

미국은 다른 어떤 나라보다 저렴한 석유를 발판으로 삼아 성장했다. 미국인들은 자동차에 저렴한 연료를 채울 수 있었기 때문에 도시에서 먼 교외에 살 수 있었다. 또한 연료가 풍부했기 때문에 넓은 주택을 짓거나 추운 지역에 주택을 지을 수 있었다. 캘리포니아는 저렴한 연료를 바탕으로 문명을 건설했을 때 어떤 일이 일어나는지 보여주는 대표적인 사례였다. 사람들은 인접성보다 넓은 공간을 선택했다. 유통업체들은 거대한 쇼핑몰과 드라이브스루drive-through 창구를 제공해 덜 밀집된 문명에 재빨리 적응했다. 1970년대 발생한 석유파동처럼 가끔 발생하는 석유파동은 미국식 생활방식에 근본적인 위협을 가했으며, 석유에 의존하는 습관에서 벗어나는 문제에 대한 수많은 논쟁을 촉발했다. 그러나 유가가 하락하자마자 미국인들은 이전의 습관으로 되돌아갔다.

1880년대 전력과 내연기관이라는 두 개의 혁신적인 신기술이 도입되었다. 경제학자들은 이 신기술을 '범용 기술'이라 불렀다. 그 자체로 대단한 발명일 뿐 아니라, 한데 모으면 삶의 기조를 완전히 바꿀 수 있는 수많은 소규모 발명으로 이어질 수밖에 없기 때문이었다. 전기는 너무나 강력한 신기술이어서 당시 사람들은 일종의 마술로 여겼다. 전기는 쉽게 생산해 최소한의 손실로 먼 곳까지 전송할 수 있었으며, 연기나 증기를 내뿜지 않았다. 다만 제대로 다루지 않으면 순식간에 죽을 수 있었다. 내연기관은 증기기관의 힘과 말의 유연성을 결합했다. 전기는 공장과 가정에서 쓸 수 있는 전동 기구, 엘리베이터, 전차와 지하철, 세탁기, 난로, 다리미, 냉장고 그리고 남부에서 엄청나게 중요한 냉방기를 탄생시켰다. 내연기관은 자동차, 트럭, 버스 같은 직계 자손뿐 아니라 교외, 슈퍼마켓, 모텔, 맥도날드 그리고 모타운Motown(디트로이트에 근거를 둔 흑인 음반 회사 또는 그 회사가 유행시킨 음악 형태—옮긴이) 같은 방계 자손을 탄생시켰다.

미국은 이런 주요 발명품에 대한 특허를 주장할 수 없다. 전기 혁명의 토대를 놓은 것은 다국적 혁신가들이었다. 이탈리아 사람인 알레산드로 볼타Alessandro Volta는 최초의 배터리를 발명했다. 영국 사람인 제임스 프레스콧 줄James Prescott Joule은 마그네토를 가지고 기계 에너지를 전기로 변환할 수 있음을 증명했다. 역시 영국 사람인 마이클 패러데이Michael Faraday는 1831년 말발굽형 자석의 양극 사이에서 구리 원반을 회전시키는 최초의 발전기를 제작했다. 독일 사람인 칼 벤츠Karl Benz는 에디슨이 전구를 선보이기 겨우 10주 전인 1879년 12월 31일에 최초의 내연기관을 완성했으며, 6년 뒤인 1885년에 최초의 자동차를 제작했다. 그래도 미국은 분명 이런 범용 기술을 다른 어떤 나라보다 성공적으로 보급한 공로를 주장할 수 있다. 미국의 창의성은 발명보다 은근한 세 가지 부문에서 발휘되었다. 그것은 혁신의 사용자 친화성을 높이는 일, 혁신을 상업화할 수 있는 기업을 만드는 일, 이 기업을 성공적으로 운영할 수 있는 기법을 개발하는 일이었다.

에디슨은 미국 최고의 발명가 가운데 한 명으로 기억된다. 중서부에서 태어나 교육을 별로 받지 못한 그는 작은 공방에서 필요한 기술을 습득했으며, 최초의 전축(1877년), 최초의 음반(1926년) 등 세계적 인기를 끈 소비재의 최초 형태를 비롯해 다른 어떤 미국인보다 많은 특허를 따냈다. 그의 대단함은 거기서 그치지 않았다. 그가 얻은 가장 큰 명성은 발명가라기보다 발명의 체계화를 이룬 사람이라는 것이었다. 그는 명민한 아이디어가 있다고 해서 아무나 어설프게 발명에 나서서는 안 된다고 생각했다. 미국에 필요한 것은 전문 발명가, 제품을 생산하는 공장처럼 명민한 아이디어를 꾸준히 제기하는 사람, 그 혁신을 폭넓은 수급 체계에 끼워 맞출 수 있는 사람이었다. 그는 이를 위해 1876년 뉴저지주 먼로 파크Menlo Park에 최초의 산업형 연구소를 차리고, 독일 출신 박사들과 숙련된 장인들 그리고 '완전한 미치광이들'을 고용했다. 그는 '10일마다 소소한 발명품을, 대략 6개월마다 중대한 발명품을 개발하기'를 원했다. 또한 개발품이 상업적 가치를 지니기를 원했다. 그는 "흑빵과 흑맥주를 구할 수 있다면 평생 만족하면서 벌의 솜털만 연구하는 늙은 독일 교수처럼 될 수는 없어!"라고 말했다.[11]

에디슨이 전구를 최초로 발명한 것은 아니었다. 이미 1859년에 모제스 파머Moses Farmer가 빛나는 백금 선으로 매사추세츠주 세일럼Salem에 있던 집을 밝혔다. 러시아 사람인 파벨 야블로치코프Pavel Yablochkov는 1876년 아크등 혹은 '야블로치코프 초'를 고안했다. 영국 사람인 조셉 스완Joseph Swan은 1878년 최초의 백열등에 대한 특허를 따낸 뒤 최초로 자신의 집, 뒤이어 뉴캐슬의 강연장, 끝으로 런던의 사보이 극장Savoy Theatre을 밝히면서 대중에게 선보였다. 에디슨이 한 일은 전구가 대중적으로 확산되도록 길을 닦은 것이었다. 그는 대량생산이 가능하도록 효율적인 전구를 발명했으며, 전구에 전력을 공급할 발전소를 세웠다. 최초의 주요 돌파구는 1879년 10월 22일에 진공 유리 전구에 매달린 면사 필라멘트에 전기를 흘려보냈을 때 열렸다. 수천 명의 사람들이 불꽃 없이 세상을 밝힐 수 있으며, 스위치로 켜고 끌 수 있다는 '미래의 빛'을 보기 위해 먼로 파크까지 찾아왔다. 1882년 거래 은행 대표인 J.P.모건의 사무실에 선 에디슨은 스위치를 켜서 펄 스트리트Pearl Street에 있는 자신의 발전소에서 생산한 전기로 로어 맨해튼을 밝혔다. 이 기술은 너무나 새로웠던 나머지 제너럴 일렉트릭General Electric은 성냥으로 전구에 불을 붙이지 말라는 안내문을 공공장소에 붙여야 했다.

이 신기술의 전파는 산발적으로 이뤄졌다. 전등은 들불처럼 퍼져나갔다. 1885년 25만 개였던 전구는 1902년에 1,800만 개로 늘어났다. 도시 교통의 전기화도 빠르게 진행되었다. 20세기 초 해마다 50억 명에 달하는 승객이 전차를 탔다. 시카고와 뉴욕은 전기를 쓰는 대중교통 체계를 도입했다. 시카고는 1896년에 고가선을 전기화했고, 뉴욕은 1904년에 최초의 전동 지하철을 열었다. 건물의 전기화는 훨씬 느렸다. 발전소가 작았고, 다수의 발전회사, 특히 에디슨은 먼 거리에서 전력 손실이 많은 직류를 선호했기 때문에 전기는 값이 비쌌다. 과거에는 혁신을 체계화하는 데 탁월했던 에디슨은 역사의 잘못된 자리에 서게 되었다. 로어 맨해튼을 밝힌 지 30주년이 되는 1912년에도 전기를 쓰는 가정은 16퍼센트에 불과했다.

20세기 초가 지난 뒤 전기 수용 속도가 빨라졌다. 발전회사들은 직류에서 좀 더 효율적인 교류로 바꿨다. 발전 용량에서 교류가 차지하는 비중은 1902년에는 61퍼센트, 1917년에는 95퍼센트였다. 가정이 전력망에 연결되는 것은 당연한 일이 되었다. 1인당 평균 전력 산출량은 1902~1915년까지는 7년마다, 1915~1929년까지는 6년마다 두 배로 늘었다. 전기의 명목가격은 1킬로와트시^{kWh} 기준으로 1902년 16.2센트였다가 1929년 6.3센트로 낮아졌다. 물가상승률을 반영하면 연간 6퍼센트씩 하락한 셈이었다.[12] 한편 제조 부문의 전기화는 더 느렸다. 1920년대가 되어서야 산업 부문에서 전기 시대로 나아가는 중대한 진전이 이뤄졌다.

처음에 미국은 유럽의 뒤를 이어서 자동차를 부자의 장난감, 리처드 테들로$^{Richard\ Tedlow}$의 표현에 따르면 어쩌다 보니 뭍으로 올라온 요트처럼 취급했다. 1906년 J.P.모건의 참모 가운데 한 명인 조지 퍼킨스^{George} ^{Perkins}는 세계 최대 주문 제작 차량을 사들였다. 프랑스에서 만든 이 차량은 길이가 3.4미터에 책상과 세면대를 갖추고 있었다.[13] 등록 차량 대수는 1900년 단 8천 대였다가 1905년 7만 8천 대로 급증했다. 대저택에는 하인에 더해 운전기사가 근무했다. 그러다가 헨리 포드가 어떤 엔지니어링 혁신 못지않게 혁명적인 아이디어를 떠올렸다. 바로 '대중'을 위한 차를 만든다는 것이었다. 1908년에 만들어진 최초의 모델 T는 카테고리 킬러$^{category\ killer}$였다. 무게에 비해 출력이 높았고(0.5톤에 22마력), (만만찮은) 당대 기준으로 운전하기 쉬웠으며, 일반 강철보다 인장 강도가 몇 배나 강한 바나듐강$^{vanadium\ steel}$을 써서 가볍고 강했으며, 흙길을 달릴 수 있었다(1900년에는 미국의 모든 포장길을 끝에서 끝까지 이어도 346킬로미터 거리인 뉴욕에서 보스턴까지 닿지 못했다.)[14] 포드는 1910년 950달러이던 모델 T의 가격을 1923년에는 품질을 개선했는데도 269달러로 낮췄다. 도로를 달리는 차량의 대수는 1910년 46만 8천 대에서 1920년에는 900만 대로 급증했다. 그중 다수를 차지한 모델 T의 비중은 1914년에는 46퍼센트, 1923년에는 55퍼센트였다.[15]

자동차는 일반인이 활용할 수 있는 힘의 양을 빠르게 늘렸다. 자동차의 마력은 1910년에는 역축(대부분 말)의 마력을, 1915년에는 철도의 마력을 넘어섰다. 자동차는 또한 미국의 얼굴을 바꿨다. 사람들이 집까지 차를 몰고 갈 수 있게 되면서 마을과 도시가 넓어졌고, 철도 시대에 오히려 더 많아진 말은 마침내 그 수가 줄기 시작했다.[16]

자동차의 개발은 곧 더 흥미로운 운송 수단인 비행기의 개발로 이어졌다. 1900년 라이트Wright 형제는 노스캐롤라이나주 키티 호크Kitty Hawk에서 글라이더로 비행하는 데 성공했다. 그들은 뒤이어 1903년 휘발유를 쓰는 카뷰레터 엔진의 형태로 출력을 더했다.

오빌Orville 라이트와 윌버Wilbur 라이트는 대단히 미국적인 인물들이었다. 독일과 영국의 경우 비행기를 타는 멋진 사람은 대개 귀족의 자손이었다. 반면 미국에서는 내륙 지방 출신으로 정부의 후원보다 현지 자원에 의존하며, (때로 별난) 아이디어를 재빨리 상업화하는 충동적인 발명가들이 비행기를 탔다. 라이트 형제는 중서부에서 태어나고 자랐다. 그들은 창업자의 산실인 자전거 업계에서 일하며 생계를 이어 가는 한편, 여가 시간에 종종 자전거 부품을 활용해 비행기를 실험했다. 자전거 수리공인 찰리 테일러Charlie Taylor가 제작한 그들의 첫 엔진은 자전거처럼 체인을 활용해 프로펠러를 돌렸다.

라이트 형제는 두 가지 요소 덕분에 성공했다. 그들은 비행기 제작의 열쇠는 더 강력한 엔진을 만드는 것이 아니라 비행사가 비행기를 조종하고 평형상태를 유지할 수 있도록 해주는 조종 시스템을 개발하는 것임을 깨달은 최초의 항공 부문 개척자들이었다. 그들은 비행기가 아니라 항공역학 제어 시스템으로 첫 특허를 냈다. 그들은 또한 경쟁자들보다 훨씬 뛰어난 사업적 관점을 갖고 있었다. 정부나 부호의 후원에 의존하지 않고 스스로 자금을 마련한 그들은 최대한 빨리 비행 사업으로 돈을 벌어야 했다. 1909년 두 사람은 비행기를 만들 뿐 아니라 조종학교를 운영하고, 조종 시범을 선보이며, 항공 운송을 개척한 회사를 세웠다.

취미를 사업으로 바꾸는 일은 쉽지 않았다. 비행기는 너무 비싸고 위험해서 자동차처럼 일반 소비자에게 팔 수 없었다. 그래서 정부와 기업 컨소시엄이 중요했다. 또한 온갖 수급 문제에 대응해야 했기에 조종 교육과 조종 시범에 초점이 맞춰졌다. 특허를 내는 일은 돈이 많이 들고 번거로웠다. 처음에 미국 정부는 오하이오 출신의 무명 발명가들을 상대하지 않으려 했다. 유럽의 기업 컨소시엄은 미국의 무명 발명가들을 의심했다. 그러나 100만 명의 뉴욕 사람이 지켜보는 가운데 윌버가 자유의 여신상 주변을 돌고 허드슨강을 따라 비행한 것을 비롯해 승객을 태운 채 연이은 비행에 성공하면서 라이트 형제는 유명인이 되었다. 뒤이어 고객이 줄을 지었다.

전화는 세 가지 기술 가운데 가장 덜 혁명적이었다. 이미 전신이 정보 전달을 물리적 대상의 전달로부터 분리함으로써 기술적 루비콘강을 건넜다. 그러나 전화로 처음 전달된 말이 시사하는 것보다는 분명 더 혁명적이었다. "왓슨 씨, 이리로 오세요. 볼일이 있어요"는 "실로 하나님의 위업이로다"에 한참 못 미쳤다. 알렉산더 그레이엄 벨은 자신이 발명한 물건의 중요성을 의심하지 않았다. 그는 왓슨 씨에게 시시한 지시를 내린 1876년 3월 10일 저녁에 아버지에게 이런 내용의 편지를 썼다. "제가 마침내 중대한 문제에 대한 해결책을 찾아낸 것 같습니다. 전신선이 수도관이나 가스관처럼 가정에 깔리고 친구들이 집을 나서지 않고 서로 대화할 수 있는 날이 다가오고 있습니다."[17] 또한 그는 상업적 가능성도 파악했다. 그는 기술인이 아니라 '성대 생리학' 교수였지만, 1876년 초 경쟁 발명가인 엘리샤 그레이Elisha Gray가 비슷한 특허를 등록하기 불과 몇 시간 전에 전화에 대한 특허를 등록했다.

전화는 대단히 편리했지만 라디오나 인터넷보다 느리게 확산되었다. 전화 보유 가정의 수는 1893년 25만 가구였다가 1907년에는 600만 가구로 늘었다. 전화비는 비싼 수준으로 유지되었고, 기술 발전 속도는 느렸다. 전화기가 발명된 시점과 뉴욕과 샌프란시스코 사이에 최초의 장거리 전화 서비스가 실행된 시점 사이의 간극(39년)은 전신이 발명된 시점과 두 도시 사이에 최초의 장거리 전신 서비스가 실행된 시점 사이의 간극(17년)보다 두 배 이상 길었다. 그 이유는 벨 텔레폰Bell Telephone이 사실상 독점기업이었기 때문이다. 벨 텔레폰이 계속 선두를 달릴 수 있었던 유일한 요인은 다른 나라에서 기술을 통제하는 정부 독점이 민간 독점보다 더 비효율적이었다는 것이다. 1900년 미국의 1인당 전화 보유 대수는 영국보다 네 배, 독일보다 여섯 배, 프랑스보다 20배 많았다. 뉴욕주에만 유럽 전체만큼 많은 전화기가 있었다.[18]

자동차와 전화 같은 기술이 너무나 강하게 눈길을 끄는 바람에 좀 더 소박한 진전은 간과하기 쉽다. 오티스 엘리베이터Otis Elevator를 설립한 엘리샤 그레이브스 오티스Elisha Graves Otis는 1852년 케이블로 이동시키는 '안전 승강기'를 고안했다. 이 승강기는 사람을 다른 층으로 신속하게 옮겨줄 뿐 아니라 고장 시 제동장치로 사고를 예방했다. 건축가인 제임스 보가더스James Bogardus는 1854년 연철 구조물로 7층짜리 하퍼 앤드 브라더스Harper & Brothers 빌딩의 골격을 세우는 철골 건축법을 개발해 고층 건축을 쉽게 만들었다. 조지 웨스팅하우스George Westinghouse는 1869년 압축공기를 이용해 엔지니어 한 명이 레버 하나로 열차를 세울 수 있게 해주는 자동 공압 제동기를 개발했다. 오하이오주 콜럼버스Columbus에 있는 콜럼버스 버기 컴퍼니Columbus Buggy Company에서 일하는 기계공이었던 하비 파이어스톤Harvey Firestone은 마차에 고무 타이어를 끼우면 훨씬 빨리 갈 수 있다는 사실을 발견했다. 헨리 포드는 1895년에 일찍이 새 타이어 공장을 방문했다. 그는 바퀴가 부드럽게 돌아가지 않으면 세상에 자동차를 보급해도 소용없다는 사실을 알았다.

서부의 부상

서부로 향한 미국의 확장은 말을 타고 방대한 방목장을 달리는 카우보이들, 유령 도시로 변한 신흥 도시, 조지 커스터George Custer와 수족Sioux 사이의 유혈 전투 등 젊은 나라를 상징하는 이미지들을 낳았다. 루스벨트는 훌쩍 배들랜즈Badlands로 가서 목장주(및 보안관)로 살며 개척지의 역사를 다룬 네 권짜리 책을 썼다. 윌리엄 코디William F. Cody('버펄로 빌Buffalo Bill')는 버펄로 사냥, 날뛰는 조랑말, 출전出戰 무용 같은 개척지의 이미지를 한데 묶어 인기 쇼를 만들었다. 1886~1887년 겨울 뉴욕 매디슨 스퀘어 가든Madison Square Garden에서 100만 명 이상이, 이듬해에는 빅토리아 여왕을 비롯한 엄청난 수의 영국 관객이 이 쇼를 관람했다.

서부는 개척 시대가 저물수록 더욱 존재감을 드러냈다. 제2차 세계대전 후 미국 대중문화의 최고 작품 가운데 일부는 서부를 다룬 것이었다. 정착지에서 보낸 유년기를 다룬 로라 잉걸스 와일더Laura Ingalls Wilder의 《초원의 집Little House on the Prairie》 시리즈, 땅을 얻기 위해 오클라호마로 몰려든 사람들의 이야기를 담은 〈오클라호마Oklahoma!〉(1943년), 목축 왕에게 맞선 남자의 이야기를 담은 조지 스티븐스George Stevens의 〈셰인Shane〉(1953년) 등이 그랬다. '서부'는 철도 왕들이 마지막 철도 여행을 한 뒤에도 오랫동안 계속 할리우드에 돈을 벌어다 주었다. 이 모든 낭만적 관점을 감안할 때 서부로 나아가는 확장은 철저하게 경제적 힘에 이끌렸다는 사실을 기억하는 일이 중요하다.

인구가 늘면서 '서부'의 의미는 바뀌었다. 1800년에 서부는 오하이오를 뜻했다. 1850년에는 서해안도 같이 가리켰다. 1848년 캘리포니아에서 금이 발견되면서 수천 명이 미친 듯이 서부로 몰려들었다. 탐사자들은 금을 건지기 위해 가족을 버리고 로키산맥과 시에라네바다산맥을 넘어 방대한 대륙을 도보로 횡단했다. 금을 찾아 부자가 된 탐사자에 대한 이야기는 한껏 부풀린 채 동해안으로 전해졌다. 돈, 시간, 노력을 낭비하고 아무것도 찾지 못한 사람들의 좀 더 흔한 운명은 무시되었다. 골드러시에 뒤이어 1860년대와 1870년대에는 네바다의 산에서 은이 발견되면서 실버러시가 일어났다.

1840년대 일어난 또 다른 대이주는 금이 아니라 종교 때문이었다. 1847년, 브리검 영은 박해를 피하기 위해 약 7만 명의 모르몬교도를 이끌고 대이주에 나섰다. 그들이 멈춘 곳은 유타에 있는 그레이트솔트호Great Salt Lake의 외곽이었다. 더 많은 신도의 물결이 뒤를 이었다. 서부에 재정착한 뒤 일부다처제와 재산 공유의 원칙 위에 세워진 이 열혈 반자본주의 종교는 재빨리 변신해 세속화되었다. 모르몬교도들은 연방에 가입하기 위해 일부다처제를 버려야 했다. 또한 번창하기 위해 최상의 사업가가 되어야 했다. 지금까지 모르몬교가 일군 큰 사업 가운데 다수는 이 시기에 시작되었다.

앞서 말한 대로 1862년의 공유지불하법은 정착민이 5년 동안 개간하는 조건으로 헐값에 약 65만 제곱미터의 땅을 제공하면서 서부로 가는 이주의 속도를 높였다. 이후 수십 년 동안 정부는 전체 국토 면적의 약 10퍼센트에 해당하는 약 109만 제곱킬로미터의 땅을 250만 명의 정착민들에게 불하했다. 대부분의 땅은 미시시피강 서쪽에 있었다. 공유지불하법을 앞장서서 지지한 사람들 가운데 일부는 '자작농' 공화국을 건설하려는 토머스 제퍼슨의 구상에 경의를 표했다. 그러나 공유지불하법은 대단히 미래 지향적이었다. 정부는 정착민에게 재산권을 부여해 역사적인 대규모 인구 이동을 촉진했다. 신봉건 체제의 브라질 정부는 대지주에게 방대한 땅을 내주었다. 반면 자본주의 체제의 미국 정부는 노동력을 제공하는 조건으로 일반인에게 땅을 내주었다. 또한 65만 제곱미터라는 면적은 농장의 최대 기준이 아니라 최소 기준을 설정했다. 이후 수십 년 동안 농사에 실패한 소지주가 땅을 팔거나 성공한 소지주가 땅을 넓히면서 토지 소유 면적이 넓어졌다.

정부는 정착지를 국가경제와 연결하기 위해 철도회사에게 철도를 건설할 인센티브를 제공했다. 1862년 이후 10년 동안 의회는 북동부 주만 한 크기의 땅을 계속 내주었다. 유니언 퍼시픽 철도는 뉴햄프셔와 뉴저지를 합친 크기의 땅을 받았다. 스탠퍼드 대학의 리처드 화이트Richard White가 계산한 바에 따르면 이 10년 동안 철도회사들에게 나눠진 땅을 '레일로디아나Railroadiana'라는 하나의 주로 합치면 알래스카와 텍사스에 이어 세 번째로 큰 주가 된다.[19] 철도가 생기기 전까지 방대한 서부는 어느 모로 보나 쓸모가 없었다. 동해안으로 농산물을 옮기는 것은 너무나 힘들어서

군이 고생할 가치가 없었다. 철도가 생기면서 중서부와 서부는 국가경제, 나아가 세계경제의 일부가 되었다. 초원에서 나온 농산물은 기관차로 뉴욕까지 옮겨진 다음 거기서 배로 유럽까지 옮겨졌다. 토머스 제퍼슨은 자족적 농장이 시장에 대한 해독제가 될 것이라고 상상했다. 그러나 19세기 후반 농업 부문에서 일어난 주요 변화는 서부의 오지에 있는 공여지조차 세계시장으로 통합되었다는 것이다.

정착민이 발견한 서부는 광활한 땅과 먼 거리의 세계로 동해안과 많이 달랐다. 가족들은 오지의 한복판에 살았다. 생필품을 사거나 사람을 만나러 읍내로 가려면 꼬박 하루가 걸렸다. 긴 밤의 고요를 깰 방송은 없었다. 기차역은 수백 킬로미터 떨어져 있었다. 어떤 밭은 약 24만 제곱미터에 달했다. 우리는 문명이 진보할수록 활기찬 도시 중심지로 사람들이 몰려들어 인구가 밀집한다고 생각하는 경향이 있다. 많은 미국인에게는 반대 현상이 일어났다. 나라가 서부로 확장될수록 정착민은 드넓은 황무지에 둘러싸인 고립된 농장에서 살게 되었다.

이 방대한 땅은 결국 경제법칙에 따라 변화했다. 규모와 범위의 경제, 효율성을 높이는 기계, 유통망, 이 모두가 철과 석유의 세계만이 아니라 가축과 밀의 세계에도 영향을 미쳤다. 철도는 전 세계로 뻗어나가는 유통망의 일부였다. '고독한 카우보이들'은 텍사스에서는 3달러인 뿔이 긴 품종의 소 가격을 다지Dodge에서는 30달러로 올리는 공급사슬의 일부였다. 대규모 사업은 소규모 제철회사와 석유회사의 세계를 변화시킨 만큼 초원의 작은 집의 세계도 변화시켰다.

대형 철도회사는 처음부터 서부에 모습을 드러냈다. 자본과 정치적 인맥이 없으면 여러 주에 걸쳐 수천 킬로미터의 철로를 깔 수 없었다. 동부에서 철도는 운하부터 도로까지 여러 운송 경로와 경쟁해야 했다. 그러나 서부에서는 유일한 운송 경로인 경우가 많았다. 철도회사는 모든 독점 회사처럼 힘을 활용해 고객으로부터 최대한의 지대를 뜯어냈다.

서부를 개척한 철도회사는 1862년 링컨이 사업 허가를 내준 유니언 퍼시픽이었다. 그들은 1869년 5월 10일 센트럴 퍼시픽 철도와 합류해 미국 최초의 대륙 횡단 철도를 구성했다. 또한 재빨리 추가 노선을 건설하거나 인수해 솔트레이크시티, 덴버, 포틀랜드 같은 서부의 대다수 주요 도시 (혹은 곧 주요 도시가 될 도시)를 연결했다. 서부로 철도망이 확장되면서 더 서쪽으로 새로운 시장이 열렸고, 미국은 농업 강국으로 변신했다. 중서부는 미국뿐 아니라 세계의 곡창지대가 되었다.

철도는 대단히 흥미로운 사업을 탄생시켰다. 미네소타와 다코타의 레드 리버 밸리Red River Valley 지역에 있는 노다지 농장들이 한 예였다. 이 농장들은 1873~1874년 노던 퍼시픽 철도Northen Pacific Railway가 파산해 대폭락을 앞당기고, 과도한 부채를 진 100여 개의 다른 철도회사도 같이 파산했을 때 처음 생겨났다. 노던 퍼시픽은 운 좋게도 정부가 공여한 약 16만 제곱킬로미터의 연방 토지를 자산으로 보유하고 있었으며, 채권자들은 종종 채무를 해소하는 조건으로 땅을 받아갔다. 노덕 퍼시픽의 회장인 조지 캐스George Cass는 부재지주의 땅을 대농장으로 만들어 부가 사업을 벌인다는 명민한 아이디어를 떠올리고, 이를 실행에 옮기기 위해 농업 부문의 선지자인 올리버 댈림플Oliver Dalrymple을 영입했다.[20]

그 결과물인 노다지 농장은 근본적으로 동부의 산업 공장과 같은 논리로 운영되는 농업 공장이었다. 평균 면적이 약 28제곱킬로미터인 이 농장은 가족 농장에서 농기계를 쓰기 수십 년 전에 거대한 증기기관과 기계화된 콤바인 수확기를 썼다. 또한 엄청난 수의 노동자를 고용했다. 대부분 이민자인 그 노동자들은 최신 농기계와 나란히 밭을 누볐다.[21] 노다지 농장은 다른 대기업과 같은 경영 원칙에 따라 운영되었다. 부재지주는 전문 관리자(경리, 회계사, 구매 전문가)를 고용했다. 전문 관리자는 농장 운영을 탈곡기 관리나 옥수수 적재 같은 개별 업무로 나누었다. 윌리엄 앨런 화이트William Allen White는 1897년 〈스크라이브너스 매거진Scribner's Magazine〉에 실은 글에서 새로운 농업의 정신을 이렇게 포착했다. "우리 세대의 성공한 농민은 우선 사업가가 되어야 하며, 농사를 짓는 일은 그다음이다. … 또한 자본주의자에 신중하고 약삭빨라야 하며, 과감하고 유능하게 산업적 활동을 수행해야 한다."[22]

목축 산업의 규모도 커졌다. 미국의 목축업자는 규모를 키우기 위해 텍사스를 시작으로 다코타에 이어 몬태나까지 계속 빈 땅을 찾아갔다. 한때 최대 목축업자였던 콘래드 코어스Conrad Kohrs는 4개 주와 2개의 캐나다 지역에 걸쳐 약 4만 제곱킬로미터의 목초지에서 5만 마리의 소를 키웠다. 해마다 시카고에 있는 계류장으로 옮겨져 도축되어 동부로 운송되는 소만 해도 1만 마리였다.

목축 산업이 번성하려면 철조망과 카우보이라는 두 가지 요소가 필요했다. 철조망은 사유지와 황무지를 구분하는 편리한 수단을 제공해 생산성을 높였다. 처음에 농민들은 서부에 부족한 나무 대신 철사로 울타리를 세웠다. 그러나 철사 울타리로는 마구 돌아다니는 동물을 막을 수 없었다. 그러다가 1870년대에 여러 사람이 철사를 꼬아 가시처럼 만든다는 아이디어를 떠올렸다. 농민인 조셉 글리든Joseph Glidden은 1874년 철조망에 대한 첫 특허를 등록했다. '역대 최고의 발견'이라는 광고처럼 철조망은 빠르게 서부 전역으로 퍼져나갔다. 여러 경쟁 창업자들은 특허를 놓고 다투면서 수많은 변종을 만들어냈다. 철조망의 성경으로 불리는 로버트 클리프턴Robert Clifton의 《미늘, 갈퀴, 첨점, 바늘, 접착제Barbs, Prongs, Points, Prickers, and Stickers》(1970년)에는 무려 749종의 철조망이 나열되어 있었다. 나중에 관련 특허를 통합한 아메리칸 철조망 회사American Barbed Wire Company는 철광석 광산을 자체 보유하고 있었다. 1880년대에 만들어진 텍사스의 XIT 목장은 약 1만 2천 제곱킬로미터의 면적에 철조망의 총 길이가 약 9,700킬로미터에 달했다. 존 원 게이츠John Warne Gates는 철조망을 "공기보다 가볍고, 위스키보다 세며, 먼지보다 싸다"는 시적인 말로 표현했다. 원주민 역시 철조망을 '악마의 밧줄'이라는 시적인 표현으로 불렀다.

대규모 목장을 운영하려면 텍사스에서 황무지를 지나 캔자스의 다지시티Dodge City나 위치토Wichita 같은 철도 종단점으로 소들을 몰고 갈 카우보이가 필요했다. 대개 10명(각자 3마리의 말을 거느림)의 카우보이가 3천 마리의 소를 이동시켰다. 약 1,600킬로미터 거리를 이동하는 데 걸리는 시간은 최대 2개월이었다(더 빨리 갈 수 있지만 그러면 소의 체중이 너무 많이 빠져서 목적지에 도착했을 때 팔 수 없었다). 1877년까지 소들의 이동 경로가 확고하게 자리 잡아 연간 50만 마리의 소가 다지를 거쳐 갔다.

미국이 농업 강국으로 부상한 이면에는 스스로 자본주의자에, '신중하고 약삭빨라지려는' 농민들의 의지가 있었다. 그들은 중서부와 캘리포니아의 초원을 방대한 곡물의 바다로 바꿈으로써 생태적 변신을 불러일으켰다. 또한 1장에서 접한 깡마른 동물들을 네 발 달린 뚱뚱한 식품 공장으로 바꿈으로써 생리적 변신을 불러일으켰다. 안타깝게도 그들은 생태적 재난도 불러일으켰다. 들소는 오랫동안 들판에서 무리를 지어 풀을 뜯으며 절대 무리가 사라질 만큼 많이 죽이지 않는 원주민과 공존하는 온순한 동물이었다. 1872~1874년까지 백인 사냥꾼은 430만 마리가 넘는 들소를 죽였다. 그들은 수만 마리의 들소를 잔혹하게 학살한 다음 가죽만 벗겨내고 썩도록 방치하면서 거의 종 전체를 말살할 뻔했다.[23]

전체 토지 가운데 경작지가 차지하는 비중은 1850년 16퍼센트였다가 1910년 39퍼센트로 늘었으며, 이 비중은 지금까지 비슷하게 유지되고 있다.[24] 같은 기간에 에이커당 농지의 실질(물가상승률 반영) 가격은 두 배 이상 뛰었다.[25] 이 엄청난 확장을 추동한 요인은 서부로 향한 확장에 더해 기존 정착지에서 유휴지를 농지로 개간한 것이었다. 나무 둥치를 뽑아내고 습지를 배수하며, 돌을 치우고, 수풀을 제거하는 개간 작업에는 노동력과 비용이 많이 들었다. 밀 생산량은 1893년 8,500만 부셸bushel(곡물이나 과일 따위의 무게를 재는 단위로, 1부셸은 영국에서는 약 28.1226킬로그램에 해당하고, 미국에서는 약 27.2154킬로그램에 해당한다—옮긴이)에서 1880년 5억 부셸, 1900년 6억 부셸, 1915년 10억 부셸로 늘었다.

농민들은 노동력이 항상 부족했기 때문에 기술 혁신의 선두에 섰다. 100부셸을 생산하는 데 필요한 인시人時(한 사람이 한 시간 동안 하는 일의 양—옮긴이)는 1840~1880년 사이에 밀의 경우 233시간에서 152시간으로, 옥수수의 경우 276시간에서 180시간으로 줄었다.[26] 1880년대에 도입된 콤바인 수확기는 예취기와 탈곡기를 하나로 합친 것이었다. 초기 콤바인은 너무 크고 다루기 어려워서 대형 농장에서만 사용했다. 그러다가 시간이 지나면서 크기가 작아지고, 조작이 간편해지면서 옥수수, 대두, 완두콩 같은 다양한 곡물을 수확하도록 조정되었다. 파종기는 씨앗을 더욱 쉽고 효율적으로 심을 수 있도록 해주었다.

농민들은 생리적 변화에도 선두에 서 있었다. 이민자들이 러시아의 초원steppe 지대에서 '터키 적밀Turkey Red'이라 불리는 튼튼한 품종을 들여오고, 과학자들이 지역 환경에 맞는 새로운 품종을 개발하면서 밀의 품질이 개선되었다. 1919년에 심어진 밀의 90퍼센트 이상은 남북전쟁 이전에는 심어진 적이 없는 품종이었다.[27] 가축의 품질도 동물 우생학, 영양 개선, 수의학의 발전 덕분에 개선되었다. 소 1마리가 생산하는 연평균 우유 생산량은 1850년에 약 1,080킬로그램에서 1900년에 약 1,500킬로그램으로 40퍼센트 늘어났다.[28]

'원예의 마법사' 혹은 '식물 마법사'라는 칭호를 얻은 식물학자 루서 버뱅크Luther Burbank는 사이러스 매코믹이나 존 디어 같은 다른 위대한 농업 혁신가와 나란히 설 자격을 갖고 있다. 1849년 매사추세츠에서 태어난 그는 마름병에 강한 러셋russet 감자(대다수 맥도날드의 감자튀김에 쓰이는 품종)를 개발해 혁신가로서의 경력을 시작했다. 그는 새 품종에 대한 권리를 팔아 마련한 돈으로 캘리포니아주 산타로자Santa Rosa로 이주했다. 이후 '줄라이 엘버타July Elberta' 복숭아, '산타로자' 살구, '플레이밍 골드Flaming Gold' 복숭아 그리고 소에게 먹일 수 있는 '가시 없는 선인장' 등 800종이 넘는 식물, 과일, 꽃을 개발하거나 개발에 영감을 주었다.

이 시기에 미국인들은 동물을 식품으로 만들어 식탁에 올리는 일을 더 잘하게 되었다. 1830년대 신시내티의 여러 도축업체는 '조립라인'을 도입해 돼지를 도살하는 오랜 방식을 개량했다. 사체를 바퀴 달린 체인에 걸어 냉장실로 이동시키는 방식이었다. 나중에는 도살장 건물을 위로 높여 죽음의 고층 건물을 만드는 방식으로 '조립라인'이 개선되었다. 경사로에 실린 돼지는 최상층에서 도살된 뒤 아래층에서 잘리고 손질되었으며, 지

하층에 있는 염지 탱크와 염장 탱크로 떨어졌다.[29]

신시내티의 도축장에서 일어난 혁신은 엄청난 영향을 미쳤다. 다른 지역 기업도 도살 과정에서 나온 폐기물에 동일한 연속 생산 절차를 적용했다. 프록터 앤드 갬블P&G(Procter & Gamble)은 돼지비계를 비누로 만들면서 사업을 시작했다.[30] 북쪽에 있는 시카고의 대규모 도살장은 신시내티 방식을 모방해 더욱 무자비하게 소를 도살하는 과정에 적용했다. 죽은 거세 수소는 이동하는 라인에 설치된 고리에 매달린 채 내장 제거 담당, 절단 담당, 분할 담당, 가죽 제거 담당, 톱질 담당, 손질 담당을 빠른 속도로 거쳐 갔다. 사라 베르나르Sarah Berhardt는 이 장관을 "끔찍하고도 웅장하다"고 표현했다.[31] 헨리 포드는 이런 도살장을 방문한 자리에서 대량 조립라인에 대한 아이디어를 얻었다.

구스타버스 프랭클린 스위프트Gustavus Franklin Swift는 1877년 냉장 열차를 도입해 또 다른 돌파구를 열었다. 이전에는 소들을 적재 지점까지 먼 거리를 몰고 가서 살아 있는 상태로 열차에 태워 이동시켰다. 스위프트는 중서부에서 소들을 도살한 다음 냉장 열차로 동부까지 운송하면 많은 돈을 절약할 수 있다는 사실을 깨달았다. 살아 있는 소 대신 고기를 운송하면 먼 거리를 이동시킬(또한 그에 따른 체중 손실을 감수할) 필요가 없을 뿐 아니라, 하중도 절반으로 줄일 수 있었다. 그 당시 기준으로도 스위프트는 수직적 통합을 열성적으로 실행했다. 심지어 그는 오대호에서 얼음을 채취할 수 있는 권리를 사들이고, 이동 경로를 따라 얼음을 보충하는 얼음 창고까지 보유했다. 그는 금세 거대한 제국을 건설했다. 1881년 무렵 그는 거의 200대에 달하는 냉장 열차를 보유하고 일주일에 3천 마리분의 고기를 운송했다. 그 결과 이전에는 고도로 파편화되어 있던 산업이 소수 기업으로 통합되었다(스위프트, 아머Armour, 모리스Morris, 해먼드 Hammond 등).

미국인들은 보존, 캔, 절임, 포장 기술이 연이어 개발되면서 식품을 보존하는 일도 훨씬 잘하게 되었다. 1840년대 최초의 캔 공장이 볼티모어에 문을 열었다. 초기의 가장 열성적인 고객은 서부로 식량을 가지고 가려는 탐험가들이었다. 1856년 연유를 생산하기 시작한 게일 보든Gail Borden은 신제품이 인기를 끌자 차, 커피, 감자, 호박에도 같은 기술을 적용했다.[32] 존 랜디스 메이슨John Landis Mason은 1859년 가정에서 식품을 쉽게 보관할 수 있도록 해주는 메이슨 유리병Mason jar을 발명했다. 북부군은 남북전쟁 때 캔에 든 음식을 먹었다. 조셉 캠벨Joseph Campbell은 하인츠가 포장 식품을 판매하기 시작한 1869년에 토마토, 채소, 젤리, 양념, 간고기를 캔에 넣어 팔기 시작했다. 1910년 무렵 미국은 30억 개 이상의 캔 식품을 생산했다. 이는 1인당 33개에 해당하는 양이었다. 또한 식품 가공은 제조 부문 산출량의 20퍼센트를 차지했다.[33] 가정용 아이스박스는 식품 보존 혁명을 가정으로 들여와 특히 우유와 고기가 낭비되는 양을 줄이고 공기로 전염되는 질병을 줄였다. 학계의 한 추정치에 따르면 1890년대에 이뤄진 영양 개선에 얼음이 기여한 비중은 50퍼센트에 이른다.[34]

농민들은 이 모든 기술적, 생리적 아이디어를 체계적인 지식으로 성문화하는 데 뛰어났다. 1862년에 만들어진 농무부는 '농업과 기계공학'을 전문으로 가르치는 A&M 대학을 전국에 세웠다.

농민들은 또한 선물시장을 개발해 불확실성을 관리하는 일을 훨씬 잘하게 되었다. 농사는 위험을 수반한다. 악천후부터 마름병까지 신의 다양한 행위가 농사를 망쳐 수입을 잃게 만들 수 있다. 다른 나라에서 풍년이

들면 가격이 급락할 수 있다. 그러나 재배하는 동안 곡물에 대한 옵션을 팔면 미래의 위험을 회피할 수 있었다. 19세기 후반기에 다양한 농산물을 대상으로 전문 옵션 시장이 개발되었다. 1848년에 세워진 시카고상품거래소Chicago Board of Trade는 1868년 밀, 옥수수, 호밀에 대한 선물을 팔기 시작했다. 1856년에 세워진 캔자스시상품거래소Kansas City Board of Trade는 딱딱한 붉은 겨울밀hard red winter wheat에 대한 선물을 거래했다. 1881년에 세워진 미니애폴리스곡물거래소Minneapolis Grain Exchange는 딱딱한 붉은 봄밀hard red spring wheat에 대한 선물을 거래했다.

마지막 요소는 저렴한 운송 수단이었다. 독점에 대한 농촌 지역의 분노에도 불구하고 철도회사는 사실 비용을 줄여주었다. 1852~1856년까지 1부셸의 밀을 시카고에서 뉴욕까지 운송하는 데 20.8센트가 들었다. 이 비용은 1880년대 초에 8.6센트, 1911~1913년에 5.4센트까지 줄어들었다. 또한 1부셸의 밀을 대서양 건너편으로 운송하는 비용은 14.3센트에서 4.9센트로 줄어들었다. 1850년대 초 시카고의 밀 가격은 리버풀의 밀 가격의 46퍼센트였다. 이후 제1차 세계대전이 발발할 무렵 시카고와 리버풀의 밀 가격은 사실상 동일했다. 이전에는 고립되어 있던 시장들이 단일 세계시장으로 묶인 것이다.[35]

이 모든 진전은 과거 고립되어 있던 서부를 세계경제와 연결했다. 그 과정에서 서부는 땅과 자원의 가치를 크게 높여 풍요를 누렸다. 또한 서부는 밀과 고기의 새로운 공급원으로 자리 잡아 세계를 풍요롭게 만들었다. 철도회사는 인기 광고 캠페인을 통해 먼 나라의 사람들을 끌어모아 대서양을 건너는 비용을 지원하고, 땅을 살 돈을 빌려주었다. 또한 동부 항구에 대리인을 두고 경쟁사가 '자신들의' 이민자를 빼가지 못하도록 막았다. 유니언 퍼시픽은 특히 땅을 잘 판다고 알려진 아일랜드 노동자와 저렴할 뿐 아니라 폭발물을 잘 다루는 중국 출신 '계약' 노동자를 특히 선호했다. 제임스 J. 힐은 성품이 좋다는 이유로 스칸디나비아 출신을 좋아했다. 다코타는 독일 이민자를 끌어들이려고 비스마르크Bismarck라는 이름의 존재하지 않는 도시까지 만들었다.

서부로의 확장과 기술 혁신의 결합은 농업 생산성을 크게 향상시켰다. 농업 부문에서 노동자 1인당 실질 산출량은 19세기에 연간 약 0.5퍼센트씩 상승했다. 특히 1860년 이후 연간 0.91퍼센트씩 빠르게 상승했다.[36] 1900년 평균적인 농업 노동자는 1800년보다 약 3분의 2를 더 생산했다.

생산성 혁명은 미국 농촌의 모습을 바꿨다. 여성과 아동은 등골을 휘게 만드는 노동에서 점차 해방되었다. 여성은 가사에 집중하면서 재봉틀 같은 새로운 기계의 도움을 받았으며, '과학적 가사 노동' 같은 새로운 유행에서 영감을 얻었다. 아동은 학습에 더 많은 시간을 보냈다. 생산성 혁명은 미국 전체를 바꾸기도 했다. 목축업자와 카우보이는 소고기를, 유럽에서는 여전히 그렇듯 부자나 즐기는 호사스러운 음식에서 대중이 종종 먹는 음식으로 바꿔놓았다. 밀 재배 농민은 저렴한 빵과 밀가루를 전국에 안겼다. 밀의 가격은 1868~1872년까지 불과 4년 만에 절반으로 떨어졌다.[37] 식생활은 더 풍부해지고 덜 단조로워졌다. 미국인들은 중서부산 소고기나 뉴잉글랜드산 대구 같은 기본 식품뿐 아니라 조지아산 복숭아, 플로리다산 오렌지, 캘리포니아산 아스파라거스를 먹을 수 있었다. 사람들이 너무 적게 먹는 것이 아니라 너무 많이 먹는 것을 걱정하기 시작하면서 '영양사dietician'('diet'와 'physician'의 결합어)라는 단어가 1905년에 처음 생겨났다.[38]

4장

거인의 시대

19세기 후반기에 경제생활의 규모에 혁명이 일어났다. 1848년에 사망한 존 제이컵 애스터는 2천만 달러의 재산을 남겨서 미국 최고의 갑부로 남았다. 그의 회사인 아메리칸 퍼 컴퍼니American Fur Company는 하나의 작업실에서 일하는 소수의 정직원만 고용했다. 앤드루 카네기는 1901년 카네기 스틸 컴퍼니Carnegie Steel Company를 J.P.모건에 매각하면서 2억 2,600만 달러를 챙겨 세계 최고의 부호가 되었다. 모건은 카네기 스틸을 소수의 다른 제철회사와 합쳐 미국의 병력 수보다 많은 25만 명을 고용하고 시장 가치가 14억 달러에 이르는 초대형 기업을 만들었다.[1]

　조직적 규모의 혁명은 인간적 규모의 혁명이기도 했다. 이 혁명의 중심에 선 사람들은 정력과 야심이 넘치는 진정한 거인들이었다. 그들은 과거의 왕이나 장군 말고는 누구보다 많은 권력을 행사했다. 또한 가능한 최대의 규모로 구상했다. 어떤 꿈도 너무 거창하지 않았고, 어떤 야심도 너무 극단적이지 않았다. 그들은 알렉산더 대왕, 시저, 나폴레옹과 비교할 만한 소수의 사업가들이다.

　록펠러는 전 세계 정유 용량의 90퍼센트를 통제했다. 카네기는 영국보다 많은 철강을 생산했다. 모건은 1인 연준 역할을 하면서 미국을 두 번이나 파산 위기에서 구했다. 민간 부문을 재구성한 그들은 비영리 부문도 재구성했다. 시카고 대학과 스탠퍼드 대학부터 록펠러 재단과 카네기 재단까지 미국의 중요한 사회 기관 가운데 놀라울 만큼 많은 수가 1830년대 몇 년 차이로 태어난 사람들의 힘으로 설립되었다.

이 거대한 인물들은 거대한 반발을 불러일으켰다. 아이다 타벨Ida Tarbell은 그들을 '강도 귀족robber baron'이라 비난했다. 루스벨트는 그들을 '큰 부를 지닌 악당'이라 불렀다. 헨리 애덤스Henry Adams는 제이 굴드Jay Gould를 '어두운 구석에 거대한 거미줄을 치는 거미'라고 묘사했다. 브로드웨이의 인기 쇼는 모건을 '금융 부문의 거대한 고르곤Gorgon(그리스신화에 나오는 머리카락이 뱀인 세 자매 괴물 가운데 하나―옮긴이)'으로 불렀다.

이처럼 가혹한 시각에는 나름의 근거가 있었다. 기꺼이 반발을 물리치겠다는 의지가 없으면 큰일을 이루기 어렵다. 이런 의지는 과대망상으로 이어질 수 있다. 헨리 포드는 유럽으로 가는 평화의 배에 승선해 제1차 세계대전을 막으려고 시도했다. 이는 그가 저지른 수많은 정치적 기행 가운데 하나에 불과했다. 타벨이 말한 강도 귀족 가운데 일부는 분명 과거에 저지른 끔찍한 짓에 대해 죄책감을 느꼈다. 대니얼 드류Daniel Drew는 카우보이 시절에 물을 많이 마시게 만들어서 체중을 불리려고 소에게 소금을 먹였다. 이런 꼼수에서 '혼수주watered stock'라는 말이 생겨났다. "호구를 절대 공정하게 대하지 마라never give a sucker an even break"는 표현을 만든 제임스 피스크James Fisk는 이리 철도Erie Railroad의 주식에 너무 과하게 물을 타서 팔아치우는 바람에 과거 번성하던 철도회사를 망하게 만들었다. 제이 굴드는 의원들에게 뇌물을 먹여 계약을 따냈고, 주주들에게도 뇌물을 먹였으며, 심지어 투자자를 납치하기도 했다. 그는 "노동계급의 절반을 고용해서 나머지 절반을 죽이도록 만들 수 있다"는 말을 한 적이 있다. 강도 귀족 가운데 다수는 1년에 300달러를 지불하고 '대역'을 내세워 병역을 회피했다.

그러나 대개 이 사업가들은 '강도'도, '귀족'도 아니었다. 그들은 유산을 물려받지 않고 스스로 돈을 벌었다. 앤드루 카네기는 열세 살 때 무일푼으로 스코틀랜드에서 미국으로 건너왔다. 존 록펠러의 아버지는 강간 혐의까지 받은 약장수로, 두 집 살림을 하다가 결국 본부인을 버리고 더 어린 다른 아내에게 가버렸다. 콜리스 헌팅턴Collis Huntington이 자란 동네는 코네티컷주 하윈턴 타운십Harwinton Township에 있는 파버티 홀로Poverty Hollow로, 그 이름처럼 빈곤하고 삭막한 곳이었다.

이 사람들은 소매를 걷어붙이고 기회를 거머쥐어 부자가 되었다. 록펠러의 누나는 '하늘에서 죽이 쏟아지면 존은 그릇을 똑바로 들고 서 있을 것'이라고 말한 적이 있다. 직물 공장에서 실패를 운반하는 사환으로 인생을 시작한 카네기는 피츠버그의 주요 기업인에게 총애를 받았으며, 30대 초반에 제철사업에 투자하기 전부터 이미 백만장자가 되었다. 록펠러는 남북전쟁이 발발할 무렵 아버지에게 1천 달러를 빌려 식품 유통 사업에 투자했으며, 남북전쟁 후 7만 달러로 자금을 불려서 조명유 공장을 사들였다. 코닐리어스 밴더빌트Cornelius Vanderbilt는 뉴저지에서 뉴욕까지 바지선으로 사람들을 실어 나르며 사업 경력을 시작했는데, 증기선에 이어 기관차로 사업 규모를 키워나갔다. T.J.스타일스T. J. Stiles는 그에 대해 이렇게 썼다. "법, 직위, 전통적인 사회관계 같은 것은 그에게 아무 의미가 없었다. 그는 오직 권력만 존중했으며, 작은 투자를 할 때마다, 사소한 법률 지식을 알게 될 때마다, 사업에 대한 모든 교훈을 얻을 때마다 자신의 힘이 강해지는 것을 느꼈다."[2] 콜린스 헌팅턴은 골드러시에 휩쓸려 캘리포니아로 왔지만 광부에게 도끼와 삽을 팔면 돈을 더 벌 수 있다는 사실을 재빨리 깨달았다. J.P.모건은 유일하게 부유한 가문에서 태어나 자기 은행의 힘을 크게 키웠다. 창조적 파괴가 지닌 놀라운 점 가운데 하나는 같은 가족에게도 아주 다른 영향을 미칠 수 있다는 것이다. 앤드루 카네기를 세계 제일의 부자로 만든 바로 그 힘은 직조공으로서 1830년대 증기기관을 쓰는 직조공장이 등장하면서 기술의 가치를 잃고 스코틀랜드에서 미국까지 건너왔음에도 자기 자리를 찾지 못한 그의 아버지를 가난하게 만들었다.

강도 귀족은 모두 자신의 회사만 한 규모로 자선단체를 만들어 '사회 환원'에도 신경 썼다. 카네기는 기회의 평등을 실현하기 위해 거의 3천 개의 공공 도서관을 지었다. 록펠러는 록펠러 대학과 시카고 대학을 설립했으며, 다른 고등교육기관에도 거액을 기부했다. 릴런드 스탠퍼드는 너무나 많은 유산을 스탠퍼드 대학에 남긴 나머지 그의 아내는 생활을 이어가기 위해 자산을 처분해야 했다.

그러나 대중의 비난에 맞선 주된 변론은 그들이 무일푼으로 시작해 성공했다거나 자선단체를 설립했다는 것이 아니라 모두를 위해 생활수준을 크게 개선했다는 것이다. 그들은 미국을 세계적으로 유례가 없는 창조적 파괴의 실험실로 변화시킨 사업 천재들이었다. 그들은 원대하지만 형태가 없는 것을 포착해 형태와 방향을 부여하고, 바위에서 기름을 짜내며, 혼돈에서 산업적 구조를 창출했다. 윈스턴 처칠은 한 유명한 구절에서 이렇게 썼다. "마침내 나는 전체 상황에 방향을 설정할 권한을 얻었다. 마치 운명과 함께 걸어가는 기분이 들었다." 이 자본주의의 황금기에 산업계를 지배한 사람들 역시 운명과 함께 걸어가고 있었다.

이 거인들은 모두 문명의 물적 기반이 변하고 있다는 사실을 간파했다. 카네기는 미국이 철의 시대로 접어들고 있음을 깨달았다. 가장 낮은 가격에 최고의 철강을 제공할 수 있는 사람은 현대의 미다스 왕(그리스신화에 나오는 소아시아의 왕—옮긴이)이 될 것이었다. 록펠러는 미국이 석유의 시대로 접어들고 있음을 깨달았다. 헨리 포드는 미국이 대중적 이동성의 시대로 접어들고 있음을 깨달았다. 그들보다 덜 중요한 사람들은 미국이 대중 소비 시대로 접어들고 있음을 깨닫고 대중에게 소비재를 제공하는 일에 나섰다. 카네기는 한때 "좋은 달걀을 모두 한 바구니에 담고 잘 지키라"고 조언했다. 만약 당신이 나라의 경제를 바꿀 달걀을 골랐다면 적절한 조언이었다.

그들은 또한 철도와 전신이 도래하면서 공간과 시간의 속성이 바뀌었다는 사실을 인식했다. 그들은 제때 정보를 획득하고 생산과 유통의 속도를 높이기 위해 모든 수단을 동원했다. 카네기는 "오랜 나라들은 달팽이 속도로 꾸물댄다. 우리 공화국은 속달처럼 빠르게 달려간다"고 썼다. 그들은 미국을 축소시키는 힘이 세계도 축소시킨다는 사실을 간파했다. 미국에 리바이어던leviathan(구약성경 〈욥기〉에 나오는 지상 최강의 괴이한 동물—옮긴이)을 구축한 록펠러는 재빨리 해외로 확장했다.

이 위대한 기업인들은 새로운 것을 고안한 것이 아니라 조직함으로써 역사 속에 자신의 자리를 얻었다. 이 일은 세 가지 요소를 수반했다. 바로 산업을 뒤바꿀 잠재력을 지닌 혁신을 포착하고, 종종 장거리에 걸쳐 멀리 떨어진 생산요소를 결합하며, 원자재 생산부터 완제품 판매까지 과거에는 단절되어 있던 경제활동을 통합하는 것이었다.

카네기는 최신 기술을 발견하고 규모를 키움으로써 철강왕이 되었다. 1875년, 그는 피츠버그와 그 근교에 방대한 첨단 제철소를 짓는 데 자신의 온 재산을 투자했다. 피츠버그는 주요 하천과 철도의 교차로에 있고, 석탄 광산과 철광석 광산이 가까워서 중요한 이점을 안겼다. 카네기는 사업을 수직적, 수평적으로 통합해 이 이점을 활용했다. 그는 탄소 공급을 보장하기 위해 코크스 공장을, 철광석 공급을 보장하기 위해 철광석 광산을, 안정적으로 원자재를 제철소로 실어오고 완제품을 고객에게 실어 보내기 위해 철도와 해운사를 인수했다.

카네기는 먼저 움직여서 견고한 방어선을 구축함으로써 오랫동안 우위를 확보했다. 그러면서도 업계에 대한 장악력을 위협할지 모르는 단절적 혁신을 항상 정찰했다. 1883년 그는 최대 경쟁자로 석탄 광산과 철광석 광산, 680킬로미터의 철도, 증기선 라인을 거느린 대규모 공장을 포함하는 홈스테드 스틸 웍스Homestead Steel Works를 사들였다. 덩치를 키울수록 비용을 줄일 수 있었다. 그는 "톤당 비용으로 따지면 하루에 10톤의 철강을 생산하는 비용이 100톤을 생산하는 비용만큼 든다"고 주장했다. 그는 1888년 평로 공정이 베서머 공정보다 나은 결과물을 생산한다는 사실을 확인한 뒤 즉시 6개의 평로를 추가로 건설하라고 지시했다. '하루가 지체되면 그만큼 수익을 잃는' 것이었다.

카네기는 엄청난 수익의 일부를 반드시 연구개발에 투자했다. 1870년대 그가 알게 된 한 독일 화학자에 대한 글이 그의 태도를 잘 말해준다.

우리는 학식 높은 독일인 프리케Fricke 박사를 찾아냈는데 … 그는 우리에게 커다란 비밀을 알려주었다. 높은 평가를 받은 광산에서 나오는 철광석이 과거 평가치보다 10퍼센트, 15퍼센트, 심지어 20퍼센트나 적은 철을 함유하고 있었다. 반면 지금까지 평가가 낮았던 광산에서 탁월한 철광석이 나오고 있다. 좋았던 것이 나빠졌고, 나빴던 것이 좋아졌으며, 모든 것이 뒤죽박죽이 되었다. 선철 제조와 관련된 모든 불확실성 가운데 10분의 9는 화학적 지식이라는 타오르는 태양 아래 사라졌다.[3]

록펠러도 비슷한 전략을 채택했다. 그가 보기에 석유산업은 혼돈 상태였다. 채굴꾼은 읍내 중심가를 포함해 아무 데나 닥치는 대로 유정을 팠다. 과잉 생산은 이익을 제로로 줄였다. 남는 석유는 폐기되었다. 록펠러는 질서를 세우는 일에 나섰다. 그는 어느 누구보다 정유 사업의 중요성을 일찍 포착했다(그는 동업자인 헨리 플래글러Henry Flagler가 인용한 "다른 사람이 네게 하듯 다른 사람에게 하되 네가 먼저 하라"라는 말을 좋아해서 책상에 따로 붙여놓았다). 그 덕분에 그는 경쟁자들보다 낮은 비용으로 더 많은 석유를 생산할 수 있었다. 그는 1870년에 설립한 스탠더드 오일 컴퍼니Standard Oil Company에 합류하라고 제안하거나, 아이다 타벨의 아버지처럼 매각을 거부할 경우 사업을 망하게 만들어 체계적으로 경쟁자를 제거했다. 그는 "스탠더드는 하늘에서 내려와 '방주에 타세요. 낡은 고철더미를 실어요. 모든 위험은 우리가 감수합니다'라고 말하는 자비로운 천사"라고 말했다.[4] 1879년대 말이 되자 그와 연합한 기업이 전국 석유사업의 90퍼센트 이상을 장악하게 되었다.

이런 연합은 가능한 모든 것을 한 지붕 아래 넣으려는 더 원대한 계획의 일환이었다. 록펠러는 펜실베이니아의 유전과 뉴저지, 클리블랜드, 필라델피아, 볼티모어의 정유소를 연결할 파이프라인을 건설했다. 또한 자체 배럴(통) 제조 공장을 지어 1년에 350만 개의 배럴을 쓰던 1888년에 개당 1.25달러를 절감했다. 그는 우월한 규모를 활용해 물량을 보장하는 대신 요금을 낮추도록 철도회사와 특별 계약을 맺었다. 또한 석유를 윤활유, 파라핀, 도로 포장용 나프타, 휘발유처럼 갈수록 다양해지는 유용한 제품으로 가공해 수익을 늘렸다. 1880년대 중반에는 기존 최대 1일 정유 용량인 1,500배럴보다 훨씬 많은 6,500배럴을 정유할 수 있는 3개의 대형 정유소를 지었다. 1890년 무렵 그는 한 무리의 배달용 마차를 활용해 가정까지 석유를 배달함으로써 전체 과정을 장악하는 작업을 마무리했다.

경쟁과 자유 시장이라는 낡은 개념은 록펠러에게 아무 쓸모가 없었다. 그는 "대규모 사업에서 개별 기업이 경쟁하던 시절은 지나갔다. 차라리 효율적인 기계를 버리고 수작업으로 돌아가야 한다고 주장하는 편이 낫다"고 말했다. 그에게 기업 합병은 조직적 측면에서 증기 엔진을 제작하는 일과 같았다. 일부 합병의 경우 영향력을 남용할 위험이 있다는 지적에 대해 그는 이렇게 대꾸했다. "그것은 증기 엔진이 폭발할 수 있다는 주장과 다를 바 없다. 증기 엔진은 필요하며 비교적 안전하게 만들 수 있다. 합병은 필요하며 영향력을 남용할 위험은 최소화할 수 있다."[5] 그가 석유 산업을 장악한 시기에 석유 가격이 크게 떨어졌다는 사실은 이 말에 근거가 있음을 증명한다. 록펠러는 대규모 사업을 조직하는 비범한 능력을 활용해 부당한 이익을 취하기보다 단가를 낮췄다. 단가를 낮춘 결과 시간당 산출량이 늘어났다.

J.P.모건은 록펠러와 같은 조직 구성 능력을 돈의 세계에 적용했다. 당시의 경제생활은 대부분 무지의 베일 뒤에서 이뤄졌다.[6] 정부는 고용률이

나 수출액, 수입액 혹은 통화량 같은 적절한 수치를 제시하지 않았다. 기업은 주주를 비롯한 외부의 시선으로부터 대차대조표를 숨겼다. 대다수 기업은 보고서를 내지 않았다. 보고서를 내는 기업은 사실과 허구를 뒤섞었다. 호러스 그릴리는 1870년 〈뉴욕 트리뷴〉에 실은 논평에서 이리 철도의 연례보고서에 담긴 내용이 사실이라면 '알래스카는 열대기후에 속하며, 딸기가 제철일 것'이라고 꼬집었다.[7] 주식은 즉흥적으로 발행되었다. 제이 굴드나 제임스 피스크 같은 전문 투자자는 이런 현실을 이용했다. 그들은 소문을 활용하거나(종종 꾸며내거나) 1870년의 금 매점 사건 같은 대규모 조작을 벌였다.

모건은 세 가지 새로운 요소를 갖고 이처럼 안개가 가득 낀 세계에 들어섰다. 첫 번째는 고등교육을 받은 지성이었다. 그는 독일이 학계의 중심이던 시절에 괴팅겐에서 수학(및 기타 학문)을 배웠으며, 교수에게 대학원에 진학하라는 권유를 받을 만큼 학업 성적이 뛰어났다. 두 번째는 세계적인 인맥이었다. 모건의 아버지는 당시 국제금융의 중심지인 런던에서 영국과 미국의 금융 거래를 중개하며 경력을 쌓았다. 모건은 런던에서 몇 년 동안 살다가 뉴욕으로 돌아갔다. 세 번째는 이전에 누구도 갖지 못한 영미 간 사업에 대한 풍부한 정보였다. 그는 당시 미국에서 가장 규모가 클 뿐 아니라 복잡한 산업이던 철도산업의 구조조정에 관여하며 경력을 시작한 이후 철강, 농산물, 대서양 횡단 증기선 등 온갖 시장을 재편성하는 일에 나섰다. 그와 그의 참모들은 수십 개의 위원회를 주관했다. 모건만큼 미국의 기업계를 속속들이 아는 사람은 아무도 없었다.

모건은 고유한 입지를 활용해 황금기에 미국식 자본주의를 구체화했다. 이는 때로 처음부터 기업을 만드는 일을 의미했다. 모건은 세상을 바꿀 혁신을 알아보는 날카로운 안목을 지녔다. 그는 1878년 에디슨에게 에디슨 일렉트릭 일루미네이팅 컴퍼니Edison Electric Illuminating Company를 설립할 자금을 빌려줬으며, 자택에 전기 조명을 최초로 설치했다(발전기가 큰 소음을 냈기 때문에 이웃에게는 상당히 짜증 나는 일이었다).[8] 그러나 조직을 개선하고 초과 용량을 제거해 비용을 낮추는 경우가 더 많았다.

모건은 질서 정연한 진전을 대단히 좋아했다. 론 처노Ron Chernow는 모건 가문을 다룬 훌륭한 책에서 "그는 자신의 자본주의가 정돈되고, 깔끔하며, 은행가의 통제 아래 있는 것을 좋아했다"고 썼다.[9] 모건은 트러스트trust(기업 합동)를 만들어 민간 부문에서 질서를 추구했다. 또한 적극적 개입으로 시스템이 작동하도록 도움으로써 경제 전반에 질서를 촉진했다. 그는 두 번이나 파산 위기로부터 미국 정부를 구했다. 1895년에는 은행 컨소시엄을 구성하고 연방 채권을 받는 대신 재무부에 금을 제공해 금 보유고에 대한 대량 인출 사태를 막았다. 당시 모건은 금의 국내 반입과 국외 반출을 잠시 통제했다. 1907년에는 증시가 붕괴하고 은행들이 결딴나는 가운데 주요 자본가들을 뉴욕 매디슨가 219번지에 있는 모건 자신의 집 한방에 가두고 시장의 와해를 막을 계획을 마련하라고 요구했다. 은행가들이 강제한 질서는 생산성을 촉진하는 데서 무절제한 경쟁보다 더 많은 일을 할 수 있었다.

이 거인들에 대해 진지하게 따져야 할 문제는 그들이 탐욕스러운지 혹은 이기적인지 여부가 아니다. 탐욕과 이기심은 부자뿐 아니라 극빈자에게도 해당되는 공통의 인간적 감정이다. 그들이 상업적 원칙을 무시했는지 여부도 아니다. 당시 미국은 아직 복잡한 자본주의 경제의 주요 문제에 대응할 규칙을 제정하는 것은 말할 것도 없고, 그런 문제에 직면하지도 않았다. 진정한 문제는 그들이 다른 사람의 희생을 대가로 부자가 되었는지 여부다. 연방 대법원은 분명 그들이 독점 체제를 구축하려 시도한 죄가 있다고 판결했다. 보수 경제학자조차 대체로 그들의 사업적 열정을 칭송하는 한편으로, 경쟁자를 무너뜨리려는 야심에 대한 우려를 표한다. 그러나 독점 체제 구축에 대한 비판은 검증할 필요가 있다. 모든 독점 기업이 나쁜 것은 아니다. 독점 기업은 대체로 선진국보다 개도국에서 문제를 덜 일으킨다. 개도국은 대개 경제학자들이 말하는 '제도적 공백institutional void'에 시달린다. 즉, 시장이 제대로 돌아가도록 만드는 제도가 갖춰져 있지 않다. 그래서 기업이 공급 보장부터 유통 개선까지 온갖 영역으로 확장해야 한다.[10] 독점 기업은 또한 혁신가들이 신기술에 큰 베팅을 하는 급격한 기술 변화기에 문제를 덜 일으킨다. 알루미늄 컴퍼니 오브 아메리카Aluminum Company of America(알코아Alcoa)는 알루미나alumina와 보크사이트bauxite에서 알루미늄을 추출하는 새로운 시스템을 보유한 덕분에 독점 기업이 되었다. 누구도 경쟁할 수 없었다. 그럼에도 알코아는 비용과 가격을 낮출 뿐 아니라 혁신을 계속했다. 그 결과 가벼운 냄비와 그릇을 만드는 새로운 산업을 개발해 가정생활에 혁명을 일으켰다.

이 거인들은 바가지 가격이 아니라 규모의 경제를 활용해 부를 쌓았다. 또한 이전에는 존재하지 않았던 시장을 창출하고, 그 시장에 갈수록 저렴한 제품을 공급해 부를 쌓았다. 철강 생산량은 1867년 2만 톤이었다가 10년 뒤 100만 톤 이상으로 늘었다. 해당 기간에 1톤당 가격은 166달러에서 46달러로 떨어졌다. 정제유 생산량은 1859년 8,500배럴이었다가 1879년 2,600만 배럴 이상으로 늘었다. 해당 기간에 1배럴당 가격은 16달러에서 1달러 미만으로 떨어졌으며, 남은 세기 동안 1달러를 유지했다.

'현대 최고의 발견'

기업계 거인의 부상은 상장 주식회사라는 새로운 사업 조직의 부상과 함께 이뤄졌다. 1902~1945년까지 컬럼비아 대학의 총장을 지낸 니콜라스 머레이 버틀러Nicholas Murray Butler는 사업 법인이 지닌 역사적 중요성을 다음과 같이 명확하게 설명했다.

> 신중하게 말하건대 내가 보기에 유한 책임 법인은 사회적 영향으로 보나, 윤리적 영향으로 보나, 산업적 영향으로 보나, 장기적으로 우리가 관련 지식을 얻고 활용 방식을 안 다음에 미칠 정치적 영향으로 보나 현대 최고의 발견이다. 심지어 증기 엔진과 전기도 유한 책임 법인보다 훨씬 덜 중요하며, 유한 책임 법인이 없었다면 지금보다 쓸모가 없었을 것이다.

증기 엔진과 전기 같은 신기술은 분명 세상을 바꿀 역량을 지녔다. 카네기와 록펠러처럼 의지력 강한 사업가도 분명 세상을 바꿀 역량을 지녔다. 그러나 이 모든 요소를 합쳐서 역량을 행동으로 바꾼 것은 이 독특한 조직 기술이었다.[11] 기업은 두 가지 방식으로 시장이 작동하는 방식을 개선할 수 있다. 하나는 관리용 위계를 만들어 원자재에서 완제품까지 제품의 흐름을 조율하는 것이다. 다른 하나는 기업인이 특정한 제품이나 절차에 큰 베팅을 하도록 허용해 미래를 만들어가는 것이다.

19세기 중반 이전에 기업은 합명회사와 인허회사라는 두 가지 형태를 지녔다. 합명회사는 유연하고 만들기 쉬웠다. 그러나 비영구적이고 무한 책임을 져야 한다는 두 가지 단점이 있었다. 그래서 대개 동업자 가운데 한 명이 죽거나 사업에 흥미를 잃으면 해체되었다. 해체되는 경우 험악한 일이 자주 벌어졌다. 파산하면 교도소에 갇힐 수도 있던 시대에 회사가 어려움에 빠지면 각 동업자가 개인적으로 회사의 부채에 대한 책임을 져야 했다. 그래서 사람들은 모르는 사람보다 친척이나 같은 종교를 가진 신자와 동업을 하는 경향이 있었다. 인허회사는 회사를 법인으로서 경영자나 투자자와 분리함으로써 영구성과 유한 책임을 제공할 수 있었다. 그러나 정부로부터 허가를 받지 못하면 법인을 만들 수 없었다. 허가 과정은 시간이 오래 걸리고 지지부진했다. 뇌물을 먹이고 쓸데없는 수고를 들여야 했다. 정부는 기업을 활용해 공공의 목적을 달성하려 들었다. 영구성과 유한 책임이라는 특혜를 따내려면 다리를 짓거나 정부의 제국적 야심을 뒷받침해야 했다.

인허회사는 미국 역사에서 상당한 역할을 수행했다. 미국에 처음 정착한 것은 매사추세츠 베이 컴퍼니와 버지니아 컴퍼니 같은 인허회사였다. 정착민을 미국으로 실어오는 비용을 댄 것은 그런 회사의 주식을 산 '모험가'였다. 초기 정착민은 대개 회사에 지분을 갖고 있었다. 회사들은 또한 전체적으로 대지의 대부분을 보유하고 있었다. 미국의 대표 정부는 1630년 매사추세츠 베이 컴퍼니가 회사에서 연방으로 변신하고, 주주들을 유한 사업 조직의 구성원에서 공공 정부의 대표로 바꾸면서 형성되었다.[12]

독립혁명은 인허회사의 생명을 새로이 늘려주었다. 영국에서 인허회사는 1720년 사우스씨 컴퍼니South Sea Company가 일으킨 문제에 대응하기 위해 거품법Bubble Act이 통과된 뒤 쇠퇴했다(사우스씨 컴퍼니가 부풀린 거품에 대한 대처는 금융 공황에 대한 정부의 대응이 공황 자체보다 나빴던 초기 사례였다). 독립 이후 미국의 각 주는 열성적으로 인허회사를 만들었다.

1783~1801년까지 350여 개의 사업체가 설립되었다. 그중 3분의 2는 유료 도로나 교량을 통해 내륙 통행 수단을 제공하는 사업을 했다. 나머지는 은행, 보험, 제조 그리고 존 제이컵 애스터의 회사가 하던 동물 가죽 판매 같은 다양한 서비스를 제공했다.[13]

이처럼 미국이 영국보다 인허회사에 훨씬 관대하기는 했지만, 인허회사는 본질적으로 범위가 협소하고 정치인이 지나친 권한을 지닌다는 문제를 안고 있었다. 19세기 전반기 동안 자본주의에 중대한 혁명이 일어났다. 일련의 법적 결정을 통해 주식회사 형태가 족쇄에서 풀려났다. 남북전쟁 말미에는 소액의 수수료를 내고 사업을 추구한다는 모호한 목적에 필요한 다양한 요건(최소한의 자본 확충 등)을 충족하기만 하면 누구라도 회사를 세울 수 있었다. 이후 기업인은 훨씬 쉽게 '대중'으로부터 대규모 자금을 확보할 수 있게 되었으며, 대중은 훨씬 편리하게 회사에 투자할 수 있게 되었다. 또한 주 정부와 민간 부문의 역학관계도 바뀌었다. 기업인이 회사 설립의 특혜를 얻기 위해 주 정부에 로비하는 것이 아니라, 주 정부가 기업을 유치하려고 로비에 나섰다. 새로 생긴 회사는 '자연인'의 권리를 얻어 집단적으로 부동산을 보유할 수 있었고, 법적 계약을 맺을 수 있었다(고소와 피고소 포함). 반면 자연인의 약점은 지니고 있지 않아서 잠재적으로 불멸할 수 있었으며, 여러 나라에서 활동할 수 있었다.

주요 강도 귀족은 '자기 것'으로 여긴 회사에 대한 지배 지분을 유지하고 싶어했다. 카네기는 "많은 사람이 주식을 보유하면 모두의 사업이 누구의 사업도 아니게 된다"라는 이유로 주식 공개를 싫어했다. 그는 회사를 각각 자신이 통제하는 일련의 합명회사로 나누고, 손을 빼려는 동업자는 장부가로 회사에 지분을 되팔도록 강제하는 '철통 합의Iron Clad

Agreement'를 요구했다. 그는 헨리 클레이 프릭Henry Clay Frick이 제기한 소송 때문에 별다른 수가 없게 된 1900년이 되어서야 주식회사 형태를 받아들였다. 록펠러도 자신의 통제 아래 서로 얽힌 일련의 합명회사로 회사를 나눴다. 헨리 포드는 1920년대 중반에 회사를 개인 기업으로 바꿔서 지배력을 높였다.

그럼에도 규모와 범위의 논리 때문에 주식회사 형태는 다른 소유 형태를 물리치고 불균등하면서도 줄기차게 나아갔다. 1880년대 이전에는 기업의 자본 규모가 100만 달러를 넘기는 경우가 드물었다. 반면 1900년 스탠더드 오일 컴퍼니의 자본 규모는 1억 2,200만 달러였다. 또한 1880년대 이전에는 직원 수가 수백 명이 넘는 회사가 드물었다. 반면 1900년에는 미국 정부보다 많은 직원을 고용한 회사가 여럿 있었다. 존 베이츠 클라크John Bates Clark는 1901년 '석탄기가 되돌아와 지구에 공룡이 다시 살게 된다 해도 동물의 삶에 생긴 변화는 괴물 같은 주식회사가 기업계에 일으킨 변화보다 크지 않을 것'이라고 썼다.[14]

주식회사 혁명은 철도와 함께 시작되었다. 철도 사업은 이전에는 사기업에 필요치 않았던 두 가지 요소를 필요로 했다. 바로 철로와 철도 차량을 확보하기 위한 대규모 자본이었다. 1815~1860년까지 운하에 소요된 총 자본은 1억 8,800만 달러였다. 반면 1860년까지 철도에 소요된 총 자본은 11억 달러 이상이었다.[15] 친구와 가족이라는 전통적인 재원으로 이만한 자본을 확보하기는 불가능했다. 수많은 관리자도 필요했다. 철도는 직원 수 기준으로 금세 다른 조직을 압도했다. 1850년대 중반 이리 철도는 4천 명을 고용했다. 반면 미국 최대 제조회사로 메인주 비드포드Biddeford에 있던 페퍼렐 매뉴팩처링 컴퍼니Pepperell Manufacturing Company는 수백 명을 고용하는 데 그쳤다. 철도회사의 고용 규모는 계속 커졌다. 1900년 펜실베이니아 철도는 10만 명 이상을 고용했다.[16] 철도회사는 과거의 사업 조직보다 큰 규모로 운영되었을 뿐 아니라 더 큰 위험을 감수했다. 운행 일정을 잘못 맞추면 시속 약 97킬로미터로 달리는 거대한 강철 덩어리가 서로 충돌했다. 장수와 유한 책임을 보장하는 주식회사 형태를 통해 투자자를 보호하지 않았다면 대규모 철도 혁명은 불가능했을 것이다.

알프레드 챈들러Alfred Chandler는 철도회사가 다른 성과와 더불어 새로운 종류의 경제적 지위를 창조했다고 주장했다. 그것은 바로 소유주와 맺은 혈연이 아니라 능력과 지식을 근거로 뽑힌 전문 관리자였다. 철도 관리자는 자신이 속한 조직을 보유한 것은 아니었지만 그 이해관계를 추구하는 데 모든 경력을 바쳤다(찰스 프랜시스 애덤스Charles Francis Adams는 하버드 대학 학생들에게 현대 주식회사의 핵심을 설명하면서 "개인은 쇠약해도 전체는 갈수록 강성해진다"고 말했다). 그들은 자신이 해야 할 일을 정하는 복잡한 위계 구조의 맥락 안에서 활동했다. 그럼에도 그것이 소명이라고 굳게 믿었다. 그들은 〈레일로드 가제트Railroad Gazette〉 같은 업계지나 마셜 커크먼Marshall Kirkman이 쓴 《철도회사의 조직과 화물 수령증의 수거에 대한 논문A Treatise on the Organization of Railroads and the Collection of Railroad Receipts》 혹은 아서 웰링턴 Arthur Wellington이 쓴 《철로의 입지에 대한 경제이론The Economic Theory of the Location of Railways》 같은 책을 읽었다. 또한 이후로 상식이 된 여러 경영 방법론을 개척했다. 뉴욕과 이리 철도의 대니얼 맥캘럼Daniel McCallum, 볼티모어와 오하이오 철도의 벤저민 러트로브Benjamin Latrobe, 펜실베이니아 철도의 J. 에드거 톰슨J. Edgar Thomson은 개별 운영 단위의 성과를 측정하는 새로운 회계 기법과 거대 조직에서 개별 인력의 역할을 자세히 정의하는 조직표를 고안했다.

철도는 합리적 경영의 세계를 금융자본의 세계와 연결했다. 자본에 대한 철도회사의 게걸스러운 욕구가 현대의 뉴욕증권거래소를 만드는 데 다른 무엇보다 큰 역할을 했다. 뉴욕증권거래소는 1817년에 세워졌지만 19세기 중반에 철도 붐이 일어나기 전에는 활발하게 돌아가지 않았다. 다우지수의 전신에는 증기선 운항사인 퍼시픽 메일Pacific Mail과 전신회사인 웨스턴 유니언뿐 아니라 10개 이상의 철도회사가 포함되었다. 철도 시대 이전에는 증권거래소가 바쁜 때에도 한 주에 거래되는 주식 수가 1천 주 정도에 불과했다. 그러던 것이 1850년대에는 한 주에 100만 주가 거래되는 경우도 드물지 않았다. 철도회사 주식이 전체 발행 주식에서 차지하는 비중은 1898년 60퍼센트였다가 1914년에는 40퍼센트가 되었다. 또한 월가는 철도 채권 시장의 중심지가 되었다. 1913년 철도 채권의 가치는 112억 달러인 반면, 일반 주식의 가치는 72억 달러였다.

철도는 새로운 투자 문화를 낳았다. 〈커머셜 앤드 파이낸셜 크로니클 Commercial & Financial Chronicle〉(1865년 창간) 같은 비즈니스 신문은 다른 무엇보다 철도를 자세히 다뤘다. 헨리 바넘 푸어Henry Varnum Poor는 신용평가사인 스탠더드 앤드 푸어스Standard & Poor's에 자신의 이름을 넣기 전에 〈아메리칸 레일로드 저널American Railroad Journal〉에서 편집자로 일했다. (많은 외국인을 비롯한) 수준 높은 투자자는 오늘날의 투자자가 주요 산업주를 바구니로 사듯 철도주를 '시장바구니market basket'로 사서 위험을 회피하는 방법을 익혔다.

투자자들은 새로운 사업이 너무나 불안정했기 때문에 정보를 확보하고 위험을 회피하는 데 혈안이었다. 조지프 슘페터는 미국에서 철도 붐이 유럽보다 훨씬 많이 일어났다는 것은 '수요가 발생하기 오래전에 철도를 건설'했으며, 따라서 특정할 수 없는 기간 동안 운영 적자가 불가피했다는 의미라고 지적했다. 철도 재벌은 대규모 투기를 벌일 수밖에 없었다. 그들은 초기에는 고객이 없는 상태에서 사업을 구축하기 위해 유례없는 규모의 물자를 투입해야 했다. 투기는 부정이나 사기로 쉽게 이어졌다. 철도는 한 무리의 투기꾼을 낳았다. 앤서니 트롤럽은《지금 우리가 살아가는 방식The Way We Live Now》(1875년)에서 실제로 철도를 건설하기보다 철도주에 도박을 걸어 불로소득을 올리는 데 더 관심이 많은 그들의 모습을 신랄하게 풍자했다. 1868년에 벌어진 이른바 이리 전쟁Erie War에서 대니얼 드류와 그의 우군인 제임스 피스크, 제이 굴드는 코닐리어스 밴더빌트가 이리 철도 회사Erie Railway Company를 인수하지 못하도록 수백만 달러어치의 채권을 몰래 발행했다. 투기는 대륙 횡단 철도에서 특히 흔했다. 리처드 화이트가 보여준 대로 대륙 횡단 철도는 과잉 건설과 내부자 거래 그리고 다른 부정한 관행으로 가득했다.

이처럼 '수요가 발생하기 오래전에 철도를 건설'하고 투기가 만연했던 철도산업은 알프레드 챈들러가 칭송한 합리적 계획의 모델과는 거리가 멀었다. 철도는 전국적 시스템과 맞지 않았다. 여러 노선을 아우르는 전국적 단일 규격이 없었으며, 때로는 노선을 갈아타기 위해 말이나 마차로 몇 킬로미터를 이동해야 했다.[17] 동시에 서부에는 필요 이상으로 철로가 많이 깔려 있었다. 1890년 미시시피 서쪽 지역에는 전국 인구의 24퍼센트가 살았지만 철도 총연장의 비중은 43퍼센트였다.[18] 철도산업은 불안정하기 그지없었다. 19세기 마지막 25년 동안 전체적으로 전국 철도의 절반 이상을 관리하는 700여 개의 철도회사가 파산했다. 헨리 애덤스는

"1865~1895년에 이르는 한 세대는 이미 철로를 저당 잡혔으며, 누구도 해당 세대만큼 이 사실을 잘 알지 못한다"고 냉정하게 지적했다.

이런 불합리성에도 불구하고 주식회사는 미국의 산업 중심지를 계속 정복해 나갔다. 1860년대 철도 부문에 다소 한정되어 있던 수직적 통합 기업은 1900년 제철과 석유뿐 아니라 기술과 소비재까지 대부분의 대형 산업을 장악했다. AT&T는 1885년, 이스트먼 코닥Eastman Kodak은 1888년, 제너럴 일렉트릭은 1892년에 설립되었다. 이 기업들을 만든 사람은 대개 우리가 앞서 카네기와 록펠러의 사례에서 확인한 경로를 따랐다. 그들은 새로운 공장에 모든 것을 걸었고, 최대한 빨리, 최대한 크게 사업을 키워서 낮은 비용을 진입 장벽으로 삼았다(링크드인LinkedIn을 창립한 리드 호프만Reid Hoffman은 이 방식을 '블리츠스케일링blitzscaling'이라 불렀다).[19] 그들은 또한 '전방'과 '후방'을 통합했으며, 비용 절감과 대중 광고를 통해 매출을 최대한 끌어올렸다.

주식회사에 최후로 공략당한 영역은 유통이었다. 1850년에는 전적으로 자영업자가 유통 부문을 장악했다. 이후 한 세대 동안 소수의 거인이 수많은 난쟁이 무리에 끼어들었다. 이 거인들은 새로 생긴 전국 철도망을 활용해 매장에서 살 수 있는 상품의 종류를 늘리는 한편 가격을 낮췄다. 1858년 롤런드 메이시Rowland Hussey Macy는 뉴욕에 잡화점을 차린 뒤 백화점 체인으로 키워냈다. 1859년 조지 프랜시스 길먼George Francis Gilman은 가죽과 깃털을 파는 작은 가게를 연 뒤 그레이트 애틀랜틱 앤드 퍼시픽 티 컴퍼니Great Atlantic & Pacific Tea Company(A&P)로 키워냈다. 1900년 무렵 이 체인은 28개 주에서 가죽과 깃털보다 훨씬 야심 찬 상품을 파는 거의 200개에 달하는 매장을 갖추게 되었다. 프랭크 울워스는 이보다 빨리 사업을 확장했다. 1879년 펜실베이니아 랭캐스터Lancaster에 첫 '5센트 매장'을 열어 성공시킨 그는 1889년 12개, 1909년 238개로 매장 수를 늘렸으며, 신 사업을 찾아 해외로 눈을 돌렸다.

가장 인상적인 혁신은 우편 주문 사업의 부상이었다. 애런 몽고메리 워드Aaron Montgomery Ward(1872년) 그리고 리처드 워런 시어스Richard Warren Sears 와 알바 로벅Alvah Roebuck(1886년)은 우편 주문 회사를 만들어 카탈로그를 보고 상품을 주문할 수 있도록 해주었다. 이 회사들은 농촌 생활에 혁명을 일으켰다. 그때까지 한정된 제품만 살 수 있었던 사람들이 이제는 (농업용품 같은) 아주 흔한 것부터 (잠깐 허리에 두른 상태로 작동시키면 '정력 강화'에 도움이 된다는 하이델베르크 일렉트릭 벨트Heidelberg Electric Belt 같은) 아주 진기한 것까지 온갖 제품을 살 수 있게 되었다.[20]

이 유통 혁명에서 가장 흥미로운 인물은 리처드 워런 시어스였다. 시어스는 당대의 많은 기업인처럼 철도 부문(동시에 전신 부문)에서 경력을 시작했다. 그는 역장이자 전신소장이라는 지위를 활용해 자신을 거쳐 가는 카탈로그와 우편물을 통해 여러 상품의 가격에 대한 정보를 수집했다. 특히 마진이 높은 시계에 주목한 그는 수중에 들어온 싸구려 시계를 팔아 처음으로 큰돈을 벌었다. 그는 시계를 더 많이 팔기 위해 이 돈을 투자해 우편 주문 회사를 차렸다. 뒤이어 자신의 사업이 시계 판매 사업이 아니라 우편 주문 사업임을 재빨리 깨달은 그는 카탈로그로 광고하는 상품의 수를 계속 늘리기 시작했다. 1902년 시어스는 1,162페이지에 달하는 카탈로그를 바탕으로 하루 10만 건의 주문을 처리했다. 이만한 물량을 처리하려면 보관, 배달, 조정을 위한 거대한 시스템이 필요했으며, 갈수록 많은 자본 투자가 요구되었다.

1906년 시어스와 그의 동업자인 알바 로벅은 회사를 상장했다. 또한 그들은 500만 달러를 들여 시카고에 맞춤형 주문을 위한 조립라인을 갖춘 세계 최대의 사업용 건물인 우편 주문 처리 공장을 세웠다. 시어스 카탈로그는 이 공장을 이렇게 소개했다. "수 킬로미터에 달하는 철로가 내부와 주위를 감싸서 상품을 접수하고, 이동하고, 전달합니다. 우리의 훌륭한 공장에서는 일손을 줄이고, 경제적으로 일하며, 신속성을 기하기 위한 엘리베이터, 기계식 컨베이어, 끝없이 긴 체인, 자동 보도, 활송 장치, 각종 기구와 컨베이어, 공압관 등이 활용되고 있습니다." 이 산업적 경이를 초기에 방문한 사람 가운데는 항상 호기심에 넘치는 헨리 포드가 있었다.

합병 욕구

운송부터 제조와 유통까지 미국의 기업계 전반에 확산된 주식회사는 모두 규모를 키우려 한다는 공통점을 지녔다. 시장이 성숙해질수록 규모를 키우려는 노력은 불가피하게 합병으로 이어졌다. 1895~1904년까지 합병 열풍이 불었다. 이전에는 대개 기업이 납품업체와 유통업체를 매입하는 수직적 통합의 형태로 통합이 이뤄졌다. 합병 붐은 여기에 수평적 통합을 추가했다. 수평적, 수직적 통합은 서로를 강화했다. 유에스 스틸은 설립되자마자 슈피리어호 지역에 있는 대규모 철광상鐵鑛床을 매입했으며, 1950년에는 전국의 철광상 가운데 50퍼센트를 보유하게 되었다.[21]

통합 시대의 중심에는 록펠러와 모건이 있었다. 1882년 록펠러는 (개별 주법을 충족하기 위해) 각각 법률적, 행정적 정체성을 가진 40개의 기업이 느슨하게 묶인 스탠더드 오일 연합을 스탠더드 오일 트러스트Standard Oil

Trust로 만드는 최초의 초대형 합병을 주도했다. 스탠더드 오일 연합은 이미 주식 교환을 통해 소속 기업 사이의 경쟁을 제거하는 데 성공했다. 산하 기업의 주주는 투표권은 없지만 배당권이 있는 매매 가능한 신탁 증서를 받는 대가로 중앙 신탁 회사에 지분을 넘겼다. 신탁 형태는 이를 새로운 차원으로 끌어올렸다. 법률적으로 신탁은 자산을 보유한 사람의 이해관계에 종사할 법적 책임을 지닌 수탁자가 자산을 관리하는 제도를 말한다. 반면 사업적으로 신탁은 기업인이 중앙에서 모든 것을 통제할 수 있도록 해주는 제도다. 록펠러는 신탁 제도를 활용해 뉴욕시 브로드웨이 26번지에 단일 본부를 두고, 단일 소유 구조와 단일 경영 전략을 지닌 통합된 회사를 만들었다. 그는 53개의 정유 공장 가운데 32개를 폐쇄하고 나머지 21개를 확장해 정유 비용을 1갤런(미국에서 1갤런은 약 3.785리터에 해당한다—옮긴이)당 1.5센트에서 0.5센트로 줄였다.[22] 설탕, 납, 위스키를 비롯한 폭넓은 산업에 속한 기업이 록펠러가 보여준 모범을 따랐다.

의회는 1890년 거래를 제한하는 계약이나 결합을 금지하는 셔먼반독점법Sherman Antitrust Act을 통과시켜 대응에 나섰다. 뒤이어 뉴저지 입법부는 자회사의 주식을 보유하는 지주사를 쉽게 만들 수 있도록 허용해 다시 대응에 나섰다. 1899년 스탠더드 오일 오브 뉴저지Standard Oil of New Jersey는 19개 대기업과 21개 중기업의 지배 지분을 보유한 공식 지주사가 되었다. 1901년 무렵 1천만 달러 이상의 자본을 가진 전체 기업 가운데 3분의 2가 뉴저지주에 법인을 설립했다. 그 덕분에 뉴저지주는 1905년 무렵 300만 달러에 달하는 예산 흑자를 올렸으며, 수많은 공공사업을 추진했다. 다른 주도 신탁 제도를 수용해 반격에 나섰다. 뉴욕 입법부는 제너럴 일렉트릭이 뉴저지로 떠나지 않도록 특별 승인 제도를 시행했다. 그러나 어떤 주도 델라웨어만큼 기업을 유치하는 데 열성적이지는 않았다. 1930년 무렵 델라웨어는 뉴욕증권거래소에 상장된 산업 회사 가운데 3분의 1 이상이 자리 잡은 본거지가 되었다. 1만 2천 개의 기업이 윌밍턴Wilmington 시내에 있는 한 사무실에 법적 주소를 두고 있었다.

신탁 가운데 가장 강력한 것은 유명한 비행사의 아버지이자 미네소타주 하원 의원이었던 찰스 린드버그Charles Lindbergh가 월가를 빗대어 말한 '금전 신탁'이었다. 가장 영향력 있는 금전 수탁자는 J. P. 모건이었다. 1890년대 불황에 따른 주가 대폭락 기간 동안 철도산업을 통합하면서 능력을 증명한 모건은 경기가 회복되었지만 생산 과잉 문제가 여전한 폭넓은 다른 산업으로 활동 영역을 넓혔다.

그 결과가 1895~1905년까지 불었던 대규모 합병 열풍이었다. 1,800개가 넘는 제조회사가 합병을 통해 흡수되었다. 모건과 그의 우군은 당근책으로 보통주에 상당하는 우선주를 제공해 소유주의 지분을 인수했다. 그다음 초과 생산용량을 줄이기 위해 여러 경쟁사를 합병했다. 그들이 내세우는 이론은 투자자들이 합병에 따른 이득을 누리기 위해 경쟁하면 우선주의 가치가 오르고, 새롭게 합병된 기업은 안정적인 수익을 올릴 것이므로 장기적으로 보통주의 가치도 오른다는 것이었다. 모건은 대개 우군(종종 동업자)을 새 회사의 이사회에 넣어 경영을 감시했다.[23] 1900년 그와 그의 동업자들은 국부의 4분의 1 이상을 차지하는 기업의 이사회에 참여했다.

모건이 주식회사 미국의 면모를 바꾸는 데 성공했다는 점에는 의심의 여지가 없다. 그는 제너럴 일렉트릭, 아메리칸 텔레그래프 앤드 텔레폰American Telegraph and Telephone(AT&T), 풀먼 컴퍼니Pullman Company, 내셔널 비스킷National Biscuit(나비스코Nabisco), 인터내셔널 하베스터International Harvester 그리고 물론 유에스 스틸 같은 새로운 기업을 만들었다. 그는 상장 제조사의 자본 총액을 1890년의 3,300만 달러에서 1903년의 70억 달러 이상으로 늘렸다. 그는 '3대 기업big three' 혹은 '4대 기업big four'의 세계를 만들었다. 네오미 래모로Naomi Lamoreaux가 자세히 분석한 93건의 통합 사례 가운데 72건은 해당 산업의 최소 40퍼센트를 지배하는 기업을 만들었고, 42건은 해당 산업의 최소 70퍼센트를 지배하는 기업을 만들었다. 이 42건에는 8개 회사가 뭉쳐 해당 시장의 90퍼센트를 지배한 제너럴 일렉트릭, 4개 회사가 뭉쳐 해당 시장의 65~75퍼센트를 지배한 인터내셔널 하베스터, 162개 회사가 뭉쳐 해당 시장의 90퍼센트를 지배한 아메리칸 타바코 American Tobacco가 포함되었다.

모건이 더 효율적인 경제를 창조하는 데 성공했는지 여부는 논쟁의 여지가 있다. 그는 카네기나 록펠러보다 문제적 인물이었다. 공룡 기업의 성공률에 대한 평가는 상반된다. 가장 우호적인 평가는 1935년 쇼 리버모어Shaw Livermore가 제시했다. 그는 해당 산업을 좌우할 만큼 규모가 큰 136건의 합병을 대상으로 1910~1932년까지 얼마나 이익을 냈는지 살폈다. 그 결과 37퍼센트가 실패하고, 44퍼센트가 성공한 것으로 나타났다.[24] 유에스 스틸의 탄생은 제철산업에서 장기간 이어지던 가격 하락 추세를 끝냈다(다음 쪽 그래프 참고).

주식회사의 진화

은행가가 경제를 지배하는 시기는 비교적 짧았다. 합병 운동은 은행

철강 도매가
(1867~1946년)

중심 자본주의가 승리하는 것뿐 아니라, 상장 기업의 통합이 자본주의의 핵심을 차지하는 것으로 귀결되었다. 이미 철도 부문에서 승리한 상장 기업은 새로운 공룡 기업이 주식 발행을 통해 통합에 필요한 재원을 확보하면서 제조 부문에서도 승리했다. 다른 기업도 그들과 경쟁하기 위해 거래소로 향했다. 상장 기업은 대개 경영과 소유를 분리했다. 앤드루 카네기 같은 일부 창업자는 그 연결 고리를 완전히 끊었다. 다른 창업자는 일부 지분을 보유했지만 정책을 지시할 수 있는 정도인 경우는 드물었다. 일상적인 경영은 지분이 작거나 없으며, 급여를 받는 경영자에게 맡겨졌다. 창업자는 이사회를 통해 의견을 전달했으나 대개 전문 경영자나 처음에 합병을 기획한 은행의 대표가 균형을 잡았다. 대규모 자본주의는 이제 상장 자본주의를 뜻했다. 기업은 대중이 지분을 보유하고 전문 경영자가 운영했다.

1914년 무렵 포드 모터 컴퍼니Ford Motor Company는 아직 살아남은 소수의 대형 개인 기업 가운데 하나였다. 역설적으로 대중의 지분 보유에 가장 확고하게 맞선 대기업이 경영 부문에서 가장 중요한 돌파구인 대량생산을 완벽하게 다듬는 데도 기여했다. 대량생산은 엘리 휘트니가 처음에는 조면기를, 18세기 후반에는 장총을 생산하는 데 적용한 '일률 생산 방식uniformity system'에 뿌리를 두었다. 헨리 포드는 이 철학을 새로운 수준으로 끌어올려 모든 작업을 최소 부품 단위로 나눌 뿐 아니라 이동식 조립라인을 추가했다. 이제 길게 늘어선 노동자들은 자기 자리에서 기계적 작업을 반복했다. 포드는 효율성을 높이고 통제를 극대화하도록 설계된 방대한 제조 및 물류 체제 안으로 이동식 조립라인을 심어 넣었다. 수직적 통합을 통해 자체적으로 거의 모든 것이 만들어졌다. 전국에 걸쳐 7천 개의 판매점으로 구성된 판매망은 소도시에서도 모델 T를 살 수 있게 해주었다. 프레더릭 테일러Frederick Taylor는 《과학 경영의 원칙The Principles of Scientific Management》(1911년)에서 "과거에는 사람이 우선이었지만, 미래에는 시스템이 우선이어야 한다"고 썼다.

관리 자본주의가 부상하기 위해서는 미국이 생산뿐 아니라 혁신의 표준화를 받아들였다는 점도 중요했다. 이 변화는 천천히 진행되었다. 대다수 기업은 임기응변에 의존해 공문서에서 새로운 아이디어를 찾거나 지역 발명가와 대화하며 비공식적으로 아이디어를 얻었다. 특허청은 워싱턴 DC에 있는 사무실에 모형과 청사진을 전시하고, 관련 잡지에 정보를 게시하면서 훌륭하게 정보를 전파했다. 〈사이언티픽 아메리칸Scientific American〉은 가장 중요한 신기술을 길게 다뤘고, 특허 목록을 실었으며, 심지어 독자에게 소액의 수수료를 받고 완전한 사양을 보내주기도 했다. 미국은 '혁신 허브', 즉 발명가들이 한데 모여서 아이디어를 논의할 수 있는 곳을 마련하는 일도 마찬가지로 잘해냈다. 철물점과 전신국은 발명가들의 사랑방 노릇을 했다. 전신국에는 전기 기술에 대한 서적과 저널이 있었다. 기업은 안보다 밖에 똑똑한 사람이 더 많다는 판단 아래 요즘 말하는 '크라우드 소싱crowd sourcing'과 '개방형 혁신'을 실행했다. 웨스턴 유니언의 경영진은 일선 직원을 면밀히 살펴 좋은 아이디어를 구했으며, 종종 상업화에 필요한 자금을 빌려줬다. J.P.모건은 두 명의 동업자가 웨스턴 유니언의 특허 변호사와 친했기 때문에 에디슨의 백열등 프로젝트에 투자하기로 결정했다. 대기업은 또한 시장을 관찰하는 능력을 개발하는 데 많이 투자했다. AT&T의 특허부장이었던 T.D.락우드T. D. Lockwood는 '확신하건대 지금까지 그랬고, 앞으로도 직업 발명가나 주업이 발명인 사람들이 따로 활동하는 방식은 결코 상업적으로 성공하지 못할 것'이라고 설명했다.[25]

락우드는 미네르바의 부엉이였다. 세기가 바뀌면서 발명은 사실상 회계나 광고처럼 기업의 기능이 되었으며, 발명가는 직장인이 되었다(다음 쪽 그래프 참고). 에디슨은 새 시대의 전령으로서 먼로 파크에 '발명 공장'을 만들고 6개월마다 중요한 발명품을 개발한다는 계획을 세웠다. 세기 전환기 무렵 모두가 그의 발자취를 따르려 애썼다. 회사가 아닌 개인에게 특허권이 부여되는 비중은 1880년 95퍼센트였다가 1920년 73퍼센트, 1940년 42퍼센트로 줄었다.[26]

1900년 구식 전구에 대한 특허가 만료되면서 절실히 신형 백열전구를 개발해야 했던 제너럴 일렉트릭은 윌리스 휘트니Willis Whitney가 이끄는 연구개발센터를 만들었다. AT&T가 만든 연구소는 동해안과 서해안 사이

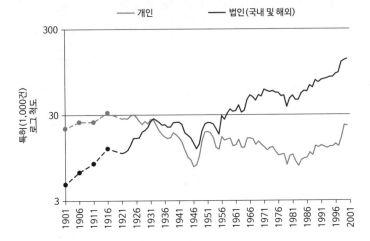

특허권 부여 내역
(1901~2000년)

───── 개인   ━━━━━ 법인(국내 및 해외)

에 전화 서비스를 제공하는 데 지장을 불러온 기술적 문제를 해결해 금세 밥값을 했다. 이 연구소는 회장의 표현에 따르면 '천일야화만큼 많은 특허a thousand and one little patents'를 등록해 경쟁자를 막았다.[27] 듀퐁은 1911년, 코닥은 1913년, 스탠더드 오일 오브 뉴저지는 1919년에 연구소를 만들었다. 어디든 지식의 변경에는 기업 연구소가 있었다.

대중이 지분을 보유하고, 전문 경영인이 지배하며, 갈수록 많은 표준화된 제품을 생산하려고 기를 쓰며, 아이디어를 비롯해 최대한 많은 것을 자체적으로 생산하려고 작정한 초대형 기업이 이제 미국 경제의 핵심에 자리 잡았다.

하지만 이런 변화를 모두가 반긴 것은 아니었다.

5장

자유방임주의에 맞선 저항

★

미국의 역사는 링컨의 게티즈버그 연설, 케네디의 취임 연설, 마틴 루서 킹의 '제게는 꿈이 있습니다'와 같은 위대한 연설로 점철되어 있다. 윌리엄 제닝스 브라이언William Jennings Bryan의 '황금 십자가' 연설도 그중 하나다. 이 연설은 수많은 국민이 가슴 깊이 품었던 감정을 표현했을 뿐 아니라 경제정책의 전환점을 이뤘다.

　브라이언은 1896년 7월 시카고에서 열린 민주당 전당대회에서 연설했을 때 겨우 서른여섯 살이었다. 네브래스카 하원 의원 출신의 저널리스트인 그는 머리가 센 원로들 사이에서 애송이에 불과했다. 그러나 대평원 지역은 분노에 휩싸여 있었다. 브라이언의 지지자들은 당의 조직을 장악해 그가 등장할 밑바탕을 마련했다. 브라이언은 동세대에서 가장 뛰어난 연설가로 '성당의 종처럼 맑은' 힘찬 목소리와 뛰어난 언어 감각을 갖고 있었다. 그는 책에 나오는 모든 수사학적 기법을 구사해 청중을 정의로운 분노에 따른 열광으로 이끌었다.[1]

　브라이언은 금본위제 지지자들이 습관적으로 내세우는 주장, 즉 은이 나라의 사업적 이익을 해칠 것이라는 주장은 잘못된 생각에 근거한 것이라고 선언했다.[2] 그는 "급여를 받고 고용된 사람은 고용주 못지않은 사업가입니다. 시골 도시의 변호사는 대도시의 기업 변호사만큼 사업가입니다. 사거리 가게 주인은 뉴욕의 상인만큼 사업가입니다"라고 말했다. 곡물을 키우는 농부는 도매상 못지않은 사업가였다. 기득권층은 이런 시골의 급진주의자들이 공격적이라고 낙인찍었다. 그러나 자신의 집과 가족을 지키기 위해 공격적 태도를 취하지 않을 사람이 어디 있을까? 브라이언은 "우리의 청원은 거절당했습니다. 우리의 간청은 무시당했습니다"라고 말했다. 기득권층은 그런 호소가 농촌의 입장만 내세운다며 비판했다. 하지만 금본위제 지지자들은 도시의 이익만 대변하지 않았나? 대도시는 '농촌의 드넓고 비옥한 초원'을 토대로 삼지 않았나? 브라이언은 "도시를 불태우고 농장을 떠나도 도시는 마술처럼 다시 생겨날 것입니다. 하지만 농장을 파괴하면 풀은 이 나라 모든 도시의 거리에 자라날 것입니다"라고 말했다. 이에 금본위제 지지자들은 도전을 제기했다. 사람들은 대응할 의무가 있었다. 브라이언은 탁월한 수사학적 표현으로 연설을 마무리했다.

그들이 감히 공개된 자리에서 금본위제를 좋은 것으로 변호한다면 우리는 최선을 다해 싸울 것입니다. 우리 뒤에는 이 나라와 세계의 노동자가 있고, 상업과 노동 부문 그리고 모든 곳의 노역자가 우리를 지지합니다. 우리는 금본위제를 요구하는 사람들에게 이렇게 대꾸할 것입니다. 노동자의 머리에 가시 면류관을 씌우지 마라! 인류를 황금 십자가에 매달지 마라!

브라이언은 이 말을 하면서 십자가에 매달린 예수처럼 머리를 숙이고 양팔을 크게 벌렸다. 대의원들은 침묵 속에 그의 모습을 지켜보았다. 뒤이어 연설이 끝났다는 사실을 깨달은 그들은 점점 더 크게 박수갈채를 보내며 함성을 질렀다. 민주당은 즉시 복본위제(두 가지 이상의 금속을 본위화폐로 하는 화폐 제도—옮긴이) 강령을 채택하고, 다음날 브라이언을 대선 후보로 추대했다.

이전 수십 년 동안 민주당은 전반적으로는 대기업, 구체적으로는 금본위제를 지지하는 사람들에게 지배되었다. 그들은 철저하게 보수적인 그로버 클리블랜드Grover Cleveland를 대표자로 내세웠다. 그러나 농민들이 디플레이션을 불평하면서 금본위제에 대한 반발이 커져갔고, (많은 은 광산 소유자를 비롯한) '복본위제주의자silverite(금과 함께 은도 화폐 기준으로 삼자고 주장하는 사람—옮긴이)'는 은이 더 편리할 뿐 아니라 인간적인 대안이라고 주장했다. 민주당 총회에서 클리블랜드파 대의원은 자본주의의 대리인이자 금에 대한 야만적 종교의 사도라는 비난을 받았다. 뉴욕주 상원 의원인 데이비드 베넷 힐David Bennett Hill은 클리블랜드의 입장을 대변해야 하는 어려운 일을 맡았다. 그는 "왜 오늘 웃지를 않으십니까?"라는 기자의 질문에 "장례식에서는 절대 웃지 않아요"라고 대답했다.

브라이언의 연설은 대단히 명민하기는 했지만 목표를 실현하는 측면에서는 결국 재난으로 작용했다. 그는 금본위제를 둘러싸고 당론을 분열시킴으로써 공화당의 장기 집권을 불러왔다. 또한 금본위제에 대한 문제를 제기함으로써 비공식적 정책을 공식적 정책으로 만들었다. 윌리엄 매킨리William McKinley가 1897년 대통령에 당선된 뒤 처음 한 일은 금을 모든 화폐의 기준으로 삼는 금본위제법에 서명한 것이었다.

복본위제는 브라이언이 앞장섰지만 실현하지 못한 여러 명분 가운데 하나였다. 브라이언은 민주당을 이끌고 선거에 임했다가 세 번이나 패배했다(1896년, 1900년, 1908년). 우드로 윌슨 행정부에서 그가 국무부 장관으로 재직했을 때는 외교 행사에 주류를 금지해 미국 주재 외교관들에게 금주를 강요했다. 어쩌면 이 조치 때문에 국제정치 무대의 분위기가 삭막해졌을지도 모른다. 그는 미국이 제1차 세계대전에 개입하는 데 반대했다. 또한 진화론을 가르친다는 이유로 존 스코프스John Scopes를 처벌한 테네시주를 옹호했다. 루스벨트는 그를 '지독한 바보'라 불렀고, 헨리 루이스 멩켄Henry Louis Mencken은 '유치한 사상에 현혹되었고, 모든 학습, 인간적 위험, 아름다움, 좋고 고귀한 것을 거의 병적으로 싫어하는 불쌍한 멍청이'라고 불렀다.[3]

그럼에도 브라이언은 결국에는 승리하는 습관이 있었다. 그의 아내는 그가 죽은 뒤 1925년에 펴낸 회고록에서 평생 겪은 온갖 실패에도 불구하고 그의 정책이 연이은 부문에서 승리했다고 주장했다. 연방 소득세, 상원 의원 보통선거, 여성 참정권, 노동부, 좀 더 엄격한 철도 규제, 통화 개혁 그리고 주 정부 차원의 직접 민주제가 그런 예였다. 그의 정책은 사후에도 계속 승리했다. 미국은 마침내 1971년 공화당 정권 아래에서 금본위제를 폐기했다.

브라이언이 이룬 가장 큰 성공은 정치의 영역을 확장했다는 것이었다. 이전에 명망가들은 금본위제를 정치적 제도가 아니라 세상의 변하지 않는 사실로 여겼다. 브라이언은 금본위제가 한 집단(투기꾼)이 다른 집단(농민)을 괴롭히려고 만든 십자가라고 주장했다. 마찬가지로 그는 자유방임주의 전반에 회의적인 시선을 던졌다. 이전에 명망가들은 시장 법칙을 자연법칙과 같은 것으로 여겼다. 브라이언과 그의 우군은 정치인이 공공선을 위해 시장을 길들여야 한다고 주장했다.

그로버가 바라본 세계

브라이언의 '황금 십자가' 연설이 얼마나 충격적이었는지 이해하려면 브라이언이 민주당 대표 자리에서 물러나게 만든 사람을 살필 필요가 있다. 그로버 클리블랜드는 22대와 24대, 두 번에 걸쳐 불연속으로 재직한 유일한 대통령이었다. 또한 백악관에서 결혼한 유일한 대통령이기도 했다. 그는 건전화폐, 작은 정부, 강인한 자립을 지지했다(그는 "정부가 부모처럼 돌봐줄 것이라는 기대는 … 강인한 국가 정신을 약화시킨다"고 말했다). 그는 특수 이익단체의 압력, 여론의 압박, 경제의 부침에도 불구하고 황소 같은 고집으로 원칙을 고수했다(그는 기질뿐 아니라 체격도 황소 같아서 한때 몸무게가 136킬로그램이나 나갔던 적이 있다). 1887년 그는 가뭄 피해를 입은 텍사스 농민에게 종자 비용으로 소액을 제공하는 법안에 거부권을 행사했다. 그가 제시한 이유는 이랬다. "헌법에서 그런 지원액을 책정할 근거를 찾을 수 없다. … 나는 정부의 권한과 의무가 결코 공공 서비스 내지 공공의 편익과 관계없는 개인적 고통을 덜어주는 정도로 확대되어야 한다고 생각지 않는다." 그는 은행이 파산하고, 산업 생산량이 17퍼센트 감소하며, 실업률이 12퍼센트로 치솟은 1893년에도 자유방임 원칙을 고수했다. 1894년에 치른 중간선거에서 유권자는 공화당으로 몰려갔다. 그래도 클리블랜드는 강경한 태도를 버리지 않았다. 철도와 우편 서비스를 유지하기 위해 풀먼 파업Pullman Strike(1894년 전미철도노조American Railway Union가 주요 철도 사업자인 풀먼사에 대항해 일으킨 전국적 철도 파업—옮긴이)에 개입한 그는 셔먼반독점법을 활용해 파업을 금지하는 법원의 명령을 이끌어내고 전미 철도노조 위원장 유진 V. 데브스Eugene V. Debs를 처벌했다.

클리블랜드는 작은 정부가 사실이자 이상인 세상에서 성장했다. 1871년에도 연방 정부가 고용한 인력은 5만 1,071명에 불과했다. 그중 3만 6,696명은 우체국에서 근무했다. 우체국에서 근무하지 않은 연방 공무원은 2,853명당 1명꼴이었다.[4] 남북전쟁 기간을 제외하고 1800~1917년까지 총 정부(연방·주·시 정부) 지출은 GDP의 10퍼센트에 훨씬 못 미쳤다(다음 쪽 그래프 참고).

시민들은 우체국 외에는 어떤 연방 정부 기관과도 접촉하지 않고 평생을 살 수 있었다. 4월 15일(연방 소득세 신고 마감일—옮긴이)은 그저 또 다른 봄날이었다. 소득세는 내지 않았다. 워싱턴 DC는 세상에서 가장 생기 없는 수도였다. 나랏돈을 관리할 연준(중앙은행)도, 교육부도, 상무부도, 나머지 부처도 없었다. 백악관 사람들은 별로 할 일이 없었으며, 유별나게 어떤 일을 하겠다고 마음먹어도 도와주는 사람이 없었다. 클리블랜드는 문도 직접 열고, 전화도 직접 받아야 했다.

정부라는 것이 있다 해도 가능한 최소한의 수준으로 꾸려졌다. 전체 정부는 국가경제가 창출한 1달러의 소득 가운데 8센트만을 거둬들였으며, 그중 6센트는 지방 정부가 썼다. 미국 정부는 여전히 토크빌이 《미국의 민주주의Democracy in America》(1835년)에서 설명한 정부, 즉 주민 회의 수준의 정부에 머물렀다.

정부는 대기업에게 압도당했다. 하버드 대학 총장이었던 찰스 엘리엇Charles W. Eliot은 1888년에 쓴 '미국식 민주주의의 작동 방식The Working of the

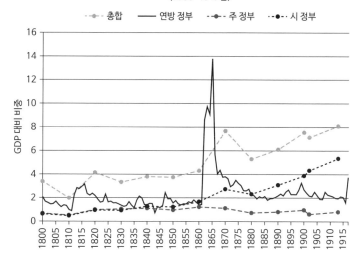

연방 정부 지출
(1800~1917년)

········● 총합　──── 연방 정부　─·●·─ 주 정부　··●·· 시 정부

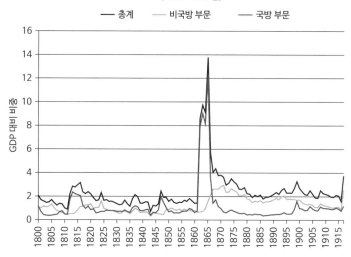

연방 정부 지출
(1800~1917년)

──── 총계　──── 비국방 부문　──── 국방 부문

American Democracy'이라는 글을 통해 지역 수준에서 이 사실이 지니는 의미를 설명했다. 그 글에 따르면 보스턴 앤드 메일 철도Boston & Maine Railroad는 1만 8천 명을 고용했고, 연간 4천만 달러 수준을 매출을 올렸으며, 최고 3만 5천 달러의 연봉을 지급했다. 반면 매사추세츠주 정부는 6천 명을 고용했고, 700만 달러의 세수를 올렸으며, 최고 6,500달러의 연봉을 지급했다.[5]

남북전쟁 이후 미국 경제가 이룬 놀라운 성장, 다시 말해 인류사에서 유례가 없던 발전은 연방 정부가 거의 개입하지 않은 채 이뤄졌다. 미국은 2차 중앙은행의 인가 기간이 끝난 1836년부터 우드로 윌슨이 연준을 만든 1913년까지 77년 동안 금본위제 고수 외에 중앙은행이나 별다른 통화정책 없이 살아남았다. 생활비는 연간 0.2퍼센트밖에 오르지 않았다. 고용주는 자유롭게 노동자를 고용하고 해고했다. 미국은 유럽 출신 이민자를 상대로 문호 개방 정책을 취했다(1882년 제정된 중국인배제법Chinese Exclusion Act에서 별도로 지목한 중국인 이민자는 예외였다). 대다수 미국인은 이런 양상을 좋아했다. 좋은 사회를 건설하는 데는 건전화폐와 권리장전만 있으면 충분하고 나머지는 자유 시장이 알아서 해준다는 것이 통념이었다.

미국의 국부들은 주 정부가 관여하는 범위와 국민의 권한을 세심하게 제한했다. 그들은 국민의 권리를 권리장전으로 정의했다. 또한 견제와 균형이 이뤄지도록 정부를 여러 기관으로 나눴다. 제임스 매디슨은《연방주의자 논집Federalist Papers》에서 이렇게 말했다. "사람이 사람을 다스리는 정부를 구성하는 데서 가장 큰 어려움은 먼저 정부가 국민을 통제할 수 있도록 만들고, 그다음으로 정부가 자신을 통제하도록 의무화하는 것이다." 국부들은 또한 실력주의의 요소를 국가 운영에 집어넣었다. 상원 의원은 장기적인 관점을 취할 수 있도록 6년이라는 임기가 주어졌다. 조지 위싱턴은 상원을 뜨거운 차를 부어서 식히는 접시에 비유했다. 또한 상원 의원은 대부분 사회의 '더 나은 구성원'으로부터 선택될 수 있도록 직접선거가 아니라 주 의회에서 선출되었다. 연방 대법원 판사는 종신직이었다.

국부들이 구축한 견제와 균형 체제는 앤드루 잭슨의 대통령 재임 기간에 유권자가 크게 늘어나면서 시험에 놓였다(아래 그래프 참고). 19세기 후반기에 거의 모든 백인 남성이 투표권을 얻었으며, 그중 놀라울 만큼 많은 비율의 사람이 투표권을 행사했다. 구체적인 비율을 보면 1876년에는 83퍼센트, 1888년에는 81퍼센트, 1900년에는 74퍼센트였다. 그래도 국부들이 과도한 민주주의의 부작용을 막기 위해 설치한 장벽은 수십 년 동

유권자 투표율
(1824~2012년)

전체 ─── 남성 ─── 여성

안 제 기능을 했다. 그 부분적인 이유는 워싱턴이 너무나 분열되어 있었던 데다가 새롭게 참정권을 얻은 대중이 연방 정부에 많은 것을 기대하지 않았기 때문이다.

링컨과 루스벨트 사이에 일련의 수동적 대통령들이 나왔다. 저술가들은 앞다퉈 이런 현실을 개탄했다. 제임스 브라이스James Bryce는 1888년에 쓴 고전, 《미국 공화국The American Commonwealth》에서 한 장을 '왜 훌륭한 사람이 대통령으로 뽑히지 않는가'라는 주제에 할애했다. 모턴 켈러Morton Keller는 "19세기의 미국 대통령은 양쪽으로 평범한 저지대에 둘러싸인 우뚝 솟은 위인(링컨)으로 묘사할 수 있다"고 썼다. 앤드루 잭슨은 학교에 들어간 적이 없으며, 아내에게 배우기 전에는 글도 쓰지 못했다. 그로버 클리블랜드는 유럽은커녕 미시시피강 서쪽 지역도 방문한 적이 없으며, 백악관에 들어갈 때 처음 워싱턴 DC를 구경했다. 하지만 이런 양상이 나쁜 것인지는 불분명했다. 브라이스는 또한 일련의 평범한 대통령이 당시 미국의 필요를 충족했다고 지적했다. 그의 주장에 따르면 "미국에서 최고의 능력자들이 정치에 입문하는 비율은 유럽보다 낮았다." 정치가 '나라의 물질적 자원을 개발하는 일'보다 덜 흥미로웠기 때문이다.[6]

대통령의 수동성은 권력 분할 때문에 더욱 심화되었다. 1874~1894년까지 20년 동안 단일 정당이 백악관과 하원을 모두 차지한 때를 살펴보면, 공화당은 1889~1891년까지, 민주당은 1893~1895년까지 단 두 번뿐이었다. 1890년대 중반에 마침내 이런 교착 상태를 깨트린 정당은 좀 더 기업 친화적이었다. 공화당은 이후 16년 동안 미국에서는 드물 정도로 연방 정부를 장악했다. 공화당 대표로, 윌리엄 매킨리가 대통령이 되는 데 누구보다 많은 일을 한 마크 해너Mark Hanna는 클리블랜드의 철광석 광산 재벌이었다. 하원 의장 '엉클 조Uncle Joe' 캐넌Cannon은 "이 나라는 엄청나게 성공했다"라는 말로 사회 개혁을 주장하는 사람을 어리둥절하게 만들었다.[7]

연방 대법원은 재산권과 계약의 자유를 지키는 성실한 수호자 역할을 했다. 그들은 원래 자유를 얻은 노예의 법적 권리를 보장하기 위해 1868년 제정된 수정 헌법 14조의 첫 단락, 즉 주 정부가 "적절한 법적 절차를 거치지 않고는 어떤 사람의 생명이나 자유 혹은 재산을 박탈할 수 없다"는 내용을 활용해 기업을 규제하려는 시도를 억눌렀다. 그들은 산타클라라Santa Clara 재판(1886년)에 대한 판결에서 주식회사는 법인이며, 따라서 법의 보호를 받는다는 점을 분명히 밝혔다. 폴락Pollack 대 파머스 론 앤드 트러스트 컴퍼니Farmer's Loan & Trust Company 재판(1895년)에서는 5 대 4로 연방 소득세에 대한 헌법 불합치 결정을 내렸다. 국가 대 E.C.나이트 컴퍼니E. C. Knight Company 재판에서는 셔먼반독점법을 무력화했다. 연방 정부는 설탕 공급의 98퍼센트를 장악한 아메리칸 슈거 리파이닝 컴퍼니American Sugar Refining Company에 맞선 반독점 소송에서 승소할 것이라고 확신했다. 그러나 연방 대법원은 판매와 무관하게 물건을 만드는 일이 얼마든지 가능하므로 제조업 독점은 상업 독점에 해당되지 않는다고 판결했다.

연방 대법원은 특히 노동 관련 소송에서 계약의 자유를 보장하는 데 특히 엄격했다. 가령 톨레도, 앤 아버 앤드 노스 미시건 철도 회사Toledo, Ann Arbor and North Michigan Railway Company 대 펜실베이니아 컴퍼니Pennsylvania Company 재판(1893년)에서 연방 대법원은 개별 노동자의 법적 행위(작업 중단)라 해도 연대의 형태를 띠면 불법이라고 판결했다. 1897년 레넌Lennon에서 일방 승소 결정으로 확인된 이 판결은 사실상 파업을 불법으로 만들었다. 또한 로크너Lochner 대 뉴욕주 재판(1905년)에서도 연방 대법원은 계약의 자유를 침해한다는 이유로 제빵 노동자의 노동시간을 하루 10시간 혹은 주 60시간으로 제한한 뉴욕주 조례를 무효화했다. 그리고 1918년에는 아동 노동으로 제조된 상품을 다른 주로 옮기지 못하도록 금지한 키팅–오웬아동노동법Keating-Owen Child Labor Law(1916년)도 무력화했다. 판결 근거는 제조업을 규제해 주 정부에 부여된 권한을 행사하려 시도한다는 것이었다.

통화 부문에서 헌법에 해당하는 것은 금본위제였다. 금본위제 지지자는 대통령, 재무부 장관, 주요 은행의 은행장 등 경제와 관련해 가장 힘 있는 자리를 차지했다. 거기에는 타당한 이유가 있었다. 금은 역사적으로 아주 오래전부터 거래 수단이자 나아가 가치 저장 수단으로 받아들여졌다. 공급량이 한정되어 있다는 사실 자체가 자유로운 사회에서 화폐를 오염시키려는 유혹에 맞서는 가장 탄탄한 대비책으로서 통화 부문의 재산권 보호책과 같았다. 또한 금은 어디서나 거래 수단으로 받아들여지기 때문에 해외 교역을 용이하게 해주었다.

미국은 건국 초기부터 금속으로 만든 '경화硬貨'와 지폐인 '연화軟貨'의 상대적 장점을 놓고 뜨거운 논쟁을 벌였다. 국부들, 특히 알렉산더 해밀턴은 상업 사회가 효율적으로 돌아가려면 모두가 신뢰할 수 있는 안정적인 가치 저장 수단이 필요하다는 사실을 알았다. 그러나 미국은 최고의 가치 저당 수단이 금인지, 은인지 1834년까지 갈피를 잡지 못했다(처음에는 은 1트로이온스를 기준으로 달러의 가치를 정했지만, 동시에 은에 대비해 고정된 가치를 지닌 금화도 발행했다). 또한 독립전쟁부터 시작해 수많은 전쟁에 필요한 자금을 대기 위해 '경화'를 확고하게 채택하는 일도 계속 미루었다. 세금을 걷거나 외국에서 빌려오는 방식으로는 빠르게 자금을 모을 수 없었기 때문에 돈을 찍어내는 것이 병력과 무기를 확보하는 유일하게 타당한 수단이었다. 그러나 돈을 찍어내는 것은 단기적으로는 통했지만 장기적으로는 불가피하게 인플레이션과 긴축을 불러왔다. 조지 워싱턴은 1775년 콘티넨털을 발행해 몇 년 동안 병사들의 급여를 지급하고 물자를 조달했다. 그러나 콘티넨털도 결국에는 가치를 잃어버리고 말았다.

남북전쟁은 이런 패턴을 극단적으로 보여주는 사례였다. 전쟁 기간 동안 북부와 남부 모두가 명목화폐를 도입한 이후, 미국은 화폐 가치를 회복하기 위해 오랫동안 고생했다. 남부는 특히 파국적인 결과를 경험했다. 금으로 바꿀 수 없는 '그린백'을 5억 달러나 찍어내는 바람에 극심한 인플레이션이 발생해 돈이 금세 가치를 잃었다. 남부는 다른 나라와는 말할 것도 없고 다른 지역과도 거래를 할 수 없었다. 북부는 '그린백'을 발행할 때 좀 더 신중한 실험을 했는데도 부작용을 극복하는 데 오랜 시간이 걸렸다. 1875년 태환법Specie Payment Resumption Act이 제정되면서 연방 정부는 달러가 금 1트로이온스당 20.67달러인 전쟁 전 가치를 회복하도록 1879년 1월까지 시중에 풀린 그린백을 충분히 거둬들여야 했다.

1859년 네바다의 콤스톡 로드Comstock Lode에서 방대한 은맥이 발견되면서 통화정책에 대한 논의가 더욱 복잡해졌다. (1858년에는 0.9톤, 1864년에는 326톤, 1876년에는 1,130톤으로) 은의 공급량이 크게 늘면서 은값이 (1864년에는 1온스(약 28그램)당 2.73달러였다가 1902년에는 0.53달러로) 급락했다. 이에 서부의 은광 재벌들은 은값을 올리기 위한 좋은 아이디어를 떠올렸다. 바로 연방 정부가 은을 사들여서 화폐로 쓰도록 만드는 것이었다. 1890년 제정된 셔먼은매입법Sherman Silver Purchase Act은 미국 역사상 특수 이익 단체를 위해 법이 만들어진 가장 두드러진 예였다. 연방 정부가 매달 은

광에서 나오는 수백 톤에 달하는 은을 매입해 은화로 만들도록 강제하는 이 법은 화폐의 안정성을 위협했다. 재무부는 이 법에 따라 은이나 금으로 바꿀 수 있는 특별 채권으로 은을 사들여야 했다. 그러나 귀금속 시장에서 은의 가치는 정부의 공식 교환율보다 낮았다. 투자자에게 돈이 열리는 마술의 나무가 생긴 셈이었다. 그들은 귀금속 시장에서 은을 사서 금화를 받을 수 있는 재무부 채권과 교환한 다음 금화를 처분해 돈을 벌었다. 물론 돈을 번 만큼 은을 더 사서 재무부로 가져갈 수 있었다. 논리적으로 생각해보면 계속 이 상태로 가다가는 미국의 금이 동날 수밖에 없었다.

동부의 기득권층은 서부의 은광 재벌과 중서부의 농민이 가하는 위협으로부터 금을 구하는 일에 나섰다. 그로버 클리블랜드는 1893년 의회가 셔먼은매입법을 폐기하도록 압박해 재무부의 금 보유고를 지켰다. 보수파는 금을 경제적 혼란뿐 아니라 문명의 붕괴를 막는 보루로 떠받들었다. 공화당 성향의 주요 신문인 〈시카고 트리뷴〉은 명목화폐의 지지자를 파리 코뮌Paris Commune의 혁명분자에 빗대었다. 민주당 성향의 주요 신문인 〈일리노이 스테이트 레지스터Illinois State Register〉는 그들을 '인플레이션 조장자'라 불렀을 뿐 아니라 '미치광이'라 불렀다.[8] 구시대의 확실성이 약화될수록 자유주의자들은 더욱 절박하게 금본위제에 매달렸다. 그에 따라 금본위제는 자기 입증적 대상이 되었다.[9] 즉, 금본위제가 경제를 해친다는 주장 자체가 금본위제의 '효력'을 증명하는 것이었다.

비판론자는 이렇게 금을 숭상하는 것을 원시적 애착으로 폄하했다. 그러나 금본위제에는 그보다 많은 의미가 담겨 있었다. 고정된 품목군의 비율로서 금이 지니는 교환 가치는 영국의 조폐청장이었던 아이작 뉴턴 경이 1717년 금 1온스의 가치를 4.25파운드스털링pound sterling(파운드스털링은 영국 법정 통화인 파운드의 정식 명칭—옮긴이)으로 정한 이후부터 안정적으로 유지되었다. 금값은 영국이 금본위제를 포기한 1931년까지 이 수준을 유지했다. 미국은 1933년 영국의 뒤를 이었다. 19세기 후반기에 이뤄진 경기 확장이 지닌 가장 인상적인 측면은 인플레이션의 방해 없이 진행되었다는 것이다.

연방 대법원 판사와 은행가의 '공식적 자유주의'는 교육받은 사람의 일반적인 의견을 반영했다. 시장은 엄격하지만 궁극적으로는 자비로운 지배자라는 것이 폭넓고도 깊은 합의였다. 시장의 말을 따르면 사회는 더 부유해질 것이고, 시장의 말을 어기면 사회는 더 가난해질 뿐 아니라 온갖 부작용에 시달릴 것이었다. 예컨대 최저임금은 결국 실업률을 높일 수밖에 없었다. 자유방임주의는 경제학을 넘어 폭넓은 지식 분야를 지배했다. 성공회 주교인 윌리엄 로런스William Lawrence는 인간의 부와 신의 자비 사이에는 '근본적인 등식'이 존재한다고 말했다.[10] 변호사는 계약의 자유가 앵글로색슨 법의 핵심이라고 믿었다. 1860년대 이후 사회적 다윈주의라는 새로운 학파는 신뿐 아니라 진화도 자유방임체제를 뒷받침한다고 주장했다.

사회적 다윈주의는 영국에서 고안되었다. 찰스 다윈의 사촌인 프랜시스 골턴은 다윈의 이론을 인간에게 적용해 이른바 우생학을 수립했다. 〈이코노미스트〉의 저널리스트인 허버트 스펜서Herbert Spencer는 골턴의 사상을 자세히 설명하는 한편, '적자생존'과 '피로 물든 이빨과 발톱을 지닌 본성'이라는 불멸의 구절을 만들어냈다. 미국의 지식인은 이 사상을 열성적으로 수입했다. 스펜서는 남북전쟁 이후 미국에서 가장 존경받는 대중 지식인이 되었다. 리처드 호프스태터Richard Hofstadter는 스펜서를 '위대한 인간, 원대한 지식인, 사상사의 거인'이라 불렀고,[11] 윌리엄 그레이엄 섬너 William Graham Sumner 는 예일대 강단에서 사회적 다윈주의를 설파했다.

미국의 위대한 기업인은 특히 사회적 다윈주의를 좋아했다. 제임스 J. 힐은 "철도회사의 운명은 적자생존의 법칙에 따라 결정되었다"고 주장했다. 존 록펠러는 훌륭한 사업을 일구는 일을 미국산 붉은 장미American Beauty 를 키우는 일에 비유하면서 '적자생존은 자연법칙과 신법law of God 의 작용'이라고 말했다. 앤드루 카네기는 스펜서를 피츠버그에 있는 제철소로 초대했다. 사회적 다윈주의는 '좀 더 고귀한 유형'의 인간이 최대한 자유롭게 활동하도록 허용되어야 하는 이유를 완벽하게 설명했다. 그들은 자유롭게 놔두면 토지, 노동, 자본을 좀 더 효율적으로 조합하는 방법을 발견할 것이었다. 그러면 대중이 그들의 뒤를 따르면서 사회가 갈수록 진보할 것이었다. 또한 그들은 자유롭게 놔두면 남는 부와 활력을 자선활동에 할애해 철강과 석유 부문에 이미 적용한 천재성을 교육, 복지, 보건 부문에도 적용할 것이었다. 반면 그들의 손발을 묶으면 사회 전체가 손해를 볼 것이었다.[12]

미국의 문화는 또한 자기 계발과 신분 상승에 대한 믿음으로 가득했다. 캘빈 코튼Calvin Cotton 은 '미국은 자수성가한 사람들의 나라로, 어떤 사회구조도 이보다 더 나을 수는 없다'라고 주장했다. 마크 트웨인Mark Twain 과 찰스 더들리 워너Charles Dudley Warner 는 《도금시대: 오늘의 이야기The Gilded Age: A Tale of Today》(1873년) 영국판 서문에서 "미국에서는 거의 모든 사람이 사회적으로 혹은 금전적으로 더 잘살기 위한 꿈과 계획을 갖고 있다"고 썼다. 열심히 노력해서 성공한 사람의 이야기를 담은 허레이쇼 앨저Horatio Alger 의 책은 수백만 권이 팔렸다. 오리슨 스웨트 마든Orison Swett

Marden의 책으로 누구라도 충분한 의지와 기운만 있으면 성공할 수 있다는 내용을 담은 《선두를 향한 노력Pushing to the Front》(1894년)은 무려 250판을 냈다. 대개 권위주의적인 유럽 정권에서 탈출한 이민자는 기회와 성취의 이상을 열정적으로 추구했다.

이처럼 그로버 클리블랜드의 미국은 특이한 나라였다. 즉, 세상에서 가장 민주화된 동시에 가장 자유방임적이었다. 백인 남성 가운데 80퍼센트 정도는 투표권이 있었다. 그러나 그들은 투표권을 행사해 기업의 자유를 제한하지 않았다. 정치체제가 장애물을 설치한 것이 그 부분적인 이유였다. 그러나 좀 더 중요한 이유는 정부에게 자신의 생활을 돌볼 책임이 있다고 생각지 않았기 때문이다.

1880년 이후 수십 년 동안 이런 정부의 권한에 대한 제약은 두 가지 변화로 시험받았다. 하나는 도시와 농촌 모두에서 당시 상황에 맞서는 정치적 시위가 부상한 것이었고, 다른 하나는 '국가'와 '시장'에 대한 태도를 재정립하는 진보적 지식 운동이 부상한 것이었다. 그러나 이런 변화의 토대는 대기업이 자유방임의 논리를 무너트리기 시작하면서 여러 측면에서 자본주의 자체의 혁명으로 마련되었다. 루스벨트와 윌슨 대통령은 미국의 변화된 분위기를 정책으로 바꾸는 작업을 이끌었다.

자본주의 대 자유방임주의

산업의 구조 변화는 자유방임주의의 여러 핵심 신조에 물음표를 던졌다. 독립적인 소규모 자영업자와 드넓은 땅이 있는 토크빌의 세계에는 완벽하게 들어맞던 원칙이 대기업이 여러 주에 걸쳐 수천 명을 고용하고 대도시에 수백만 명이 북적대는 상황에서는 따르기가 훨씬 어려웠다.

자유방임주의의 주술을 가장 먼저 깬 것은 철도회사들이었다. 장거리에 걸쳐 사람과 화물을 옮기는 데 그 무엇보다 효율적이었던 철도는 너무나 대규모로 운영되었기 때문에 금세 정치에 휘말렸다. 철도는 여러 주를 가로질렀기 때문에 주간 교역의 문제를 제기했고, 농업뿐 아니라 다른 많은 산업의 운명을 손에 쥐고 있었기 때문에 공공선의 문제를 제기했으며, 가장 중요하게는 속성상 다른 사람이 소유한 땅을 지나갈 수밖에 없기 때문에 토지 수용권의 문제를 제기했다. 그에 따라 전체 사업 모델이 정부와의 교섭을 필요로 했다. 정부는 허허벌판에 철로를 깔라고 설득하기 위해 철도회사에 저렴한 땅을 제공했다.

대단히 보수적인 사람조차 철도가 특별한 사례임을 알았다. 시장에 폭넓게 간섭하도록 허가한 최초의 연방 대법원 판결도 철도와 연관되어 있었다. 먼Munn 대 일리노이 재판(1876년)에서 연방 대법원은 대중에게 현실적으로 철도 외에 다른 대안이 없으므로 철로가 '공공의 이익을 덧입은' 특수한 종류의 자산이라고 판결했다. 이는 주 정부가 공공의 이익을 위해 철도 요금을 규제할 권리가 있음을 뜻했다.[13] 미국 최초의 국가적 사업 관련 법안도 철도 부문에 대응하기 위해 도입되었다. 클리블랜드는 1887년 공정한 요금을 보장하고 요금 차별을 근절하려는 목적으로 제정된 주간교역법Interstate Commerce Act에 서명했다. 철도는 또한 제1차 세계대전 때 (잠깐이기는 했지만) 국영화된 최초의 사업 부문이었다. 당시에는 철도를 운영하기 위해 시간까지 '국영화'했다. 자유방임주의 시대에 시간은 지역적이었다. 시골 유지는 해가 머리 위를 지날 때 교회의 시계를 정오로 맞췄다. 이런 방식은 전체 대륙에 걸쳐 철도의 운행 일정을 세우는 데 지장을 초래할 뿐 아니라 충돌 위험까지 있었다. 그래서 미국은 1883년 11월 18일 일요일, 철도 운행을 더 쉽게 조율할 수 있도록 두 개의 표준 시간대로 나누어졌다.[14]

철도 사업자는 최초의 거물 정실자본주의자였다. 그들은 정치인을 매수했고, 판사에게 뇌물을 먹였으며, 헨리 애덤스의 표현에 따르면 여러 주에 걸쳐 자신을 '지역 전제군주'로 만들었다. 1867년 유니언 퍼시픽 철도의 경영진은 산하 건설사인 크레디트 모빌리에Crédit Mobilier를 통해 수백만 달러를 착복하고, 부정을 못 본 척하는 대가로 정치인에게 뇌물을 건넸다. 부정에 연루된 정치인 중에는 부통령인 스카일러 콜팩스Schuyler Colfax, 부통령 지명자인 헨리 윌슨Henry Wilson, 하원 의장인 제임스 블레인 James Blaine, 미래의 대통령인 제임스 가필드James Garfield도 있었다. 1869년 뉴욕의 이리 철도를 차지하기 위해 코닐리어스 밴더빌트와 제이 굴드 사이에 '전쟁'이 벌어졌을 때 판사와 의원 매수, 뒷돈 지급이 자행되었다.

철도회사는 로비의 규모뿐 아니라 속성까지 바꾸었다. 그들은 로비를 활용해 경쟁사와 싸우고 정부에 특혜를 요청하면서 경제적 경쟁과 정치적 경쟁 사이의 경계선을 흐리게 만들었다. 그들은 지역적 규모가 아니라 국가적 규모에서 분쟁을 벌였다. 주간교역법이 제정되면서 철도회사는 주 정부와 연방 정부의 정치인뿐 아니라 연방 규제 당국을 상대로 로비에 나서야 했다.

강도 귀족이 철도회사를 통해 자유방임주의를 따르는 구세계를 계속 공략하자 러더퍼드 B. 헤이스Rutherford B. Hayes는 일기에서 "이 정부는 더 이상 국민의, 국민에 의한, 국민을 위한 정부가 아니라 기업의, 기업에 의

한, 기업을 위한 정부다"라고 불평했다. 재벌은 정치적 영향력을 가능한 많이 매수하려 들었다. 한 재치꾼은 록펠러가 펜실베이니아 입법부를 정화하는 일 외에는 모든 일을 마음대로 했다고 꼬집었다. 재벌은 스스로 입법부로 들어가기도 했다. 상원은 세간에서 '백만장자 모임'이라는 조롱을 받았다. 몬태나주 민주당 상원 의원인 윌리엄 클라크William Clark의 재산은 1억 달러, 뉴저지주 공화당 상원 의원인 존 드라이든John Dryden의 재산은 5천만 달러, 오하이오주 공화당 상원 의원으로서 윌리엄 매킨리 정권의 막후 실력자인 마크 해너의 재산은 700만~1천만 달러 사이였다.

문명의 밀도가 높아지면서 자유방임주의의 한계가 시험에 놓였다. 1제곱마일당 인구수는 1860년에는 10.6명이었다가 1920년에는 35.6명으로 늘었다. 주민이 8천 명 이상인 지역에 사는 사람의 비율은 같은 기간 동안 16.1퍼센트에서 43.8퍼센트로 늘었다. 뉴욕과 시카고 같은 대도시에는 공동 주택이 늘어섰다.

이런 변화는 인간과 동물의 배설물이라는 명백한 문제를 불러일으켰다. 농촌 중심인 과거에는 자연이 이 문제를 스스로 해결할 수 있었다. 그러나 도시화가 진행된 새로운 미국에서는 위생과 오염이 시급한 문제로 다가왔다. 거리는 사람뿐 아니라 동물로 넘쳐났다. 돼지는 쓰레기더미를 뒤졌고, 우유를 제공하는 소는 마당에 묶여 있었으며, 무엇보다 말이 짐수레나 마차를 끌거나 오락거리를 제공했다. 상수도는 사람과 동물의 배설물로 오염되었다. 동물의 사체는 질병을 일으켰다. 1880년 한 해만 해도 뉴욕시 당국은 거의 1만 마리의 말 사체를 치웠다.[15]

산업적 오염도 끔찍한 규모에 이르렀다. 과거에 방직소와 대장간에서 나오는 소량의 오염물질은 그냥 대기 속으로 사라졌다. 반면 산업화된 새로운 미국에서는 오염물질이 위험한 수준으로 축적되었다. 연기는 한낮에도 하늘을 검게 물들였다. 그을음은 모든 것을 오물로 뒤덮었다. 카네기의 초대로 피츠버그에 있는 제철소를 방문한 허버트 스펜서는 소음과 연기, 오물에 기겁한 나머지 '여기서 6개월만 있어도 자살할 지경'이라고 말했다. 시카고에서 같은 느낌을 받은 러디어드 키플링Rudyard Kipling도 "한 번 보면 절대 다시 보고 싶지 않다는 생각이 바로 든다. 공기가 먼지로 가득하다"라고 말했다.[16]

인구 과밀과 오염이 겹친 상황은 당시와 관련된 혼란스러운 사실을 설명하는 데 도움을 준다. 전반적으로 생활수준이 개선되고 식품의 실질 가격이 떨어졌는데도 미국에서 태어난 남성의 평균 신장을 보면 1830년생은 약 173센티미터, 1890년생은 약 169센티미터로 2.5퍼센트 이상 줄었다.[17]

산업 부문 종사자의 생활은 불결할 뿐 아니라 위험했다. 이 도시에서 저 도시로 내달리는 기관차, 그런 기관차를 만드는 강철을 생산하는 용광로, 하늘을 가리는 고층 빌딩 등 산업화를 이끈 대형 구조물은 모두 상당한 위험을 수반했다. 철강 노동자는 쇳물에 데이거나 용광로 폭발로 사망했다. 석유 노동자는 무너지는 유정탑에 깔릴 수 있었다. 광산 노동자는 무너지는 수직 갱도에 깔리거나(1869년 펜실베이니아에 있는 스투번Steuben 갱도가 무너지면서 110명의 광부가 죽었다) 천식이나 진폐증으로 서서히 죽어 갔다.[18] 증기선은 폭발하거나 침몰했다. 기차는 해마다 수백 명의 사람(그리고 수천 마리의 소)을 죽였다. 1898~1900년까지 보어인에게 죽은 영국 군인만큼 많은 미국인이 기차에 치어 죽었다.[19] 속도 증가는 수천 명의 생명을 대가로 이뤄졌다.[20]

끝으로 대기업은 평등한 기회에 대한 미국의 믿음을 시험할 만큼 엄청 나게 부를 축적했다. 창조적 파괴를 추구하는 슘페터 정신이 소스타인 베블런Thorstein Veblen이 말하는 과시적 소비라는 질병을 낳으면서 신흥 부호는 갈수록 부를 과시하고 싶어했다. 또한 그들은 갈수록 우아한 유럽식 분위기를 풍기고 싶어했다. 그들은 〈소셜 레지스터Social Register〉(1888년 처음 발행됨)에 이름을 올리려 경쟁했고, 신사 클럽과 컨트리클럽에(과거 평등주의를 지향하던 필라델피아에서는 크리켓 클럽에도) 가입했으며, 자녀를 영국의 공립학교를 본 딴 귀족 학교와 대학 혹은 옥스퍼드나 케임브리지에 보냈다. 매슈 조지프슨Matthew Josephson은 이런 분위기를 다음과 같이 묘사했다.

'자연의 귀족Nature's noblemen'은 모두 과시와 소비의 열띤 경쟁에 참여했다. 프랑스식, 고딕식, 이탈리아식, 바로크식, 동양식 대저택이 5번가 북부의 양쪽에 늘어선 한편, 지붕널을 얹은 커다란 조각 그림 형태의 빌라가 뉴포트Newport 부두 위로 솟아올랐다. 철도 재벌과 광산주 그리고 석유 재벌은 하늘 아래 있는 모든 것을 모방하고, 온갖 물건, 오랜 직물, 오랜 갑옷, 튜더 왕조 시대의 오랜 서랍장과 의자, 조각상, 동상, 조개껍질과 도자기로 가득한 도시 주택과 시골 별장을 지으려고 경쟁했다. 20만 달러를 들여 오크와 흑단을 조각하고 금으로 장식한 침대를 제작한 사람도 있는가 하면, 6만 5천 달러를 들여 벽을 에나멜과 금으로 꾸미는 사람도 있었다. 또한 거의 모두는 유럽의 예술품을 휩쓸어갔고, 중세의 성에서 조각과 직물을 털어갔고, 수 세기 동안 잠들어 있던 자리에서 계단과 천장을 뜯어내 봉건 시대의 장관을 흉내 내는 새로운 자리에 붙여 넣었다.[21]

엄청난 부는 세상이 불공평하다는 인식을 키웠다. 누구나 사장이 될 수 있다는 오랜 생각은 기업이 25만 명을 고용하는 세상에서는 유지하기 어려웠다. 또한 누구나 마땅한 몫을 누린다는 오랜 생각은 강도 귀족의 아들이 중세 영주처럼 행동하는 세상에서는 정당화하기 어려웠다. 가령 윌리엄 밴더빌트의 아들 가운데 한 명인 코닐리어스는 로드아일랜드 뉴포트에 브레이커스Breakers라는 이름의 저택을 지었다. 이 저택은 부지가 약 6천 제곱미터에 방이 70개였다. 이에 질세라 또 다른 아들인 조지는 노스캐롤라이나에 빌트모어Biltmore라는 저택을 지었다. 이 저택은 부지가 약 1만 6천 제곱미터에 방이 250개였고, 농장뿐 아니라 노동자를 위한 마을과 교회까지 갖추고 있었다.

커지는 불만

남북전쟁 이후 전국을 휩쓴 창조적 파괴의 폭풍은 엄청난 부와 더불어 엄청난 분노를 불러일으켰다. 분노는 도시가 아니라 자본주의 문명의 중심지에서 멀리 떨어진 농촌, 특히 중서부의 대평원에서 그레인저 운동Granger movement과 함께 시작되었다. 그레인지Grange 혹은 농업인조합Order of the Patrons of Husbandry은 1867년 농민의 이익을 도모하기 위해 설립된 비밀 조직이었다. 농민은 여전히 미국에서 가장 큰 직업군이었지만 더 이상 모든 노동자의 절대 다수를 차지하지는 않았다. 또한 대다수 사람들, 적어도 본인은 미국의 핵심 가치를 담지하는 존재가 아니라고 생각했다. 그레인지는 회원이 교육을 받고 공동으로 농사용품을 사거나 농산물을 팔아 자립하도록 돕는 자기 계발 운동과 더 나은 생활 조건을 요구하는 정치 운동이라는 두 가지 성격을 지녔다. 이 운동은 전성기에 농촌 전역에 걸쳐 150만 명의 회원을 거느렸다.

그레인지 회원들은 많은 불만을 제기했다. 철도 재벌이 공짜 점심을 먹었다는 불만은 잘못된 것이었다. 앞서 살핀 대로 철도회사가 황무지에 철로를 깔도록 만드는 유일한 방법은 두둑한 보상을 얻을 기회를 제공하는 것이었다. 19세기 후반기에 수백 개의 철도회사가 파산했다. 록펠러와 그 무리가 특혜를 누렸다는 불만도 잘못된 것이었다. 대량으로 물자를 매입할 때 가격을 깎아주는 것은 일반적인 거래 관행일 뿐 아니라, 단가가 낮아진다는 점을 감안하면 합리적인 것이었다. 그러나 그들이 때로 독점 체제의 피해를 입었다는 불만은 잘못되지 않았다. 동해안 농민은 대개 어떤 운송 경로(경쟁 철도나 운하 혹은 도로)를 사용할지 선택할 수 있는 반면, 중서부 농민은 독점 기업에 의존해야 했다. 농민은 바가지를 썼다는 의미로 '철도당하다railroaded'라는 말을 만들어냈다. 농업 부문이 장기적으로 고용을 창출하는 능력이 떨어지고 있다는 불만도 잘못되지 않았다. 다만 그들이 제시한 이유는 틀렸다. 사람들이 농촌에서 도시로 옮겨가는 근본 원인은 사악한 힘이 체제를 조작해서가 아니라 농민이 스스로 생산성을 높였기 때문이었다.

농촌의 불만은 인민당People's Party 혹은 더 잘 알려진 이름으로는 포퓰리스트당Populist Party 같은 새로운 정당을 낳았다. 또한 캔자스 사람에게 "옥수수를 키우지 말고 난리를 치라"고 촉구한 메리 엘리자베스 리스Mary Elizabeth Lease나 윌리엄 제닝스 브라이언 같은 열혈 활동가를 낳았다. 1892년 7월 4일 네브래스카주 오마하Omaha에서 열린 첫 전당대회에서 채택된 인민당의 강령은 자본주의에 대한 비판적 시각을 완벽하게 표현했다.

> 우리는 도덕적, 정치적, 물질적 파국의 위기에 선 우리나라의 한복판에서 만났
> 다. … 소수의 사람이 수백만 명의 노력이 맺은 결실을 대담하게 훔쳐 인류 역사
> 상 유례가 없는 엄청난 부를 쌓고 있다. 이 부를 소유한 사람은 공화국을 멸시하
> 고 자유를 위험에 빠트리고 있다. 수많은 국가적 부정을 낳는 자궁에서 노숙자
> 와 백만장자라는 커다란 두 계급이 태어나고 있다.[22]

1880년대 이후 분노한 노동자가 분노한 농민과 합류했다. 19세기 전반기에는 대다수 노동자가 고객에게 작업물을 직접 판매하는 장인이었기 때문에 실질적으로 노조가 존재하지 않았다. 그러나 산업화된 나라 전반에 걸쳐 노사 분쟁이 일상화되듯이 남북전쟁 이후 미국에서도 노사 분쟁이 일상화되었다. 가령 1881~1905년까지 3만 7천 건의 파업이 일어났다. 파업은 대부분 건설 부문과 공업 부문에서 일어났지만, 2차 산업혁명의 핵심에 있는 철도 부문과 제철 부문에서 가장 노사 분열이 심했다.

1886년 60만 명이 넘는 노동자가 1만 1,562개 사업장에서 1만 4천 건에 달하는 엄청난 파업을 일으켜 조업을 중단시켰다. 대봉기Great Upheaval로 알려진 파업 행진은 5월 1일에 벌어진 전국 파업으로 정점을 찍었다. 1894년에 벌어진 풀먼 파업은 그로버 클리블랜드가 개입하기 전까지 전국의 물류망을 마비시켰다. 같은 해 '대규모 석탄 파업great coal strike'이 펜실베이니아와 중서부의 석탄 생산을 중단시켰으며, 미국 산업의 대부분을 거의 마비시켰다.[23]

가장 유혈이 낭자했던 투쟁은 1892년 노동자들이 앤드루 카네기와 헨

리 클레이 프릭과 맞선 홈스테드 파업이었다. 사실 프릭은 카네기가 노동자의 친구라는 명성을 지키려고 휴가를 떠나버리는 바람에 혼자 파업에 대처해야 했다. 1892년 무렵 피츠버그에서 동쪽으로 약 11킬로미터 떨어져 있으며, 머농거힐라강Monongahela River을 끼고 있는 홈스테드의 방대한 공장에는 4천 명의 직원들이 일하고 있었다. 프릭은 임금을 회사의 이익이 아니라 (하락 중인) 철강 가격과 연동해 인건비를 합리화하려고 시도했다. 이에 철강노동자연합Amalgamated Association of Iron and Steel Workers은 강하게 저항했다. 프릭은 공장 주위에 철조망을 두른 약 5킬로미터 길이의 방책과 2천 촉광의 탐조등, 총안을 갖추고 파업에 참가하지 않은 직원을 보호하기 위해 보안회사인 핑커턴Pinkerton에서 300명을 고용했다. 총력전 끝에 16명이 사망했고, 대중은 충격을 받았다. 첫 교전에서 노동자가 승리하면서 핑커턴 직원들은 항복했다. 그러자 펜실베이니아 주지사는 8,500명의 병력을 투입해 노동자를 해산시키고 공장을 장악했다.

이런 시위가 벌어진 가장 중요한 원인은 디플레이션이었다. 디플레이션은 남북전쟁이 끝난 뒤부터 1900년까지 이어졌으며, 특히 1865~1879년까지 극심했다. 1865~1879년까지 전반적인 물가가 해마다 1.9퍼센트씩 떨어졌다. 일부 일용품의 가격 하락은 훨씬 심했다. 1870~1880년까지 농산물 가격은 29퍼센트, 비농산물 가격은 13퍼센트 떨어졌다(다음 쪽 그래프 참고). 디플레이션은 생산자, 차입자, 고용주, 피고용인 등 여러 집단에 속한 사람들을 당황시켰다. 생산자는 상품 가격을 낮춰야 했다. 옥수수의 부셸당 명목 가격은 1890년에 50센트였다가 6년 뒤 21센트가 되었다. 농민은 명목 수입을 유지하기 위해 갈수록 많은 농작물을 생산해야 했다. 차입자는 이전에 빌렸던 싼 돈을 비싼 돈으로, 높은 이자까지 붙여

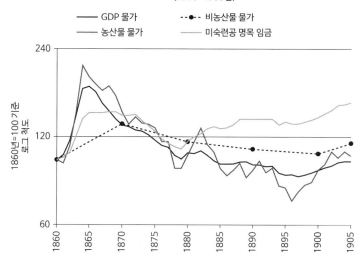

물가와 임금
(1860~1905년)

GDP 물가 ━━━ 비농산물 물가 ┅●┅
농산물 물가 ━━━ 미숙련공 명목 임금 ━━━

1860년=100 기준
로그 척도

갚아야 했다. 이런 상황은 계급 갈등과 지역 갈등을 부채질했다. 디플레이션은 부를 남부와 서부의 차입자에게서 동부의 대부자에게로 이전했다. 디플레이션의 부담은 소시민에게만 지워지지 않았다. 철도처럼 고정비가 높은 산업은 공장과 기계를 유지하기 위해 과외의 비용을 지불해야 했다. 고용주는 경쟁력을 유지하고 대출 이자를 감당하기 위해 노동자의 명목 임금을 깎아야 했다. 피고용인은 줄어든 명목 임금을 받았다. 앞서 말한 대로 이런 상황은 갈등을 부채질했다. 노동자는 같은 금액의 돈으로 더 많은 물건을 살 수 있다는 사실보다 임금이 줄었다는 사실에 집중했다(존 메이너드 케인스^{John Maynard Keynes}는 나중에 이를 '명목 임금의 점성stickiness'이라 불렀다). 그만큼 고용주에게는 반항적인 노동자를 순종적인 기계로 대체할 동기가 강해졌다.

디플레이션보다 모호한 요인으로서 변화의 엄청난 규모에 대한 불안도 시위를 부추겼다. 월터 리프먼Walter Lippmann은 《표류와 지배Drift and Mastery》 (1914년)에서 윌리엄 제닝스 브라이언의 대선 유세가 '세상에 등장한 거대 조직'에 맞서 전통적인 생활방식을 지키고 싶은 욕구로 활기를 얻었다고 주장했다. 리프먼의 말에 따르면 브라이언은 "자신이 부호와 싸우고 있다고 생각했다. 그러나 사실 그는 그보다 훨씬 깊은 의미를 지닌 대상, 즉 더 커진 인간 생활의 규모와 싸우고 있었다."[24] 리프먼이 말하는 '더 커진 인간 생활의 규모'는 경제의 줄기찬 재구성이라는 더 깊은 변화의 징후였다. 미국은 엄청난 규모로 재구성되었다. 농업 부문 노동자의 비중은 1880년에 절반이었다가 1920년에 4분의 1로 줄었다(1888년 시카고에서 드러난 현상을 설명하기 위해 '도시화'라는 말이 생겼다). 1890~1914년까지 1,500만 명의 이민자가 유럽에서 건너왔다. 그중 다수는 미국의 전통적인 청교도와 잘 융화되지 않는 남유럽의 구교도였다. 노동자도 변화에 대응하기 위해 마찬가지로 대규모로 재구성되었다. 1914년 무렵, 노동자의 약 16퍼센트가 노조에 가입했다. 이는 덴마크(34퍼센트)나 영국(23퍼센트)보다 낮지만 프랑스나 독일(14퍼센트)보다는 높은 수치였다.[25]

정부에 대한 믿음

진보 지식인은 농촌의 과격파나 노조 활동가와 다른 세상에서 살았다. 그들은 교수, 언론인, 변호사, 정부 관료로 편한 삶을 사는 중산층 전문직이었다. 그들은 본능적으로 노동자, 특히 외국에서 출생한 노동자를 깔

보았으며, 그들에게 투표권을 줘야 할지, 심지어 자녀를 갖도록 허용해야 할지 의문을 제기했다.[26] 그럼에도 그들은 반자유방임 연합의 핵심이었다. 그들은 개혁파가 앞으로 나아가는 데 필요한 두 가지 요소인 용기와 조직을 제공했다. 또한 사람들이 오랫동안 당연시하던 문제에 대해 더 이상 참아서는 안 된다고 말했다. 그들은 사업가가 회사를 만드는 것과 같은 열정으로 운동 조직을 만들었다.

진보파가 이룬 가장 큰 성과는 정부를 바라보는 시각을 바꾸도록 촉구한 것이다. 그들이 활동하기 이전에 미국인은 기업에 대해서는 낙관적 시각을, 정부에 대해서는 냉소적 시각을 지녔다. 그로부터 수십 년 뒤 진보파는 그 반대가 되어야 한다고 국민 상당수를 설득했다. 추문을 좇는 기자들은 주요 재벌의 어두운 면을 폭로했다. 아이다 타벨은 〈맥클루어스 매거진McClure's Magazine〉에 스탠더드 오일이 부상한 것은 '사기, 기만, 특혜, 엄청난 불법, 뇌물, 강제, 부패, 협박, 스파이 행위, 노골적 테러' 때문이라고 주장하는 19부짜리 연재 기사를 실었다. '국민의 변호사'로 불렸으며 나중에 연방 대법원 판사가 되는 루이스 브랜다이스Louis Brandeis는 '대마bigness의 저주'를 지적하고, '다른 사람의 돈'으로 도박을 저지르는 은행을 비판했다. 헨리 조지Henry George는 '부를 창출하는 힘이 엄청나게 강해졌는데도 왜 빈곤이 사라지지 않는지' 의문을 제기했다. 그는 "산처럼 쌓인 자본이 가난한 사람을 밀어냈고, 성공하지 못한 사람의 개인적 독립과 노력을 철저하게 굴복시켰다"고 주장했다.[27] 헨리 데머레스트 로이드Henry Demarest Lloyd는 '부'가 '공익'에 맞서고 있다고 주장했다.

그 당시 유능한 소설가는 어두운 현실을 까발리는 일에 목소리를 보탰다. 업턴 싱클레어Upton Sinclair는 시카고 육가공 업계의 끔찍한 실상을 폭로했다. 프랭크 노리스Frank Norris는 《문어The Octopus》에서 서던 퍼시픽 철도를 '전체 국민의 고혈을 빨아서 몸집을 불리는 사마귀, 거대한 기생충'이라고 경멸했다.[28] 시어도어 드라이저Theodore Dreiser는 찰스 여키스Charles Yerkes라는 인물을 다룬 비극에서 재벌의 강박을 그렸다.

많은 주요 진보 인사는 공격 대상을 대기업의 폐해에서 자본주의의 경제적 토대로 넓혔다. 1869년 두 대통령의 자손인 찰스 프랜시스 애덤스에 따르면 미국 사회는 "금세 창조주의 주인이 되려는 인공적인 존재를 만들어냈다. 수백만 달러를 운용하는 기업의 존재가 우려를 자아낸 지 불과 몇 년 만에 우리나라에는 이미 수억 명을 대표하는 힘을 지닌 단일 기업이 생겨났다. … 그들은 대중의 돌발적인 노력으로는 무너트릴 수 없는 전제 체제를 구축하고 있다." 진보 진영은 이 주장을 열성적으로 지지하면서 대기업은 탈중심화된 권력과 대중민주주의라는 미국의 위대한 전통을 가로막는 걸림돌이라고 지적했다. 그들은 왜 기업이 사회에 대한 폭넓은 책임을 지지 않고 관대한 법적 특혜를 누려야 하는지 의문을 제기했다.

사회적 복음Social Gospel 운동은 사회적 태도를 바꾸는 데 많은 역할을 했다. 자유방임주의의 전성기에 주요 종교인은 하나님이 자유 시장의 법칙을 허락했다고 주장했다. 그러다가 진보 시대에 접어들자 일부 주요 종교인은 정반대로 자본주의적 개인주의는 기독교의 윤리에 어긋날 뿐 아니라 명백히 적대적이라고 주장했다. 침례교 목사이자 신학자인 월터 라우선부시Walter Rauschenbusch는 "오랫동안 경쟁을 통한 구원이라는 원칙은 자본주의 국가의 근본적인 신념이 되었다"고 비판했다. 그간 잘못된 믿음이었다는 것이다. 경쟁은 기독교의 핵심인 '형제애'라는 개념을 부정하기 때문에 기독교도는 경쟁을 없애려고 노력해야 마땅했다. 경쟁에 자유를 부여하는 것은 '사회질서를 탈기독교화하는 것'이었다.

기업을 악마화하는 주장의 이면은 국가를 신성화하는 것이었다. 진보주의의 철인왕哲人王인 우드로 윌슨은 미국인이 정부의 권한을 제한하는 데 너무 많은 노력을 기울인 반면, 정부를 '원활하고, 질서 정연하며, 효율적으로' 만드는 데는 충분한 노력을 기울이지 않았다고 주장했다. 허버트 크롤리Herbert Croly는 비어트리스 웹Beatrice Webb과 시드니 웹Sydney Webb 같은 영국 페이비언Fabian파의 친국가적 주장을 《미국식 삶의 약속The Promise of American Life》(1909년)에서 미국식 표현으로 번역한 다음, 1914년에 〈뉴 리퍼블릭The New Republic〉을 창간해 대중에게 알렸다.

이런 친국가주의적 태도는 근본적으로 새로운 경제학을 만들어냈다. 리처드 엘리Richard Ely(및 다른 학자들)는 1885년 자유방임주의를 "정치적으로 안전하지 않고, 도덕적으로 합당하지 않다"고 규정하는 강령과 함께 전미경제학회American Economic Association를 설립했다. 전미경제학회의 창립위원인 워싱턴 글래든Washington Gladden은 개인의 자유를 민주 정부의 밑바탕으로 삼는 것은 합당치 않다고 비판했다. 진보 경제학자는 우생학과 생득설生得說에 큰 갈채를 보냈다. 전미경제학회는 설립 3년 뒤, 무제한적 이민의 해악을 다룬 우수한 논문에 수여하는 상을 만들었다.

진보 진영은 정치체제를 재설계해 그로버 클리블랜드의 세계에 대한 공격을 완료했다. 그들은 제약은 분파를 만들고 민주주의는 개방성을 요구한다면서 견제와 균형을 중시한 국부들의 정부 체제를 전면적으로 공격했다. 오리건을 비롯한 서부 전역에 걸쳐 31개 주가 당수黨首의 힘을 약화시키기 위해 직접 예비선거제를 채택했다. 1913년 미국은 수정 헌법 17

조를 제정해 상원 의원을 주 입법부가 지명하는 것이 아니라 유권자가 직접 뽑도록 만들었다. 7년 뒤에는 여성에게 참정권을 부여하는 수정 헌법 19조가 제정되었다. 윌리엄 베이더William Bader가 전한 바에 따르면 루스벨트는 헌법을 '자신의 진보적 의제를 끈질기게 가로막는 장벽'으로 여겼다.[29] 윌슨은 미국이 대기업의 세상을 극복하려면 대통령이 18세기식 견제와 균형에 발목이 잡혀서는 안 된다고 믿었다. 미국에 필요한 것은 영국처럼 건강한 당의 규율이 뒷받침하는 강력한 총리를 두는 완전한 헌법 개정이었다.

사라지는 개척지

동해안에서 유럽식 엘리트층이 형성되는 과정은 서부에서 개척지가 사라지는 과정과 동시에 진행되었다. 탁 트인 개척지는 미국인에게 활기와 낙관을 불어넣었다. 세계 최초의 신생 국가는 개척지에 정착하는 데 많은 기운을 쏟았다. 한 개척지에 사람들이 정착하면 서쪽으로 더 멀리 다른 개척지가 열렸다. 미국을 말해주는 핵심적인 이미지는 개척민 가족이 마차를 끌고 새로운 땅을 향해 나아가는 모습이었다. 유럽은 너무 복잡해서 땅을 넓히거나 해외로 진출하려면 전쟁을 벌이는 수밖에 없었다. 반면 미국의 어른들은 젊은이에게 대개 "서부로 가라"고 조언했다. 개척지는 수백만 명의 유럽 이민자에게 삶과 자유뿐 아니라 공짜 땅을 준다고 약속할 수 있을 만큼 드넓었다. 1893년 위스콘신 대학의 젊은 역사학자인 프레더릭 잭슨 터너Frederick Jackson Turner는 시카고에서 열린 전미역사학회]American Historical Association 연례 총회에서 획기적인 이론을 발표했다. 그 내용은 개척지가 마침내 사라졌다는 것이었다.

개척지가 사라진 것은 터너는 말할 것도 없고 대다수 미국인에게 불길한 변화였다. 개척지는 미국에 평등의 인장을 찍었다. 보스턴이나 뉴욕의 기득권층이 씌운 굴레 아래 고생하던 사람은 그냥 서쪽으로 이주하면 되었다. 그러나 이제는 서부에서도 정착이 끝났다. 샌프란시스코에는 노브힐Nob Hill이라는 부자 동네가 생겼다. 개척지는 미국이 강인한 개인주의를 보장하는 역할을 했다. 이제 미국은 퇴폐한 유럽의 길을 따르고 있었으며, 정착 문명이 되어가고 있었다. 개척지는 미국에 무한한 가능성이 있다는 생각을 심어주었다. 그러나 이제는 서부의 방대한 땅도 쪼개지고 나누어졌다.

갈수록 넓어지는 개척지는 직접적으로는 미국인, 간접적으로는 유럽인에게 지중해가 그리스인에게 했던 역할, 바로 관습의 고리를 끊고, 새로운 경험을 제공하며, 새로운 제도와 활동을 이끌어내는 역할을 했다. 미 대륙이 발견된 지 4세기가 지나고, 헌법이 제정된 지 백 년이 지난 지금, 개척지는 사라졌으며, 그와 함께 미국사의 첫 장도 마무리되었다.[30]

터너의 주장은 과장된 것이었다. 개척지가 사라진 뒤에도 생산성은 빠르게 향상되었다. 실제로 서해안 지역을 통합해 국내시장이 완성되면서 새로운 경제적 개척지를 정복하기가 쉬워졌다. 미국은 계속 저렴하고 드넓은 땅을 가진 나라로 남았다. 사람들은 계속 대규모로 이동했다. 남부 흑인은 1900년 이후 북부 도시로 이주하기 시작했으며, '촌뜨기Okies'는 캘리포니아의 건조 지대에서 탈출했다. 그럼에도 터너의 지적에는 일리가 있었다. 미국은 무한한 가능성의 나라에서 한계와 절충의 나라로 바뀌는 긴 변화를 시작했다.

브라이언은 개척지가 사라지고, 새로운 지배계급이 등장하고, 불만이 들끓는 새로운 미국의 정서를 표현할 적임자였다. '나는 엄청나게 분노하고 있으며, 더 이상 참지 않을 것'이라는 선언을 브라이언만큼 잘할 사람은 없었다. 그러나 그는 국가적 삶의 최정상에 이르기에는 너무 유별나고 까다로운 사람이었다. 행동주의activism라는 새로운 정신을 입법 활동으로 구현하는 데 훨씬 많은 일을 한 정치인은 민주당 소속이 아닌 공화당 소속의 루스벨트였다.

활동가 대통령

1901년 12월 3일, 윌리엄 매킨리 대통령이 무정부주의자에게 암살당한 뒤 대통령직을 승계한 시어도어 루스벨트는 의회에서 첫 연두교서를 발표했다. 루스벨트는 먼저 미국이 이룬 성과를 축하했다. 기업 신뢰 지수는 높았고, 번영이 넘쳐나고 있었으며, 진보의 속도가 빨라지고 있었다. 그는 이런 번영을 이루는 데 도움을 준 기업인을 이렇게 칭송했다. "철도망을 대륙 전체에 구축하고, 상업의 기반을 쌓고, 제조업을 발전시킨 업계의 수장은 전반적으로 국민에게 큰 도움을 주었습니다." 그는 그들이 충분한 보상을 받을 자격이 있다고 주장했다. 개인의 능력은 '대성공'과 '대실패'를 좌우하며, 사업가는 '큰 상'을 받을 기회가 주어져야만 능력을 발휘할 의욕을 느낄 것이었다. 루스벨트는 또한 불필요한 개입의 위험성을 이렇게 경고했다. "현대적 사업 구조는 대단히 섬세해서 조급증이나 무지 때문에 섣불리 개입하지 않도록 극도로 조심해야 합니다."

그러나 루스벨트는 다음과 같이 아주 다른 어조로 연설을 마무리했다. "사회적 개선을 추구하는 사람은 정치계에서 폭력 범죄를 추방하는 것만큼 기업계에서 사기 범죄를 추방하는 것을 목표로 삼아야 합니다." 뒤이어 국정 운영에 뛰어든 그는 조정자라기보다 개혁가에 가까운 모습을 보였다. 그가 진보적 명분을 받아들이면서 개혁에 대한 '조급증'이나 사업의 섬세성에 대한 이야기는 잊었다.

루스벨트는 활동가의 기질을 타고났다. 그의 딸인 앨리스 루스벨트 롱워스Alice Roosevelt Longworth는 아버지에 대해 '모든 결혼식에서 신부가, 모든 장례식에서 고인이, 모든 세례식에서 아기가' 되어야 직성이 풀리는 사람이라고 말했다. 헨리 제임스Henry James는 그를 '소음의 화신'이라 불렀다. 루이스 하츠Louis Hartz는 그를 '미국의 유일한 초인주의 대통령'이라 불렀다. 루스벨트는 또한 귀족과 지식인의 성격이 조합된 보기 드문 사람이었다. 그는 지식인으로서 헤겔의 국가 우선주의를 받아들였고, 귀족으로서 신흥 부호인 기업인을 얕잡아 보았다.

1902년 루스벨트는 검찰총장에게 유에스 스틸 이후 세계 최대 합병이될 벌링턴Burlington 철도와 그레이트 노던 철도, 노던 퍼시픽 철도의 합병에 대해 반독점법 위반으로 기소하라고 지시했다. 연방 대법원은 1904년 정부의 손을 들어주며 합병을 취소하라는 판결을 내렸다. 뒤이어 루스벨트는 육가공 트러스트Beef Trust, 제당 트러스트Sugar Trust, 듀폰 그리고 당연히 스탠더드 오일을 상대로 44건의 기소를 추진했다. 1903년에는 상업노동부Department of Commerce and Labor를 설립하고 산하에 기업의 불법행위를 조사하고 고발하는 기업국을 두었다. 또한 1905년 56.5퍼센트를 득표해 자력으로 대통령에 오른 뒤에는 '기업인의 간담을 서늘하게 만들' 활동가적 정책을 발표했다. 가령 1906년 철도 요금을 규제하는 정부의 권한을 강화하는 헵번법Hepburn Act과 불순물이 섞이고 함량 표시가 부실한 식품을 단속하는 정부의 권한을 강화하는 식약순수법Pure Food and Drug Act에 서명했고, 소득세와 상속세를 도입했으며, 기업의 정치자금 후원을 금지했다.

루스벨트는 정부를 자신이 보기에 산업사회에서 가장 위험한 두 세력, 즉 공공선을 고려치 않고 부를 추구하는 기업인과 질투와 분노에 휩쓸리기 쉬운 군중 사이의 중재자로 활용하고 싶어했다. 그는 사람을 주눅 들게 하는 귀족적인 경멸을 담아 '모든 형태의 폭정 가운데 가장 추하고 상스러운 것은 한낱 부의 폭정, 부호의 폭정'이라고 선언했다. 동시에 그는 추문 들추기, 대중추수주의, 군중심리를 경고했다. 그는 '브라이언이 이긴다면 몇 년 동안 남미 국가와 크게 다르지 않은 사회적 비극을 겪을 것'이라고 주장했다.[31] 또한 "모든 사람의 재산권은 공동체의 포괄적 권리에 따라 어느 정도든 공공복지에 필요한 수준으로 규제되어야 한다"고 선언했다. 그는 "기업의 가치를 믿지만 전체 공동체의 이익을 위해 행동하도록 감독하고 규제해야 한다고 믿는다"고 고백했다. 그의 목표는 정부가 어떤 자본의 집약체보다도 강력하다는 사실을 증명하는 것이었다. 정부 자체가 기업 운영의 미묘한 균형에 개입하려는 나름의 이익단체로 변신해 공공선이 아니라 자신의 이익을 추구해야 한다는 생각은 추호도 하지 않았다.

루스벨트의 뒤를 이은 대통령은 좀 더 관습적인 공화당 성향이었다. 윌리엄 하워드 태프트William Howard Taft는 '새로운 도덕 규칙을 제시하거나 기업 윤리의 새로운 기준을 내세우면서 거창한 법령을 요란하게 실행하는 것'이 연방 정부의 사명이 아니라고 날카롭게 주장했다.[32] 정부가 할 일은 예측 가능한 규칙을 정하고 기업이 부를 창출하도록 해주는 것이었다. 그러나 결코 쉬는 법이 없는 루스벨트는 1912년 혁신당Bull Moose Party의 대선 후보로 부활해 갈수록 원대한 공약을 제시했다. 그는 '트러스트'와의 치열한 싸움, 엄청난 부를 쌓은 악당에 대한 추가 고발, 여론과 어긋나는 판례를 무효화하고 완고한 판사를 제거하기 위한 직접 선거를 약속했다. 비록 선거에서 지기는 했지만 전반적인 결과는 자유방임주의에 맞선 저항이 얼마나 진전되었는지 보여주었다. 윌슨과 루스벨트는 69퍼센트의 표를 나눠가졌다. 친기업 공화당 후보인 태프트는 23퍼센트를 득표해 3위를 기록했다. 1901년 창립한 사회당Socialist Party은 전국 무대로 난입했다. 사회당 대선 후보인 유진 V. 데브스는 거의 100만 표를 얻었으며, 여러 지방자치단체 선거에서 1천 명 이상의 사회당 후보가 당선되었다.

루스벨트가 기업을 경멸하는 귀족을 대표했다면 윌슨은 학계와 관료 사회를 대표했다. '프린스턴 선생'으로 불린 윌슨은 루스벨트가 추진한 여러 진보적 대책을 강화하고 확장했다. 1913~1914년 유럽이 전쟁에 휘말리는 가운데 윌슨은 파급력이 큰 일련의 법안에 서명했다. 1909년에 통과되고 1913년에 승인된 수정 헌법 16조에 따라 소득세가 도입되었다. 클레이튼 반독점법Clayton Antitrust Act은 1890년에 제정된 셔먼반독점법을 강화했으며, 한 사람이 여러 기업의 이사를 겸임하지 못하도록 금지했다. 연방거래위원회법Federal Trade Commission Act에 따라 거래를 제한하는 관행을 뿌리 뽑고 단속할 기관이 만들어졌다. 윌슨이 이룬 중요한 개혁 가운데 하나는 1913년 12월 23일 연준법Federal Reserve Act에 서명한 것이었다. 이 법은 제도적 혁명을 불러일으켰다. 1914년 11월 12개의 연준 은행이 탄생했으며, 곧 과거의 제한적인 금본위제 체제에서는 불가능했던 수준으로 미국의 신용 공급을 확대하기 시작했다. 이 법은 또한 지적 혁명을 불러일으켰다. 국가 신용이 금을 대체하면서 중앙은행은 한편으로는 경직된 통화 메커니즘이, 다른 한편으로는 필요하기는 했지만 변덕스러웠던 J.P. 모건 같은 민간 은행가가 하던 역할을 수행하게 되었다.

물론 미국은 계속 금본위제에 따라 환율을 정했다. 또한 금을 통한 신용 확장을 제한한 연준법에 따라 새로 발행하는 연준 화폐에 대한 지원은 금 40퍼센트로, 연준 은행에 맡긴 회원 은행의 예금에 대한 지원은 35퍼센트로 조정했다. 그러나 반세기에 걸쳐 한계치가 가까워질 때마다 금이 차지하는 비중은 점차 낮아져 1968년에는 완전히 사라졌다. 9장에서 다루겠지만 닉슨 대통령은 1971년 8월 15일 금과 이어진 마지막 연결 고리를 제거했다. 통화정책은 대부분 연준 공개시장위원회Open Market Committee의 결정으로 좌우되었다.

삶의 기조에 생긴 변화를 가장 잘 보여주는 사건은 아르센 푸조Arsène Pujo가 주재하는 의회 위원회에 J.P.모건이 출석한 것이었다. 1905년 모건은 동료 은행가들에게 은행 시스템을 뒷받침하도록 강요해 위기를 막았다. 1912년 루이지애나 제7선거구 하원 의원인 푸조는 모건을 위원회에 출석시켜 그의 모략을 규탄했다. 푸조 위원회는 금융 조합이 총 220억 달러의 자산을 보유한 112개 기업에서 341석의 이사직을 차지하고 있다고 결론지었다. 1913년 모건이 사망한 뒤 휘하에 있던 이사들은 40개 기업에서 조용히 물러났다. 당시 상황을 지지하던 여러 분노한 사람들은 모건이 로마에서 사망한 이유는 몇 달 전 위원회에 출석해 공개적으로 비방당한 데 따른 심적 부담 때문이라고 주장했다. 하지만 이는 과장된 주장이었다. 그보다는 하루에 큰 시가를 20개비나 피우고 운동을 거부하는 습관 때문에 사망했다고 보는 것이 더 합리적이었다. 어쨌든 푸조 위원회는 은행가가 금융 재벌이자 중앙은행가의 역할을 겸하던 시대가 끝났음을 알렸다.

월슨이 자유방임주의 시대의 종말에 가장 크게 기여한 부분은 오랫동안 막으려고 시도하던 일, 바로 미국의 제1차 세계대전 개입을 묵인한 것이었다. 미국이 1917년 4월 독일을 상대로 선전포고를 한 일은 국가와 사회의 관계를 근본적으로 바꾸었다. 럿거스Rutgers 대학의 경제사학자인 휴 로코프Hugh Rockoff에 따르면 연방 정부는 전비를 대기 위해 그때까지 꿈도 꾸지 못하던 수준으로 세금을 거둬야 했다. 총 전비는 당시 국민총생산GNP의 52퍼센트에 해당하는 약 320억 달러였다.[33] 1917년에 세금이 전반적으로 인상되었다. 소득세는 누진율이 높아져 최고 세율이 67퍼센트에 이르렀다. 대형 사유지에 대한 세율은 최대 25퍼센트였다. 전쟁으로 부당 이익을 취하지 못하도록 기업의 이익에 대해 엄격한 세금이 부과되었다. 제1차 세계대전이 끝난 뒤 일반 시민도 세금을 내야 했다. 또한 정부는 자유채권Liberty Bond이라는 일련의 수단을 통해 돈을 빌려야 했다.

연방 정부는 군수산업청War Industries Board, 식품청Food Administration, 연료청Fuel Administration 같은 연방 기구를 새로 만들고 경제학자와 다른 전문가를 고용해 가격 및 목표 설정 권한을 부여함으로써 경제를 좌우하려고 시도했다. 군수산업청은 60여 개 '전략' 산업에 대한 정부 조달을 조율하고 가격을 설정할 뿐 아니라 주류 판매까지 규제하려 들었다. 또한 전국에 걸쳐 물자가 원활하게 유통되도록 철도를 국유화했다.[34] 정부는 심지어 국민의 발언을 억압하는 수단까지 동원했다. 1918년에 제정된 선동금지법Sedition Act은 정부나 국기 혹은 국군에 대해 '불충하거나, 불경하거나, 악의적이거나, 모욕적인 언어'를 사용하는 모든 발언을 불법화했다. 정부는 이 법을 열심히 집행해 유진 V. 데브스를 교도소에 넣었다. 순수한 자유주의자에게 '밝고 확신에 찬 아침bright, confident morning(로버트 브라우닝Robert Browning이 보수화되는 윌리엄 워즈워스를 비판한 시, 〈잃어버린 지도자The Lost Leader〉에 나오는 구절—옮긴이)'은 두 번 다시 오지 않을 것이었다.

미국은 제1차 세계대전 후 연방 정부가 이전에 취한 대다수 조치를 되돌렸다. 윌슨이 키운 거대한 정부는 버려졌다. 발언의 자유는 복원되었다. 철도회사는 민간의 품으로 되돌려졌다. 그럼에도 전쟁은 영원한 흔적을 남겼다. 미국은 새로운 연방 기구에 자리 잡은 정부 전문가에게 계속 속박되었다. 전시 기구는 10년 뒤 만들어진 훨씬 야심 찬 뉴딜 기구의 밑바탕을 제공했다. 군수산업청은 국가산업재건법을, 식품청은 농업조정청Agricultural Adjustment Administration을 낳았다.[35] 휴 로코프는 "1930년대 추진된 거의 모든 정부 사업은 제1차 세계대전 기간의 전례를 따랐다"고 결론지었다. "뉴딜 기구를 운영하기 위해 영입된 많은 사람은 제1차 세계대전 때 일을 배웠다."

전쟁은 국내 정치뿐 아니라 외교에도 긴 그림자를 드리웠다. 미국인은 전쟁에 이긴 뒤 전통적인 고립주의로 회귀했지만 미국은 여전히 1917년 이전보다 훨씬 깊이 유럽과 아시아 지역에 개입했다. 1920~1940년까지 미국은 GDP의 1.7퍼센트를 육군과 해군에 썼다. 이는 1899~1916년까지 쓴 비중의 약 두 배였다.[36] 1915년 국가 부채는 11억 9,100만 달러로 록펠

산업혁명 이전의 사람들은 자연과 밀접한 관계를 맺으며 살았다.

요동치는 향유고래 The Sperm Whale in a Flurry(너새니얼 큐리어Nathaniel Currier의 석판화, 1852년)
고래는 조명용 기름의 주요 원천이었기 때문에 포경업은 가장 수익성이 높고 위험한 사업 가운데 하나였다.
이미지 제공: Springfield Museums

마한탕고 계곡의 농장 Mahantango Valley Farm(19세기 말)
펜실베이니아 마한탕고 계곡에 있는 농장을 그린 이 그림에서 볼 수 있듯이
미국인들은 아주 오랫동안 온갖 동물과 부대끼며 살았다.
이미지 제공: National Gallery of Art/NGA Images

1794년 발행 은화
이미지 제공: ukartpics/Alamy Stock Photo

제이컵 애보트 커밍스Jacob Abbott Cummings의 《고대 및 현대 지리 지도Atlas of Ancient and Modern Geography》
(1816년)에 삽입된 지도
1803년에 이뤄진 루이지애나 매입으로 미국의 국토는 거의 세 배나 넓어졌다.
그러나 1,500만 달러에 이르는 비용을 조달하기 위해 국고가 바닥나서 베어링 브라더스로부터 돈을 빌려야 했다.
이미지 제공: Yana & Marty Davis Map Collection, Museum of the Big Bend

1800~1850년, 기업가의 활동 중심지였던 북부

대장간의 팻 라이언 Pat Lyon(존 닐John Neagle작, 1827년)
대장간의 대장장이
이미지 제공: Museum of Fine Arts, Boston

로드아일랜드주 포터킷에 있는 새뮤얼 슬레이터의 방적 공장(연대 미상)
새뮤얼 슬레이터가 로드아일랜드주 포터킷에 만든 미국 최초의 기계식 방적 공장.
슬레이터는 자신이 일한 영국 방적 공장의 기밀을 머릿속에 담아온 일종의 산업 스파이였다.
이미지 제공: The Joseph Bucklin Society

매코믹 수확기 및 밀단 제조기를 위한 광고. <애빌린 리플렉터The Abilene Reflector>(캔자스 애빌린)의 1면
1884. 5. 29. Chronicling America: Historic American Newspapers.
매코믹 하베스팅 머신 컴퍼니McCormick Harvesting Machine Company의 사이러스 매코믹은
1834년에 자신이 발명한 기계에 대한 특허를 획득했다. 매코믹 덕분에 과거 큰 낫을 들고 고생하던 농민은
들판의 왕처럼 편하게 앉아서 일할 수 있게 되었다.
이미지 제공: Library of Congress

남부의 노예 경제

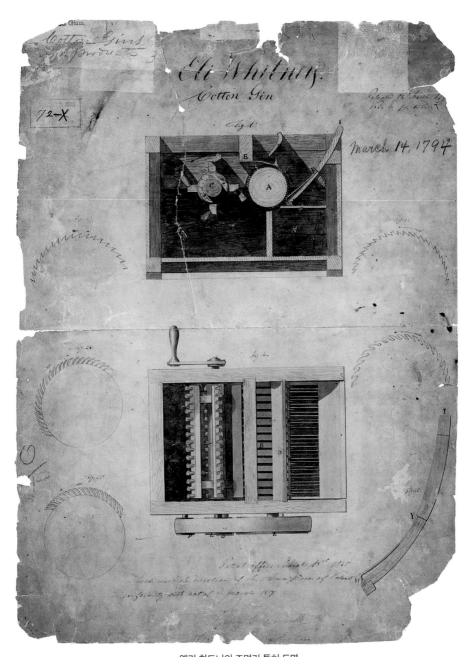

엘리 휘트니의 조면기 특허 도면
1794. 3. 14. Records of the Patent and Trademark Office.
면화 경제의 생산성에 혁신을 일으킨 엘리 휘트니의 조면기 특허 도면.
이미지 제공: National Archives

SHERIFF'S SALE.

John Warburton and others, vs. Robert Taylor.

Attachment in the St. Louis Circuit Court.

Whereas, on the 14th day of April, 1845, an order was made in the above entitled cause, by the Hon. John M. Krum, Judge of the 8th Judicial Circuit of the State of Missouri, ordering and directing the undersigned, Sheriff of the County of St. Louis, to sell the property attached by virtue of the writ of attachment in this case, in the manner prescribed by law, which said property is described as follows, to wit:

1 Negro woman, named AMERICA, aged about 25 years; and her child, aged about 18 months.
Also, twin negro boys, aged about 5 years, named FRANK and WILLEY.

Now, therefore, I, the said Sheriff, will, on *Monday,* the 25th day of August, inst., between the hours of nine and five o'clock, of that day, at the east front door of the Court house, in the City and County of St. Louis, State of Missouri, sell the said attached property above described, to the highest bidder, for cash, in pursuance of said order.

WILLIAM MILBURN, Sheriff.

St. Louis, Aug. 13, 1845.

노예 판매를 알리는 공매 공고(팩스)(1845. 8. 13)

남부 경제는 노예제라는 가장 비인간적인 토대 위에 구축되었다.

이미지 제공: Missouri Historical Society

필라델피아에 있는 선샤인Sunshine 출판사가 펴낸 '여름 여행 경로' 카탈로그에 실린 이리 운하 그림

(1881년, 슬론 재단Sloan Foundation의 후원으로 디지털화)

1825년 10월에 개통된 이리 운하는 뉴욕에서 오대호까지 이어지는 수로를 이루었다.

이리 운하는 서부로의 확장을 촉진했고, 디트로이트, 클리블랜드, 시카고가 중심 도시로 성장하도록 도왔다.

이미지 제공: Library of Congress

리 장군이 애퍼매톡스Appomattox 법원 맥린 하우스McLean House의 한방에서
그랜트 장군에게 항복하는 장면(석판화, Major & Knapp)
로버트 리 장군(앞줄 좌측)이 1865년 4월 9일, 남부군의 항복 조건을 정하기 위해
율리시스 그랜트 장군과 만나는 장면.
이미지 제공: Library of Congress

새로운 영토로의 이민을 홍보하는 두 장의 포스터
1879년에 이주자들은 정해진 기간 동안 농사를 짓는
조건에 동의하기만 하면 저렴하게 제공되는
넓은 토지에 이끌려 서부로 몰려들었다.
(왼쪽)이미지 제공: Library of Congress,
(왼쪽)이미지 출처: Corbis Historical/Getty,
(오른쪽)이미지 제공: photo 12/Alamy Stock Photo

금을 찾는 사람(L. C. McClure, 1850년)
금을 찾는 사람의 사진(1850년). 이들은 부자가 될
기회를 얻기 위해 가족을 버리고 때로 로키산맥과
네바다 사막을 지나 대륙을 가로질렀다.
이미지 제공: Wikimedia Commons

PONY EXPRESS !

CHANGE OF *NEWS!!* **REDUCED**

TIME! **RATES!**

10 Days to San Francisco!

LETTERS

WILL BE RECEIVED AT THE

OFFICE, 84 BROADWAY,

NEW YORK,

Up to **4** P. M. every **TUESDAY**,

AND

Up to **2½** P. M. every **SATURDAY**,

Which will be forwarded to connect with the PONY EXPRESS leaving
ST. JOSEPH, Missouri,

Every WEDNESDAY and SATURDAY at 11 P. M.

TELEGRAMS

Sent to Fort Kearney on the mornings of MONDAY and FRIDAY, will connect with **PONY** leaving St. Joseph, WEDNESDAYS and SATURDAYS.

EXPRESS CHARGES.

LETTERS weighing half ounce or under.............$1 00
For every additional half ounce or fraction of an ounce 1 00
In all cases to be enclosed in 10 cent Government Stamped Envelopes,
And all Express CHARGES Pre-paid.

☞ **PONY EXPRESS ENVELOPES** For Sale at our Office.

WELLS, FARGO & CO., Ag'ts.

New York, July 1, 1861.

SLOTE & JANES, STATIONERS AND PRINTERS, 86 FULTON STREET, NEW YORK

웰스 파고 앤드 컴퍼니Wells, Fargo & Company가 소유한 포니 익스프레스의 광고(1861년)
포니 익스프레스는 신기술인 전신을 오랜 교통수단인 조랑말과 연계해 동해안과 서해안을 이었다.
이미지 제공: Smithsonian National Postal Museum

1865년 무렵의 캔자스시티의 웨스트포트 선창(W. H. 잭슨 W. H. Jackson 작)

이미지 제공: MPI, 이미지 출처: Getty

<미국의 진전American Progress>

존 개스트John Gast가 1872년에 그린 이 그림에서 개척자들은 상징적으로 묘사된
미국의 정신을 따라 걷거나 말 혹은 역마차, 마차, 기차를 타고 서부로 향한다.

미국을 하나로 묶은 교통 체계

매슈 브래디Mathew Brady가 찍은 133번 기관차의 사진
U.S. Military R.R., City Point, Virginia, 1860–1865.
1860년대 버지니아 시티 포인트City Point에서 한 무리의 사람들이
증기 기관차와 함께 찍은 사진.
이미지 제공: U.S. National Archives.

1869년 5월 10일, 유타 프로먼토리 포인트에서 열린 대륙 횡단 철도 준공식을 묘사한 토머스 힐Thomas Hill의 그림.
이미지 제공: Everett Collection Inc./Alamy Stock Photo

<거대한 이스트 리버 현수교The Great East River Suspension Bridge>(Currier & Ives, New York, 석판 인쇄, 1883년)
뉴욕과 브루클린을 잇는 거대한 이스트 리버 현수교(1883년).
이미지 제공: Library of Congress, Prints and Photographs Division

거대 사업의 부상

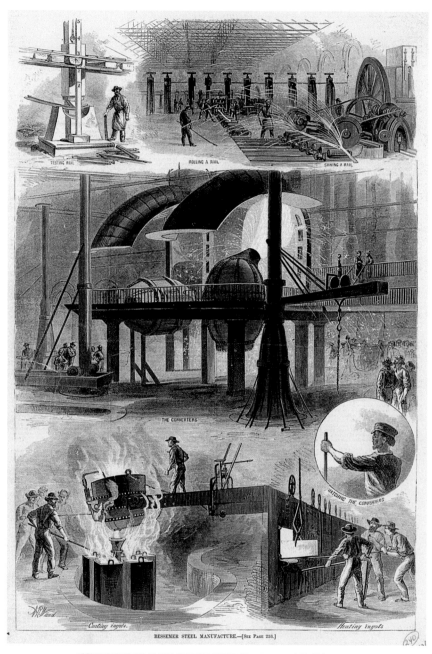

제철공장의 광경을 묘사한 알프레드 와우드Alfred R. Waud의 목판화(1876년)

베서머 공정에 따라 강괴를 가열하고 주조하는 광경(1876년). 존 피치는 '불카누스의 대장간'을 방문한 뒤
"베서머 전로는 날뛰는 불꽃으로 눈을 어지럽힌다"라고 썼다.

이미지 제공: Library of Congress

스탠더드 오일 광고 포스터(1900년)
이 해에 스탠더드 오일의 시가총액은
1억 2,200만 달러였으며, 존 록펠러는 전 세계
정유 용량의 90퍼센트를 통제했다.
이미지 제공: Bettmann, 이미지 출처: Getty

필라델피아의 한 공장에서 화물을 실어 나르는 열차들(1900년)
기업인들은 한 곳에서 최대한 많은 생산활동을 하려 애썼다.
이미지 제공: Buyenlarge, 이미지 출처: Archive Photos/Getty

1900년대 초에 펜실베이니아 피츠버그 지역의
한 제철소에서 일하던 노동자들
제철산업은 앤드루 카네기를 미국 최고의
부호로, 유에스 스틸을 미국의 최대 기업으로
만들었다.
이미지 제공: KGPA Ltd./Alamy Stock Photo

엘리스 아일랜드Ellis Island에 도착한 유럽 이민자들
1870~1900년까지 거의 1,200만 명의 이민자가 미국으로 들어왔다.
이미지 제공: Interim Archives, 이미지 출처: Archive Photos/Getty

러가 자기 재산으로 그 몇 배를 갚을 수 있는 수준이었다. 반면 1919년에는 그 금액이 250억 달러 이상으로 늘어났다.

신세계 대 구세계

미국은 당시 유럽만큼 자유방임주의로부터 멀어지지 않았다. 미국 헌법은 대다수 유럽 국가의 헌법보다 훨씬 탄탄하게 사회주의에 대비할 수 있는 밑바탕을 제공했다. 미국 문화는 유럽 문화보다 훨씬 깊이 자유 시장 자본주의에 헌신했다. 미국은 다른 강대국보다 전쟁의 피해를 훨씬 덜 입었다. 전사자를 보면 미국은 12만 6천 명인데 반해 프랑스는 157만 명, 영국은 90만 8천 명, 독일은 177만 3천 명, 오스트리아는 120만 명, 러시아는 170만 명이었다. 동유럽에 구축한 제국을 잃은 오스트리아는 강대국 지위를 잃었다. 베르사유조약에 따른 배상금 부담에 짓눌리고 패배의 수치를 당한 독일은 일종의 국가적 정신증을 앓았다. 러시아는 볼셰비키의 희생양이 되었다. 프랑스는 폐허 상태였다. 영국은 약해진 경제력과 무너지는 제국을 붙잡고 과거의 영광을 되찾으려 애썼다.

미국의 진보 진영은 유럽의 반체제 정당에 비하면 귀여운 수준이었다. 영국의 노동당은 생산, 유통, 거래 수단의 국유화를 이루겠다고 선언했다. 독일의 경우 좌파에는 사회민주당, 우파에는 나치당이라는 두 개의 극렬한 반자본주의 정당을 자랑했다. 러시아 볼셰비키는 프롤레타리아 독재를 이루겠다는 약속을 지켰다. 반면 미국의 진보 진영은 단지 자본주의가 좀 더 원활하게 돌아가기를 원할 뿐이었고, 노조는 자본주의가 만든 파이의 더 큰 조각을 원할 뿐이었다. 미국은 또한 1920년대 친기업 정부가 연이어 들어서는 호재를 누렸다. 워런 하딩Warren Harding과 캘빈 쿨리지Calvin Coolidge는 진보 시대에 시행된 여러 조치를 되돌리고, 전통적인 사업의 자유를 되찾는 데 성공했다.

그럼에도 미국은 왼쪽으로 크게 움직였다. 1918년의 미국은 19세기 후반의 미국과 많이 다른 나라였다. 미국은 소득세, 중앙은행, 덩치가 커지는 관료 체제 등 정부가 지배하는 현대 사회의 대다수 면모를 갖추게 되었다. 또한 그 정도로는 아직 충분치 않은 것이 큰 문제라고 생각하는 주요 집단이 있었다.

6장

미국의 본업은 사업

루스벨트와 윌슨의 뒤를 이은 두 명의 대통령, 워런 하딩과 캘빈 쿨리지는 행동주의를 자제로, 소음을 침묵으로 대체하면서 정부가 하는 일을 완전히 바꿨다. 미국식 자본주의를 재발명하고 국제 무대에서 두각을 드러낸다는 꿈을 버린 그들은 대신 조용한 삶을 살고 대통령의 권한을 아낀다는 이상을 받아들였다.

진보 역사학자에게 두 사람은 국가 활동주의를 향한 영광스러운 길을 우회한 수치스러운 복지부동형 인물이었다. 하딩은 모두가 모범 시민은 아닌 측근들과 일주일에 한 번 포커를 쳤고, 일주일에 두 번 골프를 쳤다. 그는 골프 실력을 높이기 위해 백악관 잔디밭에서 골프 연습을 했는데 그때마다 에어데일Airedale종 반려견인 래디 보이Laddie Boy가 공을 물어왔다.[1] 쿨리지는 하루에 4시간 이상 일하지 않고, 11시간 넘게 자는 것을 자랑스럽게 여겼다. 헨리 루이스 멩켄은 '그의 이상적인 하루는 아무 일도 일어나지 않는 하루'라고 꼬집었다.

또한 해럴드 라스키Harold Laski는 '의도적인 권력 포기'라고 불평했으며, 존 모턴John Morton은 '일시적인 대통령직의 소멸'이라고 트집을 잡았다. 하지만 이 시대의 현실은 훨씬 흥미로웠다. 하딩 그리고 특히 쿨리지가 아무것도 하지 않기로 마음먹은 데는 기질적인 이유와 더불어 철학적인 이유가 있었다. 그들의 업무 태만은 개인적 악덕이라기보다 사상적 무기로서 일종의 적극적인 무행동주의에 따른 것이었다.

하딩과 쿨리지는 정부를 작게 유지하는 데 전념했다. 그들은 최고 세율을 낮추기 위해 1920년대 내내 공화당이 장악한 의회의 감세론자들과 공조했다. 또한 작은 정부를 지향하는 보수파로 내각을 채웠다. 1921~1932년까지 재무부 장관을 지낸 앤드루 멜런Andrew Mellon이 대표적인 인물이었다. 공교롭게도 존 록펠러와 헨리 포드에 이어 미국 3대 부호이기도 했던 그는 초과 이익에 대한 세율을 예전 수준으로 되돌렸고, 부동산세를 절반으로 낮췄으며, 국가 부채를 줄였다. 쿨리지는 잉여 농산물을 해외에 덤핑으로 넘겨 농산물 가격을 올리려는 조치에 두 번, 연방 정부가 머슬 숄즈Muscle Shoals강에 수력발전소를 운영하도록 허용하는 법안에 한 번 거부권을 행사했다. 또한 그는 새로 설립된 예산청Bureau of Budget을 압박해 정부 부처에 긴축 원칙을 적용하게 만들었다. 멩켄은 "그가 우리나라에 제공한 정부는 발가벗은 정부였다"고 말했다.[2]

하딩과 쿨리지는 사회 발전의 동력원은 정부가 아니라 기업이라고 믿었다. 쿨리지는 보기 드문 포괄적 발언을 통해 "공장을 짓는 것은 사원을 짓는 것이다. 거기서 일하는 것은 경배와 같다"고 선언했다. "정상正常으로 복귀하자"는 하딩의 호소는 따분하기 그지없는 대선 구호로 폭넓게 무시당했다. 이 구호는 분명 제1차 세계대전으로 끊어진 삶의 안정된 리듬으로 돌아가자는 의미였다. 동시에 그보다 많은 의미를 품고 있어서 사업가들이 명민한 아이디어를 토대로 대기업을 키워내고, 정부의 간섭에 얽매이지 않은 영웅적인 개인이 철마와 비행기를 만들던 미국식 사업의 영웅적인 시대로 돌아가자는 호소이기도 했다. 대통령이 할 일은 숨 가쁜 활동에 참여하는 것이 아니라 사업가들이 부를 창출할 수 있는 안정된 토대를 제공하는 것이었다.

1920년대는 정부의 규모를 제한할 수 있는 마지막 10년이었고, 미국은 이 힘든 일을 해낼 수 있는 마지막 부국이었다. 유럽의 국가들은 이미 국민에게 복지를 제공하고 사나운 이웃 국가로부터 자국을 보호하기 위한 강력한 정부 체제를 갖추고 있었다. 이웃 국가는 날이 갈수록 더욱 사나워졌다. 반면 미국은 여전히 소박한 국정 운영을 실천할 수 있었다. 일단 북쪽으로는 캐나다와 맺은 강력한 문화적 연대, 남쪽으로는 멕시코 북부의 방대한 사막, 양옆으로는 대양이 있어서 침략으로부터 보호받았다. '연방 정부가 없어진다 해도 상당히 오랜 기간 동안 평범한 국민은 일상생활에 별다른 차이를 느끼지 못할 것'이라는 쿨리지의 말은 전혀 과장이 아니었다.[3] 정부가 국민의 삶에서 너무나 주변적인 역할만 수행한 나머지 앤드루 잭슨 시대에 대중 정당이 태동한 이래 최초로 남성 투표율이 1916년에는 63퍼센트였다가 1920년에는 52퍼센트로, 1924년에는 그보다 더 떨어졌다.

이런 불개입 원칙은 상반되는 경향으로 손상되었다. 공화당 대통령은 갈수록 상품과 사람의 자유로운 이동에 적대적인 태도를 보였다. 가령 쿨리지는 1924년 의회 연설에서 '미국의 노동자가 만든 제품을 위한 미국의 시장'을 보호하고, '우리 국민이 지구상 어떤 국민, 어떤 시대, 어떤 지역보다 나은 생활수준과 보상을 누리며 살 수 있도록' 해주는 관세를 칭송했다. 이 시기에 기틀을 이룬 것은 1921년에 도입된 비상 관세

Emergency Tariff와 1930년에 도입된 스무트–홀리 관세Smoot-Hawley Tariff라는 두 가지 관세였다. 1924년에 제정되어 1965년까지 효력을 유지한 이민법은 미국으로 들어오는 이민자뿐 아니라 대개 북유럽 국가로 미국과 이미 강력한 혈연을 맺은 우호국으로 나가는 이민자의 수를 제한했다.

미국은 또한 다른 어떤 자유민주주의 국가도 감히 하지 못한 일을 감행했다. 1920~1933년까지 미국에서 술을 제조, 운송, 판매하는 것은 불법이었다. 그러나 이런 억압적 조치는 술에 소요되는 GDP의 비중을 줄이는 데 아무런 기여를 하지 못했으며, 밀주라는 혁신적인 신사업만 낳았을 뿐이다.

1920년대의 밀주업자는 존중할 만한 사회의 사업가와 비슷한 모습을 보였다. 다수가 자신과 밀접한 관습적인 일을 하는 이민자였던 미국의 폭력 집단은 경영 혁신과 신기술을 영리하게 활용해 무에서 사업 제국을 건설했다. 알 카포네Al Capone는 도박과 매매춘 사업을 지역 업자에게 가맹점처럼 내주는 대신 본사의 서비스, 주로 보호에 대한 대가를 받았다. 가맹점은 정보 수신용 테이프로 소식을 접하고 자동차로 경찰을 따돌리는 방식을 일찍이 받아들였다.

1920년대는 출발부터 힘들었다. 전쟁 직후의 여파는 무정부주의자의 폭력 행위, 극우파의 시위, 분노한 노동자의 파업, 공산주의자의 음모가 뒤섞이는 거의 비현실적인 양상을 불러왔다. 게다가 역사상 가장 심한 디플레이션을 겪으면서 1920년 6월부터 1921년 6월까지 도매 물가가 44퍼센트나 떨어졌다. 1920년 아나콘다 코퍼Anaconda Copper, 베들레헴 스틸Bethlehem Steel, 유에스 스틸 같은 주요 기업의 매출은 각각 49퍼센트, 46퍼센트, 44퍼센트 줄었다. 실업률은 1919년 2퍼센트였다가 1921년에는 11

퍼센트로 급등했다. 불황은 18개월 정도 지속되었다. 이 기간에 정책 입안자는 1893년 위기 그리고 이후 1996년과 2007년 위기 때와 마찬가지로 수동적으로 대응했다. 그러다가 예기치 못한 붕괴에 뒤이어 마찬가지로 예기치 못한 급격한 경기 회복이 진행되었다. 제임스 그랜트James Grant는 이를 '스스로 회복한 붕괴'라 불렀다.[4]

   국가적 문제를 악화시킨 것은 역사상 가장 큰 폭으로 늘어난 파업이었다(아래 그래프 참고). 새뮤얼 곰퍼스Samuel Gompers가 설립한 미국노동총연맹American Federation of Labor은 전쟁 기간에 열성적인 응원을 보냈지만 뒤로는 포상과 임금을 늘리기 위해 은밀한 협상을 벌였다. 또한 평화가 찾아온 뒤에는 철강과 육가공 같은 핵심 산업에서 계산된 파업을 통해 전쟁 기간에 얻은 이익을 확고하게 굳히려 들었다.

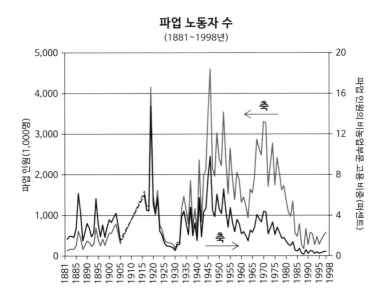

파업 노동자 수
(1881~1998년)

그러나 폭풍은 거의 불어올 때처럼 빠르게 지나갔다. 고용주는 (때로 정당하게) 공산주의에 대한 공포를 자극해 파업에 성공적으로 대처했다. 1920년 무렵 노조는 1910년 무렵과 같은 위치로 돌아갔다. 연방 대법원은 힘의 균형추를 고용주 쪽으로 되돌렸다. 연방 대법원은 1921년 유관업체 불매운동을 불법으로 판결했고(듀플렉스 프린팅 프레스 컴퍼니Duplex Printing Press Co. 대 디어링Deering), 1923년에는 최저임금제도에 대해 헌법 불합치 판결을 내렸다(애드킨스Adkins 대 아동병원Children's Hospital). 노조 가입자 수는 급감했다. 미국노동총연맹은 1920~1925년까지 약 100만 명의 회원을 잃었다. 노조운동은 시들해졌다. 1919년에는 400만 명의 노동자(노동인구의 21퍼센트)가 3,600회의 파업을 일으킨 데 비해, 1929년에는 28만 6천 명의 노동자(노동인구의 1.2퍼센트)가 900회의 파업을 일으켰다.

1921~1929년까지 미국의 실질 GDP는 연간 5퍼센트씩 성장했다. 이는 역사상 선진국이 기록한 최고 수준의 성과였다. 미국은 또한 연이은 경제적 기적을 이뤘다. 1927년 5월 20일 찰스 린드버그는 최초의 대서양 단독 비행에 성공함으로써 새로운 국제화 시대의 도래를 알렸다(캘빈 쿨리지는 린드버그의 비행기를 회수하기 위해 전함을 파견했다). 같은 해 10월 6일에는 알 존슨Al Johnson이 〈재즈 가수The Jazz Singer〉라는 영화 속에서 최초로 말을 해 현대적 대중오락의 도래를 알렸다. 1920년대가 끝날 무렵 미국이 세계 제조업 부문에서 차지하는 비중은 1914년의 36퍼센트에서 42퍼센트로 늘어났다. 심지어 미국이 보호주의를 강화하는 일도 국내시장의 규모와 수십 년 동안 이어진 자유 이민의 유산으로 정당화되었다. 1930년 기준으로 미국인 가운데 해외에서 태어난 사람이 15퍼센트, 부모 가운데 한 명이 해외에서 태어난 사람이 36퍼센트였다.

1920년대에 대한 이해

1920년대를 장악한 것은 3개의 주요 주제였다. 첫 번째는 특히 전반기에 급격하게 이뤄진 생산성 개선이었다. 가장 놀라운 개선은 자동차 산업에서 이뤄졌다. 1924년 모델 T는 10초당 1대꼴로 생산되었다. 불과 10여 년 전만 해도 1대를 조립하는 데 14시간이 걸렸다. 생산성 향상은 제조업 부문 바깥에서도 확인되었다. 결혼 전까지 최소한의 급여로 최대한의 일을 시킬 수 있는 수많은 젊은 여비서가 있는 사무실과 저렴한 가격 및 간소한 서비스를 강조하는 체인점이 그 예였다. 노조가 전후에 불만을 터트린 뒤 잠잠해지고, 물가상승률이 0에 가까운 상태에서 기업은 생산성 개선의 상당 부분을 이익으로 취할 수 있었다. 기업의 매출 수준은 1913~1925년 사이에 두 배로 높아졌다. 주식시장에 상장된 기업의 수는 다섯 배로 늘었다. 총 주식 가치는 150억 달러에서 300억 달러로 늘었다.[5]

두 번째는 서비스 부문의 성장과 도시의 부상에 따른 경제 현대화였다. 1910년 인구조사 결과를 보면 미국은 농업 종사자보다 서비스업 종사자가 더 많은 중요한 경계를 넘어섰다. 서비스 부문은 1920년대 교사 같은 오랜 직종에 '인사 관리자' 같은 새로운 직종이 추가되면서 빠르게 성장했다.

거의 같은 시기에 도시 거주자의 수가 농촌 거주자의 수를 넘어섰다. 미국이 자신을 정의하던 이미지는 초원과 카우보이에서 고층 건물과 도시인으로 바뀌었다. 고층 건물은 갈수록 높아졌다. 1930년과 1931년에 맨해튼에는 크라이슬러 빌딩과 엠파이어 스테이트 빌딩이라는 두 개의 주요 건물이 들어섰으며, 사무 공간은 약 두 배로 늘었다. 〈타임〉(1923년),

〈아메리칸 머큐리American Mercury〉(1924년), 〈뉴요커〉(1925년) 같은 일련의 신생 잡지는 세련된 도시인을 치켜세우면서 그때까지 벌어지고 있던 문화 전쟁을 촉발했다. 〈뉴요커〉는 자신이 '더뷰크Dubuque의 할머니를 위한 잡지'가 아니라며 으스댔다. F. 스코트 피츠제럴드F. Scott Fitzgerald는 '도시 바깥의 드넓은 무명성'을 낮춰보는 글을 썼다. 맹켄은 존 스코프스 재판을 예로 들면서 농촌, 특히 남부 농촌에 이빨 썩은 멍청이가 드글댄다는 인상을 심어주었다(흥미롭게도 스코프스가 사용한 교과서의 내용이 실은 우생학의 경이를 투박하게 칭송하는 것이었다). 존 스코프스 재판에서 유명 변호사인 클래런스 대로Clarence Darrow와 격돌한 윌리엄 제닝스 브라이언은 재판 이후 사망하면서 미국 역사상 가장 영향력 있는 공직 경력을 마감했다.

세 번째 주제는 가장 흥미로운 것으로서 바로 전기, 자동차, 비행기 그리고 좀 더 추상적인 차원에서 주식회사라는 자유방임주의 시대에 이뤄진 위대한 혁신의 민주화와 보급이었다. 1920년대는 과열된 시장뿐 아니라 대중도 갈수록 번영을 누리던 시대였다. 소시민도 이전에는 (자기 집처럼) 부자만 누렸거나, (자동차와 라디오처럼) 존재하지 않았던 호사를 누릴 수 있게 되었다. 교외는 계속 확장되었다. 가정에는 전기와 상수도가 연결되었다. 그러나 1929년 무렵 10가구 가운데 하나에 해당하는 300만 가구가 주식을 보유하고 있다가 파국적 결말을 맞고 말았다.

말 없는 마차

자동차는 미국 경제의 핵심을 차지했다. 미국은 다른 어떤 나라보다 효율적으로 자동차를 생산하고 열성적으로 소비했다. 1920년대 중반 전 세계 차량의 80퍼센트가 미국에 있었다. 미국인 5.3명 가운데 1명이 차를 보유한 반면, 영국과 프랑스는 44명 가운데 1명만이 차를 보유했다. 제1차 세계대전 이전에 평균적인 노동자가 자동차를 사려면 거의 2년치 급여를 모아야 했다. 그러나 1920년대 중반에는 약 3개월치 급여만 모으면 자동차를 살 수 있었다. 이후 자동차의 가격은 비슷한 수준을 유지한 반면 품질은 계속 개선되었다. 그 덕분에 같은 돈으로 더 좋은 차를 살 수 있었다(또한 차를 사는 데 필요한 자금을 빌리는 방법이 늘어났다).

자동차 산업은 부의 판도를 크게 바꾸었다. 1924년 헨리 포드와 에드셀 포드Edsel Ford는 연방 정부 최고 납세자 명단에서 2위와 3위에 올랐다(록펠러가 여전히 1위였다). 호러스 다지Horace Dodge 여사는 9위에 올랐다. 자동차 산업은 또한 경제 전반에 파급 효과를 일으켜 연료로 쓰이는 석유, 타이어와 유리창에 쓰이는 고무와 유리, 차가 다닐 수 있는 도로, 차를 둘 차고, 연료 충전 및 수리를 위한 주유소 그리고 새로운 자동차 인구를 대상으로 숙소와 음식 및 기타 서비스를 제공하는 수많은 서비스에 대한 수요를 촉진했다. 1929년에 나온 한 추정치에 따르면 자동차 경제는 1900년에는 존재하지 않았으며, 전체 노동인구의 10분의 1에 해당하는 400만 개의 일자리를 창출했다.

1920년대에는 미국식 생활에서 자동차로 바뀌지 않은 측면이 거의 없었다. 밀주업자는 '도주용 차'로 경찰을 따돌렸다. 매춘 여성은 장사를 할 새로운 장소를 찾았다. 로버트 린드Robert Lynd와 헬렌 린드Helen Lynd는 《미들타운》(1929년)에서 1924년 현지 소년법원에서 성범죄로 기소된 30명의 여성 가운데 19명이 자동차에서 적발되었다고 밝혔다.[6] 원래 전차를 기반으로 개발된 교외 지역은 더 빨리 확장되면서 진정한 '오토피아autopia'로 만개했다. 광고판, 주유소, 음식 가판대가 우후죽순처럼 생겨났다. 1921년에는 화이트 캐슬White Castle 햄버거 체인이 캔자스주 위치토에서 시작되었다. 1925년에는 하워드 존슨Howard Johnson이 매사추세츠주 퀸시Quincy의 한 약국 안에 첫 청량음료 판매대를 열었다. 1930년에는 할랜드 샌더스Harland Sanders가 켄터키주 코빈Corbin에 있는 '서비스테이션Servistation'에서 치킨 조리법을 개발했다.[7]

트럭 수도 급증해 1909년에는 0대였다가 1920년에는 30만 대, 1920년대 말에는 60만 대가 되었다. 트럭은 철도가 처음으로 경쟁에 나서도록 만들었다. 트럭은 철도가 하지 못하는 일, 바로 기차역이 아니라 집까지 물건을 배달하는 일을 할 수 있었다. 그에 따라 엄청난 시간과 노력이 절약되었다. 이제는 기차역에서 화물을 내렸다가 말이나 수레에 다시 실어 도착지까지 옮기는 것이 아니라 출발지에서 도착지까지 한 번에 옮길 수 있었다.

내연기관은 56퍼센트를 차지하는 도시 사람의 생활보다 44퍼센트를 차지하는 농촌 사람의 생활을 더 크게 바꾸었다. 헨리 포드는 모델 T에 독립식 서스펜션, 튼튼한 부품, 쉽게 수리할 수 있는 엔진을 달아 부실한 농촌 도로에서도 생존할 수 있도록 만들었으며, 심지어 차를 트랙터로 바꿀 수 있는 키트까지 제공했다.[8] 농민은 1920년대 동안 900만 마리에 이르는 역축, 특히 말과 노새를 처분하고 다양한 차량으로 대체해 초원을 좀 더 수지 높은 용도로 쓸 수 있었다.[9] 트랙터의 수는 1910년에는 약 1천 대였다가 1920년에는 24만 6천 대, 1930년에는 92만 대로 늘었다. 트랙터는 뒤에 부착한 농기구로 바로 출력을 전달하는 직접 구동 장치와 훨씬 무거운 하중을 끌 수 있도록 해주는 공기 타이어 덕분에 용도가 크게 늘어났다. 콤바인 수확기의 수는 1920년 4천 대였다가 1930년에는 6만 1천 대, 1940년에는 19만 대로 늘었다. 농촌 지역에 모델 T가 보급된 것은 사교 생활뿐 아니라 유전자 풀에도 좋은 일이었다. 몇 킬로미터 안에서만 사교 생활을 하던 사람들이 갑자기 훨씬 먼 거리까지 그 범위를 넓힐 수 있게 되었다.

버스의 수가 급증하고 요금이 내려가면서 내연기관은 개인 운송뿐 아니라 공공 운송까지 장악했다. 최초의 현대적 버스는 1921년 패절Fageol 형제가 캘리포니아주 오클랜드에 패절 세이프티 버스Fageol Safety Bus라는 이름으로 선보였다. 버스는 낭만적인 측면에서는 전차와 경쟁할 수 없었다. '욕망이라는 이름의 버스'는 그다지 어울리지 않는다. 그러나 버스는 전차보다 실용적이어서 비용이 많이 드는 철로가 필요 없었고, 경로를 다양화할 수 있었다. 또한 고무 타이어는 소음과 충격을 줄여주었다.[10] 시내버스가 전차에 도전한 데 이어 곧 시외버스가 기차에 도전했다. 1928년 처음 도입된 대륙 횡단 버스는 로스앤젤레스에서 뉴욕까지 132개의 정류소를 거쳐 5일 14시간 동안 달렸다.

1920년대 동안 자동차뿐 아니라 도로의 질도 크게 개선되었다. 1900년 320만 킬로미터에 이르는 미국의 도로는 대개 농장과 읍내를 잇는 흙길이었다. 실제로 유럽의 차가 미국에서 별로 팔리지 않은 이유 가운데 하나는 차체가 너무 낮아서 거친 흙길에서 버티지 못했기 때문이었다. 우드로 윌슨은 1916년에 도로와 교량 건설을 위한 연방 보조금을 주 정부에 제공하는 연방도로건설보조법Federal Aid Road Act에 서명해 새로운 시대를 열었다. 농무부 장관인 하워드 메이슨 고어Howard Mason Gore는 1925년

고속도로를 표기하는 일관된 체계를 승인해 새로운 국가적 교통망에 질서를 부여했다. 그에 따라 동서 방향 도로에는 짝수 번호, 남북 방향 도로에는 홀수 번호, 대륙 횡단 고속도로에는 10의 배수에 해당하는 숫자가 붙게 되었다. 도로 건설업체는 표면을 덮을 아스팔트와 콘크리트를 개발했다. 구체적인 경로의 도로 상태를 알려주는 도로 지도책은 1926년에 처음 나왔다.[11] 로버트 고든이 추정한 바에 따르면 전국적인 포장도로망이 개발되면서 1905~1920년까지 자동차 여행의 속도가 적어도 다섯 배 빨라졌다.[12]

미국은 또한 하늘을 운송 경로에 더하기 시작했다. 비행이 너무나 위험했기 때문에 상업 항공 산업은 느리게 이륙했다. 비행은 1900년대에는 곡예사, 1910년대에는 군인만 하는 것이었다(라이트 형제는 초기에 육군 통신대Army Signal Corps와 해외 군대에 비행기를 판매했다). 그러다가 1920년대 말에 비행기는 마침내 원래의 역할대로 유례없는 속도로 드넓은 국토 여기저기로 사람을 나르는 대중교통 체계의 일부가 되었다.

우체국은 우편배달 속도를 높이기 위해 전국적인 항공망을 구축해 전후에 붐이 일어날 토대를 놓았다(우체국 소속 1기 조종사 40명 가운데 31명이 6년 안에 사망했다).[13] 1925~1926년 정부는 우편 노선을 경쟁 입찰로 민간 기업에 개방했다. 이 조치는 신생 산업을 크게 자극했다. 5천여 명이 계약을 따내려 경쟁한 끝에 첫 계약은 월터 바니Walter Varney에게 돌아갔다. 그는 유나이티드 항공의 조상인 바니 항공Varney Airlines을 설립하고 워싱턴주 파스코Pasco에서 네바다주 엘코Elko까지 우편물을 운송했다. 10여 명의 사업가는 화물뿐 아니라 승객을 나르는 사업도 돈이 된다는 사실을 깨달았다. 1928년에 나온 정기 항공 운송 사업에 대한 첫 통계 자료를 보

면 이미 국내선에 268대, 국제선에 57대의 항공기가 운항되었다.[14]

전자 하인의 행진

　중요도 측면에서 내연기관 혁명과 견줄 만한 유일한 대상은 전기 혁명이었다. 20세기 초 전력 산업은 두 가지 진전 덕분에 다른 어떤 부문보다 큰 생산성 향상을 이뤘다. 고압 보일러와 효율적인 터빈으로 전력을 생산하는 대형 중앙 발전소와 갈수록 넓어지는 지역에 걸친 송전망의 건설이 그것이었다. 이후 30년 동안 미국인의 전력 소비량은 1902년에는 60억 킬로와트시(혹은 1인당 79킬로와트시)였다가 1929년에는 1,180억 킬로와트시(혹은 1인당 960킬로와트시)로 10배나 늘었다. 반면 같은 기간에 1킬로와트시당 전력 생산 비용은 16.2센트에서 6.3센트로 줄었다.

　1920년대에 이뤄진 미국 공장의 전기화는 생산성을 높인 핵심적인 요인이었다. 전기는 1920년에 이미 확실하게 자리 잡았지만, 산업 부문의 낡은 설계 방식 때문에 생산성에 큰 영향을 미치지 못했다. 1920년대 이전에 대다수 미국 공장은 거대한 증기 엔진을 동력원으로 삼았다. 증기 엔진은 지하에 설치되어 공장 건물의 측면에 설치된 수직 구동축을 통해 각 층에 있는 기계에 동력을 제공했다. 처음에 공장주들은 매몰 비용을 전부 잃지 않으려 했다. 그래서 그냥 증기 엔진을 전기 모터로 대체하고 직원들이 높은 공장 건물과 수많은 수평 구동축이 일으키는 불편을 감수하기를 기대했다. 그러다가 그들은 1920년대에 들어와 때로는 처음부터 새로 시작하는 편이 이득이라는 사실을 깨달았다. 그래서 개별 모터로 기계를 돌리고 공장을 수직이 아니라 수평으로 설계하기 시작했다. 헨리 포드는 이런 변화의 중요성을 다음과 같이 정리했다.

완전히 새로운 전력 시스템이 생기면서 산업계는 가죽 벨트와 선축line shaft으로부터 해방되었다. 마침내 각 기계를 자체 전기 모터로 돌리는 일이 가능해졌기 때문이다. 이런 세부적인 변화가 사소하게 보일 수 있다. 그러나 사실 현대 산업은 여러 이유로 벨트와 선축만 가지고 운영할 수 없다. 모터는 기계를 작업 순서대로 배치할 수 있도록 해주며, 이 점만으로 쓸데없는 조작과 운반 작업이 엄청나게 줄어 아마 효율성이 두 배는 높아졌을 것이다. 벨트와 선축은 낭비도 엄청나서 어떤 공장도 크게 지을 수 없다. 현대적 요건으로는 아무리 긴 선축도 작기 때문이다. 또한 과거의 여건에서는 고속 장비를 쓸 수 없다. 도르래와 벨트는 현대적 속도를 감당하지 못하기 때문이다. 고속 장비와 그에 따른 고강도 강철이 없다면 우리가 말하는 현대 산업은 일체 존재하지 못할 것이다.

폴 데이비드는 전기화를 작업의 재구성 같은 다른 변화를 수반할 때 비로소 완전한 효과를 내는 혁신의 사례로 들었다. 전기화를 통해 생산성을 높이려면 과거의 생산 절차에 전기만 더해서는 안 된다. (단지 전기 동력원이 증기 동력원을 대체할 뿐 이전 시대의 거대한 축과 벨트를 그대로 돌리는) '집단 구동'에서 (각 기계가 자체 전기 모터를 갖춘) '개별 구동'으로 옮겨가야 한다.

소형 전기 모터는 갈수록 많은 가전제품을 돌렸다. 창업자들은 새로운 동력원을 활용해 생활을 개선하는 여러 기구를 발명했다. 공산당이 러시아에서 권력을 장악한 해에 제너럴 일렉트릭은 다른 혁명을 축하했다.

바로 '세탁, 다림질, 청소, 바느질 등 힘든 일을 대신 해주는 전자 하인'의 등장이었다. '이 전자 하인은 성냥, 그을음, 석탄, 말다툼 없이 시원한 주방에서 요리까지 대신해'주었다. 1929년 시카고의 일렉트릭 컴퍼니Eletric Company가 실시한 조사에 따르면 주민 가운데 80퍼센트 이상이 전기다리미와 진공청소기를, 53퍼센트가 라디오를, 37퍼센트가 토스터를, 36퍼센트가 세탁기를 보유하고 있었다. 냉장고(10퍼센트)와 전기 히터(10퍼센트)는 훨씬 드물었다.[15]

무선 시대

사람들이 콘센트에 연결한 가장 혁명적인 기기는 라디오였다. 1890년대부터 전신 엔지니어들은 데이터와 음성 신호를 무선으로 전송해 전선으로부터 벗어나는 방법을 찾아냈다. 1901년 이탈리아 사람인 굴리엘모 마르코니Guglielmo Marconi는 브리티시 마르코니 컴퍼니British Marconi Company를 설립하고 선박에 무선으로 모스 부호를 보내는 사업을 했다. 1907년 리디 포레스트Lee de Forest는 무선 주파수대를 여러 채널 혹은 주파수로 분할하는 삼극관 혹은 튜브를 개발했다. 1915년 벨Bell의 엔지니어들은 장파 무선통신을 활용해 버지니아주 알링턴Arlington에서 파나마, 하와이, 파리까지 음성 신호를 전달하는 데 성공했다.

현대적인 상업 라디오는 1920년대에 탄생했다. 최초의 라디오 뉴스 프로그램은 1920년 8월 31일 미시간주 디트로이트에 있는 8MK 방송국에서 방송되었다(이 방송국은 뉴스 전문 라디오 방송인 WWJ로 지금까지 운영되고 있다). 신기술은 들불처럼 퍼져나갔다. 1924년 무렵 556개의 라디오 방송 국과 아마추어가 운영하는 2만 5천 개의 '전송국'이 생겼다. 1930년 무렵 에는 전국 가구의 거의 절반(46퍼센트)이 라디오를 보유했다. 1920년대는 재즈 시대라기보다 라디오 시대로 부르는 편이 더 적합할지 모른다(재즈를 듣는 것이 라디오의 가장 흔한 용도 가운데 하나였지만 말이다).

라디오는 자유를 담은 상자였다. 전문 음악가나 극작가의 작품을 들을 일이 없던 사람들이 이제는 거실을 개인 극장 겸 공연장으로 바꿀 수 있 게 되었다. 라디오만 사면 다른 모든 것은 공짜였다. 이 혁명을 이끈 것은 대다수 유럽의 경우처럼 정부 위원회가 아니라 이익을 추구하는 창업자 들이었다. 전자산업 부문의 재벌인 조지 웨스팅하우스는 라디오에 대한 수요를 촉진하기 위해 KDKA 방송국을 설립했다. 라디오에 대한 수요 증 가는 1925년에 도입된 진공관 같은 다른 혁신을 촉진했다. 또한 광고 붐 은 안정적인 현금원을 제공했다. 곧 수백 개의 라디오 방송국이 방송 사 업에 나섰다.

제너럴 일렉트릭 산하의 라디오 코퍼레이션 오브 아메리카Radio Corporation of America(RCA)는 1920년대에 그냥 '라디오'로 불리는 주요 종목 가운데 하나 였다. RCA의 주가는 1924~1929년까지 100배나 오른 뒤 1931년에 거의 휴지 수준으로 급락했다. 라디오 스타는 당대 연예인 가운데 가장 많은 보수를 받았다. 1933년 전성기를 누린 〈에이머스 앤 앤디Amos 'n' Andy〉의 두 스타가 벌어들인 연봉은 NBC나 RCA의 회장보다 많은 10만 달러였다.

가장 민주적인 매체인 라디오는 불가피하게 정치를 변화시켰다. 하딩은 1922년 볼티모어항의 포트 맥헨리Fort McHenry에서 열린 프랜시스 스콧 키 기념 다리Francis Scott Key Memorial Bridge 준공식에서 라디오로 연설한 최초의 대통령이 되었다. '조용한 캘Silent Cal'로 불린 캘빈 쿨리지는 뜻밖에도 열성적인 방송인 기질을 갖고 있었다. 1924년 민주당 전당대회에서 벌어진 혼란스러운 소동은 모두 그대로 방송되었다. 프랭클린 루스벨트는 대공황 기간에 '난롯가 대화fireside chat'로 불린 일련의 라디오 연설을 했다. 그는 이 연설을 통해 난관에 어떻게 대처해야 하는지 아는 현명한 삼촌처럼 놀란 국민을 안심시키면서 라디오라는 매체를 자신의 것으로 만들었다. 라디오는 덜 포근한 인물에게도 토대를 제공했다. '라디오 신부님'으로 불린 찰스 코글린Charles Coughlin은 일주일에 평균 4천 통의 편지를 받다가 1932년 2월 허버트 후버Herbert Hoover를 '부자의 성령, 월가의 수호천사'로 공격한 뒤에는 무려 120만 통의 편지를 받았다. 휴이 롱Huey Long은 몇 시간 동안 계속 방송했으며, 자신을 〈에이머스 앤 앤디〉에 등장하는 인물인 '두목The Kingfish'이라 불렀다. 제럴드 스미스Gerald L. K. Smith는 복잡하고 광범위한 음모론으로 청중을 사로잡았다.

영화는 라디오만큼 빨리 퍼졌다. (입장료가 5센트여서 붙은 이름인) 니켈로데온nickelodeon은 1906~1907년에 폭발적으로 늘어났다. 요란한 장식에 음향효과를 넣는 정교한 오르간을 갖추고 분위기를 돋우는 가수, 무용수, 코미디언을 둔 대형 극장은 1911년에 등장했다. 미드타운 맨해튼에 있는 록시 극장Roxy Theatre은 6,200개의 좌석에 300명의 공연자를 위한 분장실을 갖추고 있었다. 1922년 무렵에는 전체 인구의 36퍼센트인 4천만 명이 일주일에 한 번 영화관을 찾았다. 1928년 유성영화가 도입되면서 영화라는 매체는 다시 한 번 도약했다. 1920년대 말에는 전체 인구의 70퍼센트 이상이 자주 영화를 보러 갔다. 또한 전 세계 영화의 80퍼센트가 미국에서 제작되었다. 대중 오락물은 다른 형태의 산업 제품과 같은 길을 걸었다. 이전에는 스스로 오락물은 만들던 사람들은 이제 거대한 꿈의 공장인 할리우드에서 생산된 오락물을 수동적으로 소비하게 되었다.

풍요로운 사회

'전자 하인'의 도래는 역사 속에서 새로운 현상, 바로 대중적 풍요가 등장할 것임을 알렸다. 19세기 후반 대다수 미국 가구는 하루 벌어 하루 먹고살았다. 그들은 소득의 절반 이상을 기본 생필품을 구하는 데 썼으며, 한 번만 급여를 받지 못해도 빈곤층으로 전락했다. 반면 1920년대에는 평범한 사람도 아메리칸 드림을 이룰 기회, 즉 집을 사서 한 세대 전에는 존재하지 않았던 제품들로 채울 기회를 얻을 수 있었다.

1920년대 미국 역사상 가장 큰 두 번의 주택 붐 가운데 하나가 일어 났다. 1925년만 해도 100만 채가 넘는 주택이 지어졌다. 1929년 무렵 전국의 모든 주택 가운데 약 절반이 자가였다. 주택 붐은 파급효과를 일으켰다. 자가 거주자는 자가 거주자가 항상 하는 대로 가구, 그림, 전자 기기로 집을 채웠으며, 가족과 재산을 보호하기 위해 다양한 형태의 보험에 가입했다. 당대의 가장 인기 있는 책 가운데 하나인 싱클레어 루이스 Sinclair Lewis의 《배빗Babbitt》(1923년)은 가상의 중서부 교외 동네로 10년 이상 된 집이 3채뿐인 플로럴 하이츠Floral Heights에 사는 부동산 중개인의 이야기를 들려준다. 이 동네의 집은 서랍장만 한 축음기, 온수 라디에이터, 진공청소기, 선풍기, 커피메이커, 토스터 등 편리한 전자 제품을 위한 사원이다. 루이스는 이 모든 제품이 지닌 표준화된 속성을 비웃는다. 그는 어떤 방을 "냉장고에서 얼린 얼음처럼 깔끔하고 특색이 없다"고 묘사한다. 그러나 플로럴 하이츠는 이전 10년 동안 이뤄진 생산성 향상이 일반 미국인의 삶을 변화시키는 가운데 부와 기회가 민주화되는 양상을 단적으로 보여주었다.

대중에게 개방되는 기업

민주화는 미국 경제의 핵심 조직인 기업으로 확대되었다. 총 주주 수는 20세기 초에 약 100만 명이었다가 1928년 700만 명으로 늘었다. 대중 자본주의를 가장 열심히 실천한 기업은 AT&T였다. AT&T의 주주 수는 1901년 1만 명이었다가 1931년 64만 2,180명으로 늘었다. 최대 철도회사(펜실베이니아 철도), 최대 통신회사(AT&T), 최대 철강회사(유에스 스틸)의 주요 주주가 가진 지분은 1퍼센트도 되지 않았다.

'민주화'는 대다수 국민이 주식을 보유하지 않았다는 점을 감안할 때 과장된 표현일 수 있지만 그래도 중요한 변화를 포착한다. 업계 거물이나 월가 은행가가 아니어도 누구나 주식을 보유할 수 있었다. 은퇴 자금을 저축하는 평범한 사람도 주주가 될 수 있었다. 1929년 전체 배당금의 약 50퍼센트는 연간 소득이 5천 달러 이하인 사람에게 돌아갔다.[16] 대기업은 이전처럼 창립자가, 혹은 1970년대 이후처럼 힘 있는 기관이 지배 지분을 갖는 것이 아니라 분산된 투자자들이 상당수 지분을 갖는 형태를 1970년대까지 유지했다.

폭넓은 소유 구조의 진전은 두 가지 다른 변화와 함께 이뤄졌다. 첫 번째는 기업 합병이었다. 아돌프 벌Adolf Berle과 가디너 민스Gardiner Means는 고전인 《현대 주식회사와 사유재산The Modern Corporation and Private Property》 (1932년)에서 대기업의 덩치가 갈수록 커지고 있다는 사실을 지적했다. 1909~1928년까지 200대 기업은 연평균 5.4퍼센트 성장한 반면, 다른 기업은 2퍼센트 성장하는 데 그쳤다.[17] 또한 1921~1928년까지는 연평균 성장률이 각각 6.1퍼센트와 3.1퍼센트였다. 1929년에는 200대 기업이 전체 기업이 가진 부의 거의 절반에 해당하는 810억 달러를 통제했다. 이처럼 대기업이 빠르게 성장한 부분적인 이유는 주식시장을 통해 쉽게 자금을 모아 시장을 장악할 수 있었기 때문이었다.

두 번째 변화는 전문 경영인의 부상이었다. 현대 주식회사와 관련된 가장 중요한 사실은 소유와 경영이 분리되었다는 것이다. 대기업의 지분을 새롭게 보유한 수많은 사람은 경영에 참여해 재산권을 직접 행사할 수 없었다. 그래서 전문 경영인을 채용해야 했다. 이런 양상은 재산의 성격을 바꿔놓았다. 기업 소유주는 더 이상 공장과 기계를 소유하는 것이 아니라 주식시장에서 거래되는 주식을 소유했다. 따분한 회사 경영을 신경 쓰지 않아도 지분을 통해 수입을 얻는 일이 쉬워지면서 '소유'의 성격도 바뀌었다. 벌과 민스는 새로운 주주를 새로운 공장 노동자에 비유했다. 공장 노동자가 제조의 대가에게 노동에 대한 지휘권을 준 것처럼 주주는 경영의 대가에게 자본에 대한 지휘권을 주었다.[18]

1920년대가 열어준 경영자의 황금시대는 1970년대 중반까지 지속되었다. 경영자는 도금시대에는 소유주의 요구를 따라야 했다. 20세기의 첫 20년 동안에는 (유럽 대륙에서는 여전히 그랬던 것처럼) 은행가의 요구를 따라야 했다. 반면 소액 주주는 일상적인 경영을 전문가에게 맡기는 수밖에 없었다. 이런 구도의 단점은 경영자가 소유주에게 손해를 입히면서 자신의 잇속을 챙길 수 있다는 것이었다. 기업의 위계 구조도 복잡해졌다. 반면 경영자가 장기적 관점으로 사업 환경을 조성하려고 시도할 수 있다는 장점도 있었다.

기업은 경영의 하드웨어적 측면뿐 아니라 소프트웨어적 측면도 받아들였다. 그들은 직원을 최대한 활용하기 위해 정교한 인사관리 체계를 개발했다. 또한 대중에게 긍정적인 이미지를 심어주기 위해 세련된 홍보 기법을 활용했다. 그들은 광고에 많은 돈을 투자해 자체 광고 부서를 만들거나 전문 광고회사와 협력했으며, 전반적으로 판매를 예술로 바꾸려 노력했다. 1920년대 초 GDP 대비 광고 지출 비중이 최고치에 이르렀다(아래 그래프 참고).

광고 지출
(1919~2007년)

야심 찬 경영자는 직원에게 연금 제도, 의료보험 혜택, 이익 공유 제도를 제공하는 '복지 자본주의'를 내세웠다. 신발회사의 경영자인 조지 존슨George Johnson은 하루 8시간, 주 40시간 근로제를 도입하고 포괄적인 의료보험 혜택을 제공했다. 필립 리글리Philip Wrigley는 소득 보험 제도와 연금 시스템을 도입해 껌 제조와 사회 개혁을 동시에 이룰 수 있음을 증명했다. 석면 산업의 거물인 루이스 브라운Lewis Brown은 단체교섭 제도와 하루 8시간, 주 40시간 근로제를 도입하고 정기적인 설문을 통해 직원들의 의견을 접수했다.[19]

전문 경영인이 이끄는 기업은 유통과 소매 같은 새로운 부문으로 영역을 확장했다. 핵심 서비스만 전문적으로 제공하는 체인점이 1920년대 급격하게 늘어났다. 그들은 거대한 규모를 활용해 공급업체에 압력을 행사하고, 전국적 영업망을 활용해 넓어지는 교외 지역으로 진출했다. 체인점의 희생자는 가격으로 상대할 수 없는 자영업자만이 아니었다. 우편 판매업체도 1920년대 말에는 종종 교외에 매장을 열어야 했다. 창조적 파괴는 불가피한 정치적 대응을 불러일으켰다. 패배자들은 한데 뭉쳐 소매 가격을 유지하도록 연방거래위원회에 매달렸다.

헨리 포드 대 알프레드 슬론

1920년대 벌어진 가장 두드러진 기업 간 전쟁은 창조성에 초점을 맞춘 포드와 경영에 초점을 맞춘 제너럴 모터스 사이에서 벌어졌다. 포드 모터 컴퍼니는 상당한 우위에 선 상태에서 1920년대를 맞았다. 포드의 시장점유율은 56퍼센트인데 비해 GM의 시장점유율은 13퍼센트에 불과했다. 헨리 포드는 미국 최고의 기업인으로 폭넓게 칭송되었다. 그러나 1920년대 말이 되자 두 회사는 막상막하가 되었다. 그리고 1930년대 말에는 GM이 포드를 크게 앞질렀다.

이 변화를 이끈 사람은 볼 베어링 회사에서 잠깐 일하다가 GM으로 옮긴 이후 1923년에 회장이 된 알프레드 슬론Alfred Sloan이었다. 슬론은 경영이 그 자체로 생산성을 높이는 동력원이 되었다는 사실을 알았다. 포드는 제품을 생산하는 새로운 방식을 고안해 생산성을 높였다. 반면 슬론은 직원들이 같이 일하게 만드는 새로운 방식을 고안해 생산성을 높였다. 슬론은 거의 경영 윤리의 살아 있는 화신이었다. 183센티미터 정도의 키에 체중이 60킬로그램 정도밖에 되지 않는 그는 취미 생활을 즐길 틈도 없이 일에 몰입했다. 한 동료 경영인은 슬론이 과거에 만들던 롤러 베어링처럼 "자체 윤활 작용으로 마찰을 없애 부드럽게 물건을 옮긴다"고 비유했다.[20]

슬론은 사업부제 기업이라는 아이디어를 받아들였다. 올리버 윌리엄슨Oliver Williamson은 사업부제 기업을 20세기 자본주의 역사에서 이뤄진 가장 중요한 혁신이라 일컬었다.[21] 이런 평가는 과장된 것일 수 있지만 그 중요성에는 의심의 여지가 없다. 사업부제 기업은 대기업 시대에 잘 맞아서 규모의 미덕을 사업 초점과 결합할 수 있었다. 또한 소비자 자본주의 시대와도 잘 맞아서 특정한 제품을 생산하고 서비스하는 데 초점을 맞춘 전문 부서를 만들 수 있었다. 이런 부서는 시장과 밀접해 중소기업만큼 세심하게 유행의 변화를 따르는 한편, 회사와 밀접해 방대한 자원을 활용할 수 있었다.

제1차 세계대전 직후 사업부제를 처음 받아들인 기업은 듀퐁이었다. 듀퐁은 제1차 세계대전 동안 연합군에 니트로글리세린을 공급하기 위해 기하급수적으로 성장했다. 그러다가 전쟁이 끝나면서 문제가 생겼다. 이제 (기술이 쇠퇴하도록 방치하고 인력을 줄이면서) 예전 규모로 돌아가야 할까, 아니면 새로운 역량에 맞는 새로운 용도를 찾아야 할까? 듀퐁은 후자를 선택하고 페인트를 비롯한 다양한 제품을 판매할 사업부를 만들었다. 각 사업부의 경영진은 해당 제품(혹은 제품 라인)의 생산과 판매를 책임졌다. 사업부는 이익 책임 단위가 되었으며, 투자수익률ROI(return on investment) 같은 기준을 참고해 최고 경영진이 성과를 평가했다.[22]

알프레드 슬론은 이 아이디어를 미국 최대의 제조 기업에 적용했다. 슬론은 자동차 구매자가 더 이상 자동차 회사에서 내놓은 제품을 그냥 사는 데 만족하지 않는다는 사실을 깨달았다("검은색이라면 원하는 색으로 살 수 있어요."). 구매자는 가장 미국적인 미덕, 바로 개인적 선택을 원했으며, 선택을 통해 자신을 표현하고 싶어했다. 즉 자신이 어떤 사람인지, 얼마나 많은 돈을 썼는지 알리고 싶어했다. 슬론은 또한 조직 구조를 완전히 재편성하지 않으면 이런 수요를 충족할 수 없다는 사실을 알았다.

슬론은 모델 T와 경쟁할 쉐보레부터 부유층을 위한 캐딜락까지 여러 형태의 자동차를 맡는 사업부로 조직을 나누었다. 또한 뛰어난 경영자에게 각 사업부를 운영하는 책임을 넘기는 동시에 전반적인 성과에 대한 책임도 지게 했다. 그는 "탈중심화를 통해 적극성, 책임감, 인력 개발, 사실에 기반한 결정, 유연성을 얻으며 조율을 통해 효율성과 경제성을 얻는다"고 말했다.[23]

슬론은 거대 조직의 심장부인 GM의 디트로이트 본사에서 자본을 배정하는 능력을 활용해 회사 전체를 통솔했다. 그는 회사 안팎의 압력에 대응하면서 지속적으로 조직 구조를 조정했다. 〈포천〉지는 GM이 "덩치는 계속 커지는 반면 뇌강은 계속 작아져서 결국 멸종에 이른 수많은 척추동물과의 운명을 피했다. … 그 이유는 슬론이 덩치에 맞는 뇌를 합성하는 방법을 고안했기 때문"이라고 지적했다.[24]

GM은 미래의 수입을 담보로 쉽게 돈을 빌릴 수 있도록 만들고, 광고 투자로 수요를 자극해 시장을 확대하는 방법을 개척했다. 가령 1919년 제너럴 모터스 억셉턴스 코퍼레이션General Motors Acceptance Corporation을 설립해 '할부 구매' 제도를 도입했다. 또한 이후 10년 동안 2천만 달러라는 유례없는 규모의 광고비를 투자했다.

포드는 제2차 세계대전 이후 GM의 경영 방식을 모방한 뒤에야 반등했다는 사실을 지적할 필요가 있다. 회사를 넘겨받았을 때 겨우 스물여덟 살이었던 헨리 포드 2세Henry Ford Ⅱ는 GM의 조직 구조를 모방했고, 새로운 조직을 이끌 GM의 경영진을 고용했으며, 로버트 맥나마라를 포함해 전쟁 기간 동안 육군 항공단에서 일한 한 무리의 '수재'를 영입해 통계에 바탕을 둔 경영의 토대를 구축했다.

사업부제 형태는 기업계를 휩쓸었다. 듀퐁의 경영자를 지낸 프랜시스 데이비스Francis Davis는 사업부제 경영을 통해 망해가는 회사에 활력을 불어넣을 수 있음을 보여주었다. 그가 1928년에 경영을 맡은 유나이티드 스테이츠 러버 컴퍼니United States Rubber Company는 손실을 내는 부실 덩어리로, 정식 운영 구조를 갖추지 못한 비효율적인 사업부가 이질적으로 뭉쳐 있었다. 데이비스는 사업부제 형태를 통해 조직에 질서를 부여했다. 그는 재정 및 전략 관련 의사 결정을 경영 본부로 모았고, 여러 사업부의 성과를 측정했으며, 성과 부진자를 해고했다. 또한 흑자를 회복한 이후에는 연구 개발에 투자해 1934년 기포 고무 쿠션을 개발했으며, 1938년에는 타이어에 들어가는 레이온rayon 보강재를 선보였다.

미국은 평평하다

아메리칸 텔레폰 앤드 텔레그래프 컴퍼니American Telephone and Telegraph Company, 알루미늄 컴퍼니 오브 아메리카, 아메리칸 라디에이터 앤드 스탠더드 새너테리 코퍼레이션American Radiator and Standard Sanitary Corporation, 아메리칸 캔 컴퍼니American Can Company, 아메리칸 우든 컴퍼니American Wooden Company, 라디오 코퍼레이션 오브 아메리카Radio Corporation of America 같은 일부 주요 기업의 이름을 보면 민주화와 더불어 미국식 생활을 이끄는 또 다른 중대한 변화가 드러난다. 바로 통합된 전국 시장의 등장이다.

20세기의 첫 30년 동안 남부가 전국 시장으로 통합되는 뚜렷한 진전이 이뤄졌다. 그 이유는 위로부터 계몽적 개혁이 이뤄졌거나, 아래로부터 정치적 압력이 가해졌기 때문이 아니었다. 그보다는 원래는 남부와 아무 관련 없던 기술적 혁신, 바로 온도를 조절해 무더위에서 일할 수 있도록 해주는 장치가 개발된 덕분이었다. 1902년 뉴욕에 있는 새킷 앤드 윌헴스 인쇄 회사Sackett & Wilhelms Lithographing & Printing Company는 일정치 않은 습도 때문에 컬러 인쇄를 하는 데 애를 먹었다. 컬러 인쇄를 하려면 한 종이에 청록색, 빨간색, 노란색, 검은색 잉크를 한 번씩 찍어야 했다. 문제는 다른 색의 잉크를 찍는 사이에 습도 변화로 종이가 1밀리미터라도 팽창하거나 수축하면 전체 인쇄를 망친다는 것이었다. 그래서 새킷 앤드 윌헴스는 버펄로에 있는 난방회사인 버펄로 포지 컴퍼니Buffalo Forge Company에 습도 제어 장치를 만들어달라고 의뢰했다. 버펄로는 이 일을 최저임금을 받던 젊은 엔지니어, 윌리스 캐리어Willis Carrier에게 맡겼다. 캐리어는 창의적인 해결책을 찾아냈다. 압축 암모니아로 냉각된 코일로 공기를 순환시키면 습도를 55퍼센트로 유지할 수 있었다. 사실상 이 순간 새로운 남부가 태어났다고 말할 수 있다.

캐리어의 발명품을 원한 초기 고객은 직물, 밀가루, 면도날처럼 과도한 습기에 피해를 입거나 담배처럼 실내를 많이 오염시키는 제품을 생산하는 기업이었다. 뒤이어 1906년 캐리어는 '편안함'을 추구하는 완전히 새로운 시장을 탐구하기 시작했다. 그는 이른바 '날씨 제조기weather maker'를 시험할 이상적인 장소로 영화관을 겨냥했다. 역사적으로 영화관은 바깥 날씨보다 실내가 더 더워서 여름에는 문을 닫아야 했다. 캐리어는 영화관의 실내 온도를 바깥보다 낮추면 사람들이 영화뿐만 아니라 시원함을 즐기러 올 것이라고 생각했다. 뉴욕에 있는 영화관은 1910년대부터 에어컨을 설치하기 시작했다. 1938년 무렵 전국에 있는 1만 6,251개의 영화관 가운데 약 1만 5천 개가 에어컨을 설치했으며, '여름 블록버스터'가 나오는 것이 오락업계의 연중행사가 되었다.

남부 기업은 에어컨이 경쟁 구도를 변화시킨다는 사실을 점차 깨달았다. 지역에 따른 최대의 불이익으로 활력을 빼앗는 더위를 극복할 수 있다면 저렴하고 유연한 노동력이라는 지역에 따른 최대의 이점을 활용할 수 있었다(정부에서 실시한 초기 조사에 따르면 사무실에 에어컨을 설치한 뒤 타자수의 생산성이 24퍼센트 높아졌다). 1929년 캐리어는 텍사스주 샌안토니오

San Antonio에 있는 밀람 빌딩Milam Building 전체에 냉기를 공급하는 에어컨을 설치했다. 에어컨은 일터를 견딜 만한 곳으로 만드는 것 이상의 역할을 했다. 에어컨은 남부에서 가공식품뿐 아니라 직물, 컬러 인쇄물, 약품 등 열과 습기에 민감한 제품을 생산할 수 있도록 해주었다. 캐리어의 초기 고객 가운데 하나는 버지니아주 리치먼드에 있는 아메리칸 타바코의 공장이었다. 이 공장은 공조 장치를 활용해 실내의 담뱃가루를 제거했다. 방적회사, 특히 캐롤라이나 지역에 있는 회사는 목화를 북부로 보내지 않고 남부에서 가공하기 시작했다. 마침내 강력한 노조에 떠밀린 수많은 북부 기업은 선 벨트로 옮겨갔다. 한때 현대 산업을 운영하기에는 너무 더웠던 선 벨트는 신경제의 심장부가 되었다.

남부에서 (뉴욕과 시카고를 비롯한) 북부 산업 도시로 떠나는 흑인의 대이주도 남부의 고립을 완화했다. 그 이전에는 북부와 남부는 노동시장과 관련해 두 개의 다른 나라나 마찬가지였다. 노예제가 폐지된 뒤에도 대다수 흑인은 남부 지역 안에서만 이동했으며, 그마저도 멀리 가지 않았다. 그러나 1920년대에 호경기가 찾아오고 제한적인 이민법이 통과되면서 이런 상황이 바뀌었다. 남부 흑인 노동인구의 8퍼센트에 해당하는 61만 5천 명의 흑인이 과거 외국의 이민자가 차지하던 일자리를 메우려 북부로 이주했다. 1925년 무렵, 17만 5천 명의 흑인이 뉴욕시의 25개 구역을 점령하면서 할렘은 NAACP(전미흑인지위향상협회) 사무총장인 제임스 웰든 존슨James Weldon Johnson의 말에 따르면 '세계 최대의 흑인 동네'가 되었다.[25] 이주는 흑인에게 즉각 혜택을 안겼다. 흑인은 백인보다 적은 급여를 받았지만 그래도 남부에 있을 때보다 훨씬 많은 돈을 벌 수 있었다. 또한 이주에 따라 남부의 흑인 문화와 북부가 제공하는 기회가 만나서 할

렘 르네상스와 재즈의 부상이라는 형태로 대규모의 문화적 에너지가 분출되었다.

동시에 남부에서는 전국적 기업이 생겨났다. 그중에서 가장 중요한 기업은 1880년대에 설립되었지만 (1919년에 회사를 인수한) 어니스트 우드러프Ernest Woodruff와 (1923년에 대표가 된) 그의 아들 로버트 우드러프Robert Woodruff의 전반적인 지휘 아래 1920년대에 비로소 전국 무대에 등장한 코카콜라였다. 로버트 우드러프는 회사를 인질로 삼은 병입회사로부터 경영권을 되찾았다. 홍보에 대한 천재적인 감각을 지닌 그는 고속도로 광고권을 대규모로 사들이고, 숨 가쁘지만 활기찬 국가적 분위기를 담아내어 인기를 끈 '상쾌한 휴식'이라는 슬로건을 내걸었다.

클래런스 손더스Clarence Saunders는 1916년, 멤피스에 미국 최초의 셀프서비스 소매점인 피글리 위글리Piggly Wiggly를 열어 소매 산업에 혁명을 일으켰다. 이전에는 모든 물건을 계산대 뒤에 두었다가 손님이 원하는 물건을 말하면 직원이 봉지에 넣어 돈을 받고 넘기는 방식이었다. 손더스는 손님이 일을 하게 만드는 방식을 고안했다. 손님이 회전식 문을 통해 매장으로 들어와 원하는 물건을 바구니에 넣은 다음 출구에 있는 계산대에서 계산하는 방식이었다. 손더스는 일손을 줄이는 새로운 방식이 '높은 가격이라는 괴물을 물리칠 것'이라고 주장했다.

1932년 무렵 손더스는 전국에 걸쳐 2,660개의 피글리 위글리 매장을 두고 1억 8천만 달러의 매출을 올렸다. 그가 멤피스에 지은 대저택인 핑크 팰리스Pink Palace는 현재 박물관으로 운영되고 있으며, 첫 피글리 위글리 매장의 모형이 전시되어 있다. 손더스는 성공에 안주하지 않았다. 그는 월가의 투기적 공격을 막아냈으며, 손님이 원하는 물건을 사면서 가격을 더하도록 해주는 '쇼핑 브레인shopping brain'이라는 원시적 컴퓨터를 실험했다.

시대의 종말

1920년대는 기술적 경이와 물질적 진전의 시대, 대중적 번영과 확산되는 낙관의 시대로, 몰락 이전의 낙원과 약간 비슷했다. 그러나 이 낙원에는 이미 뱀이 기어 다니고 있었다.

소비자 부채가 그중 하나였다. 20세기 초 해마다 실질 소득이 늘어나면서 대규모 소비자 신용 산업이 탄생했다. 이 혁명을 촉발한 백화점과 우편 주문 기업은 부유층뿐 아니라 노동자에게도 외상을 제공했으며, 개인에 대한 지식이 아니라 다양한 관료적 공식을 토대로 신용을 평가했다. 다른 소비재 기업도 비슷한 방식을 채택했다. 자동차 기업이 앞장섰지만 다른 소비재 기업도 결국에는 추세를 따라 피아노, 라디오, 축음기, 진공청소기, 심지어 보석과 의류를 위한 '간편 결제' 제도가 마련되었다. 가구 부채의 규모는 1919년에는 4,200달러였다가 1929년에는 2만 1,600달러로 갈수록 늘었다(둘 다 2017년 달러 기준).[26]

부채를 불러온 최대 요인은 집이었다. 1890~1930년 사이에 주택담보대출을 받기가 훨씬 쉬워졌고, 계약금이 낮아졌으며, 2차 심지어 3차 대출을 받을 수 있는 대안이 늘어났다. 주택담보대출 잔고는 1919년에는 약 120억 달러였다가 1930년에는 430억 달러로 급증했다. 많은 가정은 2차, 3차 대출을 받았다.

하지만 늘어나는 급여와 대출이라는 회전목마가 잠시 느려지면 어떤 일이 일어날까? 공화당 인사인 휴버트 워크Hubert Work는 유권자가 민주당에 투표하지 못하도록 겁주려는 연설에서 뜻하지 않게 이 문제를 제대로 지적했다.

현재 우리 국민 가운데 다수가 수익이나 급여보다 많은 돈을 도박에 걸고 있습니다. 그들은 빚을 내서 집, 라디오, 자동차, 세탁기, 이외에 다른 많은 호사품을 삽니다. 그들은 호황이 계속될 것이라는 데 돈을 걸었습니다. 그러나 호황의 끝없는 고리가 끊어지기라도 하면 빚으로 지탱하는 이 모든 기반이 무너지고, 이전의 어떤 불황기에도 유례가 없었던 고난 속에 수많은 사람을 매몰시킬 것입니다.[27]

또 다른 뱀은 미국 우선 국수주의였다. 반이민법은 오랫동안 저렴한 노동력을 공급하던 원천을 차단해버렸다. 미국 태생 인구 대비 이민자의 비중은 1909~1913년까지 연 1퍼센트였다가 1925~1929년까지 연 0.26퍼센트로 줄었다. 인구증가율은 1870~1913년까지 2.1퍼센트였다가 1926~1945년까지 0.6퍼센트로 줄었다. 이민자 감소는 노동력 공급을 감소시켰을 뿐 아니라(그에 따라 노조의 조직이 쉬워졌을 뿐 아니라) 주택에 대한 장기 수요를 감소시켰다. 그 결과 신용 붐이 일어나는 동안 대량으로 지어진 주택을 매각하기가 더 어려워졌다.

하지만 왜 이런 뱀을 걱정해야 할까? 미국의 성장 기계는 계속 돌아갔고, 미국의 잠재적 경쟁국은 스스로 분열하고 있었다. 또한 1928년에는 뱀을 조련할 사람으로 더없이 적합해 보이는 새로운 대통령이 선출되었다.

허버트 후버는 광산 엔지니어, 국제적 사업가, 국가적 명망가로서 이전의 어떤 대통령보다 나은 이력을 쌓으며 평생을 보냈다. 존 메이너드 케인스는 그가 '지식, 아량, 청렴성'을 갖췄다고 칭송했다. 셔우드 앤더슨 Sherwood Anderson은 그가 "한 번도 알려진 실패를 하지 않았다"고 평가했다. 제1차 세계대전 이후 식량 구호 사업을 이끈 그는 최대 200만 명을 기아로부터 구해냈다. 또한 하딩 정권과 쿨리지 정권에서 상무부 장관을 지낼 때는 한 신문이 지적한 대로 '만사의 장관'으로서 실세 역할을 했다. 워싱턴의 한 익살꾼은 그를 '상무부 장관이자 다른 모든 부처의 차관'이라 일컬었다.[28] 후버는 모든 기계 부품의 규격을 표준화해 국내시장이 더 잘 돌아가도록 만드는 대단히 소중한 일을 했다. 게다가 그는 문학적 영재이기도 했다. 그가 쓴 《미국식 개인주의American Individualism》(1922년)는 미국을 정의하는 속성을 다룬 최고의 책 가운데 하나이며, 《재미와 마음의 정화를 위한 낚시Fishing for Fun and to Wash Your Soul》(1963년)는 대단히 고상한 여가 활동을 훌륭하게 고찰한다.

후버는 경제 부문에 대한 개입을 지향하는 공화주의를 신봉했다. 공화주의는 경제가 올바른 방향으로 가도록 계속 조정하는 당의 책임을 강조했다. 그는 1919년 "고용주가 노동자를 포악하게 다루던 시대는 그 토대인 '자유방임'의 원칙과 더불어 사라지고 있다"고 썼다.[29] 또한 그는 과학, 계획, 효율성의 힘을 거의 페이비언파 수준으로 믿었다. 이 신념은 정부에 대한 접근법뿐 아니라 개인적인 삶도 물들였다. 그는 "미래의 성을 짓기보다 차갑고 시시하며 세밀한 사실, 통계, 성과를 통해 실험과 행동 그리고 인간의 힘을 측정하는 것이 내가 한 일이었다"고 성찰했다. 그가 페이비언파와 결별한 지점은 기업의 적이 아니라 친구가 개입해야 한다는 믿음에 있었다. 그는 정부의 힘을 활용해, 가령 규정을 단순화하고 경기

순환을 완화해 기업이 더 잘 일하도록 만들 수 있다고 믿었다. 후버가 대통령이 된 뒤 가장 먼저 한 일은 미국을 '국가 개발의 다음 단계'로 이끌 지식을 축적하고 실행 계획을 세운다는 야심 아래 최고의 두뇌를 영입한 것이었다. 〈타임〉은 '차분하고, 부지런하고, 흥미롭지 않은 비버의 사회에서 그런 비버 같은 사람은 이상적인 우두머리 비버가 될 것'이라고 논평했다.

그러나 후버의 능력도 곧 한계점을 넘어서는 시험에 놓이게 될 것이었다. 미국은 창조적 파괴의 밝은 측면을 누리며 30년 동안 거의 쉼 없는 경제성장을 이뤘다. 이런 성장 추세는 7년에 걸친 유례없는 호황으로 정점을 찍었다. 이제는 창조적 파괴의 어두운 측면을 접할 차례였다.

7장

대공황

단순히 지리적 측면만 따지면 뉴욕증권거래소는 방대한 미국 땅에서 더없이 주변부에 있었다. 그 위치는 최초의 네덜란드 정착민이 원주민을 막기 위해 세운 방벽의 바로 남쪽으로서 맨해튼 섬의 가장 끝자락이었다. 그러나 경제적 측면에서 뉴욕증권거래소는 대륙 규모의 경제권에(그리고 훨씬 너머까지) 신용을 공급하고 전체 미국 기업의 건강 상태를 보여주는 미국식 자본주의의 심장이었다. 신시내티에서 치약을 제조하든, 디트로이트에서 자동차를 제조하든, 실리콘밸리에서 컴퓨터를 제조하든 대다수 기업은 뉴욕증권거래소를 통해 주식을 유통시켰다.

　월가는 1920년대 미국 경제의 심장으로 자리 잡았다. 주식을 일반인에게 판매하는 중개 사무소의 수는 1925년 706개였다가 1929년 말에는 1,658개로 급증했다. 일일 거래 물량은 1925년에는 170만 주, 1928년에는 350만 주, 1929년 10월 중순에는 410만 주로 늘었다. 월가는 신용으로 넘쳐났다. 새로운 투자자는 25퍼센트의 증거금만 있으면, 다시 말해 매입가의 75퍼센트를 빌려서 주식을 살 수 있었다. 심지어 단골은 10퍼센트의 증거금으로도 매입이 가능했다.[1]

미국의 일부 현자는 강세 시장을 칭송했다. 1927년 주요 금융인인 존 래스콥John Raskob은 〈레이디즈 홈 저널Ladies' Home Journal〉에 실은 글에서 "모두 부자가 되어야 한다"며 형편이 넉넉지 않은 사람도 저축을 주식시장에 넣으라고 조언했다.[2] 1년 뒤 명망 높은 경제학자인 어빙 피셔Irving Fisher는 "주가가 영원한 고원에 이르렀다"고 선언했다.

다른 사람은 회의적이었다. 1927년 주가가 급등하자 상무부 장관인 허버트 후버는 월가에서 '정신 나간 잔치'가 벌어지고 있다고 비판하면서 주식시장을 폐쇄할 방법을 찾기 시작했다.[3] 그러나 이 잔치는 시작하기보다 멈추기가 더 어려웠다. 대기업은 갈수록 많은 비중의 이익을 생산적 투자에서 주식 투기로 돌렸다. 새로운 투자자는 증거금만으로 계속 주식을 사들였다(전하는 이야기에 따르면 조셉 케네디Joseph Kennedy는 1928년 7월 구두닦이가 내부 정보를 달라고 아첨하는 모습을 본 뒤 갖고 있던 주식을 전부 처분했다). 월가가 다른 어떤 곳보다 나은 수익을 안기면서 해외에서 돈이 쏟아져 들어왔다. 30개 종목으로 구성되어 당시 일반적인 시장 척도로 활용된 다우존스 산업평균지수Dow Jones Industrial Average는 1928년 초 191포인트에서 1929년 9월 1일 381포인트까지 치솟았다.

그러다가 마침내 음악이 멈췄다. 1929년 10월 주가가 37퍼센트나 폭락했다. 증거금만으로 주식을 매입한 사람은 모두 쓸려나갔다. 수많은 전문 투자자도 큰 손해를 입었다. 고층 건물에서 뛰어내리는 주식 중개인의 이미지가 국민의 의식에 각인되었다.

한동안 대폭락은 흔적을 남기지 않은 채 가끔 밤하늘을 가로지르는 무시무시한 혜성처럼 보였다. 주식 보유자의 비중은 여전히 소수에 머물렀다.[4] 주가가 폭락하는 와중에도 무너지는 대기업이나 은행은 없었다.

1930년 4월, 다우존스 산업평균지수는 1929년 초 수준으로, 즉 1926년 수준보다 약 두 배로 회복되었다. 〈뉴욕타임스〉는 1929년에 가장 중요한 뉴스는 버드Byrd 해군 소장이 남극을 탐험한 것이라고 경쾌하게 선언했다.[5]

그러나 아래 그래프가 분명하게 보여주듯이 주가 반등은 단기적이었으며, 하락이 재개되었다. 주가는 1932년 바닥을 칠 때까지 계속 폭락했다. 이 시점의 주식 가치는 고점에 비해 11퍼센트에 불과했으며, 월가는 유령 동네가 되었다. 2천 개의 투자사가 파산했다. 뉴욕증권거래소에 자릿값은 대폭락 이전에는 55만 달러였지만 이후에는 6만 8천 달러까지 떨어졌다. 증권회사는 매달 궁핍한 중개인이 거리에서 사과를 팔아 수입을 보충할 수 있도록 무급 휴가를 주는 '사과의 날'을 만들었다. 존 래스콥이

다우존스 산업평균지수
월 단위 표기, 1921년 1월~1940년 12월

1929년 '가난한 소년이 월가에서 부자가 되도록 해주는 미국식 삶의 방식'6에 대한 기념비로 세운 엠파이어 스테이트 빌딩은 '엠프티 스테이트 빌딩Empty State Building'7이라는 별명을 얻었다. 유니언 리그 클럽Union League Club에는 휴지 조각이 된 증권으로 벽을 도배한 방이 있었다.

역사학자들은 주가 폭락이 대공황을 불러온 정도를 탐구했다. 한 주요 기업 역사학자는 "1929년 10월 말에 일어난 사건과 대공황 사이에 인과관계가 드러난 적이 없다"고까지 주장했다. 이 주장은 설득력이 떨어진다. 계량경제학적 분석에 따르면 자산 가격의 변동은 그 자체로 GDP에 상당한 영향을 미치며, 전후 GDP 성장에서 차지하는 비중이 거의 10퍼센트에 이르렀다.8 1927~1932년까지 주식과 자산이 GDP에서 차지하는 비중이 전후와 거의 비슷했다는 점을 감안할 때 주식시장의 붕괴는 분명히 상당한 '부의 효과'를 일으켰을 것이다. 2008년의 위기는 금융 위기가 레버리지를 많이 쓴 불량 자산을 수반할 경우 경제 전반에 피해를 입힌다는 사실을 상기시키는 또 다른 사례였다.9 1920년대 주식은 불량 자산을 제공했으며, 증권사의 대출은 레버리지를 제공했다. 금융 위기는 경제 전반으로 퍼져나가는 전염성 강한 파산 사태를 일으켰다. 1929년 말부터 1933년 초까지 전반적인 경제활동이 위축되었다. 1932년 무렵 산업생산, 실질 GDP, 물가가 1929년 수준에 비해 각각 46퍼센트, 25퍼센트, 24퍼센트 낮아졌다. 주식 보유자의 자산 가치는 증발했다. 기업 투자는 1929년 130억 달러였다가 1933년 40억 달러 미만으로 줄었다.

노동자의 일자리는 연기처럼 사라졌다. 1933년 3월, 일자리를 찾지 못하고 공적 지원도 받지 못한 수십만 명의 실직자가 뉴욕시, 디트로이트, 워싱턴 DC, 샌프란시스코를 비롯한 여러 도시에서 시가행진을 벌였다.

한 산업이 위축되면 대개 다른 산업도 위축된다. 자동차 산업은 1929~1933년까지 생산량을 3분의 2나 줄였다. 뒤이어 철강 수요, 철광석과 석탄 수요가 감소했다. 민간 부동산(주거용 및 비주거용) 실질 투자는 75퍼센트 줄었다. 뒤이어 벽돌, 모르타르, 못, 통나무 그리고 모든 건설 자재에 대한 수요가 줄었다. 이런 생산 감소에 따른 노동력 수요 감소는 거듭 경제 전반으로 퍼져나갔다. 건설이 줄면서 배관공이나 지붕 이는 사람 같은 인력에 대한 수요뿐 아니라 벌목공처럼 자재를 공급하는 사람이나 배빗처럼 주택을 판매하는 사람에 대한 수요도 줄었다.

실업률이 가장 심각한 집단은 주요 산업도시에 거주하는 남성이었다. 1933년 오하이오주 클리블랜드는 50퍼센트, 톨레도는 80퍼센트의 실업률을 기록했다. 당대의 유명 저술가 가운데 한 명인 에드먼드 윌슨Edmund Wilson은 1932년 세상에 돼지고기를 공급하는 돼지 도살꾼의 도시hog butcher for the world(칼 샌드버그Carl Sandburg의 〈시카고〉라는 시에 나오는 구절—옮긴이)인 시카고를 방문했을 때 보았던 늙은 폴란드 이민자의 모습을 세상에 전했다. 그 이민자는 "추운 날씨에 난방도 안 되는 집에서 종양으로 죽어가고 있었다." 또한 그가 찾아간 간이 숙박소에서는 '폐렴'과 '척수막염'이 손 쓸 수 없을 지경으로 퍼지고 있었으며, "엄청난 고통 속에 9명의 척추를 부러트렸다." 쓰레기 수거차가 쓰레기를 내려놓으면 수백 명이 몰려들어 '막대기와 맨손으로' 쓰레기 더미를 파헤쳤다. 그들은 심지어 상한 고기까지 주워 '심하게 썩은 부위만 잘라내거나' 소다를 뿌린 뒤 먹었다. 한 과부는 '구더기를 보지 않으려고' 고기를 줍기 전에 안경을 벗었다.[10]

풍요의 땅은 역경의 땅으로, 기회의 땅은 무너진 꿈의 땅으로 바뀌었다. 10년에 걸친 절망은 톰 크로머Tom Kromer의 《희망 없는 삶Waiting for

Nothing》(1935년), 에드워드 앤더슨Edward Anderson의 《굶주린 사람들Hungry Men》(1935년), 존 더스 패서스John Dos Passos의 《유에스에이U.S.A.》(1930~1936년), 존 스타인벡John Steinbeck의 《분노의 포도The Grapes of Wrath》(1939년) 같은 때로는 뛰어난 일련의 소설 속에서 기억되었다. 절망은 인구 변화에도 각인되었다. 1920년대 16퍼센트가 늘어난 인구는 1930년대에는 7퍼센트밖에 늘어나지 않았다. 《분노의 포도》에 나오는 조드Joad 가족을 비롯한 수많은 사람이 대평원과 남부처럼 심한 타격을 입은 지역에서 캘리포니아나 북부 혹은 심지어 해외로 이주했다. 1932~1935년까지 미국 역사상 처음으로 국내로 들어오는 이민자보다 국외로 나가는 이민자가 더 많았다.

대공황은 비슷한 다른 나라가 겪은 어떤 공황보다 더 심했다. 대공황이 정점에 이르렀을 때 노동인구의 약 4분의 1이 일자리를 잃었다. 게다가 기간도 길어서 무려 12년 넘게 지속되었다. 미국 경제는 제2차 세계대전 기간(1941~1945년) 동안 증산에 나서기 전까지 완전한 생산력을 회복하지 못했다. 미국이 한 번의 대공황이 아니라 부진한 회복기를 사이에 두고 두 번의 대공황을 겪었다는 주장도 논쟁의 여지가 있다. 이 주장에 따르면 첫 번째 대공황은 1929년 8월부터 1933년 3월까지 43개월 동안, 두 번째 대공황은 1937년 5월부터 1938년 6월까지 13개월 동안 지속되었다. 그 사이에 이뤄진 회복은 지지부진했다. 6년에 걸친 회복 후에도 실질 산출량은 역사적 추세보다 25퍼센트 아래에 머물렀고, 민간 노동시간은 1933년의 저점보다 약간 높은 수준이었으며, 실업률은 11퍼센트였다.[11]

이후 그 당시 '공황 속 공황' 혹은 더 날카롭게는 '루스벨트 불황'이라 불린 위기가 찾아오면서 경제는 다시 곤두박질쳤다. 1939년의 실업률은 루스벨트가 대통령이 되기 전인 1931년보다 더 높았다. 미국의 실업률은 전 세계 16대 산업국의 평균인 11.4퍼센트보다도 훨씬 높았다. 1939년 5월 9일에 열린 하원 세입위원회Ways and Means Committee 청문회에서 루스벨트 행정부의 재무부 장관일 뿐 아니라 루스벨트의 친구이자 뉴욕 북부의 이웃이기도 한 헨리 모겐소Henry Morgenthau는 다음과 같이 거의 뉴딜이 실패했음을 시사하는 발언을 했다.

> 우리는 돈을 쓰려고 노력했습니다. 이전에 없던 수준으로 돈을 썼지만 효과가 없습니다. … 저는 국민이 일자리를 찾는 모습을 보고 싶습니다. 국민이 식량을 충분히 구하는 모습을 보고 싶습니다. 우리는 약속을 한 번도 지키지 못했습니다. … 이번 정부가 집권한 지 8년이 지났지만 처음 시작할 때만큼 실업률이 높습니다. … 게다가 부채도 어마어마합니다![12]

무엇이 대공황을 일으켰나?

허버트 후버는 《회고록Memoirs》의 서두에서 이 질문에 대한 답을 제시했다. 그 답은 "넓게 보면 대공황의 주된 요인은 1914~1918년에 벌어진 전쟁이었다." 후버는 베르사유조약이 연합국에게는 산더미 같은 부채, 독일에게는 비현실적인 배상금이라는 부담을 지워서 전쟁의 끔찍한 피해를 가중시킨 양상에 초점을 맞췄다. 1916~1919년까지 미국의 국가 부채는 12억 달러에서 250억 달러로 급증했다. 그중 거의 절반은 연합국에게 빌려줄 재원을 마련하는 데 소요되었다. 연합국은 독일에게 최대한 많은 배상금을 받아내려 애쓰는 와중에도 차관을 제대로 갚지 못했다.

1929~1932년까지 거의 모든 연합국이 채무 이행을 거부했다(핀란드가 존중할 만한 유일한 예외였다). 미국은 그 대응으로 보호주의를 채택했다.

사실 전체적인 이야기의 규모는 이보다 훨씬 크다. 공황은 금본위제와 연계된 고정 환율이 뒷받침하는 안정된 세계 질서가 와해된 결과였다. 또한 전쟁이 발발하고 강대국들이 경제적, 재정적 영향력이 분배되는 양상의 변화에 적응하고 지속 가능한 새로운 체제를 구축하지 못한 결과이기도 했다.

전쟁 이전에 세계경제 질서의 중심은 런던이었으며, 영란은행이 금본위제를 통해 질서를 잡았다. 영국은 단연코 세계를 선도하는 금융 강대국이었다. 전 세계에 상품을 유통시키는 무역 신용의 3분의 2, 금액으로는 연간 약 5억 달러가 런던을 거쳐 갔다.[13] 영국의 압도적인 경제적 우위와 국제적 역할에 대한 영국 지배층의 확고한 의지가 결합해 기존 체제를 충분히 원활하게 작동시켰다. 영국은 신속하고 단호하게 개입해 체제를 조정하면서 맡은 역할을 대단히 잘해냈다. 다른 유럽 강국, 특히 금이 풍부한 프랑스도 문제를 해결하는 데 나름의 역할을 했다. 가령 1890년 베어링스은행Barings Bank이 아르헨티나에 내준 현명치 못한 대출 때문에 파산할 뻔한 적이 있었다. 런던 금융시장이 불안정해지자 프랑스와 러시아의 중앙은행은 영란은행에 자금을 빌려줘서 위기를 막아냈다. 영란은행이 대단히 많은 자금을 융통하고 전문적으로 활용할 수 있다는 사실만으로도 시장을 안심시키기에 충분했다. 케인스의 표현에 따르면 영국은 '국제 오케스트라의 지휘자'였다.

제1차 세계대전은 영향력의 중심이 유럽(그리고 영국)에서 미국으로 옮겨가는 과정을 앞당겼다. 이 변화는 전쟁 전에 이미 상당히 진행된 상태였다. 그러나 유럽의 강대국들이 전쟁에서 미국보다 훨씬 많은 피를 흘리고 물자를 소모하는 바람에 변화의 속도가 한층 빨라졌다. 전쟁 이전에 유럽의 네 산업국인 영국, 독일, 프랑스, 벨기에는 통틀어 미국보다 훨씬 많은 산출량을 기록했다. 그러나 1920년대 말에는 미국이 유럽을 크게 앞섰다. 또한 전쟁 이전에 미국은 자본 순수입국으로 1914년 22억 달러의 외자를 수입했다. 그러나 전쟁 후에는 순수출국으로 변신해 1919년 64억 달러의 자본을 수출했다. 전쟁이 끝났을 때 연합국이 미국 재무부에 진 전쟁 부채는 120억 달러에 이르렀다. 그중 영국의 부채는 50억 달러, 프랑스의 부채는 40억 달러였다. 미국은 전 세계에 존재하는 금의 상당 부분을 축적해 세계적 리더십을 공고히 다졌다. 리아콰트 아메드^{Liaquat} ^{Ahamed}는 《금융의 제왕들Lords of Finance》에서 미국을 포커판에서 더 이상 게임이 안 될 만큼 많은 칩을 끌어모은 플레이어에 비유했다.[14]

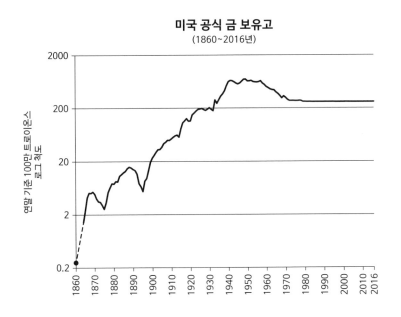

미국 공식 금 보유고
(1860~2016년)

사실상 금 보유고가 바닥나고 경제가 무너진 영국은 국제 질서의 지휘자 역할을 하기에는 너무 힘이 약했다. 문제는 미국이 지휘대에 오를지 여부였다.

미국의 등극을 막은 것은 유럽의 자존심과 미국의 무책임성이었다. 유럽의 주요 강대국은 모두 (전쟁 기간 동안 포기했던) 금본위제로 돌아가는 것을 급선무로 꼽았다. 그러나 그들은 줄어든 경제력을 반영해 환율을 조정하는 데 실패했다. 당시 영국의 재무부 장관이던 처칠이 금본위제로 복귀하면서 교환 기준을 1파운드스털링당 4.86달러 혹은 금 1트로이온스당 4.25파운드로 정한 것이 가장 파국적인 사례였다. 이 교환 기준은 세계대전으로 유럽 문명이 파괴되기 이전 수준, 실로 미국이 독립을 선언할 때와 같은 수준이었다. 파운드의 가치를 과대평가한 결과는 삼중고였다. 우선 과거의 환율로는 영국이 경쟁력을 가질 수 없었기 때문에 실물경제가 타격을 입었다. 산업이 어려워지면서 국민들은 불필요한 고통에 시달렸다. 석탄 같은 수출산업이 위축되었고, 실업률이 급등했으며, 노조는 총파업을 일으켰다. 1931년 노동인구의 22퍼센트가 실직 상태에 이르렀고, 금 보유고가 빠르게 고갈되었다. 결국 영국 정부는 아이작 뉴턴 경이 1717년 금 평가gold parity를 실시한 이래 평시 최초로 금본위제를 버렸다. 그에 따라 달러 대비 파운드의 가치가 (1파운드스털링당 4.86달러에서 3.25달러로) 3분의 1 이상 떨어졌다. 영국 시장과 밀접한 스칸디나비아 국가와 발트해 국가를 필두로 일본, 뒤이어 남미의 대다수 국가도 뒤를 이을 수밖에 없었다.

'야만적 유물'에 대한 케인스의 온갖 예시에도 불구하고, 문제는 추상적인 금본위제가 아니라 거의 모든 선진국이 막대한 유지 비용과 이자 손실을 감수하면서 전후 달러 대비 환율을 전쟁 이전의 경쟁력 없는 수준으로 고정시켰다는 데 있었다. 국제경제를 옭아맨 것은 케인스가 말한 황금 족쇄가 아니라 자존심의 족쇄였다. 세계의 주요 중앙은행은 지금도 금을 준비통화로, 또한 적절한 경우에는 교환수단으로 중시한다. 2017년 말 기준으로 미국의 금 보유고는 7,430톤이며, 주요국 중앙은행(국제통화기금과 국제결제은행 포함)의 금 보유고는 2만 3,100톤이다. 러시아조차 자본주의의 토템이라며 금을 보유하지 않던 구소련이 1991년 해체된 뒤 1,670톤의 금을 축적했다. 공산당이 이끄는 중국도 케인스가 말한 유물을 공식적으로 1,670톤 보유하고 있다.

동시에 미국은 영국으로부터 국제 오케스트라의 지휘자 자리를 넘겨받는 데 실패했다. 영국은 패권 국가로서 제 역할을 해낼 자신감을 갖고 있었다. 반면 미국은 새로운 역할을 잘해낼지 확신하지 못했다. 국제적 감각을 지닌 일부 미국인은 국제 정세에서 좀 더 책임 있는 역할을 맡는 것이 미국의 국익에 보탬이 된다고 생각했다. 우드로 윌슨은 미국이 적극적으로 관여하지 않으면 유럽을 성공적으로 재건할 수 없다는 관점을 유지했다. 사실상 J.P.모건의 사실상 수장인 토머스 러몬트Thomas Lamont는 미국이 교역과 금융의 복잡한 관계망을 통해 국제경제와 얽혀 있다고 주장했다.

이런 목소리는 고립주의자의 반론에 부딪혔다. 그들은 미국이 구세계와 그 부채, 적대감, 전쟁과 얽히지 말아야 한다고 생각했다. 하딩은 고립주의자의 의견을 신경 쓴 나머지 다양한 국제 은행 컨퍼런스에 공식 파견단 대신 J.P.모건의 은행가를 개인 자격으로 보냈다. 복잡한 정세를 감안할 때 지휘자의 역할을 넘겨받는 일은 아무리 여건이 좋아도 대단히 어려울 것이 분명했다. 게다가 국민 다수가 지휘대에서 끌어내릴 의지가 확고하다면 애초에 불가능한 일이었다.

　미국의 무책임한 태도를 보여주는 최악의 사례는 1930년 제정된 관세법을 통해 900개의 공산품과 575개의 농산품에 대한 관세를 평균 18퍼센트 인상한 것이었다.[15] 이 법안은 아둔한 경제적 식견을 단적으로 드러냈다. 63년 뒤 북미자유무역협정을 놓고 벌어진 TV 토론에서 당시 부통령인 앨 고어Al Gore는 로스 페로에게 이 법안을 주도한 윌리스 홀리Willis Hawley 오리건주 하원 의원과 리드 스무트Reed Smoot 유타주 상원 의원의 사진이 담긴 액자를 선물했다. 현재 일부 경제사학자 사이에서는 관세법이 어느 정도나 대공황을 불러왔는지 따지는 일이 유행하고 있다. 미국의 관세는 건국 이후부터 높은 수준이었다. 1922년 제정된 포드니 맥컴버Fordney-McCumber 관세법은 관세를 거기서 더 높였다. 스무트-홀리 관세법은 적용 대상 품목에 대한 평균 관세를 40퍼센트에서 48퍼센트로 높여 적잖은 상품의 가격을 8퍼센트 높이는 결과를 불러왔다. 다른 나라들은 스무트-홀리 관세법이 제정되기 전부터 관세를 높이기 시작했다. 이 법안이 통과되기 1년 전에 미국의 수입량은 이미 15퍼센트나 줄었다. 그래도 이 법안은 미국이 국제 교역 질서의 리더라는 영국의 역할을 넘겨받지 못했음을 보여주는 핵심 사례였다.

　스무트-홀리 관세법은 특수 이익단체에 직면했을 때 경제적 논거가 얼마나 허약한지 보여주는 또 다른 사례였다. 어빙 피셔는 1,028명의 경제학자를 규합해 법안에 반대하는 청원을 제기했다. 324개의 신문은 의회에 법안을 통과시키지 말라고 촉구했다. 저명한 칼럼니스트 월터 리프먼은 관세를 '멍청함과 탐욕이 낳은 끔찍하고 해로운 산물'이라 일컬었다.

네브래스카주 공화당 상원 의원인 조지 노리스George Norris는 관세법을 '완전히 정신 나간 보호주의'에 따른 것이라고 비판했다. 토머스 러몬트는 "거의 무릎을 꿇고 허버트 후버에게 터무니없는 스무트-홀리 관세법에 거부권을 행사해달라고 빌었다." 1929년 9월에는 23개 교역국이 관세 인상에 대한 우려를 표명했다.

미국의 대중은 특수 이익단체보다 전문가의 편을 드는 존경스럽고도 현명한 모습을 보였다. 서신비서관은 대통령에게 "이 나라에서 관세법에 대한 항의만큼 거센 항의가 이뤄졌던 적이 없다"고 보고했다.[16] 그러나 전문가의 경고와 국민의 불만에도 불구하고 관세법은 판에 박힌 정치적 절차를 거치는 동안 갈수록 나빠졌다. 사실 이 법안은 1920년대 초부터 힘든 시기에 직면한 농민을 돕는다는 비교적 소박한 취지에서 출발했다. 농민은 농업도 평균적으로 관세가 두 배나 높은 산업과 같은 수준으로 보호해달라고 요구했다. 많은 지지자에게 '관세 평등'은 농업 관세를 높이는 것뿐 아니라 산업 관세를 낮추는 것을 뜻했다. 그러나 당시 〈이코노미스트〉에 실린 글에 따르면 "관세법은 입법 계획이 수립되자마자 개악의 도가니로 던져졌다. 정치인들은 서로 결탁해 온 힘을 다해 도가니를 젓는 일에 나섰다." 비판론자들은 새로운 관세를 펜실베이니아주 공화당 상원 의원이자 펜실베이니아제조업협회Pennsylvania Manufacturers' Association 회장인 조셉 그런디Joseph Grundy의 이름을 따서 '그런디 관세'라 불렀다. 그는 누구라도 정치자금을 기부하면 더 높아진 관세를 대가로 얻을 수 있다고 말했다. 기득권층은 더 탐스러운 결과를 얻으려고 애썼다. 책임감 있는 정치인은 뒤로 물러섰다. 결국 허버트 후버는 여섯 개의 황금펜으로 3,300개 품목에 종량세를 물리는 괴물 같은 법안에 서명했다.

이 법은 곧 반격을 불러왔다. (우드로 윌슨의 노력에도 불구하고 미국이 아직 가입하지 않은) 국제연맹League of Nations은 심해지는 국제적 불경기를 극복하기 위해 '관세 휴전'이라는 아이디어를 확산시켰다. 그러나 스무트-홀리 관세법은 휴전이 전쟁으로 바뀌는 데 일조했다. 해외 국가는 국제 교역을 감소시키는 폭넓은 수단(관세, 수입 쿼터, 외환 관리)을 통해 대응에 나섰다. 가령 자신이 지켜보는 가운데 관세가 인상된 것에 분노한 스위스는 미국산 타자기, 자동차, 라디오에 관세를 부과했다. 독일은 (자급자족의 독일은 팽창주의적 독일이 될 것이라는 암묵적 협박과 함께) 국가적 자급자족 정책을 선언했다. 1846년 곡물법Corn Law을 폐기한 이래 자유무역을 지지해온 영국조차 1932년 2월 보호주의를 받아들여 관세를 인상하고 연방 국가 및 소수의 우호적인 교역국에 특혜를 부여했다. 그 결과 국제 거래 규모는 1929년 360억 달러 수준이었다가 1932년 약 120억 달러로 줄었다.[17]

대공황이 스스로 힘을 키우는 경향은 어빙 피셔가 말한 '부채 디플레이션'으로 한층 강화되었다. 1920년대의 대출 폭증은 소득이 꾸준하게 늘어나는 한 순조롭게 이뤄졌다. 그러나 실업률이 상승하고 실질 소득이 정체되면서(혹은 감소하면서) 문제가 확대되었다. 국민이 진 부채는 늘어나는 반면 상환 능력은 감소했다. 디플레이션으로 채무자가 소비를 줄이면서 물가가 더욱 하락했다. 물가 하락은 전반적인 경기 침체로 이어졌다. 1934년 초부터 평균적인 미국 도시에 거주하는 주택 보유자 가운데 3분의 1 이상이 주택담보대출을 연체했다.

부채 디플레이션은 또한 전반적으로는 관세, 구체적으로는 스무트-홀리 관세법에 따른 관세의 악영향을 증폭시켰다. 관세는 수입액이 아니라 수입량(가령 파운드당 몇 센트)을 기준으로 부과되었다. 그래서 1929년 디플레이션이 발생했을 때 실효 관세율이 상승해 수입을 저해했다. 1932년 부과 대상 수입품에 대한 평균 관세는 59퍼센트로, 1830년의 짧은 기간을 제외하고는 그 어느 때보다 높았다. 관세법이 관세를 20퍼센트 높였다면 디플레이션은 그 절반만큼을 다시 높였다. 국제 교역은 와해되었다. 1932년 미국의 수출입은 1929년 수준의 3분의 1에 불과했다.

부채 디플레이션은 농업 부문에서 두드러졌다. 농민은 유럽의 경쟁국이 종종 농사를 짓지 못했기 때문에 제1차 세계대전 동안 그 어느 때보다 번영을 누렸다. 이 기간에 해외 수요가 급증하면서 농산물 가격이 두 배로 뛰었다. 농민은 농기계에 투자하거나 변두리 땅을 개간하기 위해 돈을 많이 빌렸다. 종전 후에도 농산물 물가가 폭락하지 않자 예상대로 농민은 또 다시 투자와 투기에 나섰다. 그러다가 상황이 바뀌었다. 유럽에서 농업이 회복되면서 미국산 농산품에 대한 수요가 줄었다. 그러나 농업 경기가 원래 그렇듯이 농민은 변하는 여건에 맞춰서 전략을 바꾸지 못했다. 결국 부채 디플레이션의 주기가 시작되었다. 가격 하락은 일련의 위기를 촉발했다. 과도한 부채를 진 농민은 대출금을 갚지 못했고, 농촌 지역 은행은 고객의 채무 불이행으로 파산했으며, 과도하게 개간된 변두리 땅은 황폐해졌다. 농장 압류율은 1913~1920년 사이에는 3퍼센트였다가 1921~1925년 사이에는 11퍼센트, 1926~1929년 사이에는 18퍼센트로 올랐다. 1933년 무렵 농민의 거의 절반이 담보대출을 연체했다.

미국의 특이한 은행 시스템은 불길에 기름을 부었다. 은행 서비스에 대한 수요가 급증하면서 대단히 파편화되고 거의 정비되지 않은 시스템이 만들어졌다. 캐나다에는 각각 전국에 지점망을 갖추고, 충분한 자금과 폭넓게 분포된 주주, 다양화된 고객을 확보한 네 개의 은행이 있었다.[18] 반면 미국에는 대부분 자본이 충분치 않고, 52개의 규제 체제로부터 규제를 받으며, 부침이 심한 지역 경제에 의존하는 2만 5천여 개의 은행이 있었다. 호시절에도 은행이 파산하는 경우가 흔했다. 1920년대 연간 500개가 훌쩍 넘는 은행이 파산했다. 1929~1933년 사이에는 전국 은행의 40퍼센트(9,460개)가 파산했다. 1930년에는 미합중국은행Bank of the United States(공식적 지위에 따른 것이 아니라 영리한 마케팅의 일환으로 붙은 이름)이 그때까지 최대 규모의 파산 사태를 일으키면서 2억 달러 규모의 예금을 동결시켰다.[19] 1932년에는 문제가 더욱 커졌다. 10월에 네바다 주지사는 위기가 퍼지는 것을 막기 위해 은행 영업을 중지시켰으며, 이후 38개 주가 '은행 휴업bank holiday'을 선포했다.

미국 정치체제의 특이성은 불길에 더 많은 기름을 부었다. 국부들은 1932년 11월에 대선을 치른 뒤 새 대통령이 3월에 취임하기까지 3개월이 넘는 간극을 두었다. 새 대통령이 집에서 수도까지 힘든 여행을 할 충분한 시간을 주기 위한 조치였다. 이 관습은 기차, 자동차, 심지어 비행기가 도입된 뒤에도 1932년까지 유지되었다(1933년 1월에 수정헌법 20조가 통과되면서 취임 날짜가 1월로 당겨졌다). 그래서 후버가 1932년 11월에 두 개 주만 빼고 모든 주에서 지는 창피한 패배를 당하면서 대폭락 이래 보존했던 모든 유산을 잃은 뒤 루스벨트가 3월에 취임하기까지 실질적인 대통령이 없는 상태가 이어졌다. 후버는 루스벨트의 협조가 없으면 새로운 일을 벌이지 않으려 했다. 루스벨트는 정당하게 권력을 잡기 전까지 기다리고 싶어했다. 두 사람의 관계는 서로를 불쾌하고 공격적으로 대하는 지경까지 전락했다. 후버는 루스벨트의 취임식 날 같은 마차를 타고 가면서 루스벨트와 한마디의 말도 나누지 않았다. 워싱턴이 마비되면서 은행은 파산했고, 기업은 무너졌으며, 공포가 확산되었다.

연준의 대응도 부실했다. 연준 이사 가운데 유일하게 유능한 은행가는 뉴욕 연준 의장인 벤저민 스트롱Benjamin Strong이었는데 그마저 1928년에 사망했다. 다른 이사들은 존 케네스 갤브레이스John Kenneth Galbraith의 표현에 따르면 '놀랄 만큼 무능'했다. 1923~1927년까지 연준 의장을 지낸 대니얼 크리싱어Daniel Crissinger는 2류 사업가이자 실패한 의원이었지만 워런 하딩과 어린 시절 친구였던 덕분에 높은 자리에 올랐다.[20] 연준은 여전히 일을 배워가고 있었다. 연준은 통화정책을 결정하는 가장 강력한 도구인 공개시장 운영을 우연히 알게 되었다. 제1차 세계대전 후 새로 만들어진 일부 연준 지역 은행은 다른 은행과 거래가 거의 없었다. 정책 결정자는 예상되는 비용을 충당할 수익을 내지 못할까 우려했다. 그래서 1922년 전반기에 수익을 창출하기 위해 이자 수입을 안기는 국채 매입을 늘렸다. 이 조치는 전국에 걸쳐 상업은행의 준비금을 늘리는 뜻하지 않은 효과를 일으키면서 단기 금리를 떨어트렸다. 연준은 곧 엄청나게 강력한 수단이 자신의 손에 쥐어져 있음을 깨달았다. 즉, 공개시장에서 채권을 매입하면 신용 여건과 금리를 느슨하게 만들 수 있었고, 마찬가지로 채권을 매각하면 금리를 상승시켜 신용 여건을 죄일 수 있었다. 1922년 3월, 연준은 뉴욕 연준에 나머지 12개 연준 은행의 채권 투자를 조율하는 역할을 맡기기로 결정했다. 몇 달 뒤에는 지금의 연방공개시장위원회Federal Open Market Committee가 만들어졌다.

연방공개시장위원회는 내부의 분열 때문에 종종 마비되었다. 연준은 영국으로 자금이 유입되도록 촉진하기 위해 파운드스털링의 가치를 유지시키려는 목적으로 금리를 너무 낮게 유지하는 바람에 1926~1928년의 투기 열풍을 자극했다. 뒤이어 1928년과 1929년에는 과보정으로 금리를 3.5퍼센트에서 6퍼센트까지 너무 심하게 올리는 바람에 기업인이 투자 자금을 구하기 어렵게 만들었다. 연준은 또한 방화벽을 제대로 구축하지 않아서 1930년 12월에 일어난 미합중국은행의 도산 같은 은행 도산 문제에도 기여했다. 밀턴 프리드먼과 애너 슈워츠Anna Schwartz가 기념비적 저서인 《미국 화폐사Monetary History of the United States》(1963년)에서 보여준 대로 은행 도산은 시중에 유통되는 통화량을 3분의 1 이상 감소시켰다. 뒤이어 연준은 1931년 가을에 달러의 가치를 유지하려고 금리를 급격하게 올려 절박한 상황을 더 악화시켰다.

이런 과오의 목록을 되돌아볼 때 당시 상황을 감안하는 일이 중요하다. 정책 결정자는 여전히 국가경제를 어렴풋이 파악할 수밖에 없었다. 대공황의 충격이 있고 나서야 연준은 사이먼 쿠즈네츠와 전미경제연구소를 통해 국민소득계정에 대한 포괄적인 자료를 만들도록 정부를 설득할 수 있었다. 세상은 이전에 대공황을 겪은 적이 없었다. 정책 결정자는 지도 없이 세계를 휩쓴 폭풍우 속을 항해해야 했다. 대폭락 1년 뒤, 많은 미국인은 고통스럽기는 해도 분명 1920년의 갑작스러운 경기 수축만큼 나쁘지 않은 보통의 경기 하락을 겪고 있다고 생각했다. 나쁜 소식을 상쇄할 좋은 소식도 많았다. 1929년의 실업률은 역대 최저 수준인 2.9퍼센트였고, 라디오, 영화, 비행기가 이끄는 신경제가 번창하고 있었으며, 기업 실적도 탄탄했다.

나라가 유례없는 폭풍우 속으로 휘말리고 있다는 사실이 분명해졌을 때도 정책 결정자는 다양한 경제 부문이 어떻게 상호작용하는지 명확하게 이해하지 못했다. 물론 웨슬리 클레어 미첼Wesley Clair Mitchell은 1913년

경기 주기가 작동하는 양상을 제시했다. 그러나 1929년의 대폭락이 일으킨 혼란스러운 먼지를 꿰뚫기에는 너무나 부족했다. 강도와 기간 측면에서 대공황에 견줄 만한 유일한 대상은 1893년 발생한 불황이었다. 그러나 그때는 작은 정부와 운명론적 정치의 시대여서 정부가 입장을 고수하며 창조적 파괴가 일어나도록 놔둘 수 있었다. 반면 1930년대가 되면서 국민은 정부가 '무슨 일이든 하기를' 바랐지만 그 일이 '무엇'인지는 알지 못했다. 연방 정부는 작았다. 1929년의 총지출은 GDP의 3퍼센트에 해당하는 31억 달러에 불과했다. 1929년 연준은 생긴 지 겨우 15년밖에 되지 않았으며, 여전히 길을 더듬어 나아가는 중이었다. 강단 경제학자는 공황에 대처하는 방법을 알려주지 못했다. 대처법을 알았다고 해도 주어진 시간에 큰 차이를 만들 시스템을 구축할 수 있었을지는 불분명했다.

위기 외면

경제를 더욱 강하게 옥죄는 대공황의 가장 두드러진 피해자는 허버트 후버였다. 미국 역사상 누구 못지않게 많은 칭송을 받으며 취임한 대통령이었던 그의 명성은 시들고 죽어버렸다. 정치판에서 가장 가차 없던 루스벨트 진영의 독설가는 대공황을 '후버 공황', 수많은 지역에서 생기고 있는 판자촌을 '후버촌Hooverville', 노숙자가 밤에 덮고 자는 신문을 '후버 담요'라 불렀다.[21] 뒤이어 역사학자는 후버를 복지부동 공화당원으로 평가했다.

복지부동에 대한 비난은 헛소리였다. 분명 아무것도 하지 말아야 한다고 믿었던 공화당원도 있었다. 후버가 쿨리지 정권에서 물려받은 재무부 장관인 앤드루 멜런은 전면적인 청산이 대공황에 대한 최고의 해법이라며 이렇게 조언했다.

노동자를 청산하고, 주식을 청산하고, 농민을 청산하고, 부동산을 청산해야 합니다. … 그래야 시스템의 부패를 정화할 수 있습니다. 높은 생활비는 내려가고, 헤픈 생활은 사라질 것입니다. 국민은 더 열심히 일하고, 더 도덕적으로 살 것입니다. 가치관은 조정되고, 진취적인 사람은 덜 유능한 사람들 사이에서 두각을 드러낼 것입니다.

후버는 복지부동파가 아니었다. 실제로 그는 회고록에서 멜런의 청산주의적 조언을 비판하면서 그 조언을 무시한 것을 공로로 내세웠다. 그는 현대 자본주의 경제에는 행동주의 정부의 인도가 필요하다고 확고하게 믿었다. 그는 취임한 지 이틀 만에 연준 인사와 만나 주식시장의 거품에 대해 논의했고, 주기적으로 금리 인상부터 마진 거래 억제까지 다양한 대처 방안을 지지했다. 책상에 전화기를 둔 최초의 대통령인 그는 종종 J.P.모건의 토머스 러몬트에게 전화를 걸어 시장 상황을 살피는 것으로 일과를 시작했다.[22] 그는 경기가 둔화되자 감세와 인프라 투자를 제안해 신속한 대응에 나섰다. 또한 기업계 리더를 백악관으로 불러 임금 수준을 유지한다는 확약을 받아내 구매력 약화를 막았다. 주요 손님 가운데 한 명이던 헨리 포드는 즉시 자동차 가격을 낮추고 직원 급여를 하루 7달러로 올렸다.

후버의 문제는 정치술을 거의 이해하지 못했다는 것이었다. 심지어 우군조차 그가 "너무 기계 같다"고 걱정할 정도였다. 적들은 그가 냉정하고 비정하다고 비난했다. 그는 사람의 자존심을 세워주는 법을 몰랐다. 수사학을 동원해 자신의 구상을 밀어붙일 줄도 몰랐다. 한마디로 그는 통치를 잘하려면 산문뿐 아니라 운문도 필요하다는 사실을 몰랐다.

일부 정치인은 힘든 시기를 맞아 적극적인 대처에 나섰다. 후버의 입지는 위축되는 것처럼 보였다. 기껏해야 이상한 발언으로 머리기사를 장식하는 정도였다. 가령 그는 특유의 축 처지는 말투로 공황을 극복하는 최선의 방법은 모두가 웃는 것이라고 주장했으며, 심지어 윌 로저스^{Will} ^{Rogers}에게 공황을 물리칠 우스개를 써달라고 요청하기까지 했다. 전혀 사교적이지 않은 그는 어두운 구석자리로 물러났다. 용기를 불어넣는 법을 전혀 몰랐던 그는 따분한 기술적 국정 운영으로 물러났다. 그는 임기 말에 눈에 띄게 지친 모습을 보였다. 충혈된 눈에 핏기 없는 얼굴로 새벽부터 황혼까지 책상에만 앉아 있을 뿐 사람들과 어울리거나 국민에게 용기를 불어넣는 일을 하지 않았다.

반면 민주주의 시대의 위대한 정치인 가운데 한 명인 후임 대통령은 정반대였다. 루스벨트는 영국 귀족처럼 허드슨 밸리^{Hudson Valley}의 드넓은 저택에서 자랐으며, 그로턴^{Groton}과 하버드에서 공부했다. 그는 자신에게 통치자가 될 권리와 그 권리를 행사할 능력이 있다고 확신했다. 동시에 그는 대서양 맞은편에 있는 처칠과 마찬가지로 보통사람의 감각을 지닌 귀족이기도 했다.

후버가 어두웠다면 루스벨트는 밝았다. 후버는 절망에 굴복했지만 루스벨트는 확고한 낙관론자였다. 그가 보기에 모든 먹구름에는 후광이, 모든 문제에는 해법이 있었다. 그는 해밀턴이 《연방주의자》 논집 70권에서 제시한 원칙, 즉 '지도자의 활기는 좋은 정부를 정의하는 주된 속성'이라는 원칙을 몸소 실천했다. 그는 정치적 측면에서는 가만히 앉아 사정이 나아지기를 기다리기보다 설령 틀린 일이라도 하는 것이 낫다는 사실을 본능적으로 알았다. 그는 1932년 5월 22일에 한 오글소프 대학Oglethrope University 연설에서 "우리나라는 과감하고 끈질긴 실험이 필요하며, 제가 성정을 잘못 이해한 것이 아니라면 그런 실험을 요구합니다"라고 말했다. 그의 구상은 종종 즉흥적이고, 모순되며, 부실했다. 전쟁부 장관인 헨리 스팀슨Henry Stimson은 루스벨트의 생각을 따라가는 것은 "텅 빈 방에서 이리저리 비치는 햇빛을 좇는 일과 같다"고 말했다.²³ 루스벨트는 실수도 잦았다. 그가 추진한 주요 사안 가운데 하나인 국가산업재건법은 실패작이었다. 그래도 그는 문제를 해결하려는 사람에게는 실행과 실험에 전적으로 헌신하는 리더가 필요하다는 사실을 깨달았다.

어떤 대통령도 루스벨트만큼 대중 연설을 잘 활용하지 못했다. 그는 국민의 사기를 북돋는 일련의 연설을 했다. 그중에서 가장 특기할 만한 취임 연설에서는 국민에게 두려움 말고는 두려워할 것이 하나도 없다고 말했다. 그는 라디오의 힘을 활용해 국민에게 더 가까이 다가갔다. 그는 임기 내내 '난롯가 대화'라는 이름의 15분짜리 라디오 연설을 통해 국민의 불안을 달래는 동시에 극단적인 정책의 충격을 완화했다. 다른 대통령은 로마 원로가 원로원에서 연설하듯 국민에게 연설하는 관습을 갖고 있었다(케네디는 '국가에 묻지 말라'는 취임 연설에서 이 관습을 되살렸다). 반면 루스벨트는 집에 찾아온 다정한 삼촌처럼 국민에게 말을 걸었다. 그는 "건물을 짓는 석공, 계산대 뒤의 소녀, 밭에서 일하는 농부의 모습을 그리려고 노력합니다"라고 말했다.

루스벨트는 무엇이 미국을 병들게 했는지 그리고 어떻게 병을 고칠 것인지 안다고 확신하는 지식인을 주위에 두었다. 이른바 두뇌위원회Brain Trusters로 불리는 그들은 1920년대 말과 1930년대 초에 루스벨트 주위로 모여든 진보적 학자와 법률가들이었다. 어떤 사람은 루스벨트가 "주방 내각kitchen cabinet(앤드루 잭슨 대통령의 비공식 자문단을 일컫는 말—옮긴이)이나 테니스 내각tennis cabinet(루스벨트가 자주 테니스를 같이 치던 젊은 관료들을 일컫는 말—옮긴이)보다 학사모와 학사 가운 내각cap and gown cabinet에 더 의존했다"고 지적했다. 학사모와 학사 가운 내각의 창립 회원은 컬럼비아 대학 법학 교수인 레이먼드 몰리Raymond Moley였다. 다른 주요 회원으로는 컬럼비아 대학 로스쿨 교수이자 《현대 주식회사와 사유재산》(1932년)의 공저자 가운데 한 명인 아돌프 벌, 컬럼비아 대학의 경제학자인 렉스포드 터그웰Rexford Tugwell이 있었다. 20세기 초 진보 지식인의 혈통을 이은 그들은 진보파의 모든 미덕(그리고 악덕)을 극단으로 밀어붙였다. 그들은 무엇보다 정부의 힘을 믿었다. 유럽의 농업을 연구하러 간 터그웰은 구소련에서 정부의 계획이 농업을 성공시키는 비결이라는 확신을 얻고 돌아왔다(비판론자는 그를 '빨갱이 렉스'나 '뉴딜의 레닌'이라 불렀다). 벌이 《현대 주식회사와 사유재산》에 담은 핵심 주장은 정부가 규제하지 않으면 기업이 공공선을 중대하게 위협한다는 것이었다.[24]

진보파는 대기업 문제를 둘러싸고 두 진영으로 갈라졌다. 루이스 브랜다이스Louis Brandeis는 '거대함' 자체가 저주라고 생각했다. 그가 제시한 해결책은 정부의 힘으로 힘의 집중을 막고 경쟁을 강화하는 것이었다. 다른 사람은 집중이 효율성의 지표이며, 집중의 방향을 공공선으로 돌리는 것이 답이라고 생각했다. 위스콘신 대학 총장인 찰스 밴 하이스Charles Van

Hise는《집중과 통제Concentration and Control》(1912년)에서 미국은 기업이 갈수록 커질 수밖에 없는 후기 자유방임주의 시대로 접어들었다고 주장했다. 그의 주장에 따르면 이런 '집중'은 정부의 '통제'로 균형을 잡기만 하면 잘못된 것이 아니었다. 두뇌위원회는 열성적으로 친거대화 주장을 두둔했다. 실제로 그들은 밴 하이스를 선지자로,《집중과 통제》를 성경으로 떠받들었다. 그들은 산업계에서 형성되는 복합기업을 번영과 자유에 대한 위협으로 보았다. 그들은 소수 산업 재벌에게 너무 많은 부가 집중되면 수요가 줄어들고, 소비자가 고갈될 수 있으며, 그들에게 너무 많은 권력이 집중되면 민주주의가 훼손된다고 주장했다. 그러나 규제의 형태로 집중을 통제하면 잠재적 악덕이 미덕으로 바뀔 수 있었다. 밴 하이스는 거대 정부의 힘을 활용해 거대 기업의 힘을 상쇄해야 한다고 주장했다.[25]

역사의 창조

루스벨트는 1933년 3월 4일 정오에 취임 선서를 했다. 그날, 자본주의 경제의 주요 윤활제인 은행 시스템은 붕괴 상태에 있었다. 후버 행정부 통화감독청장comptroller of the currency의 말에 따르면 '낙타의 등을 부러트린 지푸라기'는 미시간주 주지사가 1933년 2월 14일 은행 휴업을 선포한 것이었다. 그에 따라 극심한 혼란이 발생했다. 2월 15일부터 3월 8일까지 예금 인출이 급증했으며, 시중에 풀린 통화량이 거의 20억 달러나 늘었다. 뉴욕 연준 은행에서 인출되는 금의 양도 크게 늘어났다. 그에 따라 연준 은행권 대비 금 보유고의 비중이 법정 수준인 40퍼센트보다 훨씬 낮은 24퍼센트로 줄었다(뒤이어 연준은 금 보유 요건 적용을 유예했다). 카네기 멜런 대학Carnegie Mellon University의 앨런 멜처Alan Meltzer가 추정한 바에 따르면 1933년 3월 4일에 영업을 마감하면서 48개 주 가운데 35개 주의 은행이 은행 휴업을 선포했다. 루스벨트는 3월 5일에 첫 행정명령으로 모호한 연방 정부의 권한에 따라 전체 은행의 영업을 중단시켰다.

은행 폐쇄는 예금 인출 사태를 재연하지 않고 영업을 재개하는 일보다 쉬웠다. 루스벨트는 새로운 행정부에 이 까다로운 임무를 수행할 역량이 없다는 사실을 깨달았다. 다행히 재무부 장관인 오그덴 밀스Ogden Mills가 이끌고 연준 의장인 유진 메이어Eugene Meyer가 포함된 이전 정권의 팀이 후버 임기 마지막 해에 혼란을 일으키지 않고 은행 영업을 재개하기 위한 묘안을 마련했다. 바로 재정 건전성을 기준으로 은행을 3등급으로 나누고, 철저하게 심사한 다음 단계별로 영업을 재개하는 것이었다. A등급 은행이 가장 먼저 문을 열었다. B등급 은행은 연준으로부터 대출을 받아 유동성을 확보한 다음 뒤이어 문을 열었다. C등급 은행은 필요하다면 주식을 발행하는 조건으로 자본 투입을 비롯한 특별 지원을 받거나 사업을 정리해야 했다. 그러나 안타깝게도 루스벨트는 취임 이전에 은행 개혁을 위한 후버의 정책에 연대하지 않으려 했다. 그 대신 취임하자마자 긴급은 행법Emergency Banking Act을 통과시켜달라고 의회를 설득했다. 이 법은 루스벨트에게 은행 예금을 100퍼센트 보증할 수 있는 권한을 부여했다. 그는 3월 12일의 첫 '난롯가 대화'에서 그 중요성을 강조했다. 그가 금융 상황을 너무나 잘 설명한 나머지 월 로저스는 은행가도 이해할 수 있을 정도라고 농담했다.[26] 이후 몇 달 동안 예금자들은 수십억 달러어치의 현금과 금을 '매트리스' 아래에서 은행으로 되돌렸다.

뒤이어 루스벨트는 최대 5천 달러(이후 수차례 금액이 오름)까지 개인 예금을 보증하는 연방예금보험공사Federal Bank Deposit Corporation를 만들었다. 한때 자본주의의 두드러진 속성이었던 예금 인출 사태는 이제 드문 일이 되었다. 루스벨트는 또한 증권거래위원회Securities and Exchange Commission를 설립해 증권산업을 개혁하고 기업이 대차대조표, 손익계산서, 이사회 명단 같은 자세한 정보를 공개하도록 강제했다. 그때까지 월가는 정보에 대한 특별한 접근권을 누린 J. P. 모건 같은 소수 내부자가 지배했다. 그러나 이제부터는 정보가 훨씬 폭넓게 제공되었고, 개미 투자자도 동등한 기회를 누릴 수 있었다. 루스벨트는 또한 의회가 쥐고 있던 무역정책에 대한 핵심 통제권을 백악관으로 가져왔다. 그에 따라 무역과 관련해 여러 계파의 의원이 서로에게 중요한 산업을 보호해주며 '결탁'해온 의회의 권한이 줄어들었다. 이전에는 사탕수수를 많이 재배하는 루이지애나의 의원이 감자를 많이 재배하는 아이오와의 의원을 위해 투표하는 식이었다.

루스벨트는 자본주의의 잘못된 배선을 고치려고 노력하면서 첫 100일 동안 사람들을 일자리로 되돌리는 데 몰두했다. 그는 25만 명의 청년을 고용해 삼림 관리, 홍수 통제, 미화 사업에 투입하는 공공근로단Civilian Conservation Corps을 만들자고 제안했다. 또한 연방 정부의 실업 지원 자금을 주 정부로 할당하는 연방긴급구호청Federal Emergency Relief Administration을 만들자고 제안했다. 그리고 낙후된 지역의 경제 개발을 촉진하기 위해 테네시 계곡 개발 공사Tennessee Valley Authority를 설립하는 등 과감한 지역 개발 사업을 벌였다.

루스벨트는 '미국 의회가 제정한 가장 중요하고 파급력 강한 법'으로 칭한 국가산업재건법과 함께 취임 100일을 마무리했다. 이 법은 연방 정부가 지정한 산업에서 최대 노동시간과 최저임금을 규제할 수 있도록 했으며, 더욱 급진적으로는 노동자에게 노조 결성권과 파업권을 부여했다. 또한 이 법에 따라 국가재건청National Recovery Administration과 공공사업청 Public Works Administration이 설립되었다. 국가재건청은 전체 산업에서 생산을 규제하고, 정부의 지시에 따라 가격과 임금을 올리는 등 정부가 뒷받침하는 카르텔화cartelization의 방대한 절차를 진행했다. 또한 반독점법을 유예시켰을 뿐 아니라 근본적으로 국가 산업을 정부가 지시하는 트러스트의 네트워크로 조직했다. 이런 조치는 미국의 전통으로부터 놀랄 만큼 거리가 먼 것이었다. 공공사업청은 야심 찬 공공 건설 사업을 추진했다. 루스벨트는 6월 16일 의회에서 넘어온 최종 법안에 서명하면서 "우리나라의 삶에서 오늘 그 어느 하루보다 많은 역사가 창조되었다"는 적절하면서도 다소 겸손하지 않은 발언을 했다.[27]

농촌 지역을 위해 국가산업재건법과 같은 역할을 한 것은 농업조정법 Agricultural Adjustment Act이었다. 이 법의 목적은 '과잉 생산'을 방지하고 농산물 가격을 안정시키는 것이었다. 농기계가 일손에 대한 수요를 줄이고 도시 일자리가 더 높은 임금을 제공하면서 수십 년 동안 많은 사람이 농촌을 떠났다. 1930년대는 이런 변화에 두 가지 복잡한 요소가 더해졌다. 우선 농촌 노동자는 도시에 일자리가 없어서 농촌에 머물러야 했다. 또한 스무트-홀리 관세법 때문에 미국산 농산물에 대한 유럽의 수요가 줄었다. 그 결과 종종 도시보다 농촌이 더 심한 빈곤에 시달렸다. 루스벨트는 (농민에게 농사를 짓지 않는 대가를 지불해) 생산을 제한하고 가격을 끌어올려서 문제를 해결하려 시도했다.

이런 작용은 불가피하게 우파 진영뿐 아니라 좌파 진영에서도 반작용을 불렀다. 사회주의 진영의 만년 대선 후보인 노먼 토머스Norman Thomas는 뉴딜을 '기침약으로 폐렴을 치료하려는' 시도라고 폄하했다. (좋은 정부와 사회적 평등에 대한 강한 신념을 지닌 수많은 스칸디나비아 출신 이민자의 영향으로) 진보주의의 오랜 전통을 지닌 위스콘신주의 주지사인 로버트 라폴레트Robert La Follette는 루스벨트가 부의 평등한 분배 측면에서 훨씬 더 멀리 나아가야 한다고 주장했다. 사회 고발 소설가인 업턴 싱클레어는 사유재산을 몰수하고 이윤 추구를 금지한다는 공약을 내걸고 캘리포니아 주지사 선거에 출마했다. 또 다른 캘리포니아 사람으로 이전에는 무명의 의사이던 프랜시스 타운센드Francis Townsend는 모든 사람에게 60세부터 은퇴 자금으로 200달러를 지급하는 계획을 제안해 전국적 인물이 되었다. 이는 지금 돈으로 연간 4만 5천 달러에 해당하는 금액이었다. 설문 조사 결과 56퍼센트의 국민은 타운센드의 계획을 지지했다. 심지어 의회에 이 계획을 입법하라는 청원에 1천만 명이 서명했다. 한편 우파 인사인 윌리엄 랜돌프 허스트William Randolph Hearst는 사적인 자리에서 루스벨트를 '스탈린 델라노 루스벨트Stalin Delano Roosevelt'라 불렀다. 그가 만든 언론사에서 일하는 편집자는 기사에서 '뉴딜'을 '로딜Raw Deal(나쁜 정책이라는 뜻—옮긴이)'로 바꿔 썼다.[28] 허스트가 만든 28개 신문 가운데 하나는 1936년 대선 유세 기간에 '모스크바는 루스벨트를 지지한다'라는 머리기사를 실었다.[29]

가장 강력한 비판은 좌우를 가르는 손쉬운 분류 방식을 거스르는 포퓰리스트로부터 제기되었다. 루이지애나 주지사에 이어 상원 의원이 된 휴이 롱은 어떤 정치인보다 약삭빠르게 1934년 2월 "모두가 왕이지만 누구도 왕관을 쓰지 않는다"라는 구호 아래 국부공유계획Share Our Wealth Plan을 발표했다. 그는 석유 채굴로 갑작스레 얻은 수익을 복지 사업과 인프라 건설에 투자하면서 자기 고향을 대상으로 자신의 정책을 광고했다. 루이지애나는 대단히 가난한 주임에도 불구하고 그의 임기 동안 뉴욕과 텍사스를 제외하고 다른 어떤 주보다 많은 도로를 건설했다. 또한 교육 부문이 낙후했음에도 루이지애나 주립대학이라는 인상적인 새 대학을 설립했다. 찰스 코글린은 미시간주 로열 오크Royal Oak에 있는 라디오 스튜디오에서 부를 나누자는 포퓰리즘과 유대인을 비난하는 인종주의가 뒤섞인 특이한 설교를 했다. 그는 '아주 오래전부터 증오를 낳고, 검을 만들고, 인류를 파괴한 추악한 금본위제'를 고발했으며, 청취자에게 '모건, 쿤 로엡Kuhn-Loeb, 로스차일드Rothschild, 딜런 리드Dillon-Read와 같은 가문들과 연준 은행가'에 맞서 봉기할 것을 촉구했다.[30] 이 조합은 대단히 인기가 많았다. 하루에 쏟아져 들어오는 편지가 너무 많아서 따로 우체국을 둬야 할 지경이었으며, 그의 설교집은 100만 부 넘게 팔렸다. 코글린은 처음에는 루스벨트의 팬으로 '뉴딜은 그리스도의 일'이라고 선언했다. 그러나 그의 과도한 자만심과 특이한 정치적 입장을 감안할 때 두 사람의 사이가 곧 멀어지는 것은 당연한 귀결이었다. 이후 코글린은 다양한 국제적 음모의 대리인이라며 루스벨트를 맹비난했다.

루스벨트는 안전망을 제공하는 사회보장, 경기 촉진책을 제공하는 공공사업진흥청Works Progress Administration, 노조의 권리 강화를 포함하는 2차 뉴딜 정책으로 이런 비난에 대응했다. 이 정책의 수혜자는 그를 강력하게 지지하는 사람들이었다. 1935년 1월 17일 발표된 사회보장법은 7개월 뒤인 8월 14일에 제정되었다. 이 법안은 단기적으로 경기를 부양하는 것이 아니라 영구적인 복지 혜택을 제공하는 것이 목적이었기 때문에 훨씬 중요한 의미를 지니고 있었다. 특히 정부와 국민의 관계를 영구적으로 바꾸는 것이어서 20세기에 제정된 국내 관련 법안 가운데 가장 파급력이 크다고 말할 수 있었다. 미국은 뒤늦게 사회보장에 나섰다. 1880년대 독일에서 비스마르크가 의무적인 사회보장제도를 수용한 이후 다른 유럽 국가도 뒤를 이었다. 심지어 자유방임주의를 따르는 영국도 20세기 초에 의무적인 사회보장제도를 도입했다. 미국은 지역적 다양성과 자발적 행동에 대한 믿음을 선호했다. 그러나 루스벨트와 뉴딜 정책 지지자는 대공황을 계기로 삼아 연방 정부가 복지 혜택을 제공하고 필요에 따르지 않는 사회보장제도를 만드는 획기적인 변화를 일으켰다.

루스벨트는 1936년 권력층, 즉 그가 보기에 나라를 불황으로 몰아넣었으며 뉴딜을 좌절시키려고 애쓰는 이기적이고 근시안적인 기업 엘리트에 맞서 국민을 대변하는 사람으로 재선 유세를 벌였다. 그는 1936년 1월 3일 발표한 연두교서에서 '깊이 자리 잡은 탐욕스러운 집단'을 이렇게 비판했다. "그들은 이기적 권력을 되찾으려 합니다. … 그들이 마음대로 하도록 놔두면 과거의 모든 전횡을 되풀이하면서 자기들만을 위한 권력을 휘두르고, 국민을 노예로 삼을 것입니다." 또한 필라델피아에서 한 대선 후보 수락 연설에서는 자신이 '경제적 왕정주의자'와 맞서는 것을 1776년 미국이 영국에 맞선 것에 빗댔다. 1936년 10월 31일 뉴욕 매디슨 스퀘어 가든에서 열광하는 청중에게 들려준 연설은 계급적 증오의 냄새까지 풍겼다. 그는 '기업계와 금융계의 독점, 투기, 무모한 은행, 계급적 적대, 전쟁을 통한 부당 이익 추구'에 매달리는 '오랜 적들'을 나열하면서 자신에 대한 그들의 증오를 환영한다고 밝혔다. 그는 1937년 더 큰 권한과 야심을 지닌 채 백악관 집무실로 돌아갔다.

뉴딜에 대한 평가

　뉴딜은 미국 정부의 권한을 영구적으로 강화했다. 또한 미국에서 가장 존경받는(그리고 미움받는) 대통령으로서 루스벨트의 입지를 굳혔다. 정치학자인 새뮤얼 루벨Samuel Lubell은 미국에는 대개 해의 당sun party(의제를 추진하는 여당)과 달의 당moon party(그 의제에 반응하는 당)이 있다고 주장했다. 공화당은 뉴딜 이전에 30년 동안 해의 당이었다. 그러나 뉴딜 이후에는 민주당이 레이건 이전까지 해의 당이 되었다. 일식을 불러온 사람은 린든 존슨Lyndon Johnson이었다.

　1936년 루스벨트가 알프 랜든Alf Landon을 상대로 거둔 승리는 미국 역사상 가장 일방적인 승리였다. 그는 이전의 어떤 후보보다 많은 표를 얻었다. 총 득표수는 2,800만 표였고, 표 차이는 1,100만 표였다. 그는 메인과 버몬트를 제외하고 모든 주에서 승리했으며, 1820년 제임스 먼로가 사실상 적수 없이 선거를 치른 이후 가장 높은 비중의 선거인단 득표(523표 대 8표)를 기록했다. 루스벨트가 의회 선거에 미친 영향력은 엄청났다. 민주당은 하원에서 331석, 상원에서 76석을 차지했다. 공화당의 하원 의석은 89석에 그쳤다. 민주당 의원이 너무 많아서 초선 의원은 공화당 자리에 앉아야 할 정도였다.

　루스벨트의 재임 기간에는 다른 이야기가 펼쳐졌다. 첫 임기 말인 1935년 5월, 연방 대법원은 국가산업재건법에 헌법 불합치 판결을 내렸다. 7개월 뒤에는 농업조정법에 대해서도 같은 판결을 내렸다. 나이 많은 판사를 젊고 동조적인 판사로 교체해 연방 대법원을 굴복시키려던 루스벨트의 시도는 중도 유권자뿐 아니라 여당으로부터도 심한 반발을 샀다. 민주당은 이른바 '법원 재구성court packing' 계획이 헌법의 핵심인 견제와 균형의 원칙을 훼손한다고 비판했다.

법원 재구성 논쟁은 루스벨트의 재임 기간 동안 상당한 기력을 앗아갔다. 민주당은 1938년 중간선거에서 상원 6석, 하원 71석을 잃었다. 게다가 잃은 의석은 대부분 뉴딜을 열성적으로 지지하던 지역에서 나온 것이었다. 1939년 의회가 재소집되었을 때 로버트 태프트Robert Taft가 이끄는 공화당은 루스벨트 지지 연합에서 많은 남부 민주당 의원을 이탈시킴으로써 루스벨트가 추진하는 국내 법안을 상당수 저지했다. '루스벨트 불경기'는 경제적 성공에 대한 명성에 흠집을 냈다. 뉴딜 시대의 막바지에는 헨리 모겐소 같은 열성 지지자도 등을 돌렸다.

그러나 재임 기간 동안 수많은 오판을 저지르고 실망을 안기기는 했지만, 루스벨트는 적어도 당분간은 서로를 싫어하는 것보다 공화당을 더 싫어하는 거대 유권자 집단을 규합하는 데 성공했다. 남부 백인은 남북전쟁 때문에 공화당을 싫어했고, 북부 소수계는 청교도 기업인이라서 공화당을 싫어했다. 루스벨트는 정부로부터 혜택을 받고 싶어하는 다수의 다른 유권자를 지지 세력에 추가했다. 거기에는 시장의 변동으로부터 보호받기를 원하는 농업 노동자, 플라톤이 말한 수호자 역할을 하고 싶어하는 지식인, 정부의 권한이 확대될 때마다 혜택을 보는 공무원, 대공황으로 특히 심한 타격을 입은 흑인이 포함되었다. 루스벨트 정권은 거의 앵글로 색슨계 백인으로만 구성되지 않은 최초의 정권이었다. 그의 내각에는 천주교도, 유대인, 여성이 포함되었으며, 엘리너 루스벨트Eleanor Roosevelt는 직책 없는 내각 구성원으로서 남편의 첫 두 임기 동안 40만 킬로미터 넘게 여행했다.[31]

1930년대의 기이한 특징 가운데 하나는 실업률이 높은 시기에 노조 가입률이 급등했다는 것이다(아래 그래프 참고). 그 이유는 뉴딜 정책으로 노조가 꿈꾸던 권한이 주어졌기 때문이다. 이 변화는 사실 루스벨트 정권이 아니라 후버 정권에서 시작되었다. 1932년에 제정된 노리스-라과디아 법Norris-La Guardia Act은 법원이 파업 중단 명령을 내릴 수 있는 권한을 제한했다. 이 법은 기업주가 1920년대 효과적으로 사용하던 무기를 빼앗으면서 워싱턴의 달라진 분위기를 알렸다. 1933년에 제정된 국가산업재건법 7(a)절은 노동자에게 단체교섭권과 대표선임권을 부여했다(연방 대법원이 국가산업재건법을 무효화했지만 전국노동관계법National Labor Relations Act은 7(a)절을 되살렸으며, 지금도 남아 있는 전국노동관계위원회National Labor Relations Board를 낳았다). 이 법의 효과로 노조 가입률이 급등하면서 1945년에는 비농업 부문 노동자 가운데 약 3분의 1이 노조에 가입하게 되었다.

노조 가입률
(1880~1998년)

루스벨트는 정책 결정의 수뇌부로 새로운 전문가를 영입했다. 두뇌위원회는 수많은 신임 관료를 이끌고 들어와 뉴딜 정책에 따른 복잡한 규제를 실행하는 임무를 맡겼다. 헨리 루이스 멩켄은 이 젊은 변호사, 학자, 규제 책임자를 '고루한 어린 훈장, 일자리 없는 YMCA 간사, 3류 저널리스트, 고객 없는 변호사, 날뛰는 양계업자'라 불렀다.[32] 루스벨트가 1932년에 입성한 워싱턴은 별다른 일이 일어나지 않는 나른한 남부 도시 같았다. 그러나 1930년대 말에는 월가를 대체해 나라의 박동하는 심장이 되었다. 법무부 반독점국 소속 변호사는 수십 명에서 거의 300명으로 늘었다. 국가재건청은 4,500명의 직원을 거느렸다. 하급 뉴딜 관계자들이 포기 바텀Foggy Bottom이나 조지타운Georgetown 같은 조용하던 동네로 몰려와 칵테일파티 같은 문화를 만들었다. 젊은이들은 칵테일파티에서 새로 얻은 음주의 자유를 즐겼으며, 나라를 바꾸는 꿈을 꾸었다. 메리 듀슨Mary Dewson은 워싱턴이 "활짝 열린 개미굴만큼 활발하다"고 말했다.[33]

　무엇보다 루스벨트는 정부와 국민의 관계를 바꾼다는 진보파의 숙원을 이뤘다. 뉴딜 이전에 미국은 전반적으로는 거대 정부, 구체적으로는 연방 정부를 유난히 의심스럽게 바라보았다. 미국 정부는 대다수 유럽 국가의 정부보다 작았으며, 권한은 여러 층위의 산하 기관으로 폭넓게 분산되었다. 반면 뉴딜 이후 연방 정부는 미국 사회의 중심부를 차지했다. 요컨대 루스벨트는 유연한 시장을 추구하는 고도로 탈중심화된 정치경제 체제를 물려받아서 수요 관리, 국가 복지제도, 의무적 단체교섭을 추구하는 워싱턴 중심의 정치경제 체제로 변모시켰다.

　가장 눈에 띄는 변화는 규모 확대였다. 1930년에 연방 정부는 GDP의 4퍼센트 미만을 소비했으며, 최대 공공 고용 기관은 우체국이었다. 또한 소수의 국민(1929년에는 400만 명, 1930년에는 370만 명)만 소득세를 냈다.[34] 그러던 것이 1936년에는 연방 정부가 GDP의 9퍼센트를 소비했으며, 노동인구의 7퍼센트를 고용했다. 루스벨트는 세수 기반을 부지런히 넓혔다. 1920년대 말에 주 정부와 시 정부의 지출은 연방 정부의 비국방 부문 지출보다 거의 세 배나 많았다. 그러던 것이 1936년에는 연방 정부의 비국방 부문 지출이 주 정부와 시 정부의 지출을 합친 것보다 훨씬 많았다.

단순한 수치는 변화의 정도를 축소시켰다. 뉴딜 관계자들은 권력을 워싱턴에 집중시키는 두 가지 체제를 구축했다. 하나는 (인프라 투자를 비롯한) 국내 경기 부양 사업을 연방 정부가 재원을 대고 주 정부와 시 정부가 집행하는 체제였다. 다른 하나는 국방 지출과 노령 연금을 국가가 관리하는 체제였다. 주 정부와 시 정부에 대한 국가 보조금이 국가 지출에서 차지하는 비중은 1932년에 5.4퍼센트였다가 1940년에 8.8퍼센트가 되었다(심지어 1934년에는 16.4퍼센트까지 올라가기도 했다). 연방 정부는 규제를 통해 은행부터 전력, 사회보장까지 모든 것에 대한 통제를 확대했다. 또한 크게 늘어난 경비를 대기 위해 다양한 형태(개인 소득세, 급여세, 기업세 등)로 연방 소득세를 높여 권력을 키웠다.

동시에 루스벨트는 거대 정부를 줄기차게 칭송하면서 깊이 자리 잡은 태도를 바꾸는 데 도움을 주었다. 그는 1934년 9월 난롯가 대화에서 이렇게 말했다. "개인의 자유로운 행동에 의지하는 오랜 방식은 매우 부적절해질 것입니다. … 우리가 정부라고 부르는 체계적인 통제 기구의 개입이 필요해 보입니다." 또한 그는 한층 편안한 분위기에서 이렇게 밝혔다. "이런 경제적 폭정에 맞서 미국 시민은 오직 정부의 체계적인 권한에 호소할 수 있습니다."[35] 그에 따라 미국인들이 최후의 수단으로 여기던 정부가 이제는 주류로 진입하게 되었다.

루스벨트가 취한 가장 교묘한 조치는 가장 흔한 민간 은퇴 연금인 확정급여형 연금과 비슷한 정부 연금을 만든 것이었다. 이 조치는 마술처럼 사회보장을 (오명을 수반하며, 폐지될 수 있는) 자선에서 근로소득세의 일부를(고용주가 내는 동일 금액과 함께) 모아 이자를 받는 '권리'로 바꾸었다. 이론적으로 신탁 기금이 고갈되면 급여액은 수급자가 납입한 금액으로 제한된다. 그러나 현실적으로는 은퇴 연금이 고갈될 무렵이 되면 의회가 (대개 일반세입에서 전용하거나 같은 목적을 가진 입법 조치를 통해) 다시 채워 넣어서 사회보장 연금을 직접적인 정부의 채무로 만들었다. 납입액과 급여액 사이에는 정확한 상관관계가 없었으며, 기금이 말라갈 때 급여액이 깎이지도 않았다.

그럼에도 사람들은 그럴 것이라고 생각했다. 루스벨트는 이 착각을 조장하는 것이 중요하다는 사실을 완벽하게 이해했다. 그는 사회보장 재원을 소득세가 아닌 급여세로 마련하는 것에 대한 질문을 받고 이렇게 대답했다. "급여세로 연금을 납입하게 만든 이유는 납입자에게 연금 급여와 실업 급여를 받을 법률적, 도덕적, 정치적 권리를 부여하기 위해서입니다. 급여세가 들어가면 어떤 나쁜 정치인도 감히 제가 만든 사회보장제도를 없애지 못할 것입니다. 급여세는 경제적 문제가 아니라 바로 정치적 문제입니다."[36]

미국을 뉴딜 국가로 전환하는 과정은 전혀 순탄치 않았다. 루스벨트가 전시에 보여준 탁월한 리더십은 4년에 걸친 재임 기간에 국내 사안에서 겪은 숱한 문제로부터 그를 구출해주었다. 진보 성향의 북부 사람과 보수 성향의 남부 사람이 맺은 연합은 유지하기 힘들었다. 보수파는 계속 대열에서 이탈해 공화당에 투표했다. 전후에 제공된 사회보장 혜택은 전혀 보편적이지 않았다. 1946년 기준으로 65세 이상 국민 6명 가운데 1명만이 매달 연금 급여를 받았으며, 노동자 가운데 3분의 1은 급여세를 면제받았다. 공화당과 남부 민주당이 맺은 '부정한 연합'은 뉴딜 주의 추가 확장을 계속 좌절시켰다.[37] 특히 남부 민주당원을 루스벨트의 우군으로 유지하려면 남부의 흑인 노동자를 '마땅한 자리'에 묶어두기 위해 농장과 집안에서 일하는 사람을 사회보장제도에서 배제하는 대가를 치러야 했다.[38] 그럼에도 루스벨트는 오랜 전쟁에서 승리했다. 그는 워싱턴의 심장부에 거대한 행정 기구를 만들고 사회보장이 자선에 따른 선물이 아니라 정당한 권리임을 모두에게 설득했다. 그 결과 부정한 연합의 일시적 이점이 얼마나 크든 간에 정치적으로 위축시킬 수 없는 체제가 만들어졌다.

정치에서 경제로

뉴딜을 평가하는 진정한 척도는 정치 연합을 이뤄내는 데 얼마나 성공했느냐가 아니라, 미국을 대공황에서 구해내는 데 얼마나 성공했느냐다. 이런 측면에서 자료를 바라보면 훨씬 부정적인 평가가 나온다. 뉴딜에 대해 가장 비판적인 판정을 내린 것은 2차 공황이었다. 루스벨트가 대규모 경기 부양책을 동원한 이후 1935~1936년에 경기가 회복하기 시작했지만 금세 동력을 상실했다. 루스벨트가 떠들썩하게 내세운 공공 부문의 일자리 창출은 민간 부문의 일자리 파괴로 상쇄되었다. 1937년 5월, 경기 회복 추세는 1929년 수준의 고용률에 한참 못 미치는 지점에서 고점을 찍었다. 결국 8월에 다시 경기가 하강하기 시작했다. 2차 공황은 허버트 후버 정권을 무너트린 공황보다 훨씬 규모가 컸다. 주식시장은 전체 가치의 3분의 1 이상을 잃었다. 1937년 4분기에 철강 생산량은 6월 또는 7월 수준의 25퍼센트로 쪼그라들었다. 실업자 수는 노동인구의 20퍼센트에 해당하는 1천만 명에 이르렀다.

앞서 루스벨트가 가장 성공적인 개혁인 은행 부문 개혁의 청사진을 전임자로부터 물려받았다는 사실을 살폈다. 그는 정책 입안자보다 세일즈맨으로서 더 재능이 뛰어났다. 동시에 그가 실제로 창안한 많은 정책은 부작용을 일으켰다. 이 정책들은 단기적으로는 경기를 부양했지만 장기적으로는 피해를 일으켜 결국 2차 공황을 불러왔다. 그에 따라 대공황은 다른 어떤 나라보다 미국에서 더 오래 지속되었다.

가장 큰 재난은 가격 담합과 규제를 통해 경제를 미시적으로 관리하려는 시도였다. 국가재건청은 기이한 괴물 같은 조직이었다. 즉, 구소련 국가계획위원회Gosplan의 미국판인 동시에 비농업 부문 경제의 5분의 4를 차지하는 기업들을 카르텔화하려고 시도한 무솔리니식 협동조합 자본주의의 대단히 미국적인 형태이기도 했다.[39] 국가재건청은 대기업이 협력해 제품의 가격과 급여 및 제조 비용을 정하도록 촉구했다. 또한 기업에게 급여를 높이고 의무적인 단체교섭을 수용하도록 요구했다. 이런 제약을 받아들인 기업은 푸른 독수리 휘장을 게시할 수 있었는데, 200만여 개의 기업이 신속하게 참여했다. 규정을 따르지 않는 기업은 종종 문을 닫아야 했다. 푸른 독수리 휘장은 곧 매장 유리창과 광고판에서 종종 볼 수 있게 되었다. 장성 출신으로 국가재건청장에 오른 휴 존슨Hugh Johnson은 미국에서 가장 널리 알려진 사람이 되었다. 1933년 9월, 25만 명이 뉴욕

5번가에서 푸른 독수리를 앞세우고 시가행진을 벌였다. 1934년 국가재건청의 규정은 500여 개의 산업을 포괄했다. 이 산업에 고용된 인원은 비농업 부문 민간 취업 인원의 77퍼센트, 전체 취업 인원의 52퍼센트에 해당하는 2,200만 명이었다.

국가재건청의 목표는 과잉 생산 문제를 예방하는 것이었다. 그러나 그 수단은 불합리할 정도로 관료적이었다. 국가재건청의 540개 규정은 누가 무엇을 생산하고, 얼마를 받을 수 있는지 결정했다. 심지어 소비자가 닭을 닭장이나 정육점에서 고를 수 있는지, 아니면 임의로 배정받아야 하는지도 정해두었다. 그 결과는 기성 기업의 힘이 공고해지는 것이었다. 내부자는 고임금의 일부 재원이 되는 높은 가격을 보장해주는 시장 덕분에 번창했다. 반면 외부자는 아무리 열심히 노력하고 영리한 혁신을 일으켜도 성공할 수 없었다. 애덤 스미스는 《국부론》에서 "같은 업계에 종사하는 사람은 친목이나 여가를 위해서도 잘 모이지 않지만 일단 모이면 그들의 대화는 대중을 속이려는 음모나 가격을 올리기 위한 수작으로 끝난다"고 경고했다. 주요 타이어 제조업체(굿이어Goodyear, 굿리치Goodrich, 파이어스톤)는 한데 모여 국가재건청의 타이어 산업 관련 규정을 만들었다. 곧 타이어의 가격(뒤이어 자동차의 가격)이 급등했다. 국가재건청 관료는 가격을 할인하거나 규정된 근로시간을 어기는 무모한 중소 제조업체를 처벌했다.

이런 조치는 금세 수많은 불만을 불러왔다. 국가재건청장인 휴 존슨이 엄청난 과음으로 며칠씩 자리를 비운다는 사실은 불만을 더욱 가중시켰다. 중소기업은 대기업이 국가재건청을 이용해 높은 가격과 엄격한 규제 사이에서 자신을 짓뭉갠다고 불평했다. 소비자는 같은 돈으로 얻을 수 있는 가치가 줄었다고 불평했다. 클래런스 대로가 이끄는 국가재건사업심

사위원회National Recovery Review Board는 많은 규정이 '중소기업의 퇴출'을 촉발하고 대기업의 '고질적 횡포'를 촉진한다고 우려했다. 예일 대학의 어빙 피셔는 루스벨트에게 "국가재건청이 경기 회복, 특히 재취업을 저해한다"고 말했다. 루스벨트는 이런 불만에 대응해 일련의 조정을 시도했지만 구조를 더욱 복잡하게 만드는 역효과를 불렀다. 창조적 파괴는 어디에도 보이지 않았다.

연방 대법원은 상당수 국가재건청 관련 법안에 대해 헌법 불합치 판결을 내림으로써(손님이 정육점에서 닭고기를 직접 고를 수 있는지 여부를 둘러싼 성가신 문제가 결정적인 쟁점이었다) 루스벨트에게 의도치 않은(그리고 분명 인식하지 못한) 도움을 주었다. 그러나 경쟁에 대한 루스벨트 정권의 편견은 다른 주요 정책에도 영향을 미쳤다. 가령 법무부가 반독점법 위반으로 기소한 사건은 1920년대 연평균 12.5건이었다가 1935~1938년까지는 연평균 6.5건으로 줄었다. 전국노동관계법은 거대 노조의 힘을 강화했고 결탁을 묵인했다. 자동차, 화학, 알루미늄, 유리, 무연탄 등 폭넓은 산업에서 경쟁이 거의 사라졌으며, 가격과 임금은 연방 대법원이 개입하기 전과 같은 수준에 머물렀다. 미국이 겪은 역대 최악의 불경기가 진행되는 와중에 보호받는 산업의 내부자는 역사적 수준보다 약 20퍼센트나 높은 급여를 누렸다.[40]

농업조정법도 마찬가지로 엉망이었다. 이 법은 휴경 수당, 가격 설정, 이전 지출 같은 수단을 동원해 농산물 가격 하락에 대응하려고 시도했다. 일부 농민은 일부 농지에 농사를 짓지 않는 대가로 보상금을 받았다. 농산물 가격을 정하는 기준은 농산물 가격이 고점을 찍은 1910년의 구매력에 고정되었다. 도정업체와 가공업체가 이런 사업에 필요한 비용을 상당수 지불해야 했다. 전체 시스템을 통제하는 사람은 농무부 장관이었다.

이 시스템에는 확연한 구조적 결함이 있었다. 정부는 (대통령의 말에 따르면) 전체 인구의 3분의 1이 부실하게 먹는 상황에서 농사를 짓지 않는 대가로 농민에게 많은 돈을 주었다. 농업조정법이 도입된 이듬해에 식품 가격과 의류 가격이 모두 올랐다. 농무부는 농민에게 얼마나 많은 땅에서 농사를 짓게 할지 파악하고 농민이 지시를 따르도록 만들기 위해 워싱턴에서 일할 수천 명의 관료뿐 아니라 10만 명이 넘는 임시직을 고용했다. 윌리엄 포크너William Faulkner는 "우리의 경제는 더 이상 농업 경제가 아니다. 우리는 더 이상 미시시피의 목화밭에서 목화를 기르지 않는다. 현재 우리는 워싱턴에 있는 정부 건물의 복도와 의회의 위원회에서 농사를 짓는다"라고 지적했다.[41]

부실한 기획은 역효과로 이어졌다. 농민은 제도를 악용하는 데 사업가적 기질을 발휘했다. 그들은 땅의 일부를 놀리는 대가로 보조금을 청구하는 한편 다른 땅에서 같은 작물을 길렀다. 남부의 목화 재배 농민은 특히 소작인을 몰아내고 직접 농사를 지으면서 보조금을 악착같이 챙겼다.[42]

두 번째 문제는 정책의 불확실성이었다. 기업인은 다른 어떤 것보다 확실성을 선호한다. 확실성은 장기 계획과 장기 투자를 가능케 한다. 루스벨트는 사업 환경이 이미 불확실한 상황에서 정책과 우선순위를 계속 바꾸면서 불확실성을 가중시켰다. 그는 여러 차례 인플레이션과 물가 통제, 적자 지출과 예산 균형, 카르텔화와 트러스트 와해, 기업 비판과 공공선을 위한 기업 활용, 황무지 개간과 개간지 야생 복원 사이를 오갔다.

루스벨트와 그의 사람들은 또한 너무나 무신경하게 중대한 결정을 내렸다. 가령 1933년에는 다수 여당을 등에 업고 이른바 금환본위제Gold Exchange Standard를 도입했다. 그에 따라 개인의 금 보유 및 매매가 금지되었다. 금화나 금괴를 가진 사람은 은행권과 교환해야 했으며, 금 시장은 중앙은행 간의 거래로 제한되었다. 또한 루스벨트는 물가를 올리고 부채 부담, 특히 농가 부채 부담을 줄이기 위해 금의 가격을 1835년 이후 통용되던 1온스당 20.67달러보다 훨씬 높은 35달러로 책정했다.[43] 이런 그의 정책은 한동안 효과를 발휘했다. 계절 조정 소비자물가지수는 1933년 4월부터 1937년 10월까지 연 3.2퍼센트 올랐다. 그러나 뒤이어 1937년 10월부터 1939년 8월까지 물가가 연 3퍼센트씩 떨어졌으며, 1939년 말에도 1920년대 수준에 한참 못 미쳤다.

임의적인 의사 결정이 불러온 가장 유혈이 낭자한 결과는 돼지 대학살이었다. 1933년 농무부 장관인 헨리 월레스Henry Wallace는 돼지고기 가격을 끌어올리기 위해 600만 마리의 돼지를 도살하라고 지시했다.[44] 이 관료적 칙령 때문에 전국에 걸쳐 돼지가 희생되었다. 뉴딜은 종종 정치적 합리주의의 개가로 정당화된다. 그러나 한 사람이 경제 전반에 영향을 미치는 결정을 거의 임의로 내릴 권한을 부여하기도 했다.

라모트 듀퐁Lammot du Pont은 1937년 이 모든 것의 의미를 다음과 같이 사업적 관점에서 설명했다.

불확실성이 세금 상황, 노조 상황, 통화 상황 그리고 산업이 돌아가는 사실상 거의 모든 법률적 여건을 지배한다. 세금은 높아질까, 낮아질까 아니면 현행 수준을 유지할까? 알 수 없다. 노조가 결성될까, 안 될까? 물가가 오를까, 내릴까? 정부 지출이 늘어날까, 줄어들까? … 자본에 새로운 제약이 가해지고 이익에 새로운 한도가 생길까? … 그 답은 추측조차 하기 어렵다.[45]

루스벨트는 기업인 계급, 나아가 주요 기업인을 공격함으로써 불확실성을 가중시켰다. 1930년대 동안 국세청은 은행 왕국의 후계자이자 후버 정권의 재무부 장관인 앤드루 멜런처럼 루스벨트에 반기를 든 주요 기업인을 대상으로 세무조사를 벌이는 우려스러운 행태를 보였다. 알고 보면 '최고 수준의 인성'을 가졌다는 루스벨트도 악의와 앙심을 품고 있었다. 공공연한 계급 전쟁은 기업인에게 분노와 더불어 불안을 안겼다. 투기자로 매도당하고 국세청에 찍힐지도 모르는데 굳이 투자에 나서야 할까? 심지어 루스벨트의 측근도 그의 반기업적 언행이 역효과를 부른다고 우려했다. 레이먼드 몰리는 루스벨트가 매디슨 스퀘어 가든에서 한 연설에 담긴 "폭력적 언사와 허풍, 노골적인 선동에 놀랐으며", "기업계를 공격하는 정도가 정책의 가치를 말해준다고 생각하는 것은 아닌지 걱정하기 시작했다."[46] 루스벨트와 동조하는 언론인인 로이 하워드Roy Howard는 "기업의 불안이 가시기 전에는 진정한 회복이 이뤄질 수 없다"고 경고했다.[47] 아돌프 벌은 "정부가 재계와 영원히 전쟁을 벌일 수 없다"고 경고했다. 그는 기업이 사기를 잃은 데는 그만한 이유가 있다며 이렇게 지적했다. "우리나라에서 지난 5년 동안 조사나 다른 공격을 받지 않은 기업이 사실상 하나도 없다. … 그 결과는 무너진 사기다. … 따라서 이 집단이 다시 일어서도록 만들어줄 필요가 있다."[48]

루스벨트와 기업의 관계가 갈등 나아가 적대로 얼룩졌다면 루스벨트와 노조의 관계는 거의 알랑거리는 수준이었다. 귀족 루스벨트는 노동자의 친구이자 노동자 단체, 특히 노조의 우군이었다. 노동자는 뉴딜에 동원된 병력의 중요한 일부였다. 노조원은 1932년과 1936년에 대규모로 나서서 루스벨트에게 투표했을 뿐 아니라 신발이 닳을 정도로 지원 유세

활동을 벌였다. 1935년에 제정된 전국노동관계법 혹은 와그너법Wagner Act 은 기업이 노조에 맞설 수 있는 힘을 엄격하게 제한하는 반면 노조가 기업에 맞설 수 있는 힘은 거의 제한하지 않았다. 노조는 결성권을 얻었고, 고용주에게는 '정당하게 인정된 노조 대표'를 상대할 의무가 있었다. 또한 '동일 노동, 동일 임금' 정책도 실행되어 기업이 개인별 공로는 말할 것도 없고 연공서열에 따라 급여를 지불하는 것이 거의 불가능해졌다.[49]

노조는 헌법에 따라 권한이 부여되고 경기가 회복되는 상황을 바로 활용해 이득을 누렸다. 노조원 수를 늘리기 위한 운동은 성공적으로 진행되었고, 대중 시위의 중심은 기아 행진에서 노조 집회로 바뀌었다. 노조 운동은 특히 철강과 자동차 같은 대량생산 산업에서 큰 성공을 거뒀다. 1919년 철강 부문 파업이 실패한 뒤 1920년대에는 급여가 높고 기업주가 노조를 무너트리는 대량생산 산업에서는 노조가 생길 수 없다는 것이 통념이었다. 와그너법은 이 모든 것을 바꾸었다. 노동인구 대비 노조 가입률은 1935년 13퍼센트였다가 1939년에는 29퍼센트로 늘었다. 파업으로 줄어든 총 근로일도 1936년 1,400만 일에서 1937년 2,800만 일로 늘었다.

직종별 노조와 산업별 노조가 오랫동안 다투지 않았다면 노조화는 더큰 성공을 거뒀을 것이다. 미국노동총연맹의 회원 수는 1933년 210만 명이었다가 1936년에는 340만 명으로 늘었다. 동시에 미국노동총연맹은 전통적인 직종별 노조를 보존하는 문제를 놓고 격렬한 내부 갈등에 시달렸다. 1934년과 1935년에 (당시에는 생산직 노동자의 도시였던) 샌프란시스코에서 열린 미국노동총연맹 연례총회는 직종별 노조를 지키려는 전통파와 산업별 노조를 추구하는 개혁파의 격렬한 대립으로 얼룩졌다. 두 번째 패배 이후 광산노동자연합United Mine Worker의 회장인 존 L. 루이스John L.

Lewis가 이끄는 9명의 개혁파는 '대량생산 산업에 종사하는 노동자를 격려하고 홍보하기' 위해 산별노조위원회Committee for Industrial Organization를 만들었다. 하지만 그들은 미국노동총연맹을 개혁하는 데 실패했다. 미국노동총연맹은 400만 명에 달하는 산별노조위원회 회원을 정식 회원으로 인정하지 않다가 1936년에는 완전히 몰아내버렸다. 그러나 산별노조위원회는 대량생산 부문에 상당한 영향을 미쳤다. 가장 큰 피해를 입힌 제철소와 자동차 공장에서는 굳은 의지를 가진 소수 활동가가 파업을 통해 전체 공정을 마비시킬 수 있었다. 이른바 '대규모 태업'에 나선 자동차노동자연합United Auto Workers은 1936년 12월부터 1937년 2월까지 미시간주 플린트Flint에 있는 GM의 거대한 공장을 폐쇄시켰다.

뉴딜의 문제점을 말해주는 가장 강력한 증거는 실업률이다. 1939년 전체 인구의 17.2퍼센트에 해당하는 948만 명이 실직 상태였다. 반면 후버 정권의 마지막 해에는 실업률이 16.3퍼센트, 실업자 수는 802만 명이었다.

국제연맹은 1930년대 동안 16개국의 실업률을 집계했다. 1929년 미국은 가장 낮은 실업률인 1.0퍼센트를 기록했다. 전체 평균은 5.4퍼센트였다. 반면 1932년 미국은 24.9퍼센트의 실업률을 기록해 8위로 떨어졌다. 전체 평균은 21.1퍼센트였다. 또한 1938년 미국은 19.8퍼센트의 실업률을 기록해 13위로 떨어졌다. 전체 평균은 11.4퍼센트였다.[50]

사업과 불황

미국 경제는 잠재력을 전혀 못 살리는 상황에서도 강력한 힘을 발휘했다. 가령 '공황 속 공황'이 진행 중이던 1938년에 미국의 국민소득은 독일, 일본, 이탈리아의 국민소득을 합친 것보다 거의 두 배 많았다.[51] 미국 경제는 1936~1940년까지만 해도 약 20퍼센트 성장했다. 소매점 수는 1929년 150만 개였다가 1939년에는 180만 개로 늘었다. 집에 수세식 화장실이 있는 미국인의 비율은 1920년 20퍼센트였다가 1940년에는 60퍼센트로 늘었다. 스타인벡의 소설에서 빈곤의 상징으로 묘사된 조드 가족은 자동차를 사서 전국을 돌아다니게 되었다.

1920년대에 너무나 극명하게 드러난 엄청난 혁신의 힘은 1930년대에도 계속 작용했다. 시간당 산출량은 1930년대 동안 연간 1.8퍼센트라는 준수한 속도로 늘어났으며, 다요소생산성은 연간 1.5퍼센트씩 증가했다. 전화기부터 비행기에 이르는 기술적 진보는 공간적 제약을 계속 줄였다. 1935년 시코스키Sikorsky S-42 비행정이 샌프란시스코에서 호놀룰루까지 3,800킬로미터 거리를 최초로 한 번에 주파했다. 도널드 더글라스 Donald Douglas는 비용을 줄이고 비행 거리를 늘리는 일련의 혁신을 통해 비행 혁명을 새로운 경지로 끌어올렸다. 그가 1935년 선보인 DC-3는 21명의 승객을 태우고 시속 310킬로미터의 속도로 재급유 없이 1,600킬로미터를 날 수 있었다. 또한 세 번의 재급유를 거쳐 뉴욕에서 로스앤젤레스까지 15시간 만에 날아갈 수 있었다. 1930년대 말, 전 세계 항공사의 90퍼센트가 DC 시리즈 항공기를 보유하고 있었다. 전 세계 기업은 관세, 전쟁, 몰수, 외환 통제에도 불구하고 계속 국경을 넘어 거래했다. 포드와 제너럴 모터스 같은 일부 기업은 여러 나라에서 해외 기업이 아니라 '현지' 기업처럼 보이고 느껴지는 복제 기업을 운영하는 데 능숙해졌다.

대공황은 시장이 줄어들고 정부가 커지는 와중에도 기회를 창출했다.

할인 상품 기업이 급증했다. 조 톰슨Joe Thompson은 세븐 일레븐이라는 현대적 편의점을 만들었다. IBM은 새로운 정부 관료 기구의 데이터 수요에 대응해 사세를 크게 키웠다(사회보장법이 통과된 뒤 연방 정부는 전국에 있는 거의 모든 취업자의 자료를 관리해야 했다). 금주법 폐지는 술 사업을 하는 사람에게 노다지를 안겼다. 어윈 율라인Erwin Uilein은 금주법 폐지로 생긴 기회를 잡아서 가업인 양조업을 되살렸다. 그의 회사인 슐리츠 브루잉Schlitz Brewing은 곧 전국 2위 양조업체로 성장했다.

대공황은 기업이 수지를 맞추기 위해 더 고민하게 만들었다. 주요 소비재 기업인 P&G는 힘든 시기에 대응하는 모범을 보였다. 가령 '소프 오페라soap opera'로 불리는 중독성 강한 라디오 프로그램을 집중적으로 후원했다. 1930년대 말에 P&G는 평일 5시간 분량 라디오 방송의 제작비를 대면서 애간장을 태우는 이야기 속에 조잡한 타이드Tide나 크리스코Crisco 광고를 엮었다. 광고 활동과 더불어 고위 임원에게 특정 브랜드를 맡기고 신제품을 개발할 뿐 아니라 소비자에게 팔리는 특징을 부여하도록 북돋는 조직 개편이 진행되었다.

1930년대에 한때 어려움을 겪은 기업이 비용을 줄이고 새로운 기회를 잡기 위해 노력하면서 경영학이 크게 발전했다. 1933년 하버드 대학 로스쿨과 경영대학원을 졸업한 젊은 교수인 마빈 바우어Marvin Bower는 시카고 대학 교수 출신으로 회계사와 엔지니어가 모인 회사를 세운 제임스 맥킨지James McKinsey를 우연히 만났다. 바우어는 미국에 실패한 기업을 되살리는 방법을 아는 전문가(은행가, 변호사, 회계사 등)는 많지만 애초에 실패를 예방하는 방법을 아는 전문가는 드물다고 생각했다. 그래서 맥킨지에게 회사에 새로운 종류의 경영 컨설턴트를 추가하라고 설득했다. 바우어는 체계적인 과정을 거쳐 맥킨지를 미국의 거의 모든 대기업에 자문을 제공하는 대형 컨설팅 회사로 키웠으며, 2003년 사망할 때까지 '사무소'를 인도하는 정신적 지주로 남았다.

미국은 이제 그 어느 때보다 높은 가치를 얻은 제품인 현실 도피 수단 escapism을 생산하는 부문에서 계속 세계를 선도했다. 일상이 힘들수록 몽상을 상품화해 성공하는 창업자가 늘었다. 할리우드는 황금기를 누렸다. 1930년대에 5천여 편의 영화가 제작되었으며, 관객은 급증했다. 월트 디즈니Walt Disney는 1937년 〈백설공주Snow White〉라는 장편 만화영화를 선보임으로써 코미디, 뮤지컬, 경찰물, 서부극 등 이미 폭넓은 영화 장르에 새로운 유형의 영화를 추가했다. 메트로 골드윈 메이어Metro-Goldwyn-Mayer는 〈오즈의 마법사The Wizard of Oz〉(1939년), 〈바람과 함께 사라지다Gone with the Wind〉(1939년) 같은 블록버스터, 실로 길이 남을 고전을 제작했다.

찰스 레브슨Charles Revson과 맥스 팩터Max Factor는 위스턴 휴 오든Wystan Hugh Auden이 말한 '저급하고 정직하지 못한 시대'에 대한 일종의 화려한 치유제로서 여성용 미용 제품을 팔아 성공적인 사업을 일구었다. 레브슨은 대공황의 한복판인 1932년에 레브론Revlon을 설립하고 재빨리 성장시켰다. 또한 공황 속 공황이 사회를 옥죄던 1938년에 가업을 이어받은 맥스 팩터는 할리우드의 메이크업 스튜디오를 세계적인 브랜드로 키우는 일에 나섰다. 다른 형태의 오락도 번성했다. 네바다주 의회는 1931년 도박을 합법화했다. 그 부분적인 이유는 힘든 시기에 부부가 같이 힘 모아 살기로 결정하면서 이혼 시장이 무너졌기 때문이었다. 〈모노폴리Monopoly〉 게임은 1935년에 출시된 이래 인기 상품이 되었다. 얼 스탠리 가드너Erle Stanley Gardner(페리 메이슨Perry Mason의 창조자) 같은 대중소설 작가는 수백만 명의 독자를 즐겁게 해주었다.

이 모든 활기찬 사업 활동은 역설을 초래했다. '정체'된 1930년대에도 호황이던 1920년대만큼 다요소생산성이 빠르게 증가한 것이다. 게다가 훨씬 폭넓은 부문에서 이런 현상이 일어났다. 이런 성장 중에 일부는 기업이 위기를 맞아 생산성 낮은 공장을 폐쇄하는 합리화 조치의 결과였다. 특히 자동차 부문이 그랬다. 또 다른 요인은 미래에 대한 투자가 대폭 늘었기 때문이었다. 펜실베이니아 철도와 체서피크 앤드 오하이오 Chesapeake and Ohio 철도 같은 철도회사는 저렴한 인건비와 자재비를 활용해 노선을 개선했다. 과학과 기술에 의존하는 기업은 유휴 인력을 활용해 연구에 장기적인 투자를 했다. 제조 부문에서 연구개발에 종사하는 인력의 수는 1927년 6,250명에서 1933년 1만 1천 명, 1940년 2만 7,800명으로 늘었다.

화학산업은 특히 풍요로운 10년을 누렸다. 듀퐁은 거의 10년 동안 연구개발에 매달려 최초의 합성 섬유인 나일론을 발명했다. 오웬스 일리노이 Owens-Illinois는 마찬가지로 집중적인 투자 끝에 유리섬유를 개발하고 이를 활용하기 위해 오웬스 코닝 파이버글래스 Owens Corning Fiberglass라는 자회사를 세웠다. 나일론은 여성용 스타킹뿐 아니라 낙하산 제조에도 필수 요소가 되었다. 이 시대에 발견된 다른 주요 화학제품으로는 네오프렌 neoprene(1930년), 폴리염화비닐리덴 polyvinylidene chloride(1933년), 저밀도 폴리에틸렌 polyethylene(1933년), 아크릴 메타크릴레이트 acrylic methacrylate(1936년), 폴리우레탄 polyurethanes(1937년), 테프론 Teflon(1937년), 스티로폼 Styrofoam(1941년)이 있다.

루스벨트의 전시 르네상스

미국을 마침내 낙심의 구덩이에서 꺼낸 것은 루스벨트의 뉴딜이 아니라 제2차 세계대전이었다.

전쟁은 미국의 역사에서 크나큰 역할을 했다. 미국은 탄생의 계기가 된 독립전쟁을 비롯해 전체 역사의 4분의 1에 해당하는 기간 동안 전쟁을 했다(다음 쪽 표 참고).

이 전쟁 가운데 일부는 정복전쟁이었다(미국은 11번의 정규전에 더해 원주민을 상대로 지속적인 전투를 벌였다). 생존을 위한 전쟁도 있었다. 영국은 1812년 신생 국가이던 미국을 거의 망하게 할 뻔했다. 남북전쟁은 나라의 성격을 좌우하는 존재론적 전쟁이었다. 이 전쟁들은 미국의 정치와 경제를 형성했다. 앤드루 잭슨, 재커리 테일러Zachary Taylor, 율리시스 그랜트Ulysses S. Grant, 시어도어 루스벨트, 드와이트 아이젠하워, 이 다섯 대통령은 군 지휘관으로서 국가적 인물이 되었다. 전비를 대기 위해 소득세가 도입되었다. 전쟁, 특히 남북전쟁은 심한 인플레이션과 부분적으로 물가 상승을 막기 위한 금리 급등으로 이어졌다.

제2차 세계대전은 이 전쟁들 중에서도 훨씬 큰 비용을 수반했는데, 1942~1945년까지 평균적으로 GDP의 30퍼센트를 소모시켰다. 전비 지출은 경제에 필요한 부양책을 제공했다. 미국의 전비 지출은 전쟁 이전에는 GDP의 약 1.5퍼센트인 14억 달러였다가 1945년 무렵에는 GDP의 36퍼센트인 830억 달러로 급증했다. 1930년대의 최대 재앙이었던 실업은 사라졌다. 전쟁은 사람들을 다시 일자리로 돌려보냈으며, 남성이 전쟁터로 나가면서 여성까지 노동인구를 확장시켰다. 또한 기업이 전쟁 물자 생

시기	시작	끝	기간(개월)
독립전쟁(1775~1783년)	1775년 4월 19일	1783년 9월 3일	101
평시	1783년 9월 4일	1812년 6월 17일	346
1812년 전쟁(1812~1815년)	1812년 6월 18일	1815년 3월 23일	33
평시	1815년 3월 24일	1846년 4월 24일	373
미국-멕시코 전쟁(1846~1848년)	1846년 4월 25일	1848년 2월 2일	21
평시	1848년 2월 3일	1861년 4월 11일	158
남북전쟁(1861~1865년)	1861년 4월 12일	1865년 5월 9일	48
평시	1865년 5월 10일	1898년 4월 20일	395
미국-스페인 전쟁(1898년)	1898년 4월 21일	1898년 8월 13일	4
평시	1898년 8월 14일	1917년 4월 5일	224
제1차 세계대전(1917~1918년)	1917년 4월 6일	1918년 11월 11일	19
평시	1918년 11월 12일	1941년 12월 7일	277
제2차 세계대전(1941~1945년)	1941년 12월 8일	1945년 9월 2일	44
평시	1945년 9월 3일	1950년 6월 24일	58
한국전쟁(1950~1953년)	1950년 6월 25일	1953년 7월 27일	37
평시	1953년 7월 28일	1955년 10월 31일	27
베트남전쟁(1955~1975년)	1955년 11월 1일	1975년 4월 30일	234
평시	1975년 5월 1일	1990년 8월 1일	183
걸프전쟁(1990~1991년)	1990년 8월 2일	1991년 2월 28일	7
평시	1991년 3월 1일	2001년 10월 6일	127
이라크/아프가니스탄/기타 전쟁(2001~2014년)	2001년 10월 7일	2014년 12월 28일	159

총 전시 기간	707개월
총 평시 기간	2,168개월
총 기간	2,875개월
전시 비율	24.6퍼센트

산에 기여하기 위해 최선을 다하는 가운데 생산성을 높이는 신기술을 고안하게 만들었다. 그 결과는 역사상 최고의 활황이었다. 1939~1944년까지 실질 GDP는 거의 두 배로 늘었다.[52]

전쟁은 부정적 요소를 기적처럼 긍정적 요소로 변모시켰다. 정부는 평시에 수백만 소비자의 결정을 제대로 대신하지 못했을 것이다. 그러나 탱크와 비행기를 단독으로 사들일 때는 이상적인 소비자였다. 특히 사실상 불확실성을 제거하는 실비 정산 계약cost-plus contract으로 뒷받침될 때는 더욱 그랬다. 미국 정부는 스스로 모든 일을 하려 하거나 중소기업을 보조하기보다 대기업과 손잡는 현명한 결정을 내렸다. 33대 대기업은 전체 군수 계약의 절반을 차지했다. 제너럴 모터스만 해도 모든 군수품의 10분의 1을 공급했다.[53] 헨리 스팀슨은 '자본주의 국가가 전쟁에 나서거나, 전쟁을 준비할 때 기업이 그 과정에서 돈을 벌게 해주지 않으면 일을 하지 않을 것'이라고 말했다. 또한 미국 정부는 기업의 경쟁 본능을 활용했다. 가령 누가 전쟁 물자를 더 많이 생산하는지를 놓고 헨리 포드와 헨리 카이저Henry Kaiser 사이에 경쟁을 부추기는 식이었다. 모든 주요 노조 지도부는 '무파업' 서약을 통해 이 상서로운 그림을 완성했다.

그 결과는 생산성의 기적이었다. 전쟁은 유럽이라는 분쟁의 도가니에서 멀리 떨어진 대륙 규모의 강대국이라는 타고난 이점을 부각시켰다. 미국은 사실상 물적 자원을 자족할 수 있었으며, 방대한 산업 중심지는 일본이나 독일의 폭격기로부터 완벽하게 안전했다. 전쟁은 또한 남북전쟁 이후 꾸준히 성장한 대기업의 탁월한 능력을 증명했다. 전쟁 동안 미국은 8만 6천 대의 탱크, 1만 2천 척의 전함과 상선, 6만 5천 척의 소형 선박, 30만 대의 비행기, 60만 대의 지프, 200만 대의 군용 트럭, 19만 3천 문의 대포, 1,700만 정의 권총과 장총, 410억 발의 탄환 그리고 자원 측면에서 가장 부담이 큰 두 발의 핵폭탄을 생산했다. 한 추정치에 따르면 미국의 노동시간당 산출량은 독일의 두 배, 일본의 다섯 배였다.

가장 인상적인 두 곳의 생산성 실험장은 윌로우 런Willow Run에 있는 헨리 포드의 공장과 캘리포니아주 리치먼드에 있는 헨리 카이저의 조선소였다. 헨리 포드는 디트로이트에서 남서쪽으로 약 56킬로미터 떨어진 윌로우 런에 거대한 공장을 짓고 1년이 채 안 되어 B-24 폭격기를 생산했다. 이 공장은 절정기에 4만 명 이상의 임직원을 고용했다. 소설가인 글렌든 스워사우트Glendon Swarthout는 이 공장이 "말도 안 될 만큼 압도적으로 방대하다"고 말했다. 찰스 린드버그는 이 공장을 '기계화된 세상의 그랜드 캐니언'이라 불렀다.[54] 이 공장은 전쟁이 길어질수록 더욱 효율성을 높여서 한 달에 생산하는 비행기의 수를 1943년 2월에는 75대, 1943년 11월에는 150대, 절정기인 1944년 8월에는 432대로 늘렸다.

헨리 카이저는 정부가 제시한 목표치를 달성하는 데 너무나 집착한 나머지 조선사업 전체를 혁신했다. 1941년 리버티Liberty 수송선 한 척을 만드는 데 355일이 걸렸다. 그로부터 불과 6개월 뒤 건조 기간이 3분의 1 이하로 줄었다. 또한 1942년 11월에 시험한 결과 한 척을 건조하는 데 4일, 15시간, 26분밖에 걸리지 않았다. 이 속도를 계속 유지하는 것은 불가능했다. 그러나 배 한 척을 건조하는 데 걸리는 평균 기간은 겨우 17일로 줄었다. 그 덕분에 헨리 카이저는 상당한 이익을 올리는 동시에 '론치얼랏Launchalot 경(배를 많이 진수한다는Launch+a lot 의미로 원탁의 기사에 나오는 랜슬롯Launcelot 경의 이름에 빗댄 별명—옮긴이)'이라는 존경스러운 별명까지 얻었다. 카이저는 용골부터 시작해 힘들게 리벳rivet(대가리가 둥글고 두툼한 버섯

모양의 굵은 못—옮긴이)을 박으며 위로 올라가는 전통적인 건조법을 포기하고 조립식 구조와 대량생산 체제를 도입해 이런 성과를 거뒀다. 거대한 리치먼드 조선소는 수만 명의 노동자가 각각 작은 부분을 책임지는 초대형 조립라인으로 변모했다.

미국 경제는 생산성이 너무나 높아진 나머지 군수품뿐 아니라 소비재도 생산할 수 있었다. 영국과 독일의 경우 전쟁 기간 동안 소비 경제는 거의 무너진 상태였다. 반면 미국의 경우 1940~1944년까지 실질 소비자 지출이 10.5퍼센트 늘었다. 미국에서는 일반인도 화장품, 스타킹, 영화에 돈을 실컷 썼다. 심지어 도박도 성행했다. 경마 팬들이 거는 금액은 1940년보다 1944년에 2.5배나 늘었다. 또한 전쟁 기간 동안 50만 개의 신규 사업체가 만들어지고, 1만 1천 개의 슈퍼마켓이 생겼다.[55] 민주주의의 무기고는 대량 소비의 사원이기도 했다.

자본주의의 무기고

전시 호황은 1950년대와 1960대에 이어질 황금기의 토대를 놓았다. 정부는 나중에 민간 부문이 인수할 새 공장과 산업 설비에 돈을 쏟아부어 국가적 자산을 갱신했다. 가령 1940~1945년까지 공작기계 보유 대수가 **두 배**로 늘었다. 정부는 또한 뜻하지 않게 대규모 현장 연수 프로그램을 운영해 인적 자본을 갱신했다. 군인은 전선에서 조직 구성부터 지프 수리까지 새로운 기술을 익혀서 귀국했다. 공장 노동자(여성 포함)는 개선된 인적 자본을 갖고 평시 생활로 복귀했다.

그에 따라 미국은 단연코 세계 최고의 대량생산 체제, 이 대량생산 체제를 최대한 활용하도록 구성된 인프라와 모든 인적 자본을 지닌 노동인구 등 엄청난 이점을 안은 채 전후 시대로 진입했다.

다만 이 체제는 두 가지 심각한 결함을 안고 있었다. 대량생산은 양을 위해 질을, 예측성을 위해 인간적 개입을 희생시켰다. 이 점은 전시 호황기에 이미 분명하게 드러났다. 미국은 질이 아니라 양에 집중했기 때문에 독일과 일본보다 많은 산출량을 기록했다. 독일군은 425종의 비행기, 151종의 트럭, 150종의 모터사이클 등 고도의 엔지니어링을 통해 제작된 소수의 군수품을 활용했다. 반면 미국은 대량생산 체제를 통해 동일 기종을 장기간 제작했다. 이는 전쟁에서 승리하기 위한 공식이었다. 독일의 군수부 장관인 알베르트 슈페어^{Albert Speer}는 1944년 히틀러에게 보낸 서신에서 미국인은 "조직적으로 단순한 방법론을 따라서 더 많은 성과를 올리는 법을 안다"고 말했다. 반면 독일인은 '노쇠한 조직 형태에 발목이 잡혀' 있었다.[56] 그러나 장기적으로 보면 독일과 일본이 질과 양을 통합하는 방법을 익히면서 미국의 방식은 문제점을 안고 있는 것으로 드러났다. 독일은 고급 틈새시장을 겨냥했고, 일본은 토요타 방식을 만들어냈다.

대량생산에 대한 미국의 중독 증세는 노조의 권력 때문에 더욱 문제가 되었다. 1935년에 제정된 와그너법이 부여한 노조의 권력은 전쟁에 따른 요구로 잠시 수그러들었다가 전후 호황기에 다시 강화되었다. 노조는 대량생산 체제에 대한 장악력을 활용해 비교적 높은 급여와 넉넉한 복리후생을 누렸다. 이런 특권은 갈수록 강화되었다. 노조의 장악력은 전사적 품질관리 같은 새롭고 명민한 아이디어에 저항하는 데도 활용되었다.

이런 문제들이 분명하게 드러나는 데 수십 년이 걸렸다. 그러나 전후 호황기를 이야기할 때 미국의 번영을 일구는 거대한 체제에 몇 가지 설계 결함이 있었다는 사실을 기억할 필요가 있다.

8장

성장의 황금기: 1945~1970년

미국은 제2차 세계대전을 통해 난쟁이들 사이의 거인으로 부상했다. 세계 인구의 7퍼센트가 사는 나라가 전 세계 제조품의 42퍼센트, 전력의 43퍼센트, 철강의 57퍼센트, 석유의 62퍼센트, 자동차의 80퍼센트를 생산했다. 전쟁 이전에 하버드 대학의 경제학자인 앨빈 한센은 미국이 '구조적 장기 침체'로 접어드는 것은 아닌지 우려했다. 구조적 장기 침체 문제는 나중에 다시 다룰 것이다. 전후 25년 동안 미국 경제는 호황기를 맞았고, 비판거리를 찾던 하버드 대학의 경제학자들은 풍요의 문제점에 초점을 맞추기 시작했다.

　전후 미국은 기회의 땅이었다. 돈을 모아 귀국한 군인은 제대군인원호법GI Bill의 도움을 받아 대학에 들어가거나 집을 살 수 있었다. 고졸 생산직 노동자도 교외에서 가족을 부양할 수 있었다. 기회는 낙관적 태도를 낳았다. 미국인들은 갈수록 생활수준이 높아지는 미래를 꿈꾸었고, 정부는 갈수록 거창한 목표를 세웠다.

　이 시기는 모든 것이 반짝이고 새로웠다. 새로운 가족이 (차고를 갖춘) 새로운 집을 사서 새로운 물건을 채워 넣었다. 1946년에 220만 명이 결혼 서약을 했다. 이는 33년 만에 최고치였다. 같은 해에 340만 명의 아기가 태어났다. 신생아 수는 계속 늘어서 1947년에는 380만 명, 1952년에는 390만 명, 1954~1964년까지는 해마다 400만 명 이상이 되었다. 1945~1955년까지 1,500만 채의 집이 지어졌다. 텔레비전을 보유한 가구 수는 1948년에 17만 2천 가구였다가 1952년에는 1,530만 가구로 늘었다. 자동 트랜스미션, 전기 의류 건조기, 음반, 폴라로이드 카메라, 자동 쓰레기 처리기, 리모트 컨트롤 등 영리한 기기가 급증했다. 신차 판매 대수는 1945년에 6만 9,500대였다가 1946년에 210만 대, 1949년에 510만 대, 1950년에 670만 대, 1955년에 790만 대로 늘었다. 당시의 자동차는 참으로 대단해서 정교하게 세공된 크롬 장식물에 온 가족이 탈 수 있는 넉넉한 공간, 100만 마력짜리 엔진을 갖춘 도로의 요트와 같았다.

당시는 성장세가 자기 강화적으로 이어지는 시기였다. 1946~1973년까지 미국 경제는 연평균 3.8퍼센트씩, 실질가계소득은 연평균 2.1퍼센트씩(해당 기간 전체로는 74퍼센트) 성장했다. 미국은 지난 20년 동안 생산력에 투입한 방대한 투자의 결실을 누렸다. 대공황 기간에 루스벨트는 교통 부문(금문교)과 에너지 부문(테네시 계곡 개발 공사와 후버댐)에 돈을 쏟아부었다. 이 투자는 수확이자 파종이었다. 제대군인원호법은 제대군인에게 (건설 붐을 촉발한) 저리 주택담보대출, (미국을 세계에서 대학 진학자가 가장 많은 나라로 만든) 교육 보조금 같은 폭넓은 정부 지원책을 제공했다.

로버트 고든이 지적한 대로 근래에 생산성 증가는 오락, 통신, IT 같은 협소한 경제활동에 국한되었다. 반면 전후에는 주택, 교육, 운송, 보건, 근로조건 등 생활의 거의 모든 측면이 빠르게 개선되었다. 농업 부문도 전반적으로 성장해 연 생산성 증가율이 1835~1935년까지는 1퍼센트였는

데 반해 1945~1960년까지는 연 4퍼센트에 이르렀다. 성공한 농민이 규모의 경제를 활용하고 실패한 농민이 농장을 처분하면서 농장이 통합되었다. 농민은 거대한 수확기, 채면기, 트랙터 같은 새로운 농기계를 마련했다. 1950년대 초에는 여태 쟁기를 끌던 말과 노새가 사라지면서 트랙터 판매량이 절정에 이르렀다. 새로운 비료도 도입되었다. 면화 채집 작업이 기계화되면서 생산성이 크게 높아졌다. 그에 따라 남부 전체에 걸쳐 일자리가 줄어드는 바람에 수백만 명의 흑인 노동자는 더 높은 급여를 주는 북부의 공장으로 옮겨갔다.

정부는 어느 당이 백악관을 차지하든 케인스식 수요 관리 정책을 추진했다. 1946년 의회는 완전고용, 완전생산, 물가안정이라는 골디락스Goldilocks(경기가 너무 과열되지도, 냉각되지도 않은 최적의 상태─옮긴이) 목표를 내건 고용법Employment Act을 통과시키고, 경제자문위원회를 만들었다. 정치인은 케인스주의를 불황을 차단하는 수단만이 아니라 영구적인 번영을 보장하는 수단으로 갈수록 폭넓게 해석했다.

미국은 어떻게 이토록 행복한 상태에 이르렀을까?

전쟁과 평화

미국은 연합국이나 적국에 비해 비교적 상처를 덜 입은 상태로 종전을 맞았다. 전통적으로 국제적 패권을 두고 미국과 경쟁하던 유럽은 심대한 타격을 입었다. 전사자를 보면 미국은 40만 5천 명인데 비해 유럽은 3,650만 명에 달했다.[1] 농업 생산량은 절반으로 줄었고, 산업 생산량은 수십 년이나 후퇴했다. 독일의 경우 1946년의 산업 생산량은 1890년 수준이었다.[2] 베를린과 바르샤바 같은 대도시는 폐허가 되었다. 폴란드 작가인 야니나 브로네프스카Janina Broniewska는 해방된 바르샤바를 '이곳은 묘지, 죽음의 땅'이라고 묘사했다.[3] 2,500만 명의 러시아인과 2천만 명의 독일인이 집을 잃었다.[4] 반면 일본이 폭격한 진주만을 제외하면 방대한 미국의 본토는 전쟁의 상처를 입지 않았다.

많은 경제학자, 특히 앨빈 한센은 1918년처럼 전쟁에 따른 부양이 사라지자마자 경기가 위축될까 걱정했다. 하지만 현실은 전혀 그렇지 않았다. 국민들이 공황과 전쟁으로 누리지 못했던 것을 찾으면서 집, 차, 소비재에 대한 누적된 수요가 경기를 계속 떠받쳤다. 제조업체는 전쟁 기간에 습득한 생산성 향상 기술을 소비 경제의 구석진 자리까지 적용했다. 스완슨Swanson은 미군용 전투식량 시장이 사라지자 사업을 유지하기 위해 알루미늄 식판에 같이 익힐 수 있는 고기와 채소를 담은 유명한 텔레비전 시청용 음식을 고안했다. 미국인은 전시의 단결심을 전후에도 이어갔다. 그들은 해외에서 함께 싸워서 세상에서 가장 사악한 제국을 물리칠 수 있다면 고국에서 함께 노력해 번영의 땅을 일굴 수 있다고 확신했다.

미국의 탁월성은 전시 말기와 평시 초기에 이뤄진 두 가지 결정으로 더욱 공고해졌다. 첫 번째 결정은 사회주의를 추구하는 유럽의 유행을 경계한 것이었다. 미국의 전우인 영국은 신예루살렘New Jerusalem을 건설하는 데 찬성하면서 종전을 축하했다. 상당한 의석수 차이로 승리한 노동당 정부는 기간산업을 국유화했고, 요람에서 무덤까지 복지를 제공하는 제도를 도입했으며, 단계별로 사회주의 정책을 추진하겠다고 약속했다. 국유화된 산업은 인력 과잉과 생산성 하락에 시달렸다. 단계별 사회주의 정책은 무위로 돌아갔다.

위싱턴에도 미국식 예루살렘을 건설하려는 뉴딜 지식인이 많았지만 강한 견제를 받았다. 미국은 전시에도 거대 산업을 국유화하기보다 민간 기업에 대량 발주를 하고 납품받는 방식을 선호했다. 그리고 전후에는 좀 더 정상적인 방식으로 돌아가고 싶어했다. 정부는 국민이 집을 사고 교육을 받도록 도왔으며, 전시 중앙계획 체제를 해체했다.

미국이 이런 지혜를 발휘한 것은 해리 트루먼과 드와이트 아이젠하워 덕분이었다. 트루먼은 평범한 사람의 관점에서 거창한 아이디어와 거대한 지출을 싫어했다. 그는 보좌관인 클라크 클리퍼드Clark Clifford에게 이렇게 말했다. "나는 실험이 싫네. 우리 국민은 수많은 실험을 겪었고, 이제는 그만하고 싶어해."[5] 아이젠하워는 자신이 비정치적이라는 데 자부심을 가졌다. 그는 소박한 사회 개혁 정책을 수용했지만(배리 골드워터Barry Goldwater는 그가 '구멍가게식 뉴딜dime-store New Deal' 정책을 운영한다고 비판했다) 동시에 예산 균형을 맞추고 정부 지출을 통제해야 한다고 생각했다. 보수주의 운동도 나름의 역할을 했다. 유럽 국가는 모두 활발한 사회주의 운동 때문에 좌측으로 끌려갔다. 공산당은 프랑스에서 26퍼센트, 핀란드에서 23.5퍼센트, 아이슬란드에서 19.5퍼센트, 이탈리아에서 19퍼센트의 득표율을 기록했다.[6] 반면 미국만 정부를 혐오하는 보수주의 운동 때문에 우측으로 끌려갔다. 수백만 명의 미국인이 프리드리히 하이에크의 《노예의 길》(1944년)이나 최소한 〈리더스 다이제스트〉에 실린 축약본을 읽었다. 기업인은 1943년 뉴욕시에서 위싱턴 DC로 옮긴 미국기업연구소American Enterprise Institute를 후원했다. 아인 랜드Ayn Rand는 《마천루The Fountainhead》(1943년)와 《아틀라스Atlas Shrugged》(1957년)에서 얽매이지 않는 개인주의를 축복해 많은 독자를 끌어모았다. 미군과 러시아군이 같은 편에서 싸운 전쟁이 끝난 직후에도 반공산주의가 득세했다. 1946년에 실시한 여론조사 결과에 따르면 미국인 가운데 67퍼센트는 공산주의자가 공직에 오르는 것을 반대했다. 또한 1947년에 실시한 여론조사에서는 응답자 가운데 61퍼센트가 공산당을 불법화하는 데 찬성했다.[7]

두 번째 결정은 바깥세상을 받아들인 것이었다. 미국은 제1차 세계대전 후처럼 화려한 고립으로 회귀하고 싶은 유혹에 맞섰다. 또한 베르사유에서 유럽 국가들이 그랬던 것처럼 적국을 처벌하고 싶은 유혹을 물리치고 1946년 해리 트루먼에게 허버트 후버가 한 현명한 조언, 즉 "복수를 하든 아니면 평화를 나누는 것은 가능하지만 둘 다 가질 수는 없다"는 조언을 따랐다. 반면 미국은 자본주의를 국제적 규모로 재건하는 것이 장기적으로 이득이라는 판단 아래 자유 교역을 받아들이고, 지친 동맹국뿐 아니라 패배한 적국에게도 도움을 제공했다. 미국 외교계의 실력자인 헨리 스팀슨은 이렇게 말했다. 미국은 "결코 고립된 섬이 될 수 없다. 이제 우리의 국가적 삶의 모든 부문에서 이뤄지는 어떤 민간사업이나 공공정책도 바깥세상을 참고하지 않으면 쓸모없다는 강력한 사실로부터 벗어나지 못한다."

미국은 부과 대상 수입품에 대한 관세를 크게 낮춰 자유 교역 체제의 토대를 마련했다. 평균 관세는 1944년에는 33퍼센트였다가 6년 뒤에는 13퍼센트로 낮아졌다. 또한 미국은 1944년 7월, 뉴햄프셔주 브레턴우즈Bretoon Woods의 한 호텔에서 열린 컨퍼런스에서 국제통화기금International Monetary Fund과 세계은행World Bank을 설립해 세계경제를 관리하기 위한 토대를 마련했다. 1947년에는 관세무역일반협정General Agreement on Tariffs and

Trade(나중에 세계무역기구World Trade Organization가 됨)이 뒤를 이었다. 또한 미국은 1944~1946년 유엔을 창설해 국제정치를 관리하기 위한 밑바탕을 마련했다. 마셜 플랜Marshall Plan은 1948~1952년까지 유럽에 130억 달러의 재건비용을 제공했다. 이는 이전의 모든 해외원조를 합친 것보다 많은 금액이었다. 영국의 외교부 장관인 어니스트 베빈Ernest Bevin은 1947년 4월 28일 마셜이 하버드 대학에서 한 연설을 '세계 역사상 최고의 연설 가운데 하나'로 평가했다.

새로운 세계질서의 설계자는 몽상에 빠진 이상주의자가 아니라 냉철한 현실주의자였다. 그들은 자본주의와 공산주의 사이에 벌어질 새로운 투쟁이 임박했음을 깨달았다. 또한 미국 기업에게는 제품을 판매할 세계시장이 필요하다는 사실을 이해했다. CIA 국장인 앨런 덜레스Allen Dulles는 마셜 플랜에 대해 "유럽을 재건해 세계시장에서 우리와 경쟁할 것이며, 바로 그 이유로 우리의 상품을 아주 많이 사들일 수 있도록 만든다는 목표를 상정한다"고 썼다.[8] 공산품 세계 교역량에서 미국이 차지하는 비중은 1933년 10퍼센트였다가 1953년 29퍼센트로 늘어나면서 미국 노동자에게 수백만 개의 일자리를 제공했다. 누가 새로운 세계를 이끄는지는 명백했다. 존 메이너드 케인스는 브레턴우즈 회의를 이끈 중심인물로서 지적으로 가장 두각을 드러냈다. 그러나 핵심적인 결정을 내린 것은 미국의 재무부 장관인 헨리 모겐소와 그의 참모인 해리 덱스터 화이트Harry Dexter White였다. 회의 참석자들은 케인스에게 머리를 숙였지만 모겐소와 화이트의 말을 들었다. 케인스는 패권국으로서 영국을 보완하는 것이 아니라 대체하겠다는 미국의 가차 없는 의지에 크게 놀란 나머지 미국이 "대영제국의 눈을 뽑으려 한다"고 비판했다.[9]

미국은 추축국과의 열전熱戰에서 바르샤바 조약국과의 냉전冷戰으로 신속하게 이동했다. 냉전은 미국의 낙관주의에 어두운 그림자를 드리웠다. 밝은 미래를 꿈꾸던 사람들은 동시에 세계 멸망을 걱정했다. 1955년 3월, 아이젠하워는 태연하게 미국이 '총알처럼' 핵무기를 사용할 것이라고 밝혔다.[10] 1962년에는 미국이 쿠바에 핵무기를 배치하려는 러시아와 대치하면서 그 어느 때보다 종말의 위험이 가까이 다가왔다. 케네디가 개인적으로 추정한 핵전쟁의 가능성은 약 25퍼센트였다. 냉전은 풍요에 매몰될 수 있었던 미국 사회에 어느 정도 규율을 부여했다. 가장 똑똑한 최고의 인재가 1960년대에는 사회운동 부문, 1990년대에는 금융공학 부문으로 들어갔다면, 1950년대에는 국방부와 CIA로 들어갔다.

체력에서 지력으로

제2차 세계대전을 치른 미국의 경제는 여전히 제조업이 지배했다. 사람들은 비트와 바이트를 다루는 것이 아니라 **물건**을 만들었고, 생산직 노동자는 지난 시대의 잔재로 여겨지는 것이 아니라 사회적으로 존중받았다. 다우지수는 제너럴 일렉트릭과 웨스팅하우스 같은 공업 기업이 장악했다. 제조 부문에 고용된 노동자의 비중은 1943년 역사적 고점인 30퍼센트에 이르렀다(1870년에는 그 비중이 약 18퍼센트에 불과했다).

사실 전쟁 직후에 고등교육 투자수익률은 생산직 노동자에 대한 수요가 너무 많아서 오히려 줄었다. 이런 일은 미국 역사상 단 두 번밖에 일어나지 않았다. 다른 한 번은 베이비붐 세대 졸업생이 시장에 쏟아지는 시

제조업 부문 노동자 비중
(1870~2000년)

기와 급격한 경기 하강 시기가 겹친 1970년대 중반이었다.

그럼에도 이런 현상은 제조 부문의 마지막 용트림이었다. 1956년에 실시한 여론조사 결과에 따르면 미국에는 생산직 노동자보다 사무직 노동자가 더 많았다. 선견지명을 가진 논평가는 생산직 노동자가 농촌 노동자의 뒤를 잇지 않을까 의문을 제기했다. 피터 드러커Peter Drucker는 새롭게 부상하는 계급을 지칭하기 위해 '지식노동자'라는 말을 고안했다. 대니얼 벨Daniel Bell은 산업사회의 자궁에서 태동한 '후기 산업사회'를 포착했다. 미국인들은 노벨상 수상 능력을 경제적 활력의 척도로 여기기 시작했다. 1943~1969년까지 미국은 21개의 노벨 물리학상을 받았다. 수상자 가운데 11명이 유럽계 난민이기는 했지만 다른 어떤 나라보다 많은 수상 실적이었다. 전후 시기를 통틀어 미국은 다른 모든 나라보다 훨씬 두드러지고 오래 유지될 우위를 확보했다.

전후 미국은 지식경제를 창출하는 데서 세계를 선도했다. 미국의 고등교육은 접근성과 품질을 모두 갖춘 독보적인 조합을 제공했다. 18~24세 사이의 청년이 고등교육기관에 진학하는 비율은 1939년 9.1퍼센트였다가 1949년 15.2퍼센트, 1959년 23.8퍼센트, 1969년 35퍼센트로 늘었다. 당시 유럽에서는 기득권층의 자녀에 더해 장학금을 받는 소수 학생만 대학에 들어갈 수 있었다. 또한 미국 대학은 연구 활동을 열심히 뒷받침한다는 데 자부심을 갖고 있었다. 갈수록 많은 교수가 논문을 토대로 종신 재직권을 얻었고, 대학은 연구 실적을 바탕으로 순위가 매겨졌다.

제대군인원호사업은 이 커다란 도약을 이루는 데 많은 기여를 했다. 1차 사업이 종료된 1956년까지 전체 군 복무인원 가운데 약 절반에 해당하는 780만 명이 혜택을 받았다. 그 결과 45만 명의 엔지니어, 36만 명의 교사, 24만 3천 명의 회계사, 18만 명의 의사와 치과의사 및 간호사, 15만 명의 과학자, 10만 7천 명의 변호사 그리고 수백만 명의 전문가가 양성되었다.[11] 사실 이는 일련의 실력주의 사업의 일환이었다. 대통령직속고등교육위원회President's Commission on Higher Education는 유대인과 흑인에 대한 입학정원이 '비미국적'임을 지적하는 '미국의 민주주의를 위한 고등교육Higher Education for American Democracy'(1947년)이라는 기념비적인 보고서를 발표했다. 교육정책위원회Educational Policies Commission는 "탁월한 재능을 지닌 개인을 교육하는 데 좀 더 많은 경제적 자원을 투자해야 한다"고 촉구하는 '교육과 국가안보Education and National Security'(1951년)라는 열띤 보고서를 발표했다.[12] 조기입학및진학Early Admissions and Advanced Placement 제도는 영재를 일반 고등학교의 단계적이고 일관된 교육과정으로부터 해방시키기 위한 것이었다. 1955년에 설립된 전국우수생장학법인National Merit Scholarship Corporation

은 지적 우월성을 존중하는 분위기를 조성하려 애썼다.

동시에 미국은 고등교육을 국유산업으로 만드는 실수를 피하고 공립대학과 사립대학이 나란히 발전하도록 만들었으며, 새로운 교육기관의 설립을 촉진했다. 대학은 워싱턴 DC에 있는 브루킹스연구소Brookings Institution나 로스앤젤레스에 있는 랜드연구소RAND Corporation 같은 싱크탱크와 국립보건원National Institute of Health 같은 국립기관을 비롯한 지식 관련 기관으로 이뤄진 별자리에서 태양 같은 존재였다. 미국은 또한 관료적 영향력이 아니라 경쟁 입찰을 토대로 연구 보조금을 수여했다.

미국은 '거대과학big science'에 대한 투자에서 세계를 선도했다. 정치계에 과학이 값비싼 호사가 아니라 경제의 필수 요소라는 인식을 심는 데 누구보다 큰 공을 세운 사람은 바네바 부시Vannevar Bush였다. 부시는 아이젠하워가 말한 군산복합체의 중심에서 세 개의 세계를 통합했다. 그는 한때 MIT 공과대학의 학장이었고, 전쟁 기간 동안 6천 명의 과학자를 통솔하는 과학연구개발국Office of Scientific Research and Development의 국장이었으며, 과학 기업인 레이시언Raytheon의 설립자였다. 또한 해리 트루먼에 이어 드와이트 아이젠하워의 측근이기도 했다. 선전 재능을 타고난 그는 1945년 〈과학, 끝없는 개척지Science, the Endless Frontier〉라는 보고서를 통해 정부에게 학계 및 산업계와 협력해 기초과학 연구를 지원하라고 촉구했다. 이 보고서는 변경을 개척하던 과거와 기술적 미래에 대한 이야기를 신중하게 결합해 대중의 상상력을 사로잡았다. 부시는 이제 국가안보는 기초과학에 의존한다고 지적했다. 물리 법칙을 이해하지 못하면 핵폭탄을 제조할 수 없었다. 뒤이어 그는 경제 안보도 기초과학에 의존한다고 덧붙였다. 기초과학은 번영을 창출하는 제품으로 변신시킬 수 있는 과학 자본을 제공했다. 그의 말에 따르면 "새로운 제품과 절차는 완성된 상태로 나타나지 않는다. 그것들은 새로운 원칙과 구상을 토대로 삼으며, 이는 순수한 과학의 영역에서 연구를 통해 어렵게 개발된다."[13]

기초과학에 대한 부시의 이상은 곧 실현되었다. 국방부와 국립과학재단National Science Foundation은 기초과학 연구의 재원을 대는 주된 후원자로서 부시가 있던 MIT 같은 주요 대학뿐 아니라 대기업 그리고 랜드, 스탠퍼드 연구소Stanford Research Institute, 제록스 파크Xerox PARC처럼 학계와 기업계가 손잡은 복합적인 조직에도 자금을 배분했다.

미국은 구소련이 1957년 10월 4일 스푸트니크Sputnik를 발사한 데 이어 불과 한 달 뒤에 규모가 더 크고 라이카Laika라는 개와 과학 장비까지 실은 스푸트니크 2호를 발사한 뒤 지식경제에 대한 투자를 강화했다. 스푸트니크는 안일한 생각에 젖어 있던 미국인들을 일깨웠다. 물리학자인 에드워드 텔러Edward Teller는 미국인이 달에 가면 무엇을 볼 것 같냐는 기자의 질문에 암울하게 '러시아인'이라고 대답했다.[14] 의회는 즉시 '교육 비상사태'를 선언했다. 당시에 드러난 충격적인 사실은 학생 가운데 75퍼센트가 물리학을 전혀 배우지 않는다는 것이었다. 백악관은 과학기술 특별보좌관이라는 직책을 신설했다. 1년 뒤 의회는 국가방위교육법National Defense Educatin Act을 통과시켰고, 아이젠하워는 국립항공우주국National Aeronautics and Space Administration(나사)을 설립했다. 국립과학재단의 운영자금은 한 해 만에 4천만 달러에서 1억 3,400만 달러로 늘었다.[15] 군은 캘리포니아주 버클리Berkeley에 있는 로런스 버클리 국립연구소Lawrence Berkeley National Laboratory(핵무기 연구)와 MIT에 있는 링컨연구소Lincoln Laboratory(항공 방위 연구)에 재정을 지원했다.

냉전이 관심의 초점이기는 했지만 의료 분야도 이 시기에 눈부시게 발전했다. 전쟁 이전에는 연간 3천만 달러를 넘은 적이 없었던 공공 보건 지출은 1947년에는 1억 4,970만 달러, 1957년에는 10억 달러, 1966년에는 50억 달러에 이르면서 연달아 기록을 세웠다.[16] 1940년대 말에 페니실린이 폭넓게 보급되어 폐렴과 매독에 따른 사망 건수를 크게 줄였다. 스트렙토마이신Streptomycin 같은 다른 항생제도 뒤이어 개발되었다. 1952년과 1957년에는 2종의 소아마비 백신이 개발되어 미국에서 소아마비를 박멸했다. 전체적으로 1960년 이후 50년 동안보다 1940~1960년까지 연방의약국Federal Drug Administration이 승인한 신약 수가 50퍼센트 더 많았다.[17] 다른 한편으로 1인당 흡연양은 1940년에 2천 개비에서 1970년에 4천 개비로 늘어났으며, 대다수 성인은 줄곧 담배를 피웠다.

원자력 부문은 지식경제의 특히 놀라운 측면이었다. 미국은 1946년에 원자력을 평화적으로 활용할 방안을 찾기 위해 원자력위원회Atomic Energy Commission를 만들었다. 그 부분적인 이유는 애초에 원자탄을 개발하는 데 들어가는 우려스러울 만큼 높은 비용을 상쇄하기 위한 것이었다. 원자력으로 쟁기도 만들 수 있다면 칼을 만들어도 크게 논쟁이 되지 않을 것이었다. 8년 후인 1954년 민간 기업이 원자로를 건설하도록 촉진하는 원자력법Atomic Energy Act이 통과되었다. 롱아일랜드에 있는 브룩헤이븐국립연구소Brookhaven National Laboratory 소속 과학자들은 방사능을 쪼이는 '감마정원Gamma Garden'에서 새롭고 멋진 잡종 카네이션을 개발하는 방안을 이야기했다. 또한 시카고 인근의 아르곤국립연구소Argonne National Laboratory 소속 연구원들은 방사능이 식품을 신선하게 유지하고 세균을 죽인다는 사실을 보여주기 위해 감자, 빵, 핫도그로 실험을 했다.[18]

원자력은 전쟁이 낳은 수많은 산물 가운데 하나였다. 아이젠하워 집권기에 국방부는 연방 자금의 60퍼센트를 소비했으며, 육군 병력은 350만 명에 달했다. 일부 낙관론자는 '군사 케인스주의'가 경기를 부양하고 혁신을 일으킬 것이라고 말했다. 반면 비관론자는 군산복합체가 민간경제를 억누를 것이라고 우려했다. 두 주장 다 조금씩 일리가 있었다. 군산복합체는 실비 정산 조건으로 대금을 받는 유명 기업에게 안정적인 수익원을 제공했다. 또한 민간경제에 도움이 되는 주요 혁신을 일으켰다. 실리콘밸리에서 싹트는 컴퓨터산업은 스탠퍼드 대학만큼이나 군비 지출에 많은 빚을 졌다.

미국은 이민정책도 군산복합체를 위한 조치로 만들었다. 일반적으로 미국은 이민을 엄격하게 제한했지만 세계적인 과학자와 엔지니어에게는 예외를 적용했다. 이 정책은 1930년대에 나치 독일에서 탈출하는 독일 과학자를 대상으로 시작되었으며, 전쟁 이후 공산주의 독재를 피해 떠나온 난민을 대상으로 계속되었다. 그 결과 자유의 땅으로 우수한 두뇌가 유입되었으며, 문명국가로서의 명성도 높아졌다.

전후 미국은 지식경제를 건설하는 데 집중하는 한편 교통 부문에도 많이 투자했다. 아이젠하워가 국내에서 거둔 가장 큰 성과는 1956년에 연방보조고속도로법Federal Aid Highway Act을 만든 것이었다. 1969년까지 250억 달러의 예상 비용을 투입해 6만 6천 킬로미터의 고속도로를 건설한다는 내용이었다. 물론 목표를 달성하지는 못했다. 최초의 대륙 횡단 주간고속도로인 I-80은 1986년까지 완성되지 않았으며, 남부 주간고속도로인 I-10은 1990년까지 완성되지 않았다. 1958~1991년까지 연방 정부와 주 정부는 주간고속도로망을 구축하기 위해 거의 4,290억 달러를 썼다. 그럼에도 주간고속도로망은 놀라운 성과였다. 최고의 주간고속도로 역사학자인 얼 스위프트Earl Swift는 이렇게 평가했다. 주간고속도로는 "우리의 일상생활, 현대 미국인의 경험, 물리적 미국을 정의하는 것과 불가분의 관계에 있다. 그들은 미국의 상업적, 문화적 망을 형성해 여러 지역을 한데 묶고, 여러 방언을 잇고, 48개 주의 모든 도시를 지난다. 그들은 우리의 속어, 시간과 공간에 대한 인식, 정신적 지도 속에 스며들었다."[19] 좀 더 평범하게 말하자면 주간고속도로는 장거리 여행의 비용과 불편을 줄이고, 국가적 공급망 구축을 용이하게 만들며, 화물 운송 같은 여러 기존 산업의 생산성을 높여서 경기를 부양했다. 35개 산업을 대상으로 실시한 조사 결과에 따르면 3개 산업을 제외한 모든 산업이 더 저렴하고 유연해진 물류 덕분에 비용을 크게 줄일 수 있었다.[20]

항공로 또한 더 복잡해졌다. 다른 수단에 대비한 항공 여행 비용은 1940~1950년까지 8퍼센트, 1950~1960년까지 4.5퍼센트, 1960~1980년까지 2.8퍼센트만큼 낮아졌으며, 1980~2014년까지는 안정된 수준을 유지하는 대신 품질이 나빠졌다. 연간 승객 비행 거리는 1940~1950년까지 24.4퍼센트, 1950~1960년까지 14.3퍼센트, 1960~1980년까지 9.9퍼센트 늘었다. 과거에는 비싸고 드물 뿐 아니라 약간 위험했던 항공 여행은 비교적 저렴하고 흔하며 안전해졌다. 항공 여행의 보편화를 이끈 것은 팬암Pan Am 같은 대형 항공사였지만 커크 커코리언Kirk Kerkorian 같은 개인 사업자가 끼어들 여지도 있었다. 그는 전시에 전투기 조종사로 복무한 경험을 살려 트랜스 인터내셔널Trans International이라는 항공사를 차리고 로스앤젤레스에서 라스베이거스로 도박꾼을 실어 날랐다. 커코리언은 직접 비행기를 조종했을 뿐 아니라 검표원, 엔지니어, 청소부로도 일했으며 승객과 함께 도박장에 가기도 했다.

미국인들은 높은 급여를 주는 제조업 부문이나 번성하는 서비스 부문에서 일자리를 얻고, 확장되는 도로망의 혜택을 누리고, 가족을 꾸려서 재산을 쌓는 데 집중하면서 넓은 국토 전반으로 퍼져나갔다. 1940~1960년까지 태평양 연안 주의 인구는 110퍼센트 증가했다. 캘리포니아는 1963년 뉴욕을 제치고 전국에서 가장 인구가 많은 주가 되었다. 1950년대와 1960년대에 증가한 인구의 80퍼센트 이상은 교외에 거주했다. 일부 교외지역은 보스턴이나 뉴욕 같은 오래된 도시의 외곽에 있는 구시대적 베드타운이었다. 다른 교외 지역, 특히 남부와 서부의 교외 지역은 완전히 새로운 유형으로서 피닉스나 로스앤젤레스처럼 더 이상 '도시urbs'에 종속되지 않은 독자적인 '교외subs'였고, 과거의 모습과는 다른 '지역적theres' 성격을 지니게 되었다. 이 새로운 교외 지역은 미국의 최대 경쟁우위 가운데 하나로서 빈 땅이 대단히 많다는 점을 활용할 뿐 아니라 제퍼슨과 해밀턴 사이에 벌어진 대논쟁을 양쪽이 만족할 만한 방식으로 해결하는 데 도움을 주었다. 미국은 넓은 땅을 일구는 동시에 세상에서 가장 발전된 상업 문명 속에서 사는 독립적 자작농의 나라였다.

관리 자본주의

제2차 세계대전 후 부상한 자본주의는 관리 자본주의였다. 미국 경제는 소수의 대기업이 지배했다. 자동차 산업에는 빅3(포드, 크라이슬러, 제너럴 모터스)가, 전자 산업에는 빅2(제너럴 일렉트릭, 웨스팅하우스)가 존재하는 식이었다. 제너럴 모터스는 세계 최대의 자동차 제조사, IBM은 세계 최대의 컴퓨터 제조사, P&G는 세계 최대의 소비재 기업이었다. 이 기업들은 가능한 모든 것을 외주로 돌려서 오늘날의 대기업 기준으로 보면 대단히 탄탄했다. 그들은 대규모 직원을 거느렸고(1960년에 GM의 직원 수는 100만 명이었다), 공장과 사무용 건물의 형태로 확실한 자산을 보유했으며, 경영자뿐 아니라 직원에게도 평생직장을 제공했다. 많은 기업은 직원에게 삶의 중심으로 자리 잡으려 노력했다. 코닥은 약 2만 8천 제곱미터 넓이에 18홀짜리 골프장을 갖춘 휴양시설을 지었다. 또한 영화 관람, 야유회, 카드 게임, 댄싱, 야구 그리고 가장 인기 많은 볼링 같은 활동을 후원했다(1950년대 중반 전미볼링협회American Bowling Congress가 로체스터에서 대회를 열었을 때 324개 기업 팀이 참가했다).[21] 오스트리아 출신의 젊은 망명자인 피터 드러커는 1949년에 〈하퍼스 매거진Harper's Magazine〉에 실은 글에서 "대기업은 우리가 갖춘 사회질서의 진정한 상징이다. 공업 기업에서 사실상 우리 사회 전체를 떠받치는 구조를 볼 수 있다"라고 썼다.[22]

미국 경영자는 유럽이나 일본의 경영자보다 많은 자유를 누렸다. 그들은 독일 경영자처럼 종합은행의 요구에 혹은 일본 경영자처럼 재무부의 요구에 응할 필요가 없었다. 또한 힘 있는 가문이나 거대 기관이 아니라 (속성상 파편적이고 수동적인) 소액주주가 지분을 보유하고 있어서 소유주의 요구에 응할 필요도 없었다. 그래서 장기적인 베팅을 할 수 있었다. IBM과 AT&T는 끈기 있게 전자 혁명의 토대를 마련한 연구소를 지원했다. 또한 미국 경영자는 자신을 단지 주주의 하인이 아니라 사회 전체의 보호자로 내세울 수 있었다. 1951년 스탠더드 오일 오브 뉴저지의 회장인 프랭크 애덤스Frank Adams는 '경영자가 할 일은 주주, 직원, 고객, 대중

등 직접적인 영향을 받는 다양한 이해집단의 요구를 정리해 공평하고 유효한 균형을 잡는 것'이라고 주장했다.23 경영자는 기업인인 동시에 산업계의 정치인이었다.

그러나 힘 있는 경영자도 거대 정부 그리고 거대 노조와 협력해야 했다. 거대 정부는 대체로 우호적이었다. 아이젠하워는 기업인으로 내각을 구성했다. 그는 제너럴 모터스 대표인 찰스 윌슨Charles Wilson을 국방부 장관으로 임명했을 뿐 아니라 제너럴 모터스의 판매업체 대표 출신을 내각에 앉혔다. 이에 애들레이 스티븐슨Adlai Stevenson은 "뉴딜 인사New Dealers는 모두 자동차 딜러car dealers에게 자리를 내주기 위해 워싱턴을 떠났다"고 꼬집었다.

거대 노조는 더 골칫거리였다. 종전 후 18개월 동안 노조는 1930년대 이뤄진 친노조 법률 개정과 전후 시기의 노동시장 경색으로 부여된 새로운 힘을 과시하기 위해 140만 명의 노동자가 참여하는 550회의 파업을 조직했다. 자동차노동자연합은 제너럴 모터스를 상대로 특히 결기에 찬 파업을 일으켰다. 이 파업 사태는 경영진이 급여 인상뿐 아니라 회사가 지원하는 연금과 의료 혜택까지 제공한 뒤에야 해결되었다. 이른바 '디트로이트 조약Treaty of Detroit'은 이후 모든 노사 협상의 기준이 되었다. 그때까지 경영자에게 한정되었던 혜택이 이제는 모든 노동자에게 제공되었다.

1947년에 제정된 태프트-하틀리법은 '노조 가입 의무화 제도closed shops(고용주가 노조 가입 노동자만 고용하도록 강제하는 제도)'를 금지시키고 노조 지도부가 공산주의자가 아님을 맹세하게 만들어서 힘의 균형을 다소 경영자에게로 되돌렸다. 그래도 노조는 여전히 강력했다. 1950년대 내내 비농업 부문 노동자 가운데 약 3분의 1이 노조에 가입했으며, 미국인 가운데 3분의 2에서 4분의 3 사이에 해당하는 사람은 노조를 지지했다. 아이젠하워조차 배관공 노조의 위원장인 마틴 더킨^{Martin Durkin}에게 노동부장관 자리를 내주었다. 더킨은 〈뉴 리퍼블릭〉을 도발해 내각이 '8명의 백만장자와 1명의 배관공'으로 구성되었다고 조롱하게 만들었다. 1955년 미국노동총연맹^{AFL}과 산별노조회의^{CIO}가 행정 비용을 줄이고 중복되는 부문을 제거하기 위해 미국노총^{AFL-CIO}을 결성하면서 노조의 힘은 더욱 강해졌다. 미국노총의 총 회원 수는 1,540만 명에 이르렀다. 1950년대 중반에 대기업과 중기업의 거의 절반은 직원에게 연금을 제공했으며, 3분의 2 이상은 일종의 보험을 제공했다.[24] 유럽의 정책 입안자는 국가를 통해 복지를 제공하기로 결정했다. 반면 미국은 디트로이트 조약 덕분에 기업을 통해 복지를 제공하게 되었다.

생산성을 찾아서

미국인들은 경영을 과학으로 바꿀 수 있다는 생각에 열정적이었다. 경영 교육 프로그램을 운영하는 기업은 제2차 세계대전 직후에는 5퍼센트뿐이었지만 1958년에는 4분의 3 이상이었다. GE는 1956년 뉴욕주 크로턴 온 허드슨^{Croton-on-Hudson}에 약 6만 제곱미터 넓이의 캠퍼스와 7천 권의 장서를 보유한 경영 도서관을 갖춘 최초의 기업 대학을 열었다. 곧 야심을 품은 GE인들이 이 대학에 들어오려고 경쟁했다. 첫 5년 동안 1,500여 명이 이 대학을 졸업했다.[25] 다른 기업은 자체 교육 프로그램을 만들었다(또한 GE 출신을 최대한 많이 영입했다).

경영학에서 가장 성공적인 하위 분야 가운데 하나는 소비자 조사였다. 기업들은 많은 자료를 통해 소비자 시장을 이해하는 법과 대중 광고를 통해 소비자 시장을 형성하는 법을 배웠다. 그들은 '브랜드'에 성격을 부여할 수 있었다. 가령 필립 모리스Philip Morris는 말보로를 강인한 사람이 선택하는 담배로 광고해 세계에서 가장 많이 팔리는 담배 브랜드로 만들었다. 또한 기업은 한 집단을 위해 기획된 제품을 새로운 집단에게 판매할 수도 있었다. 월터 하스Walter Haas와 그의 회사인 리바이스는 청바지를 생산직 노동자가 입는 작업복에서 반항심 강한 청소년에 이어 모두가 입는 여가복으로 새롭게 자리매김했다.

생산성을 높이는 가장 쉬운 방법은 표준화였다. 표준화는 신속하게 두 가지 혜택을 제공한다. 하나는 복잡한 작업을 단순화해 미숙련공의 생산성을 높여주는 것이고, 다른 하나는 빠른 확장을 통해 규모와 범위의 경제 효과를 누릴 수 있도록 해주는 것이다. 미국은 19세기에 호환 부품 원칙을 유럽국보다 깊이 받아들여 제조업 강국으로 자리 잡고, 탱크와 선박 제조에서 표준화 원칙을 어떤 나라보다 깊이 받아들여서 민주주의의 무기고로 변신했다. 그리고 이제는 표준화를 오랜 산업에서 새로운 수준으로 끌어올리는 동시에 주택 건설과 음식 제공 같은 새로운 영역에도 적용해 세상에서 가장 풍요로운 사회라는 입지를 확고하게 다졌다.

윌리엄 레빗William Levitt과 알프레드 레빗Alfred Levitt은 표준화된 건설 기법을 주택 건설에 적용했다. 그들은 집을 짓는 27가지 단계를 파악하고, 모든 수단을 동원해 각 단계를 표준화 내지 자동화했다. 롱아일랜드에 지은 레빗타운Levittown은 효율성의 모범이었다. 트럭은 동일한 원목, 파이프, 벽돌, 동관, 지붕널을 약 18미터 간격으로 내려놓았다. (비노조) 노동자로 구성된 작업팀은 이 주택에서 저 주택으로 이동했으며, 각 노동자는 특정한 작업을 담당했다. 이런 방식으로 하루에 30채씩,[26] 1년 안에 4천 채의 새 집이 지어졌다. 레빗 형제는 방 4개짜리 케이프 코드Cape Cod와 더 큰 랜치 하우스ranch house라는 두 가지 선택지를 제공했다. 사람들이 관대한 주택담보대출 조건을 활용하고 번영하는 나라에서 자신의 몫을 챙기려고 서두르면서 10여 개의 다른 주택업체도 전국에 걸쳐 비슷한 주택을 지었다. 당시 주택대출 조건은 5퍼센트의 계약금(제대군인은 0퍼센트)을 내고 고정금리로 30년 동안 상환하는 것이었다.

다른 기업은 표준화를 활용해 새로 생긴 교외 지역에 거주하는 사람에게 믿을 수 있는 제품과 서비스를 제공했다. 아이를 위한 장난감 제공업체로는 토이저러스Toys'R'Us가, 이사용 밴 제공업체로는 유홀U-Haul이, 텔레비전 시청용 음식 제공업체로는 스완슨이, 새로운 노동시장으로 진입할 수 있는 임시직 제공업체로는 윌리엄 켈리William Kelly가 있었다. 에드워드 디바톨로Edward J. DeBartolo는 전국에 걸쳐 L자 혹은 U자 형태의 판에 박힌 쇼핑몰을 지어서 쇼핑몰 업계의 제왕이 되었다. 잭 에커드Jack Eckerd는 1969~1975년까지 남부 전역에 연 동일한 셀프서비스 매장을 통해 2년마다 규모를 두 배로 키워서 약국 체인의 제왕이 되었다.[27]

1950년대 중반부터 말콤 맥린Malcolm McLean이라는 이름의 젊은 트럭 운전기사는 표준화를 활용해 물류에 혁신을 일으켰다.[28] 맥린이 일으킨 커다란 혁신은 단순성 측면에서 대단히 훌륭했다. 바로 선박이나 트럭에 바로 실을 수 있는 동일한 컨테이너로 화물을 운송하는 것이었다. 이 방식을 실행하는 일은 쉽지 않았다. 트럭과 화물선을 개조하고, 항만을 재구성해야 했다. 기득권층, 특히 때로 폭력을 행사하는 노조와도 싸워야 했다. 그러나 이 방식은 선적과 하역 작업, 포장과 개봉 작업을 줄이고, 도난 위험을 제거하고, 손상 위험을 완화하면서 효율성을 너무나 크게 높였기 때문에 곧 널리 확산되었다. 컨테이너화를 받아들인 항만은 빠르게 성장했고, 기업은 보험료를 아낄 수 있었다. 1969년 맥린의 회사인 시랜드 서비스SeaLand Service는 2만 7천 개의 트레일러형 컨테이너와 36척의 트레일러선을 보유하고 30개 항만을 드나드는 대기업으로 성장했다. 한 연구 결과에 따르면 컨테이너화는 1970년대 초반부터 선진국 사이의 교역을 약 17퍼센트 증가시켰으며, 10~15년의 시차를 두고 개도국을 포함한 모든 국가 사이의 교역을 14퍼센트 증가시켰다.[29] 현재 전 세계 무역 화물의 90퍼센트 이상이 컨테이너선으로 운송된다.

샘 월튼Sam Walton은 원래 소매업체가 무시하던 소비자 집단, 바로 농촌 지역 소도시 거주자에 초점을 맞춰서 소매업에 혁신을 일으켰다. 그는 규모의 경제와 표준화라는 검증된 원칙을 새로운 수준으로 끌어올려서 도시 외곽에 초대형 매장을 짓고 상시 할인 가격으로 제품을 판매했다('매일 저렴한 가격'). 또한 그는 맥린처럼 물류에 초점을 맞춰서 원활한 공급사슬을 구축하고 납품업체와 협의해 가격을 낮췄다. 이렇게 미국의 소도시를 장악한 다음에는 좀 더 인구가 많은 도시로 진출했다. 그는 두둑한 현금을 활용해 거대한 새 매장을 짓고 매끄러운 공급사슬과 저가를 내세워 경쟁 업체를 물리쳤다.

미국은 표준화된 해결책을 프랜차이즈라는 형태로 빠르게 확산시키는 새로운 방법을 발견했다. 프랜차이즈는 견본을 따르는 사업이다. 본사는 표준화된 사업 모델을 만든 다음 해당 사업 모델을 운영할 사업권을 놓고 소규모 사업자를 경쟁시킨다. 본사는 행정, 교육, 광고 같은 핵심 서비스를 제공해 비용을 줄인다. 지역 사업자는 매일 가맹점을 운영하고 제품을 개선할 새로운 방법을 생각하는 어려운 일을 맡는다. 밀크쉐이크 판매원인 레이 크록Ray Kroc은 1954년 두 명의 소규모 사업가인 맥도날드 형제와 손잡고 첫 맥도날드 레스토랑을 열었다. 초기 가맹점주 가운데 한 명인 짐 델리게티Jim Delligatti가 1967년에 빅맥에 대한 아이디어를 떠올렸다. 케몬스 윌슨Kemmons Wilson은 1952년 모든 현대적 편의시설(텔레비전과 수영장)을 갖추고 동반아동에 대한 추가 요금을 물리지 않는 첫 홀리데이 인Holiday Inn을 열었다. 리처드 블록Richard Block과 헨리 블록Henry Block은 1955년 H&R 블록Block이라는 이름으로 세무 처리 사업에 대한 프랜차이즈 사업을 시작했다. 1978년 H&R 블록은 연간 9건의 소득 신고 가운데 1건을 처리했다.[30]

기업 제국주의

자신감 넘치고, 전문적이며, 혁신적인 미국 기업은 유례없는 속도로 해외 진출에 나섰다. 유럽과 일본 시장에 대한 전체 미국 기업의 투자액은 1950년 20억 달러였다가 1973년년 410억 달러로 늘었다. 많은 주요 기업은 이미 자유방임시대에 세계화를 실험했다. 싱어 코퍼레이션Singer Corporation의 당시 명칭인 싱어 마케팅 컴퍼니Singer Marketing Company는 1867년 영국에 공장을 열었다. 포드는 1911년 영국 맨체스터 트래포드 파크Trafford Park에 첫 공장을 세웠다. J. P. 모건은 말년에 '결합'에 대한 열정을 세계 무대로 넓히는 데 집착했다. 전후 미국의 대기업은 해외의 경쟁 업체를 압도했다. 가령 그들이 영국에 만든 자회사의 총노동생산성은 영국 기업보다 3분의 1만큼 높았다.

미국 기업은 (명품은 유럽이 강세를 유지했지만) 대단히 폭넓은 영역에서 세계시장을 정복했다. 1960년대 중반에 포드와 GM은 피아트의 뒤를 이어 2위와 3위 '유럽' 자동차 제조사가 되었다. 또한 미국 기업은 유럽에서 판매되는 컴퓨터의 80퍼센트 이상을 제조했다. 영국에서는 미국의 침공에 대한 케인스의 우려가 현실화되었다. 미국 기업은 자동차, 진공청소기, 전기면도기, 면도날, 시리얼, 감자칩, 재봉틀, 커스터드 분말, 타자기 시장의 절반 이상을 차지했다. 코닥은 영국에서 팔리는 필름의 90퍼센트를 생산했다. 하인츠는 이유식의 87퍼센트, 콩 통조림의 62퍼센트를 생산했다. 크래프트Kraft와 스위프트Swift는 가공 치즈의 75퍼센트를 생산했다.[31]

많은 유럽인은 절망적인 시선으로 상황을 바라보았다. 장 자크 세르반 슈리버Jean-Jacques Servan-Schreiber는 《미국의 도전The American Challenge》(1967년)에서 여러 지역에서 대규모 기업을 경영하는 미국의 우월한 능력 때문에 유럽 기업은 경쟁이 불가능하다고 주장했다. 미국인은 번영의 열쇠를 쥔 조직이라는 수단에 통달했다. 반면 유럽인은 가족 소유 제도와 신사적 가치관에 대한 집착 때문에 발목이 잡혔다. 세르반 슈리버의 말에 따르면 '조직술'은 여전히 '우리에게는 수수께끼'였다. 그의 책은 베스트셀러일 뿐 아니라 행동의 촉매제가 되어서 유럽인이 미국 시장만큼 큰 공동시장과 미국의 경영대학원만큼 전문적인 경영대학원을 만든다는 꿈을 꾸도록 자극했다.

평범한 미국인은 이전에 없던 규모로 물질적 풍요를 누렸다. 이 시대는 클로디아 골딘Claudia Goldin과 로버트 마고Robert Margo가 말한 '대압축the great compression'의 시대로서 불평등이 줄었고, 기회가 풍부했으며, 모두가 앞으로 나아갈 기회를 얻었다. 저임금을 받던 농업 노동자는 더 높은 급여를 주는 도시로 이주했다. 고임금을 받는 도시 거주자는 시내에서 빠르게 확장되는 교외로 이주했다. 고졸 이하의 학력을 지닌 사람도 널찍한 땅을 사고 평생직장을 다녔다. 야심이 있는 사람은 매장 판매직에서 고위 경영직까지 출세의 사다리를 타고 올라갔다. 모두가 평등하게 번영을 누리지는 않았다. 흑인은 여전히 차별과 빈곤에 시달렸고, 여성은 종종 주변부로 밀려났다. 그러나 적어도 백인에게 아메리칸 드림은 그 어느 때보다 현실에 가까웠다.

경기가 너무 좋은 나머지 출판사는 풍요의 문제를 고민하는 베스트셀러를 펴냈다. 데이비드 리스먼David Riesman의 《고독한 군중The Lonely Crowd》(1950년)은 미국인의 순응주의를 비판했다. 데이비드 포터David Potter의 《넉넉한 사람들People of Plenty》(1954년)은 미국인의 소비지상주의를 비판했다. 윌리엄 H. 화이트William H. Whyte의 《조직 인간The Organization Man》(1956년)은 미국인이 기업 체제의 나사가 되고 있다고 비판했다. 존 케네스 갤브레이스의 《풍요로운 사회The Affluent Society》(1956년)는 미국인이 '제멋대로' 욕구를 충족하고 있다고 비판했다(이 시대는 경제성장뿐 아니라 대중사회학의 황금기이기도 했다). 교외의 부상은 특히 불안을 불러일으켰다. 데이비드 리스먼은 '교외'를 '동질성이 스스로 반향을 일으키는 작은 대학의 동아리방'에 비유했다.[32] 교외의 삶이 견디기 힘들 만큼 따분하다는 생각이 대단히 폭넓게 퍼져 있었다. 뉴저지주 레빗타운에서 몇 년을 산 허버트 갠즈Herbert Ganz는 이렇게 변호했다. "대다수 교외 거주자는 동네가 발전하는 것을 기뻐한다. 그들은 집에서 보내는 시간과 야외활동을 즐기고, 교외의 동질성과 연관되는 권태나 문제를 겪는 일 없이 비슷한 사람이 많다는 사실에 만족한다."

소외에 대한 글은 대개 그 글이 적힌 종이만큼의 가치를 지니는 경우가 드물다. 그러나 미국이 동질적인 사회라는 갤브레이스와 동료 학자의 지적은 옳았다. 교외는 같은 틀로 찍어낸 것처럼 보였다. 슈퍼마켓은 대량생산 제품으로 선반을 채웠다. 3대 방송사(CBS, ABC, NBC)는 천만 단위로 시청자 수를 측정했다. CBS의 〈아이 러브 루시I love Lucy〉에서 주인공인 루시가 실제 배우인 루실 볼Lucille Ball처럼 임신하는 이야기를 담은 편은 무려 68.8퍼센트의 시청률을 기록했다. 이 수치는 다음 날인 1953년 1월 20일에 열린 아이젠하워의 취임식 시청률보다 훨씬 높았다. 고속도로와 지방도로에는 뉴잉글랜드의 숲이든 애리조나의 사막이든 같은 시설을 제공한다고 자랑하는 모텔 체인이 늘어섰다. 홀리데이 인의 광고 슬로건은 '놀랍지 않은 것이 가장 놀라운 것'이었다.

미국의 핵심 기관은 스포츠 애호(운동부와 응원단은 학교의 영웅이었다), 온건한 독실함(아이젠하워는 모두가 어떤 종교든 종교를 가져야 한다고 말했다), 국기에 대한 경의 등 '미국식 생활'을 열심히 촉진했다. 해외에서 출생한 미국인의 비중은 1950년에 6.9퍼센트였다가 1970년에 역사적 저점인 4.7퍼센트가 되었다(다음 쪽 그래프 참고).

이민귀화국Immigration and Naturalization Service은 불법 이민자, 특히 중국인을 추방하고, 외국 국적 거주자에게 완전한 미국인이 되라고 압박하면서 좀 더 동질적인 사회를 적극적으로 촉진했다. 새로운 교외는 인종 기반 정치체제가 갖춰진 오랜 도시보다 더 효과적인 용광로였다. 인종에 기반한 구시대적 충성심은 미국주의에 대한 범종교적인 믿음으로 용해되었다. 월

해외 출생 인구
(1850~2000년)

허버그Will Herberg는 《개신교도, 가톨릭교도, 유대교도Protestant, Catholic, Jew》 (1955년)에서 이 점을 잘 설명했다. 미국식 성장의 황금기에 (적어도 이민과 관련하여) 인종적 다양성이 줄고 미국주의가 득세했다는 사실은 현재 토착주의와 포퓰리즘이 부상하는 이유를 설명하는 데 도움을 준다.

필멸의 징조

이 시기에 이뤄진 성공의 기록은 엄청나다. 평균적인 미국 가정은 1960년에 1950년보다 30퍼센트 더 부유해졌다. 또한 60퍼센트 이상의 사람이 자기 집을 보유했다. 전체 주택의 4분의 1은 지어진 지 10년이 채 되지 않았다. 1960년대는 심지어 이런 기록을 뛰어넘을 것처럼 보였다.

1960~1965년까지 실질 GDP는 28퍼센트 증가했다.

그러나 이처럼 눈부신 기록의 이면에는 걱정해야 할 문제가 많았다. 미국 기업은 자만하고 있었지만 사실 결함이 있었다. 그들은 막대한 복지 비용에 발목이 잡혀 있었고, 표준화를 넘어서는 혁신을 이루려 하지 않았으며, 아시아 국가의 경쟁력을 전혀 파악하지 못했다. 디트로이트 조약은 미국식 풍요의 토대를 갉아먹고 있었다. 외국인이나 기계를 쓰면 훨씬 저렴한 일을 하는 노동자에게 왜 평생 높은 임금과 은퇴 연금을 제공해야 할까? 또한 있지도 않은 돈을 쓰는 연방 정부의 습관은 대다수 나쁜 습관처럼 중독성을 갖고 있었다.

낙관주의의 시대는 비관주의의 시대에 막 길을 내줄 참이었다.

9장

스태그플레이션

1976년 미국은 차분하게 건국 200주년을 축하했다. 재무부는 기념주화를, 우체국은 기념우표를 발행했다. 뉴욕과 보스턴에는 대형 범선이 모여들었다. 여러 도시에서는 불꽃놀이가 벌어졌다. 포드 대통령은 워싱턴 DC에서 벌어진 가장 성대한 불꽃놀이를 참관했다. 이전 식민 모국이었던 영국의 엘리자베스 2세 여왕은 미국을 국빈 방문했다. 미국인들은 특히 식민지 시대의 근면한 가정주부와 사업가 기질을 가진 농촌의 장인 그리고 강인한 자작농이 구현한 미국의 자립, 자존 정신을 축하했다.

그러나 나라의 분위기는 전혀 유쾌하지 않았다. 1970년대는 미국에 울적한 10년이었다. 황금기는 침체기로 바뀌었으며, 많은 사람은 미국의 시대가 끝난 것은 아닌지 의심스러워했다. 세 명의 대통령이 연이어 불명예나 실망감 속에 임기를 마쳤다. 리처드 닉슨은 탄핵 위기에 몰렸다. 제럴드 포드와 지미 카터는 재임까지 가지 못하고 단임 후에 밀려났다. 포드는 카터의 불운한 임기 마지막 해에 '우리의 대통령제는 제왕적 대통령제imperial presidency가 아니라 위태로운 대통령제imperiled presidency'라고 말했다.[1]

1970년대는 위기의 분위기에 휩싸였다. 왜소한 베트남 공산당에게 당한 수치스러운 패배는 미국의 자신감을 무너트렸다. 베트남전이 퍼트린 독소는 미국의 영혼을 계속 잠식했다. 위협적인 진격에 나선 구소련은 1979년 카불의 괴뢰정권이 약화되자 아프가니스탄을 침공했다. 신좌파는 허무주의와 폭력으로 돌아섰다. 도심 빈민가는 폭력과 방화로 얼룩졌다. 1970년대 말에 살인사건 사망자 수는 역대 최고치인 1만 명당 10명으로 늘었다. 닉슨은 개인적으로 미국이 "결국 문명을 파괴하는 타락에 빠진 것은 아닌지" 걱정했다.[2]

대중 지식인은 1970년대를 '갈등의 시대'나 '하강의 시대' 혹은 '한계의 시대'로 불러야 하는지 논쟁했다. 맨커 올슨Mancur Olson은 민주주의가 힘센 이익집단의 포로가 되는 것은 불가피하다고 주장했다. 그는 "여러 측면을 감안할 때 특수 이익단체와의 결탁은 사회의 효율성과 총소득을 줄이고, 정치를 더욱 분열시킨다"고 결론지었다.[3] 로마클럽Club of Rome이라는 수수께끼 같은 이름의 모임을 만든 MIT 학자들은 식량뿐 아니라 석유부터 물까지 생활에 필요한 모든 필수품이 동날 것이라는 주장으로 토머스 맬서스를 뛰어넘었다. 그들이 펴낸 《성장의 한계The Limits to Growth》(1972년)는 1,200만 부 넘게 팔렸다. 1975년 〈타임〉은 '자본주의는 생존할 수 있는가?'라는 표제 기사를 실었다. 제2차 세계대전 후 앞으로 성공하고 잘될 것이라는 자신감을 품고 부상한 미국은 이제 최소한으로만 성공하거나 잘못될 수 있으며, 망할 수도 있다고 믿게 되었다.

최악의 경제 기록이 갱신되었다. 1971년 미국은 1893년 이후 최초로 무역 적자를 기록했다. 1974년에는 물가상승률이 11퍼센트에 이르렀다. 1970년대 말의 주가는 1970년대 초의 주가와 같은 수준에 머물렀다.

국내 문제 이면에 놓인 원인은 생산성 증가율의 급감이었다. 1960~1973

년까지 13년 동안 시간당 산출량은 전체 사업 부문에 걸쳐 51퍼센트 증가했다. 반면 1973~1986년까지 13년 동안에는 증가율이 그 절반에도 미치지 못했다(아래 그래프 참고).

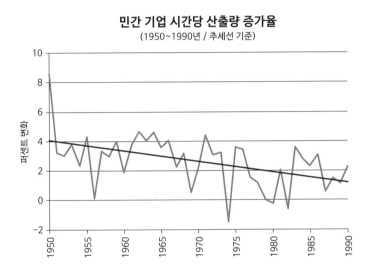

민간 기업 시간당 산출량 증가율
(1950~1990년 / 추세선 기준)

미국은 일반적인 추세의 매우 극단적인 사례였다. 유럽과 일본도 (농업에서 산업으로의 인구 이동 같은) 간편한 동인이 사라지고 새로운 동인을 찾지 못하면서 생산성 증가율이 지체되었다.

생산성 증가율의 지체는 생활수준의 지체로 이어졌다. 1900~1973년까지 미국의 실질 임금은 매해 약 2퍼센트씩 성장했다. 전체 기간을 합치면 평균 급여가 (평균적인 생활수준을 누린다고 가정할 때) 35년마다 두 배로 늘어난 셈이다. 그러나 1973년에 이 추세가 끝나버렸다. 노동청 통계에 따르면 생산 및 비관리직 노동자의 평균 실질 임금은 줄어들기 시작했다. 1990년대 중반 생산직 노동자의 시간당 평균 실질 임금은 1973년 수준의 85퍼센트에도 못 미쳤다.

자만에 대한 벌

1970년대 비관론이 횡행하게 된 한 가지 이유는 이전 10년의 과도한 낙관론이었다. 승리에 도취한 자유주의자들은 제2차 세계대전 이후 경제 모델을 한계점까지 밀어붙였다. 정치인은 오래 유지하기에는 너무나 달콤한 약속('총과 버터'. 각각 국방예산과 민생예산에 대한 비유—옮긴이)을 내걸었다. 노동자는 생산성을 높이지 못한 상태에서 임금 인상을 요구했다. 경영자는 내일의 전쟁이 아니라 어제의 전투에 초점을 맞췄다.

황금기에서 침체기로 나아가는 과정의 핵심 인물은 린든 존슨이었다. 케네디는 비교적 보수적인 대통령이었다. 그의 취임 연설은 나라에 무엇을 바라기보다 나라를 위해 무엇을 할 것인지 생각하라는 것이 골자였다 (취임 연설에서 언급한 '신세대'는 "전쟁으로 단련되었으며, 힘겹고 쓰라린 평화로 수련했다."). 또한 그는 클래런스 더글러스 딜런Clarence Douglas Dillon을 재무부 장관으로 임명한 것을 비롯해 내각에 공화당 인사를 상당수 임명했다. 월터 리프먼은 케네디 내각이 서른 살 적은 아이젠하워 내각이나 마찬가지라고 꼬집었다.[4] 케네디는 사회 개혁보다 냉전 승리에 훨씬 관심이 많았으며, 시민권 확대에 특히 신중했다. 그는 닉슨에게 이렇게 말했다. "대통령이 다뤄야 할 유일하게 중요한 사안은 외교라는 말이 맞는 것 같습니다. 외교 문제에 비하면 최저임금이 1.15달러든, 1.25달러든 누가 신경 쓰나요?"

그런데도 케네디는 경제자문위원회를 케인스학파 학자로 채움으로써 지출 붐이 일어날 길을 마련했다. 경제자문위원회는 재무부가 돈을 너무 많이 끌어모으는 것이 미국이 직면한 최대 문제라고 경고했다. 대규모 예산 흑자는 '재정적 지체fiscal drag'라는 현상을 통해 경제성장을 저해하는 걸림돌로 작용할 수 있었다. 따라서 정부는 돈을 쓸 길을 찾아야 했다. 물론 1964년에 단행된 감세와 달 착륙 프로젝트 그리고 여러 사회적 지출 등 돈을 쓸 곳에 대한 아이디어는 부족하지 않았다.

케네디의 뒤를 이은 린든 존슨은 케네디와 같은 신중함이 없는 사람이었다. 존슨은 케네디 암살에 당당한 태도로 대응해야 한다는 타당한 판단을 내렸다. 또한 그는 훌륭한 법안을 통해 자신의 천재성을 기억시켜야 한다는 타당성이 부족한 판단도 내렸다. 그는 케네디가 암살된 지 6주 뒤 의회에 나가 '빈곤에 대한 무조건적 전쟁'을 선포하면서 이렇게 말했다. "세계에서 가장 부유한 나라는 이 전쟁에서 이길 형편이 됩니다. 오히려 질 형편이 안 됩니다." 그는 "우리는 부유하고 강력한 사회만이 아니라 위대한 사회Great Society를 향해 나아갈 수 있다"며 1965~1966년 단일 회기 동안 새로운 사회를 건설하기 위한 수많은 법안을 통과시켰다. 또한 1964년에 제정된 시민권법Civil Rights Act을 통해 차별행위를 불법화하고 고용 관행을 감독할 연방 감시 체제를 확대했다. 여기에 공공방송법Public Broadcasting Act, 공정포장표시법Fair Packaging and Labeling Act, 고속도로안전법Highway Safety Act이 추가되었다. 한 측근은 "아이가 초콜릿 칩 쿠키를 먹듯 제도를 채택한다"며 걱정했다. 한편 존슨은 "우리가 할 수 없는 일을 이야기하는 사람들이 지겹습니다. 우리는 세상에서 가장 부유하고 힘센 나라입니다. 무엇이든 할 수 있어요"라고 말했다.

위대한 사회는 복지국가를 크게 확장시킨 것이었다. 이를 위해 두 가지 새로운 보건 복지 제도인 메디케어Medicare와 메디케이드Medicaid 제도가 도입되었고, 일시적 장애를 입은 노동자까지 장애보험 혜택이 확대되었으며, 은퇴연금과 장애연금이 크게 증액되었다. 또한 아동부양가정보조사업Aid to Families with Dependent Children이 30년 역사에서 최대 규모로 확대되었다. 국민이 자신의 '권리'를 요구하도록 북돋는 빈곤퇴치운동도 정부 지원을 받게 되었다.

존슨은 의지력과 결단력만 있으면 경제성장을 이룰 수 있는 것처럼 '뉴 프런티어New Frontier' 경제정책을 극단으로 밀어붙였다. 그는 1964년 연준을 압박해 금리를 가능한 낮은 수준으로 유지하도록 만드는 동시에, 감세안에 서명해 강력한 재정 부양책을 동원했다. 심지어 이의를 제기하는 윌리엄 맥체스니 마틴William McChesney Martin 연준 의장을 텍사스에 있는 자신의 목장으로 초대해 마구 몰아붙이면서 "베트남에서 청년들이 죽어가고 있는데 연준 의장은 신경도 쓰지 않는다"고 고함쳤다. 감세와 저금리가 인플레이션 압력을 불러오자 압박과 조작이 더욱 심해졌다. 다시 말하면 그는 정부 비축분을 풀어 가격을 올리는 알루미늄 회사를 응징했고, 수출을 제한해 구리 회사를 응징했으며, 심지어 군 의무감에게 달걀에 든 콜레스테롤 성분의 위험성을 경고하도록 해 양계업자까지 응징했다.[5]

존슨은 시대정신을 아주 잘 구현했다. '압도적인 승리를 거둔 린든 Landslide Lyndon'은 1964년 대선에서 배리 골드워터를 큰 표차로 눌렀다. 게다가 여당인 민주당은 상하 양원에서 3분의 2 이상의 의석을 차지했다.

대니얼 패트릭 모이니핸Daniel Patrick Moynihan은 "1960년대 초반 워싱턴에 있던 우리는 무슨 일이든 할 수 있다고 생각했다. 자유주의의 심리적인 핵심 명제는 … 모든 문제에는 해결책이 있다는 것이었다"라고 회고했다. 1966년 케네디의 수석 경제 자문 가운데 한 명인 월터 헬러Walter Heller는 "'새로운 경제학'이 완전고용, 낮은 물가상승률, 꾸준한 경제성장을 보장할 것"이라고 주장했다.[6] 사실 경제성장 추세는 '꾸준하다'는 표현으로는 부족했다. 1962~1974년까지 물가상승률을 고려한 국민소득은 연 4퍼센트씩 성장했다. 1973년의 실질국민소득은 1961년 수준보다 70퍼센트 더 높았다. 영광스러운 1960년대의 한복판에서 한 여론조사 기관의 간부는 미국이 직면한 가장 시급한 문제는 엄청난 부를 소비하는 방법을 찾는 것이라며 이렇게 말했다. "근래의 추세가 계속된다면 우리 생애에 믿을 수 없는 수준의 경제활동이 이뤄질 것이다."[7]

존슨의 최측근 경제 자문은 이 모든 새로운 복지제도가 불러올 장기적 비용뿐 아니라 단기적 비용까지 과소평가했다. 1966년 초 연방 예산 부처가 추정한 바에 따르면 1967년 회계연도 동안 메디케이드 사업에 소요되는 비용이 4억 달러였다. 그러나 실제로는 10억 달러 가까이 소요되었다. 1일 입원 비용은 1961~1965년까지 연 6.4퍼센트씩 오르다가 1967년에는 연 16.6퍼센트, 1968년에는 연 15.4퍼센트, 1969년에는 연 14.5퍼센트 올랐다.[8] 아동부양가정보조사업에 들어가는 연방 예산은 1962년에는 무시할 만한 수준이었지만 1967년에는 3억 9,200만 달러로 불어났다.

존슨의 과도한 자유주의는 시기도 엄청나게 안 맞았다. 존슨은 '버터'에 대한 지출을 늘리는 동시에 베트남전 때문에 '총'에 대한 지출을 늘려야 했다. 1968년 연방 예산 적자는 1963~1967년까지의 총예산 적자를 합한 금액보다 많은 251억 달러에 이르렀다. 정부는 빈곤 퇴치부터 북베트남과의 전쟁까지 손대는 모든 것에서 실패했다. "연방 정부를 신뢰한다"고 말하는 미국인의 비중은 1960년대 중반 75퍼센트였다가 1970년대 말에는 25퍼센트로 줄었다. 존슨이 모든 문제를 해결할 수 있으리라 믿었던 강한 경제는 흔들리기 시작했다. 그는 체제가 무너지기 시작하는 시점에 과도한 하중을 가했다.

존슨을 대체한 사람은 자유주의 체제에 대한 증오를 부추기면서 경력을 쌓은 리처드 닉슨이었다. 그러나 이 초강경 보수주의자는 선거에서 이기는 문제가 아니라, 국정을 운영하는 문제에서는 사실 은밀한 자유주의자였던 것으로 드러났다. 또한 그는 1971년 자신이 경제적으로는 케인스주의자이고 사회정책에 대해서는 진보적이라고 밝혀서 뉴스 진행자를 놀라게 만들었다(이 뉴스 진행자는 이를 "십자군이 '모든 측면을 고려해보니까 무함마드가 옳았다'라고 말하는 것"에 비유했다.)[9]

닉슨은 체제의 균열이 이미 드러나기 시작했다는 사실을 모른 채 존슨보다 더 크게 복지정책을 확대했다. 의회는 무료 학교 급식부터, 실업급여 증액, 장애 혜택 개선까지 일련의 새로운 복지제도를 만들었다. 또한 사회보장연금을 10퍼센트 늘렸으며, 연금을 물가상승률과 자동으로 연계하는 시스템을 만들었다. 닉슨은 이 모든 정책을 기꺼이 지지했으며, 종종 앞장서기도 했다(스탠퍼드 대학의 존 코건John Cogan은 연방 복지제도의 역사를 다룬 책에서 닉슨에 대한 장에 '두 번째 위대한 사회'라는 적절한 제목을 붙였다).[10] 물가상승률을 반영한 연 복지 비용은 존슨 행정부보다 닉슨 행정부에서 20퍼센트 더 빨리 늘어났다. 1971년 복지 지출액은 마침내 국방 지출액을 넘어섰다.[11] 모든 것이 과잉이었다. 그 현실적 대가가 다가오고 있었다.

1971년 8월 15일, 닉슨은 신경제계획New Economic Plan을 발표했다. 안타깝게도 이 명칭은 레닌이 1920년대 경제적 방향 전환volte-face을 이루기 위해 발표한 계획과 같았다. 그는 90일 동안 물가, 시급, 월급, 임대료를 동결한 다음 물가와 소득 통제 시스템을 적용했다. 이후로 물가와 임금은 더 이상 수요와 공급, 희소성과 풍부성을 바탕으로 시장이 결정하는 것이 아니라 임금물가검토위원회가 결정하게 되었다. 이 위원회에는 도널드 럼스펠드Donald Rumsfeld와 리처드 체니Richard Cheney를 비롯한 공화당의 떠오르는 새로운 인물들이 포함되어 있었다. 그들은 마지못해 닉슨의 정책을 집행했다. 또한 닉슨은 수입품에 10퍼센트의 부가금을 물렸다. 〈뉴욕타임스〉는 당시의 통념을 반영해 자신들의 숙적인 닉슨의 '과감한' 결단을 칭찬했다. 인플레이션은 잠시 주춤했지만 다시 활개를 쳤다.

닉슨은 물가 및 임금을 동결한다는 결정과 더불어 금본위제를 버리고 달러의 가치를 국제시장에서 변동시킨다는(하락시킨다는) 결정을 내렸다. 1944년 브레턴우즈 협정이 체결된 이래 모든 주요 국가는 자국 화폐를 미국 달러와 연동했으며, 각국 중앙은행은 1온스당 35달러로 달러와 금을 교환할 수 있었다. 이 시스템은 정치인에게 구속복을 입혀서 안정된 성장을 위한 기반을 제공했다. 특정한 국가의 리더가 선거 전에 경기를 잠시 부양하려 해도 중앙은행장은 전 세계적 시스템의 안정을 해치고 다른 국가의 분노를 불러일으킬 것이라며 저지할 수 있었다. 안타깝게도 이 시스템은 두 가지 조건이 충족되어야만 유효했다. 첫 번째 조건은 미국이 대량의 금을 보유하는 것이었고, 두 번째 조건은 다른 나라들이 달러를 끌어모아서 적절한 시기에 금으로 교환하지 말아야 한다는 것이었다.

1957년 말에 미 재무부는 1만 8,500톤에 달하는 세계 최대의 금 보유고를 유지했다. 1934년에 금값을 시장가격보다 70퍼센트 높은 1온스당 35달러로 올린 루스벨트의 결정은 해외 중앙은행에게 금을 미국에 팔 인센티브를 제공했다. 그 덕분에 미 재무부의 금 보유고는 1934년 6,970톤이었다가 1949년 1만 9,800톤이 되었다. 그러나 1958년 이후로 인플레이션이 심화되면서 금의 잠재가격이 마침내 1온스당 35달러 이상으로 오르자 해외 중앙은행은 과다한 미국 달러로 1온스당 35달러에 금을 사들이기 시작했다. 결국 미국의 금 보유고는 거의 해마다 줄어들었다. 1960년대 말에 해외 달러 보유고(거의 500억 달러)는 미국의 금 보유고(약 100억 달러)를 크게 앞섰다. 1957~1972년까지 미국의 공식 금 보유고는 1만 700톤으로 줄어들었다. 닉슨은 할 수 없이 이른바 금 교환 창구를 닫아서 금 보유고를 약 7,800톤 수준으로 안정화시켜야 했다. 이 수준은 1979년까지 유지되었다. 그러나 닉슨의 결정은 국제경제를 동요시켰다. 이후 40여 년이 지나도록 미국의 금 보유고는 거의 변동이 없었으며, 현재 수치는 7,500톤이다(다음 쪽 그래프 참고).

금 파동에 이어 석유 파동이 찾아왔다. 미국은 석유시대가 시작된 1870년부터 세계 석유산업을 지배했다. 미국에 석유가 바닥난 것처럼 보일 때마다 새로운 유전이 등장했다. 가령 1900년대 초에 펜실베이니아 유전이 마르자 텍사스와 캘리포니아에서 방대한 새로운 유전이 발견되었다. 그에 따라 소비자는 저렴한 석유가 신이 내린 또 다른 선물인 것처럼 행동했다. 80퍼센트의 성인은 자가용으로 통근했으며, 평균적인 자동차는 1963년보다 1973년에 18퍼센트 더 연료를 소모했다. 그러나 미국인들이 갈수록 방만해지는 동안에도 세상은 변해가고 있었다. 석유수출국은

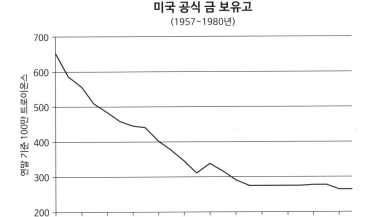

미국 공식 금 보유고
(1957~1980년)

1960년 유가에 가해지는 하방 압력에 맞서기 위해 아랍석유수출국기구 OAPEC(Organization of Arab Petroleum Exporting Countries)를 결성했다. 미국은 국내 유전이 고갈되기 시작하자 훨씬 채굴하기 어려운 새 유전에 의존해야 했다. 또한 미국인들이 소비한 석유 가운데 수입 석유의 비중은 1970년 22퍼센트였다가 1973년 36퍼센트로 늘었다.

미국이 욤키푸르 전쟁Yom Kippur War에서 이스라엘을 지원한 데 대한 벌로 1973년 10월에 석유 금수 조치를 내린 아랍석유수출국기구의 결정은 미국 경제를 옥죄었다. 사람들은 몇 시간 동안 주유소에서 줄을 섰고, 생필품이 종종 동났다. 사람들은 분통을 터트렸고, 폭력을 행사했다. 주유소 직원이 총에 맞아 사망하는 극단적인 사례도 있었다. 정부는 에너지 문제를 해결하려고 모든 수단을 시도했다. 워싱턴은 국민에게 냉난방 온도를 낮추도록 권고했으며, 시속 약 88킬로미터로 제한속도를 낮췄다. 또한 새로운 에너지 개발에 투자했으며, 에너지부를 설립했다. 헨리 키신저 Henry Kissinger는 중동 지역을 돌아다니며 화평을 이루기 위해 노력했다. 그래도 그다지 달라진 것은 없었다. 미국산 원유 가격은 1972~1981년까지 아홉 배 급등했다. 교통, 정유, 화학, 제철, 알루미늄, 해외 운송 등 에너지를 많이 소비하는 기업뿐 아니라 기업계 전반에 충격파가 확산되었다.

무엇보다 석유 파동은 미국이 안고 있는 최대 경제 문제를 고질화시켰다. 스태그플레이션은 물가상승과 실업이 위험하게 결합한 상태로서 케인스파 경제학자는 물가상승률과 실업률 사이의 일정한 상충관계를 보여주는 필립스 곡선Phillips curve을 들어 절대 발생할 수 없다고 말하던 것이었다. 1969~1982년까지 14년 동안 연 물가상승률이 5퍼센트 아래로 떨어진 적은 두 번뿐이었다. 반면 연 물가상승률이 두 자릿수를 기록한 것은 네 번이나 되었으며, 1980년 3월에는 14.8퍼센트를 기록하기도 했다. 동시에 높은 실업률은 꿈쩍도 하지 않았다.

미시적인 간섭을 통해 물가상승률을 견딜 만한 수준으로 낮추겠다는 닉슨의 계획은 처음부터 실패가 예정되어 있었다. 무엇보다 생필품을 인위적으로 부족하게 만드는 바람에 가격을 급등시켰다. 닉슨의 후임인 포드는 관료적 관리를 자발적 참여volunteerism로 대체하려고 시도했다. 그는 1974년 10월, 옷깃에 윈WIN(지금 물가를 잡자Whip Inflation Now)이라고 적힌 배지를 달고 인플레이션을 '공적 1호'로 선언했다. 또한 운전, 난방, 낭비를 줄이고 야채를 직접 재배해 재앙을 이기자고 국민을 설득했다. 일부 할인 소매업체는 자신이 저렴한 상품으로 인플레이션을 잡는 챔피언이라고 주장하며 상업적 기질을 과시했다. 그러나 자발적 참여에 대한 호소는 대개 무시되었다. 카터도 같은 말로 방종을 희생으로 대체하고 낭비를 줄여야 한다고 국민에게 호소했다. 그럼에도 스태그플레이션은 지속되었다. 1970년대 말에는 세계 최고의 경제대국인 미국이 경제 관리의 기본인 물가 안정을 달성하는 방법을 잊은 것처럼 보였다.

스태그플레이션은 정치적 격변을 불러왔다. 노동자는 늘어나는 생활비를 따라잡기 위해 임금 인상을 요구했다. 예금자는 예금의 가치가 폭락하는 데 분노했다. 납세자는 오르는 명목소득 때문에 과세 구간이 높아지는 것에 반발했다. 1978년 부동산세는 갈수록 인상되는데 정부로부터 받는 서비스는 정체되거나 감소되는 데 분노한 남부 캘리포니아 교외 주민이 더 이상 참지 못하고 행동에 나섰다. 열성적인 세금 반대 운동가인 하워드 자비스Howard Jarvis의 주도 아래 캘리포니아 주민은 주민발의 13호를 통과시켜 단번에 부동산세를 절반으로 줄이고, 향후 부동산세를 올리지 못하게 만들었다.

하락과 추락

1970년대의 미국은 갑작스럽게 몰락의 가능성에 직면한 강대국이라는 점에서 1900년대 초의 영국과 놀라울 만큼 비슷했다. 영국군이 남아프리카에서 오합지졸인 보어군Boers을 물리치지 못해 애를 먹었던 것처럼 미군은 베트남에서 공산당을 물리치는 데 애를 먹었다. 영국의 기득권층이 블룸즈버리 그룹Bloomsbury group(20세기 초 런던 블룸즈버리에서 비공식 토론회를 열던 작가, 철학자, 예술가의 모임—옮긴이)에게 조롱당했듯이 미국의 기득권층은 〈뉴욕 리뷰 오브 북스New York Review of Books〉에서 조롱당했다. 조지

버나드 쇼George Bernard Shaw는 〈부적절한 결혼Misalliance〉에서 '로마가 무너졌고, 바빌론이 무너졌으며, 하인드헤드Hindhead(영국 서리주에 있는 마을—옮긴이)의 차례가 올 것'이라고 조롱했다. 미국인은 스카스데일Scarsdale, 어퍼이스트 사이드Upper East Side, 조지타운에도 같은 일이 일어날까 걱정했다.

가장 두드러진 것은 군사적 유사성이나 문화적 유사성이 아니라 경제적 유사성이었다. 빅토리아 여왕이 사망한 1901년에 영국의 저널리스트인 프레더릭 아서 맥켄지Frederick Arthur McKenzie는 《미국의 침략자들: 그 계획과 전술 그리고 진척The American Invaders; Their Plans, Tactics and Progress》이라는 책으로 갑작스러운 성공을 누렸다.

> 미국의 산업적 침략에서 가장 심각한 측면은 미국 기업이 지난 15년 동안 형성된 거의 모든 신생 사업을 지배하고 있다는 것이다. … 런던 생활에서 가장 중요한 새로운 요소는 무엇일까? 아마 전화기, 휴대용 카메라, 축음기, 전차, 자동차, 타자기, 승강기, 공작기계일 것이다. 휘발유 자동차를 제외한 이 모든 부문에서 미국 제조사가 우월하며, 여러 부문을 독점하고 있다.

'휘발유 자동차를 제외한'이라는 구절에는 반전이 있다. 1908년 미국은 프랑스를 제치고 세계 최대 자동차 생산국이 되었으며, 제1차 세계대전 무렵에는 이 분야에서도 우월한 지위에 올랐다.

79년 뒤 하버드경영대학원 교수인 로버트 헤이즈Robert Hayes와 윌리엄 애버나시William Abernathy는 〈하버드 비즈니스 리뷰Harvard Business Review〉에 실은 '경제 쇠퇴로 향하는 과정의 관리Managing Our Way to Economic Decline'라는 글에서 미국에 대해 같은 주장을 했다. 그들은 해외 기업이 자동차와 철강 같은 미국의 오랜 산업을 무너트리고 있으며, 하이테크 사업도 차지하고 있다고 지적했다. 특히 일본과 독일은 미국이 영국에게 한 일을 미국에게 하고 있었다.

1970년대는 미국이 마침내 갈수록 넓어지는 산업에서 리더십을 잃고 있다는 사실과 씨름해야 했던 시기였다. 제너럴 일렉트릭과 화이자^{Pfizer} 같은 최고의 미국 기업은 힘차게 전진했지만 놀라운 수의 기업은 제자리걸음을 했다. 그들이 오랜 전후 호황기에 성공한 이유는 특별한 장점이 있어서가 아니라 유럽과 일본이 제2차 세계대전의 타격으로부터 아직 회복하는 중이었기 때문이다. 그들은 경쟁이 시작되자마자 쓰러졌다. 특히 오랫동안 미국의 산업력과 동의어였던 자동차와 철강 산업에서 이런 현상이 두드러졌다.

20세기의 첫 60년 동안 미국은 자동차 생산 부문을 지배했다. 1950년 전 세계 자동차의 4분의 3이 미국에서 생산되었으며, 나머지도 대부분 미국 기업의 해외 지사에서 생산되었다. 1970년대 초 디트로이트는 비대하고 나태해졌다. 3대 제조사는 돈을 주체하지 못해서 계속 관리직을 추가했다. 또한 고객도 돈을 주체하지 못할 것이라 생각해서 계속 새로운 사양을 추가했다. 그러는 사이에 그들은 애초에 고객에게 가성비 좋은 제품을 제공했기 때문에 대기업으로 성장했다는 사실을 잊어버렸다. 일찍이 1958년에 한 저널리스트는 미국산 자동차를 '도둑이 정신박약자에게 팔라고 멍청이가 만든 쓸데없이 크고 비싼 흉물'이라고 묘사했다. 그 결과는 꾸준히 늘어나는 수입량이었다(다음 쪽 그래프 참고).

미국의 챔피언은 진흙탕에 발이 묶였다. 그들은 혁신에 거의 신경 쓰지 않았다. 마지막으로 이룬 주요 혁신은 1948년에 개발된 자동 트랜스미

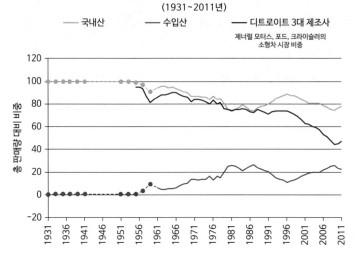

원산지별 미국 자동차 판매량
(1931~2011년)

국내산   수입산   디트로이트 3대 제조사

제너럴 모터스, 포드, 크라이슬러의
소형차 시장 비중

선이었다. 그들은 처음에 소형차 시장이 커지고 있다는 사실을 간과했고, 소형차 시장이 없어지지 않을 것임을 뒤늦게 깨달은 후에도 자원을 투입하지 않았다. 쉐보레 코베어Corvair, 포드 핀토Pinto, 아메리칸 모터스 그렘린Gremlin 등 소형차 시장으로 먼저 진입한 미국산 모델은 모두 기본적인 품질과 안전 문제로 고전했다. 포드 핀토는 뒤에서 받히면 불을 내는 안타까운 버릇을 갖고 있었다.

그들은 경쟁력의 근간인 안정성과 안전성을 등한시하면서 자동차 산업의 핵심 역량도 잘 갖추지 못했다. 수많은 '도로의 여객선'이 아이젠하워가 건설한 고속도로를 달리다가 기술적 빙산에 부딪혀서 승객을 길가에 고립시켰다. 랠프 네이더Ralph Nader가 쓴 《어떤 속도에서도 위험하다Unsafe at Any Speed》(1965년)는 국가적 재난을 진단해 베스트셀러가 되었다. 1950년대와 1960년대에 교통사고로 250만 명 이상이 죽었고 수백만 명이 다쳤다. 디트로이트는 연비도 거의 신경 쓰지 않았다. 심지어 1973~1974년에 1차 석유 파동이 발생한 뒤에도 고유가가 일시적인 현상일 뿐이며, 세상이 다시 1950년대의 낙원으로 돌아갈 것이라는 가정 아래 기름을 잡아먹는 거대한 하마 같은 차를 계속 생산했다.

미국의 자동차 회사는 생산성 측면에서도 해외 경쟁 업체에게 뒤처졌다. 1950년에는 미국 자동차 산업의 생산성이 독일보다 세 배 더 높았다. 그러나 1980년에는 일본 자동차 산업의 생산성이 미국보다 17퍼센트 더 높았다.[12] 일본인은 낮잠 자는 미국인을 따라잡아서 옷을 훔쳐 갔다. 그들은 W. 에드워즈 데밍W. Edwards Deming 같은 미국 경영 구루로부터 미국식 경영 기법을 빌려서 적시 재고와 전사적 품질관리에 기초한 새로운 경영 시스템으로 엮어냈다. 반면 미국인은 헨리 포드의 대량생산 시스템을 맹목적으로 고수했다. 노동자도 반문화와 경색된 노동시장의 영향으로 반복 작업을 거부했다.[13] 1979년 일본 자동차 회사가 미국 자동차 시장의 20퍼센트를 차지하면서 크라이슬러는 11억 달러의 손실을 냈다. 이는 미국 역사상 기업이 낸 최대 손실로서 회사를 살리기 위해 정부에서 대출 보증을 서야 했다. 1980년에는 포드가 거의 6억 달러, GM이 7억 6,300만 달러의 손실을 냈다. 그에 따라 보호주의에 대한 압력이 거세졌다. 일본 자동차 회사는 미국에 공장을 '이식'해 미국 시장을 지켰다. 이 공장들은 모두 미국 자동차 회사의 공장보다 나은 성과를 올렸다.

철강산업도 편협한 현실 안주라는 문제에 시달렸다. 미국은 20세기의 첫 50년 동안 세계 최대 철강 생산국이었으며, 유에스 스틸은 세계 최대 철강회사였다. 미국산 철강이 세계 철강 생산량에서 차지하는 비중은 1913년의 38퍼센트에서 1945년의 72퍼센트 사이를 오갔다. 1937년에 미

국 제철 산업의 생산성은 부문에 따라 영국보다 2~4.5배 더 높았다.[14]

뒤이어 미국이 세계 철강 생산량에서 차지하는 비중은 1953년 53퍼센트였다가 1982년에는 11퍼센트로 급감했다. 1959년 제철 노동자가 116일 동안 일으킨 파업이 결정적인 타격을 입혔다. 이 파업으로 미국산 철강에 대한 호감이 사라졌다. 그때까지 품질이 나쁘다고 외국산 철강을 사지 않던 미국 기업은 자신이 착각했다는 사실을 깨달았다. 그 결과 수입 철강의 비중은 1958년 3퍼센트 미만이었다가 10년 뒤에는 약 15퍼센트로 늘었다(아래 그래프 참고).

동시에 고용주가 재발을 막으려 애쓰면서 파업은 임금 급등으로 이어졌다. 1980년 초 제철업계의 평균 임금은 제조업 평균 임금보다 95퍼센트 이상 더 높았다.

미국 철강 통계
(1914~2015년)

— 미국의 세계 철강 생산 비중　　— 수입산 철강의 미국 시장 비중

해외 제철회사, 특히 일본 이후 한국의 제철회사는 미국의 제철회사보다 훨씬 기민했다. 일본 제철회사의 경영자는 연속주조공법 같은 혁신적인 기술을 더 빨리 받아들였다. 미국의 철강노동자연합United Steelworkers은 일본이 생산성 측면에서 앞서가는데도 임금 인상과 엄격한 작업 규칙을 요구해 경쟁자에게 도움을 주었다. 미국 제철회사와 비교해 일본 제철회사의 생산성은 1956년에는 19퍼센트 더 낮았지만 1976년에는 13퍼센트에서 17퍼센트 더 높았다.[15] 이처럼 해외 공급이 늘어가는 와중에 국내 수요는 줄어들었다. 도시에 세워지는 고층 건물이 줄었고, 철강보다 알루미늄을 쓰는 유행이 확산되었다. 유에스 스틸은 세계 1위에서 2위로 내려섰다. 규모가 작은 제철회사는 합병되었다.

미국은 철강과 자동차 부문에서 선두를 굳힐 때와 같은 방식으로 소비자 가전 부문에서 선두를 굳혔다. 그 방식은 최신 아이디어를 바탕으로 대중 시장을 위한 저렴하고 오래 가는 제품을 만드는 것이었다. 1955년 미국 기업이 국내 라디오 시장의 96퍼센트를 장악했다. 그러나 그 비중은 1965년에는 30퍼센트, 1975년에는 거의 0퍼센트로 줄었다. 범주에 따라 약간의 시차만 있을 뿐 전체 가전 부문에서 같은 패턴이 형성되었다. 1955년에 미국에는 텔레비전을 만드는 10여 개의 성공적인 기업이 있었다. 그러나 1990년대에는 모두가 해외 기업에게 인수되었다. 모토롤라의 텔레비전 브랜드는 마쓰시타(일본)가, 마그나복스Magnavox, 필코Philco, 실베니아Sylvania는 필립스Philips(네덜란드)가, RCA와 GE는 톰슨Thompson(프랑스)이, 제니스Zenith는 LG전자(한국)가 인수했다.

RCA는 제 발등을 찍는 미국 가전업계의 습성을 명확하게 보여주는 사례다. 이 회사는 진공관에서 트랜지스터로 뒤늦게 옮겨갔다. 또한 진공관

혁명을 간과했음에도 컴퓨터로 사업을 다양화하려고 시도하다가 IBM에게 수치를 당했다. 문제는 컴퓨터 개발에 너무 많은 에너지를 쏟았다는 것이었다. 연구 시간의 40퍼센트를 컴퓨터에 할애한 적도 있을 정도였다. 그래서 컬러텔레비전 개발에 충분한 자금을 투자하지 못했다.[16] 1970년대에는 업계가 비디오테이프로 나아가는 와중에 비디오디스크VideoDisc에 대규모 투자를 하면서 RCA의 운명이 결정되었다. RCA는 핵심 사업에서 길을 잃었음에도 산발적인 다각화에 나섰다.

동시에 소니, 마쓰시다(파나소닉), 히타치, 미쓰비시 같은 일본의 가전 대기업은 세계적인 수출 조직으로 변모했다. 그들이 약간은 꼼수를 부렸다는 점에는 의심의 여지가 없다. 그들은 미국산 제품으로부터 자국 시장을 보호하는 한편 이익을 생산 설비에 투자했다. 또한 해외에서는 최저가로 팔면서(심지어 때로는 돈으로 시장점유율을 사들이면서) 자국 소비자에게는 고가로 팔았다. 그들은 미국의 사용자 친화적인 유통망을 활용하는 한편 자국의 유통망은 최대한 불투명하게 유지했다. 그러나 이 모든 꼼수에도 불구하고 그들의 성공은 더 싼 가격에 더 나은 제품을 제공했다는 단순한 사실에 바탕을 둔 것이었다.

같은 패턴이 폭넓은 다른 산업에서도 나타났다. 신발, 의류, 직물 산업은 갈수록 불어나는 수입품의 홍수에 휩쓸렸다. 타이어 산업은 해외 기업이 시장을 침공하는 가운데 래디얼 타이어의 발명으로 평균 수명이 세 배로 늘어나는 이중고에 시달렸다. 세계적인 공급 과다 문제로 가장 큰 고통을 받은 것은 가장 비싸고 가장 덜 혁신적인 제품을 만들던 미국 타이어 회사였다. 1977~1987년까지 37개의 미국 타이어 회사가 문을 닫았으며, 업계 종사자는 40퍼센트나 줄었다.[17] 반도체 업계도 가장 큰 후퇴는 1970년대가 아니라 1980년대에 이뤄지기는 했지만 꽁무니를 뺐다. 전성기인 1977년에 미국의 반도체 업계가 차지한 시장점유율은 미국 시장의 경우 95퍼센트, 유럽 시장의 경우 50퍼센트, 세계시장의 경우 57퍼센트였다. 그러나 1989년에는 미국 기업이 세계시장에서 차지하는 비중이 40퍼센트로 줄었고, 미국은 칩 순수입국이 되었다. 미국의 거대 산업에서 발생한 문제는 다른 소비 부문에 여파를 미쳤다. 신규 주택 건설 건수는 1960년대 1,220만 건에서 1970년대 1,040만 건으로 거의 200만 건이나 줄었다.[18]

이 모든 사례 연구를 관통하는 거대한 주제는 미국식 경영의 질이 급격하게 나빠졌다는 것이었다. 20세기의 전반기에 미국은 경영 관행과 경영 직위를 개발하는 데 세계를 선도했다. 프레더릭 테일러는 '과학' 경영을 발견해 세상을 흥분시켰다. 하버드 대학은 경영대학원을 신설해 옥스퍼드와 케임브리지에게 충격을 안겼다. 마빈 바우어는 맥킨지를 세계 최고의 경영 컨설팅 회사로 키워냈다. 1950년대 미국은 '경영'의 순수출국이었다. 일본 기업은 미국의 경영 구루를 채용했고, 유럽 국가는 미국 모델을 토대로 경영대학원을 세웠다. 그러나 1970년대에는 모든 것이 바뀌었다.

명백한 문제는 안일함이었다. 너무 오랫동안 세상의 꼭대기에 머물던 미국의 경영자는 발 아래 세상이 바뀌고 있다는 사실을 몰랐다. 그들은 도쿄나 뒤셀도르프가 아니라 이웃에 있는 경쟁자를 기준으로 성과를 측정했다. 자동차 업계 수장들은 독일차와 일본차를 대수롭지 않게 여기면서 독일이나 일본의 경영자보다 10배나 높은 급여를 받았다. 비틀Beetle은 형편없었다. 일본은 구두쇠를 위한 싸구려 차만 만들 수 있었다. GM의 서부 홍보 책임자인 론 하트윅Rob Hartwig은 디트로이트에 있는 상사에게 갈수록 도로에 일본차가 늘어난다고 보고했다. 그러자 그 상사는 "지금 사무실 밖을 봤는데 일본차는 한 대도 없다"는 오만한 답신을 보냈다.[19] 그들은 자신이 뒤처지고 있다는 사실을 마침내 깨달았을 때 경쟁 업체가 꼼수를 쓴다고 비난하며 정부에게 보호를 요구하는 가장 저급한 대응책에 의존했다.

두 번째 문제는 경영진이 품질에 초점을 맞추지 않는다는 것이었다. 1950년대에 많은 경영자는 기관실이나 생산 부서 혹은 엔지니어링 부서에서 시작해 최고위직에 올랐다. 1960년대와 1970년대에는 회계사, 변호사, MBA 출신이 그들을 대체했다. 1980년대 미국생산성품질연구소 American Productivity and Quality Center 소장 잭슨 그레이슨Jackson Grayson은 20년 동안 미국의 경영진이 "제2차 세계대전 때 이룬 엄청난 연구개발 성과에 의존할 뿐 제조 인력을 무시하고 마케팅, 재무, 법률 쪽 임원만 보상한다" 고 비판했다. 많은 제품은 2등급인 데다가 심지어 위험했다. 1973년에 닉슨이 설립한 공공안전위원회는 첫 보고서를 통해 위험한 제품 때문에 다치는 소비자가 대단히 많다는 사실을 공개했다. 구체적으로 일 년에 다치는 사람이 2천만 명, 영구 장애를 입는 사람이 11만 명, 사망하는 사람이 3만 명이었다.

단지 목표치를 달성하는 것을 넘어서 시장의 미래를 만들어 나가려는 기업이 너무 적었다. 조지프 슘페터는 혁신의 역설 가운데 하나는 장기적으로 자본을 창출하지만 단기적으로 자본을 파괴할 수 있다는 것이라고 지적했다. 혁신은 기존 기술과 공장을 쓸모없게 만들지만 미래에 엄청난 이익을 거둘 가능성을 열어준다. 수치에 기초한 경영은 혁신을 저해한다.

경영자가 단기적 확실성에 집중하면서 장기적 가능성을 희생시키기 때문이다.

미국의 뛰어난 연구개발 부서조차 활기를 잃었다. 앞서 경영과 연구개발을 통합하는 능력이 미국이 지닌 강점임을 확인했다. 제너럴 일렉트릭과 AT&T는 사업가 이전에 과학자였던 사람들이 세웠으며, 처음부터 연구에 상당히 투자했다. 그러다가 1960년대와 1970년대에 임원실과 연구개발부가 별개의 길을 가기 시작했다. 제록스의 연구 부서인 제록스 파크는 컴퓨터 마우스 같은 대박 제품을 연달아 개발했지만 동부의 경영진은 전혀 아는 것이 없었다. RCA의 연구소는 과학자들이 무모한 프로젝트를 시도하며 노는 '컨트리클럽'으로 폭넓게 알려졌다.

미국의 경영이 지닌 문제를 가장 명확하게 보여주는 것은 유행이 되어버린 복합기업 형성이었다. 복합기업을 옹호하는 냉소적인 주장은 본업과 무관한 분야로 사업을 확장해 반독점법을 피하도록 해준다는 것이었다. 경영자들은 여러 제품 포트폴리오를 갖추면 한 제품이 침체기여도 다른 제품이 상승기여서 위험을 관리할 수 있다는 좀 더 세련된 논리를 제시했다. 로버트 소벨Robert Sobel은 《복합기업 제왕들의 부상과 몰락The Rise and Fall of the Conglomerate Kings》(1984년)에서 "복합기업은 한 세대가 넘는 기간 동안 나타난 가장 흥미로운 기업 형태로서 세기 전환기의 트러스트 시대 이후로 다른 어떤 현상보다 기업계를 크게 뒤흔들었다"고 지적했다. 인터내셔널 텔레그래프 앤드 텔레폰International Telegraph and Telephone의 대표인 해럴드 제닌Harold Geneen 같은 주요 기업인은 복합기업을 만드는 데 일생을 바쳤다. 일부 주요 브랜드도 사업 다각화에 나섰다. 퀘이커 오츠는 장난감 회사를 인수했고, 존슨 왁스Johnson Wax는 미용 사업에 진출했으며, 체서브로 폰즈Chesebrough-Pond's는 아동 의류 라인을 인수했다. 1950~1959 년까지 제조업과 광업 부문에서 154억의 자산을 보유한 4,789개 기업이 복합기업으로 병합되었다.[20]

사실 복합기업은 시간이 지날수록 두드러지는 커다란 단점을 갖고 있었다. 바로 1등급 제품을 생산하는 문제에서 멀어져서 경영 기법이라는 부차적 문제에 골몰하게 된다는 것이었다. RCA가 대표적인 사례였다. RCA는 부상하는 컬러텔레비전 시장을 차지하기 위한 경쟁에서 패배했음에도 성급한 사업 다각화를 추진했다. 랜덤 하우스Random House를 인수한다는 결정은 적어도 '커뮤니케이션' 부문에서 신규 사업을 시도하는 것으로 정당화할 수 있었다. 그러나 허츠 렌터카, 코로넷 카페트Coronet Carpets, 냉동식품 회사인 뱅큇 푸즈Banquet Foods, 골프 의류 회사를 인수한 것은 전혀 정당화할 수 없었다.

문제는 부실한 경영보다 더 깊은 곳에 있었다. 표준화된 제품을 장기간 생산하는 미국의 생산 시스템은 비교적 숙련도가 낮은 노동자도 고도로 표준화된 제품을 소비자가 쉽게 만족할 수 있도록 신속하고 저렴하게 생산할 수 있게 해주었다. 그러나 이런 생산 시스템은 급격한 변화, 세계적 경쟁, 소비자 권력 강화, 고도의 변동성이 특징인 세상에서는 더 이상 적합하지 않았다. 미국 기업은 양과 질 혹은 표준화와 유연성 사이에서 타협할 필요가 없다고 생각하는 새로운 경쟁 업체에 직면했다. 특히 일본 제조업체는 다양하고 저렴한 제품을 생산하는 새로운 시스템을 만들었다고 주장했다.

도심과 교외

미국 산업계의 거인들이 약해지고 주택 건설 속도가 느려지자, '러스트 벨트'라는 새로운 용어가 등장했다. 러스트 벨트의 버클은 록펠러와 카네기 시대 동안 번성했지만 결국 황폐해진 대규모 산업 도시였다. 1950년 기준으로 16대 도시 가운데 클리블랜드, 디트로이트, 뉴올리언스, 피츠버그, 세인트루이스 6곳이 1980년까지 인구의 절반을 잃었다. 최악의 영향을 받은 곳은 단일 산업을 바탕으로 구축된 산업 도시였다. 뉴욕과 시카고처럼 복합적 산업 기반을 갖춘 도시조차 심한 타격을 입었다.

〈택시 드라이버Taxi Driver〉(1976년) 같은 영화에 반영된 미국 도시의 악몽은 깊은 뿌리를 갖고 있었다. 중산층 시민은 소비력과 세수를 안고 교외로 탈출했다. 남은 시민은 범죄와 가정 불화에 더 취약했다. 그에 따라 공공 서비스 수요가 늘어났다. 범죄율과 사회문제가 악화되면서 더 많은 중산층 시민이 교외로 밀려갔다. 이 변화는 위기로 인해 완전히 새로운 수준으로 치달았다.

가장 유명한 사례는 단일 산업 도시의 전형으로서 거기서 형성된 음악조차 모타운이라고 불리는 디트로이트였다. 디트로이트가 창출한 장점은 곧 단점으로 변했다. 대량생산 방식은 노동자에게 기술을 연마할 인센티브를 거의 부여하지 않았다. 대형 공장은 전체 생산 공정을 멈추게 만들 의지가 있는 노조에게 힘을 부여했다. 경제적 성공 덕분에 평범한 경영자도 자신이 우주의 주인이 된 것처럼 착각했다. 그리고 마침내 자동차 자체가 자신을 만든 도시에 등을 돌렸다. 경영자와 노동자는 자동차가 제공하는 이동성을 통해 도시에서 빠져나와 교외로 들어갔다. 1954년 1만 대 주차 공간을 갖춘 미국 최초의 대형 교외 쇼핑몰이 시내로부터 손님을 끌어들이기 시작했다. 1967년에는 12번가에서 폭동이 일어나 43명이 숨지고 2천 채 이상의 건물이 파괴되었다. 미시간 주방위군과 연방군이 지원한 뒤에야 진압된 이 폭동 때문에 백인의 탈출이 가속화되었다. 1970~1980년까지 백인 인구의 비중은 55퍼센트에서 34퍼센트로 줄었다. 디트로이트는 종종 미국의 범죄 수도 혹은 살인 수도로 불렸지만 디트로이트 경찰은 전국에서 가장 많은 급여를 받았다. 1982년에 디트로이트의 실업률은 1933년과 같은 25퍼센트를 기록했다. 주민 가운데 3분의 1은 복지 연금을 받았다. 이전 2년만 해도 약 6,800개 지역 기업이 파산했다.[21]

철강 산업의 쇠퇴는 자동차 산업의 쇠퇴보다 미국 도시에 더 폭넓은 영향을 미쳤다. 자동차 도시보다 철강 도시가 더 많았기 때문이다. 영스타운은 오하이오 동쪽에 자리 잡은 '스틸 밸리steel valley'의 수도였다. 마호닝 강Mahoning River 옆으로 베서머 전로, 평로, 압연기, 파이프 공장 그리고 다른 제철 관련 건물이 줄지어 있었고, 그 주위를 교회, 노조 사무실, 술집, 노동자 주택이 둘러싸고 있었다. 현지에서 '검은 월요일Black Monday'로 알려진 1977년 9월 19일, 영스타운 시트 앤드 튜브 컴퍼니Youngstown Sheet and Tube Company가 시내에 있는 대다수 공장의 문을 닫으면서 4천 명이 일자리를 잃었다. 그 결과 지역사회의 경제적 심장이 멈춰버렸다. 이후 10년 동안 1만 개의 일자리가 추가로 사라졌다.

뉴욕은 디트로이트 같은 단일 산업 도시가 아니었음에도 의류 산업의 붕괴로 큰 타격을 입었다. 제조업 일자리는 남부의 선 벨트(특히 노스캐롤라이나)나 인도와 중국 같은 해외로 옮겨갔다. 그에 따라 1968~1975년까지 뉴욕의 제조업 일자리가 40만 개나 사라졌다. 전반적으로 악화되는 무질서는 더 큰 타격을 입혔다. 100만 명(주로 백인)의 시민이 교외로 탈출했다. 1975년 봄에는 재정 파탄에 직면해 일상적인 운영 경비를 대지 못하는 지경에 이르렀다. 돈을 빌릴 수도 없어서 채무 불이행 위기에 놓인 에이브러햄 빔Abraham Beame 시장은 백악관을 찾아가 포드 대통령에게 공손하게 구제를 요청했다. 포드가 처음에는 요청을 거절하면서 〈데일리 뉴스Daily News〉에 '포드가 뉴욕시에 그냥 망하라고 말하다Ford to City: Drop Dead'라는 기사가 실렸다. 그러나 나중에 포드는 뉴욕이 균형 예산을 도입한다는 조건으로 한 발 물러섰다.

경제문제와 사회문제는 상승작용을 일으켰다. 많은 도시는 언제나 심각한 인종문제에 시달렸다. 부동산 중개인은 인종별 주거지 분리를 불러일으켰고, 주로 백인이 장악한 경찰은 시민권 운동 시간 동안 급격하게 덩치를 키웠다. 흑인은 폭동을 일으켰다. 여러 도시에서 흑인 시장이 당선되어 지난 부정을 바로잡았지만 그 과정에서 더 많은 백인을 교외로 몰아냈다. 1968년, 루이스 멈포드Lewis Mumford는 미국 도시의 '점진적 와해'를 우려했다. 그로부터 10년 뒤 그가 말한 와해가 걷잡을 수 없이 진행되었다.

도시가 몰락할수록 그 반작용으로 교외는 계속 부상했다. 제조회사는 교외 지역으로 옮겨갔다. 1981년 전체 제조회사 가운데 약 3분의 2가 교외 지역에 있었다.²² 후방 지원 사무소들이 상업 지구로, 소매업체들이 쇼핑몰로 옮겨가면서 미국은 주변 도시의 나라가 되었다.

동트기 전이 가장 어둡다

1970년대 말, 더 나은 미래의 기미가 보였다. 하이테크 붐이 지평선에 모습을 드러냈다. 젊은 빌 게이츠는 1975년 뉴멕시코주 앨버커키 Albuquerque에서 마이크로소프트를 창업했고, 스티브 잡스와 스티브 워즈니악은 1976년 애플을 설립했다. 미국은 침체기에도 창조적 파괴에 대한 재능을 잃지 않았다. 제약산업은 전반적으로 경영의 질이 하락하는 문제를 벗어났다. 화이자는 연구개발에 계속 대규모로 투자했으며, 인기 약품을 개발하는 절차를 구축했다. 기업인은 계속 소비시장을 혁신했다. 디워드 호크Dee Ward Hock는 신용카드사인 비자 인터내셔널Visa International을 1980년 기준으로 6,400만 명의 가입자를 둔 대기업으로 키웠다.[23] 마이클 하퍼Michael Harper는 콘아그라ConAgra(통합 농업Consolidated Agriculture의 줄임말)를 산만한 난장판에서 세계 2대 식품회사로 변모시켰다.[24]

정치계도 침체 바이러스에 맞서는 항생제를 만들기 시작했다. 브루킹스연구소와 미국기업연구소는 공동 작업을 통해 규제 완화가 중요한 이유와 그 실행 방식을 설명하는 100여 권의 책과 학술지 기고문, 논문을 썼다. 사상적으로 대단히 다면적인 측면을 지닌 대통령 가운데 한 명인 카터는 레이건과 더 자주 연계되는 많은 정책을 예시했다. 그는 두 번째 연두교서에서 이렇게 말했다. "정부는 우리의 문제를 해결할 수 없습니다. 빈곤을 퇴치하거나 풍요로운 경제를 만들거나, 물가상승률을 낮추거나, 우리의 도시를 구하거나, 문맹률을 낮추거나, 에너지를 제공할 수 없습니다." 그는 정부의 규모를 줄였다. 또한 복지제도를 줄이는 '국가적 내핍' 예산을 세 번 통과시키고, 핵심 산업의 규제를 완화했다. 그는 1980년 대선 후보 수락 연설에서 이렇게 말했다. "우리는 정부 규제를 없애고 항공, 물류, 금융 부문에서 기업의 자유를 되살렸습니다. 이는 뉴딜 이후 정부와 기업 사이의 관계에 생긴 가장 큰 변화입니다." 또한 그는 1979년 8월 뉴욕 연준 의장으로 금융계에서 인플레이션 억제 의지가 가장 강한 폴 볼커Paul Volcker를 연준 의장에 임명했다. 볼커는 취임식에서 "우리는 실로 유례없는 경제적 난관에 직면했습니다"라고 말했다. 유일한 해법은 '인플레이션이라는 괴물을 처치하는 것'이었다.

아서 슐레진저 주니어Arthur Schlesinger Jr.는 카터가 '적어도 그로버 클리블랜드 이후로 사용되는 의미에서 민주당원이 아니'라고 비판했다. 그러나 카터는 경제 재생을 위한 투쟁을 이끌 적임자가 아니었다. 그는 대단히 지적이지만 동시에 미시적인 부분까지 챙기려 드는 불완전한 대통령이었다. 미국인들은 그가 내면의 투사를 발견했을 때 이미 그를 포기했다. 그들은 자신을 쓰러트린 복수의 여신으로부터 미국을 구할 새로운 사람을 찾았다. 레이건은 미국을 파괴하는 악령과 싸울 의지를 가졌을 뿐 아니라 미국식 자본주의를 되살릴 기업인의 힘에 대한 열렬한 믿음이라는 긍정적인 측면을 갖추고 있었다.

10장

낙관의 시대

로널드 레이건은 대단히 특이한 대통령이었다. 그는 아이비리그 대학이나 기성 정치계가 아니라 할리우드에서 훈련받았다. 또한 국정의 세부적인 측면은 신경 쓰지 않았다. 카터는 백악관 테니스장을 누가 쓸 수 있는지와 같은 문제까지 신경 썼지만 레이건은 국정 운영을 언덕 위의 도시 city on a hill(매사추세츠 총독인 존 윈스럽John Winthrop이 초기 영국 이민자에게 온 세상이 우러러볼 모범적인 도시를 건설하자며 사용한 표현—옮긴이)를 건설하는 일에 비유했다. 그는 "정부에서 일어나는 일에 신경 쓰다 보니 낮잠을 잘 수가 없어요"라고 농담했다.

또한 레이건은 다른 대통령보다 더 큰 영향을 끼친 대통령이기도 했다. 그는 전후에 이뤄진 사회계약을 무효화했으며, 기업의 힘을 강화하고 노조의 힘을 약화하는 힘겨운 변화를 이끌었다. 그럼에도 그는 3,760만 표(40.6퍼센트)를 얻은 월터 먼데일Walter Mondale을 5,450만 표(58.8퍼센트)로 누르고 큰 표차로 재선에 성공했다. 또한 이란 콘트라Iran Contra 사건으로 어수선한 상황에서도 높은 지지율을 기록한 채 임기를 마쳤다. 공화당은 또 다른 레이건을 찾으며 레이건 이후의 시대를 보냈다.

보수파가 레이건에 집착하는 데는 많은 이유가 있다. 첫 번째는 경제적 이유다. 그의 임기 동안 실질 GDP는 거의 3분의 1이나 상승했다. 카터가 물러날 때 12퍼센트 이상이던 물가상승률은 5퍼센트 아래로 떨어졌다. 실업률도 7퍼센트에서 5퍼센트로 떨어졌다. 두 번째는 철학적 이유다. 국정 운영이 엄청나게 복잡해 보이던 시절에 레이건은 몇 가지 단순한 문제에 주력했다. 그는 쉬운 답이 아니라 단순한 답이 있을 뿐이라고 즐겨 말했다. 세 번째는 심리적 이유다. 레이건은 편집증적인 닉슨의 시대와 황량한 카터의 시대 이후 낙관주의라는 미국의 위대한 전통을 되살렸다. 그는 밝은 성격을 적절한 연극성과 잘 조합했다. 이 조합은 이전에 그가 동경한 루스벨트도 갖추고 있던 것이었다. 그는 강인한 카우보이와 드넓은 땅이 있는 신화적인 미국의 이미지를 구현하려고 열심히 노력했다. 그래서 임기 동안 1년 넘게 샌타바버라Santa Barbara에 있는 '목장'에서 시간을 보냈다. 거기서 찍힌 사진을 보면 그는 줄곧 카우보이 부츠를 신고 카우보이 모자를 썼다.

보수파가 레이건에 열중하는 가장 큰 이유는 정부의 족쇄로부터 기업인을 풀어줘야 한다는 그의 믿음 때문이다. 1930년대 미국인들은 불안정한 시장으로부터 자신을 구해달라고 정부에 요청했다. 반면 1980년대에는 정부의 압박으로부터 자신을 구해달라고 기업인에게 요청했다.

풀려난 기업

레이건은 부정할 수 없는 세 가지 경제적 업적을 남겼다. 첫째, 노조의 힘을 약화했다. 그는 항공관제사협회Professional Air Traffic Controllers Organization 에 치명타를 날리면서 임기를 시작했다. 1981년 항공관제사들은 연방법을 어기고(또한 항공기 운항을 위험에 빠트리고) 기본급 인상, 노동시간 단축, 퇴직 제도 개선을 요구하며 파업을 벌였다. 그들은 사회계약을 바꾸고 파업에 맞서는 경영진의 힘을 강화하겠다는 대통령의 의지를 과소평가할 뿐 아니라 자신들에 대한 대중의 지지를 과대평가하는 중대한 계산 착오를 저질렀다. 레이건은 파업 참가자들에게 48시간 이내로 업무에 복귀하지 않으면 일자리를 잃을 것이라고 최후통첩을 했다. 대다수 파업 참가자는 이 위협을 진지하게 받아들이지 않았기 때문에 업무에 복귀하지 않았다. 이는 커다란 실수였다. 대중은 레이건의 편을 들었다. 파업은 곧 혼돈과 비난으로 얼룩졌다. 경영자들이 빈자리를 대단히 잘 채운 나머지 공항은 해고 3일 안에 가동 용량의 4분의 3을 처리했다. 연말이 되자 항공관제사협회는 파산을 신청했고, 레이건은 보수의 신전으로 향했다.

레이건이 집권한 시점은 더없이 좋았다. 그가 백악관에 입성했을 때 노조 가입률과 파업 건수는 이미 하락세로 접어들었으며, 공화당과 민주당 대통령 치하에서 계속 급격하게 하락했다(233쪽 및 297쪽 그래프 참고). 제조업 노조는 늘어나는 수입품과 외주 때문에 설 자리를 잃어갔다. 과거 노조의 본거지이던 산업지대는 앞서 살핀 대로 러스트 벨트로 바뀌었다. 이민이 급증하면서 노동자에게서 고용주로 권력이 이동했다. 비농업 부문 노동인구의 노조 가입률은 1980년 23.4퍼센트였다가 1989년에는 16.8퍼센트로 줄었다. 노조에 남은 노동자도 파업을 훨씬 덜 일으켰다.

레이건은 포드가 경제를 친시장 기조로 바꾸기 위해 2년 반 동안 추진한 정책을 바탕으로 삼았다(실제로 1980년에 열린 공화당 전당대회에서 레이건은 더 많은 권한을 보장하며 포드를 부통령으로 지명하려 했지만 협상이 결렬되었다). 또한 레이건은 규제를 완화하는 한편 인플레이션과 싸우는 카터의 정책을 계속 이어나갔다. 그는 부시 부통령에게 규제 당국의 예산을 삭감하고 적극적인 규제 완화 주의자를 핵심 보직에 앉혀서 규제를 철폐할 태스크포스를 맡겼다. 레이건은 운 좋게도 확고한 의지를 가진 폴 볼커를 연준 의장으로 물려받았다. 볼커는 탄핵과 그 이상의 위협에도 불구하고 인플레이션이라는 괴물을 물리치겠다는 의지를 꺾지 않았다. 동시에 볼커는 1981년 7월 22일 연준 금리가 22.4퍼센트에 이르고 1982년 11월에 실업률이 10.8퍼센트에 이르는 데도 대통령의 흔들림 없는 지지를 받는 행운을 누렸다(레이건은 정치적 반발이 심해지는 상황에서 종종 조지 슐츠 George Shultz 국무부 장관에게 "우리가 아니면 누가, 지금이 아니면 언제?"라고 말했다).[1] 볼커가 금본위제처럼 신용 팽창을 억제한 덕분에 물가상승률은 마침내 1983년에 3.2퍼센트로 떨어졌으며, 1980년대 말까지 5퍼센트 이하 수준을 유지했다.

레이건의 세 번째 업적은 제1차 세계대전 이후 최대 규모의 세제 개편이었다. 그가 1981년에 실시한 세제 개혁으로 최고 개인세율이 70퍼센트에서 50퍼센트로, 자본소득세는 28퍼센트에서 20퍼센트로 낮아졌다. 5년 후인 1986년에는 또 다른 대규모 세제 개혁이 단행되어 최고 개인세율이 28퍼센트로, 법인세는 46퍼센트에서 34퍼센트로 낮아진 동시에 친기업적 허점이 제거되었다.

이 세 가지 변화는 모든 한 가지 큰 공통점을 지니고 있었다. 바로 전후 시기에 갈수록 기업을 강하게 옥죈 족쇄를 벗고, 장기 계획 수립을 어렵게 만든 인플레이션 관련 불확실성을 제거해 기업 경기가 되살아날 여건을 조성했다는 것이었다. 레이건은 기업에 대한 본능적 믿음을 갖고 있었다. 기업은 부를 창출하고 정부는 그 과실을 따먹는다는 것이 그의 생각이었다. 그는 기업인, 특히 창업자들이 자신의 혁명을 지켜줄 근위대라고 여겼다.

레이건은 '미국의 본업은 사업'이라는 신념을 드러낼 두어 가지 제스처로 임기를 시작했다. 그는 취임식 직후 백악관으로 직행해 전체 연방 공무원의 채용을 동결하는 문서에 서명했다. 또한 내각실Cabinet Room에서 트루먼의 초상화를 치우고 대신 쿨리지의 초상화를 걸었다.[2] 그는 '침묵을 지켜서, 사회를 이끌려는 연방 정부의 손을 거두고 기업이 1920년대 내내 번영하도록 해줬기 때문에' '조용한 캘'을 가장 좋아한다고 밝혔다.[3]

이른바 레이거노믹스Reaganomics는 몇 가지 중대한 성공을 이뤘다. 주식회사 미국에 대한 구조조정은 해외 시장에서 효과적으로 경쟁할 수 있는 튼튼한 기업을 낳았다. GE와 인텔은 전 세계의 어떤 기업보다 뛰어났다. 규제 완화는 온갖 기업에게 큰 기회를 부여했다. 항공 부문의 규제 완화로 사우스웨스트 항공Southwest Airlines 같은 혁신적인 기업이 등장할 여지가 생겼다. 또한 규제 완화는 전반적으로 신기술이 확산되는 속도를 높였다. 1982년에 통신 산업에서 AT&T의 독점 체제가 와해되면서 요금이 내려가고 혁신이 급증했다. 운송 부문의 규제 완화는 투입 비용을 낮추는 물류 혁명이 일어나는 데 도움을 주었다. 레이건이 취임할 때 951포인트이던 다우지수가 수년 뒤 2,239포인트까지 오른 데는 그만한 이유가 있었다.

레이거노믹스는 한 가지 커다란 실패도 초래했다. 레이건은 이전의 모든 대통령이 만든 국가 부채를 합친 것보다 더 많은 국가 부채를 만든 책임이 있다. 세금과 지출을 줄여야 한다는 사명을 안고 취임한 그는 세금 삭감이 지출 삭감보다 훨씬 쉽다는 사실을 알게 되었다. 물론 복지 지출이 늘어나는 속도를 늦춘 것은 사소한 성과가 아니었다. 1인당 실질 복지 지출은 1950년대 초 이후 가장 느린 속도로 늘어나서 1981~1989년까지 연 1.4퍼센트 증가에 그쳤다. 그럼에도 복지 지출은 계속 늘어나서 감세와 국방비 증액에 필요한 비용은 부채로 해결해야 했다. 세수 증가분으로 감세 비용을 충당했다는 일부 옹호론자의 변론은 현실과 맞지 않았다. 회계연도 1980~1990년까지 연방 대외 부채는 7,120억 달러에서 2조 4천억 달러로 세 배나 늘었다. 연준은 인플레이션 압력을 낮추고 결손을 메울 외자를 끌어들일 수 있을 만큼 높은 금리를 유지하기 위해 대단히 긴축적인 통화정책을 실행해야 했다. 연방 정부의 대규모 차용은 예금을 좀 더 생산적으로 활용할 민간 대출자를 '몰아내어' 생산성 증가 속도를 지체시켰다.

레이건 이후

레이건을 바로 뒤이은 두 명의 후임 대통령은 레이건 이전 시대의 미시적인 관리로 돌아가는 일 없이 레이거노믹스의 재정적 결함을 바로잡기 위해 노력했다. 1980년 레이건에 맞서 대선 후보로 나섰을 때 '미신경제학voodoo economics'이라는 말을 고안한 조지 H. W. 부시는 결손을 메우기 위해 세금을 올렸다. 빌 클린턴은 적자 축소를 최우선 순위로 꼽았다. 부시는 단임 대통령이었다. 증세를 하지 않겠다는 인상적인 맹세("잘 들으세요, 새로운 세금은 없습니다.")를 어긴 그의 결정은 우파의 지지를 무너트렸으며, 길어진 불경기는 대중이 등을 돌리게 만들었다. 클린턴은 훨씬 더 성공적이었다. 그는 경기 활황에서 소외되었고 제조업 쇠퇴로 짓눌린 생산직 유권자를 대변하는 포퓰리스트로서 대선에 나선 민주당 소속 대통령이었다. 그러나 자본주의를 받아들이되 그 번영의 결실로 패배자를 보상해야 한다고 믿었던 아이젠하워파 공화당원처럼 국정을 운영했다.

클린턴은 균형 예산과 세계화라는 두 가지 정책을 중점 추진했다. 그는 임기 초반부터 1992년에 3조 달러까지 늘어난 연방 대외 부채가 물가 상승률과 금리를 올리고 신뢰도를 떨어트려서 성장을 오랫동안 지체시킬 것임을 알았다. 그는 케네디의 방식을 빌려서 재정 보수파를 연달아 경제 부처의 핵심 보직에 임명했다. 그에 따라 로이드 벤슨Lloyd Bentsen은 재무부 장관에, 로버트 루빈Robert Rubin은 새로 만든 국가경제위원회National Economic Council 위원장에 임명되었다(루빈은 나중에 벤슨의 뒤를 이어 재무부 장관에 올랐다). 클린턴은 또한 냉전 종식과 정보 혁명으로 세계화가 급격하게 진행될 것임을 알았다. 부채 삭감과 세계화 추진은 복잡한 정치적 구도를 형성했다. 클린턴은 여당 진보파에 속한 친구들과 계속 싸우는 한편 공화당 간부인 적들과 연합을 맺어야 했다. 이런 정치적 격동의 결과는 놀랄 만한 호황이었다.

미국은 (마이크로소프트와 애플이 주도한) PC 혁명에 이어 인터넷 혁명을 일으키면서 하이테크 경제의 중심이 되었다. 다우지수는 경기가 호황을 구가하고 일반 국민이 은퇴 자금을 예금에서 주식으로 옮기면서 클린턴 임기 내내 고점을 찍었다. 1995년 11월부터 1999년 3월까지 다우지수는 5천 포인트에서 유례가 없는 1만 포인트까지 올랐다.

클린턴이 마침내 누린 경기 호황을 이끈 것은 1970년대부터 이뤄진 창업 정신의 부활, 금융자본주의에 대한 규제 완화, 세계화의 진전, 하이테크 혁명이라는 네 가지 중대한 변화였다.

창업 정신의 부활

조지프 슘페터는 1942년에 발표한 고전, 《자본주의, 사회주의, 민주주의》에서 (기업의 관료화를 포함하는) 관료화가 창업 정신과 자본주의 정신을 죽인다고 명민하게 주장했다. 정책 입안자들은 이 말을 30년 동안 무시했다. 1960년대 존 케네스 갤브레이스는 현대 주식회사가 '사업 활동을 이끄는 힘으로서 창업 정신을 경영으로' 대체했다고 주장했다. 1970년대 경제가 스태그네이션에 빠지자 마침내 사람들이 이런 주장에 귀를 기울이기 시작했다. 1980년대와 1990년대에 창업자는 미국식 삶의 중심에서 입지를 회복하고 유연성과 혁신을 위해 관료적 구조를 줄인 기업을 창립했다.

빌 게이츠가 세운 신생 기업은 IBM을 따돌리고 세계를 정복했다. 하워드 슐츠Howard Schultz는 스타벅스라는 신생 기업을 통해 미국인들에게 부실한 커피를 대신할 대안을 제공했다. 먼 북서부에서 시작된 스타벅스는 뒤이어 전국 방방곡곡으로 퍼져나갔다. 프레드 스미스Fred Smith는 너무나 통념에 어긋나서 처음 사업 구상을 제시했을 때 예일대 교수가 C학점을 준 사업계획(모든 화물을 중앙 물류센터로 모은 다음 최종 목적지로 발송)을 토대로 페덱스라는 운송회사를 만들었다.

미국인들은 새로운 열의로 창업자를 축복했다. 1977년에 창간된 〈앙트레프레뉴어Entrepreneur〉 지는 큰 인기를 끌었다. 조지 길더George Gilder와 마이클 노박Michael Novak은 경제 변화를 이루는 위대한 매개자라며 창업자를 칭송했다. 《기업의 개념Concept of the Corporation》에서 제너럴 모터스를 분석한 것을 필두로 대기업을 분석해 명성을 얻은 피터 드러커는 창업 정신을 열정적으로 다룬 책, 《혁신과 창업 정신Innovation and Entrepreneurship》(1985년)을 펴냈다.

새로운 세대의 창업자는 다른 어느 곳보다 미국에 더 풍부하며, 창업에 친화적인 대통령이 워싱턴에 있을 때 사업 혁명을 일으키는 세 가지 자원을 활용할 수 있었다. 금융 혁신가는 마이클 밀켄Michael Milken이 제공하는 정크본드junk bond나 실리콘밸리의 창업투자사가 제공하는 창업 자본 같은 새로운 재원을 제공했다. 주요 대학은 연구 단지, 기술 연구소, 사업 인큐베이터, 벤처 펀드를 제공했다. 진보적인 이민 정책은 의욕에 넘치는 일손과 두뇌를 즉시 공급했다.

터프츠 대학Tufts University의 아마르 비데Amar Bhidé는 '모험적 소비'도 미국의 창업 정신을 촉진했다고 주장했다. 미국인들은 새로운 기술을 익히거나 저금을 털어야 한다고 해도 온갖 신제품을 써보려는 남다른 의욕을 갖고 있었다. 또한 제조회사에 제품을 개선하라고 요구하려는 남다른 의욕을 갖고 있었다. 애플은 어려운 시기를 버티게 해준 수많은 열혈 팬을 거느렸다.

이 목록에 추가할 마지막 이점은 법률적 혁신이었다. 1977년 와이오밍주는 합명회사의 세제 혜택과 유한책임의 혜택을 동시에 누리는 새로운 기업 형태인 유한책임회사를 허가하는 법안을 통과시켰다. 이 혁신에 대한 반응은 1988년 국세청 승인이 떨어지기까지 더디게 나타났다. 뒤이어 봇물이 터졌다. 전국의 의회는 앞다투어 유한책임회사와 합자회사라는 두 가지 새로운 기업 형태를 허가했다. 그 결과는 기업계의 이원화였다. 대개 대기업은 19세기 말에 개발된 전통적인 주식회사 형태를 계속 유지했다. 반면 중소기업은 책임 범위 및 적용 법규에 대한 유례없는 통제력과 해산의 편의성을 제공하는 폭넓은 기업 형태를 선택할 수 있었다.[4]

창업 자본주의를 받아들이는 일은 단지 차고에서 미래를 발명한 새로운 창업자에게 더 많은 자유를 제공하는 것 이상의 의미를 지녔다. 1980년대에 전후 시대의 거대한 관료적 기업이 벽에 부딪혔다. 포브스 500대 기업 명단에서 탈락하는 대기업은 1970년과 1990년 사이에 네 배로 늘었다. 팬암처럼 한때 영속성을 예시하던 기업이 사라졌다. 넷스케이프Netscape나 엔론Enron(《포천》지가 6년 연속으로 미국에서 가장 혁신적인 기업으로 선정) 같은 기업 반군이 난데없이 등장해 업계를 변화시켰다. 기성 기업은 시장이 외부적으로 하던 일을 내부적으로 해냄으로써 이 격변에서 살아남을 수 있었다. 그 일은 바로 죽어가는 사업에서 자본과 노동을 빼내어 상상력이 가미된 새로운 방식으로 재능과 재결합할 수 있는 신흥 사업에 할당하는 것이었다.

잭 웰치Jack Welch는 너무나 유명한 회사에서 창조적 파괴를 일으키며 당대의 가장 칭송받는 경영자가 되었다. 그는 GE가 각 사업 부문에서 1등이나 2등이 되지 않으면 발을 빼야 한다는 믿음을 단호하게 실천하면서 20년에 걸친 집권(1981~2001년)을 시작했다. 그는 1981~1990년까지 총 매출의 약 4분의 1을 차지하는 200개 사업부를 폐지했다. 다른 한편으로는 임플로이어스 리인슈런스Employers Reinsurance, 웨스팅하우스의 조명

사업부, 키더 피바디Kidder Peabody를 비롯한 370개 사업체를 인수했다. 또한 본사의 규모를 점차 줄이고 의사 결정 권한을 사업부로 넘겼다. 구조조정 결과 직원 수가 12만 명이나 줄었지만 회사의 가치는 훨씬 높아졌다.[5]

'중성자탄Neutron' 잭은 복합기업 형태를 복원해야 한다는 남다른 의지를 품고 있었다. 대다수 성공적인 경영자는 복합기업 형태를 버리고 초점에 집중했다. 1960년대와 1970년대 대단히 큰 인기를 끈 복합기업은 한 분야씩 차례로 시장을 빼앗는 해외 경쟁 업체에게 창피를 당했다. 또한 경영자가 사업 다각화에 나서도록 허용하기보다 다양한 기업의 주식을 사들여 위험에 대처하는 편이 낫다는 판단 아래 '복합기업 디스카운트'를 적용하는 투자자에게 외면받았다. 이런 추세는 새로운 세대의 기업 엔지니어들이 20세기 초의 합병 열풍 이후 최대의 구조조정을 단행하게 만들었다. 그에 따라 핵심 사업과 무관한 사업부가 분사되었고, 핵심 사업과 밀접한 다른 회사가 인수되었다. 제조 부문 대기업 가운데 거의 3분의 1이 이 시대에 인수 내지 합병되었다.[6]

1990년대 기업계를 뒤흔든 리엔지니어링reengineering 운동은 집중에 대한 추종을 넘어 생활 속에 스며든 정보 기술 시대에 맞게 기업을 재구성했다. 지지자들은 기업이 다층 공장을 없애고 단층 공장을 대체하기 전까지 전기를 제대로 활용하지 못한 것처럼 현대 기업도 내부 절차를 재구성하기 전에는 컴퓨터 혁명의 잠재력을 활용할 수 없다고 주장했다. 1994년 〈포천〉지가 선정한 500대 기업의 78퍼센트, 〈파이낸셜 타임스Financial Times〉가 런던증권거래소 상장 기업 가운데 선정하는 FTSE 100대 기업의 68퍼센트가 나름의 형태로 리엔지니어링을 실시했다.[7]

'리엔지니어링'으로 자각했든 아니든 갈수록 많은 기업이 신기술을 최대한 활용하려면 획기적인 조직 재구성이 필요하다는 사실을 깨달았다. 1990년대 말, 컴퓨터는 모든 곳에 자리 잡아서 사무직 노동자의 책상뿐 아니라 소형화 기기의 형태로 공장 노동자의 손에도 놓이게 되었다. 기업들은 수많은 사무직 노동자를 해고했다. 이후 경영자는 직접 문서를 작성하고, 도표를 만들며, 일지를 기록했다. 또한 일선 직원에게 직접 재주문과 공급사슬 관리를 하도록 촉구했다.

이 시대의 다른 중요한 변화는 기업과 사회의 관계에서 일어났다. 케인스주의 시대의 위대한 관료적 기업은 직원에게 평생 고용을 제공하는 것부터 지역에서 열리는 오페라 공연을 후원하는 것까지 다양한 사회적 책임을 받아들였다. 그러나 1980년대와 1990년대에 기업의 마음은 냉정해졌다. 그들은 당근과 채찍을 통해 대표에게 가차 없는 경영을 강요했다. 공장 노동자의 급여와 비교해 〈포천〉지가 선정한 500대 기업 대표의 평균 급여는 1980년에는 40배, 1990년에는 84배, 2000년에는 475배에 이르렀다. 동시에 평균 재직 기간은 짧아졌다. 기업 대표는 이에 대응해 잉여 인력을 제거하고, 불필요한 비용을 삭감하며, 실적에 초점을 맞췄다.

밀턴 프리드먼은 1970년에 발표한 〈기업의 사회적 책임은 이익을 늘리는 것The Social Responsibility of Business Is to Increase Its Profits〉이라는 논문을 통해 이처럼 냉혹한 접근법에 대한 지적 정당화를 제공했다. 6년 뒤 로체스터 대학의 금융학 교수인 마이클 젠슨Michael Jensen과 윌리엄 메클링William Meckling은 〈기업 이론: 경영자의 행동, 대리인 비용, 소유 구조Theory of the Firm: Managerial Behavior, Agency Costs and Ownership Structure〉에서 그의 통찰을 자세히 설명했다. 이 논문은 기업을 다룬 역대 논문 가운데 가장 폭넓게 인용되었다.[8] 젠슨과 메클링의 주장에 따르면 기업은 언제나 〈투자 수익을 극대화하려는) 소유주와 (자신의 잇속을 챙기려는) 대리인 사이의 긴장으로 비틀렸다. 적어도 1950년대 이후 미국식 자본주의를 지배한 대리 경영 기업은 경영자가 급여와 특전으로 호주머니를 채우기에 대단히 편리했다. 젠슨과 메클링은 이 문제에 대한 최선의 대처법은 경영자에게 주식과 옵션을 지불해 소유주처럼 생각하게 만들고, 인수 시장을 통해 자리를 걸도록 만드는 것이라고 주장했다. 성과급과 활발한 기업 경영권 시장은 곧 주식회사 미국의 건강을 되찾아줄 것이었다.

정부는 기업계의 격동이 부의 창출을 촉진한다는 판단 아래 이 모든 구조조정이 일어나는 동안 대개 한발 물러나 있었다. 반독점 당국은 월드콤WorldCom이 370억 달러에 MCI와 합병하고, 시티코프Citicorp가 700억 달러에 트래블러스Travelers와 합병하는 데 제동을 걸지 않았다. 몇 가지 예외는 있었다. 루디 줄리아니Rudy Giuliani는 직접 나서서 대표적인 기업 사냥꾼인 마이클 밀켄과 이반 보스키Ivan Boesky를 저지했고, 반독점 당국은 빌 게이츠와 치열한 다툼을 벌였다. 그러나 당시 많이 회자되기는 했지만 이런 예외는 시대의 성격을 거의 바꾸지 못했다.

금융 혁명

레이건은 1920년대 이후 월가에 가장 활기찬 시대를 열어주었다. 금융인은 전국적인 유명인사가 되었다. 투자은행은 즉각적인 부와 화려한 생활을 약속하며 전국의 귀공자를 끌어들였다. 톰 울프Tom Wolfe가 쓴 《허영의 불꽃The Bonfire of the Vanities》(1987년)이나 마이클 루이스Michael Lewis가 쓴

《라이어스 포커Liar's Poker》(1989년) 같은 책 혹은 올리버 스톤Oliver Stone이 만든 〈월스트리트Wall Street〉(1987년) 같은 영화는 금융인을 사악하게 그리는 척하면서 그들의 삶을 화려하게 치장했다. 경기가 확장되고 사람들이 은퇴 자금을 시장에 맡기면서 돈이 다양한 금융기관으로 물밀듯 들어왔다. 다른 한편 금융인들이 투자 수익을 더 많이 짜내기 위해 머리를 굴리면서 금융기관의 범주와 다양성이 확대되었다.

경영자와 소유주의 관계에 생긴 변화는 금융의 힘을 키워주었다. 관리자본주의의 전성기에 주주들은 대개 수동적이었으며, '주주행동주의'는 너무나 극단적인 사례에 국한되어 '주주행동주의'라는 단어 자체를 우습게 만들 지경이었다. 그러나 이후 주주가 늘어나고 중개자의 힘이 세지면서 상황이 변했다. 저위험 예금이 아닌 주식에 투자한 가구 자산의 비중은 1980년 10분의 1이었다가 2000년 4분의 1로 크게 늘었다. 뉴욕증권 거래소의 일일 거래량은 1960년에는 약 300만 주, 1990년에는 1억 6천만 주, 2007년에는 16억 주로 늘었다.

주주의 수가 늘면서 그들의 이익을 대변하는 산업이 형성되었다. 뮤추얼펀드, 자산 관리자 등은 주식회사 미국의 실적을 면밀히 주시했다. 자본가는 더 이상 경영자가 알아서 회사를 경영하도록 놔두는 데 만족하지 않았다. 그들은 준수한 수익을 올리려면 지속적인 감시가 필요하다고 생각했다.

1974년에 제정된 근로자은퇴소득보장법Employee Retirement Income Security Act은 하나의 기념비였다. 이 법은 연금제도를 운용하는 모든 기업이 현재와 미래의 은퇴자에게 줄 급여를 별도의 신탁기금에 적립하도록 의무화했다. 그 결과 법에 따라 신중하고 생산적으로 투자해야 하는 새로운 대규모 자본이 형성되었다. 현실적으로 신중하고 생산적인 투자는 곧 주식 투자를 뜻했다. 주식이 고정 수익 채권이나 예금보다 훨씬 나은 투자 수익을 제공했기 때문이다. 근로자은퇴소득보장법은 은퇴자를 대신해 거액의 자금을 관리하는 연기금이라는 새로운 관리자를 만들어냈다. 투자 자금을 가장 열심히 관리하는 관리자는 (종종 주주자본주의의 악덕을 비판하며 은퇴기를 보내는) 교사를 비롯한 은퇴 공무원의 이익을 대변하는 캘리포니아공무원퇴직연금California Public Employees Retirement System 같은 연기금이었다.

1960년대에 태동한 뮤추얼펀드 산업은 자본시장의 폭과 깊이를 더했다. 2000년 기준으로 미국에는 9천 개의 뮤추얼펀드가 있었으며, 그중 약 6천 개는 1990년대에 설립되었다. 뮤추얼펀드는 은퇴 자금을 투자할 선택지를 늘려주었다. 이 점은 기업 연금에 가입한 사람에게도 적용되었다. 대다수 기업은 연금제도에 가입한 직원이 어떤 펀드에 투자할지 선택할 수 있도록 허용했다. 뮤추얼펀드는 수많은 기업에 투자해 위험을 분산하면서도 대규모 자본을 조성해 투자자의 힘을 키워주었다.

동시에 컴퓨터 혁명은 소유주와 경영자에게 그 어느 때보다 강력한 경영 수단을 제공했다. 경영자는 (재고, 회전율, 매출 대비 순이익, 투자수익률을 측정하는) 비율분석ratio analysis을 통해 회사의 실적을 측정할 수 있었다. 또한 주주는 경영 실태를 관찰하고 다른 자산과 비교해 실적을 측정할 수 있었다. 집에서 여러 대의 텔레비전과 모니터를 놓고 주식 투자를 하는 데이트레이더는 19세기에 화려한 집무실에서 일하던 금융계의 거물보다 더 많은 금융 정보를 활용할 수 있었다.

메인스트리트Main Street(월스트리트의 금융경제와 대비되는 실물경제를 가리키는 말―옮긴이) 은행에 대한 과도한 규제는 금융 혁신을 더욱 촉진하는 역설적인 효과를 낳았다. 은행이 뉴딜 시대의 규제에 너무나 심하게 옥죄인 나머지 1980년대에 이르러서는 세계 10대 은행에 오른 미국 은행이 하나도 없었다. 반면 1950년대에는 그중 절반이 미국 은행이었다. 은행 부문이 정체되어 있는 사이에 다른 중개기관이 혁신을 통해 간극을 메웠다. 1970년 이후 30년 동안 단기금융시장 뮤추얼펀드, 주택저당채권 집합물mortgage pool 운용사, 대출채권 운용사 같은 '새로운' 중개기관이 급증한 반면 상업은행, 상호저축은행, 생명보험회사 같은 '전통적인' 중개기관은 감소했다.

세 가지 혁신이 여건을 조성했다. 증권화는 비시장 자산을 매매 가능한 증권으로 변신시켰다. 상업은행과 저축은행이 거의 배타적으로 보유하던 주택담보대출, 자동차담보대출, 신용카드 매출채권이 증권으로 묶인 다음 2차 시장에서 매매되었다. 파생상품은 투자자가 훨씬 폭넓은 위험을 처리할 수 있도록 해주었다. 1848년에 곡물 선물 거래를 위해 설립된 시카고상품거래소는 1980년대에 금융 선물 부문으로 이동해 거래시장을 지배했다. 금융서비스산업은 자금을 빌려서 부진한 기업을 인수하거나 회생시킬 수 있는 다양한 방법을 개발했다. (부채로 구조조정에 필요한 자금을 확보하는) 차입매수leveraged buyout나 (회사의 일부를 매각하기 위해 종종 활용하는) 경영자매수management buyout 혹은 '정크본드'가 그런 예였다.

차입매수를 가장 적극적으로 활용한 금융 기업은 콜버그 크래비스 로버츠Kohlberg Kravis Roberts(KKR)와 드렉셀 번햄 램버트Drexel Burnham Lambert였다. 1976년 베어스턴스Bear Stearns에서 일하던 3명의 젊은 은행가인 헨리 크래비스Henry Kravis, 제롬 콜버그Jerome Kohlberg, 조지 로버츠George Roberts는 새로운 조직에 대한 아이디어를 떠올렸다. 바로 일련의 투자 기금을 조성해 기업의 경영권을 확보한 다음 정해진 기한이 지난 뒤 지분을 처분하

미국 사업계의 거물들

존 피어폰트 모건John Pierpont Morgan의 사진(1902년)
도금시대의 최고 은행가인 존 피어폰트 모건.
이미지 제공: Library of Congress

오스카 화이트Oscar White가 찍은 존 록펠러의 사진.
존 록펠러는 기업계뿐 아니라 자선사업계의 거물이었다.
이미지 제공: 360.org

앤드루 카네기의 사진(1913년)
앤드루 카네기는 1901년에 제철회
사를 매각하면서 세계 최고의 부호
가 되었다.
이미지 제공: Library of Congress

파크 브라더스 Pach Brothers**가 찍은 존 J. 힐**John J. Hill**의 사진**
그레이트 노던 철도의 설립자로서 서부로의 교통로를 개척한
제임스 J. 힐.
출처: The World's Work: A History of Our Time, Doubleday,
Page & Company, 1916. 이미지 제공: University of Toronto

에디슨과 그의 연구소
뉴저지주 오렌지Orange에 있는 에디슨의
연구소. 중서부에서 태어나 대부분 혼자
서 공부한 에디슨은 다른 어떤 미국인보
다 많은 특허를 보유했다.
이미지 제공: U.S. Department of Energy

윌리엄 제닝스 브라이언과 앤드루 카네기, 제임스 J. 힐, 존 미첼 John Mitchell(Harris & Ewing, 1908년)
1908년에 워싱턴 DC에서 열린 자연보호 회의에 앤드루 카네기, 제임스 J. 힐
그리고 광산노동자연합 대표인 존 미첼과 함께한 윌리엄 제닝스 브라이언.
이미지 제공: Library of Congress

사업에 대한 반발

1908년 민주당 전당대회에서 연설하는 윌리엄 제닝스 브라이언의 모습

1908년 민주당 전당대회에서 연설하는(그리고 아마도 1896년에 '황금 십자가' 연설을 마치면서 취했던 동작을 재연하고 있는) 윌리엄 제닝스 브라이언의 모습.

이미지 제공: Library of Congress

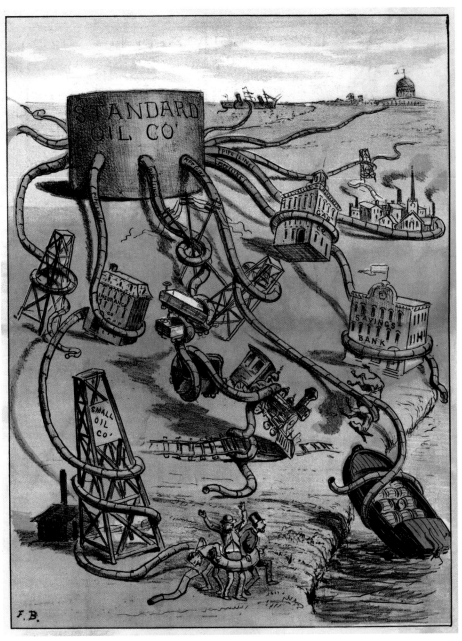

비판론자들은 1884년에 그려진 한 만화에 묘사된 것처럼 스탠더드 오일이 '괴물 같은 독점기업'이라고 비판했다.
이미지 제공: Stock Montage, 이미지 출처: Getty

대량 생산과 대량 소비의 증가

1909년 시카고 마셜 필드 백화점의 진열창
이미지 제공: Bettmann, 이미지 출처: Getty

포드 하이랜드 파크Highland Park 공장의 모델 T 조립라인에서 엔진을 장착하는 노동자들(1913년)
이미지 제공: 포드 모터 컴퍼니

제너럴 모터스의 알프레드 슬론 회장(1928년)
그는 헨리 포드가 대량생산 혁명을 일으킨 것
처럼 자동차 회사의 경영을 혁신해 GM을 다
양한 가격대와 용도에 맞춰서 다양한 자동차
를 생산하는 복합 사업부 회사로 변신시켰다.
이미지 제공: Everett Collectin Inc/Alamy
Stock Photo

광란의 1920년대가 비참한 1930년
대로 바뀌어가는 1930년에 한창 올
라가고 있는 엠파이어 스테이트 빌딩
이미지 제공:
The New York Historical Society,
이미지 출처: Getty

대공황과 뉴딜

1929년 10월 31일, 주가 폭락 후 월가에 모여든 군중
이미지 제공: Fox Photos, 이미지 출처: Hulton Archive/Getty

1930년 11월 16일, 시카고의 굶주린 노숙자들이 범죄조직 두목인
알 카포네가 후원하는 '무료 급식소로 들어가고 있다.
이미지 제공: Rolls Press/Popperfoto, 이미지 출처: Getty

1933년에 클리퍼드 베리먼Clifford Berryman이 발표한 만화는 고용주와 고용인이 협력하는
'뉴딜 정신'을 찬양한다. 'NRA'는 푸른 독수리를 상징으로 삼는
국가재건청National Recovery Administration의 약자다.
이미지 제공: Science History Images/Alamy Stock Photo

"우리에게 필요한 것은 새로운 펌프다."
1935년에 발표된 이 만화는 사방에서 물이 새는 바람에 아무 효과가 없는데도
정부가 경제의 마중물을 끌어올릴 수 있다는 생각을 풍자한다.
이미지 제공: Universal Images Group, 이미지 출처: Getty

신생 자동차노동자연합 소속 노조원들이 1937년 1월, 미시간주 플린트에 있는
제너럴 모터스의 피셔 차체 공장Fisher Body Plant에서 태업을 하고 있다.
이미지 제공: Sheldon Dick, 이미지 출처: Hulton Archive/Getty

1935년 뉴어크Newark 공항에 내린 아메리칸 항공 소속 콘도르Condor 비행기에서 내리는 승객들.
이미지 제공: ClassicStock/Alamy Stock Photo

전시 호황

제2차 세계대전 동안 헨리 포드가 미시건주 윌로우 런에 세운 공장에서 제작되고 있는 B-24.
이미지 제공: Library of Congress, 이미지 출처: Corbis Historical/Getty

캘리포니아주 롱비치Long Beach에 있는 더글러스 항공Douglas Aircraft Company에서
여성 노동자들이 공중 요새 B-17F 폭격기의 후미를 조립하고 있다.
이미지 제공: Corbis Historical, 이미지 출처: Getty

Have a Coca-Cola = Eto Zdorovo
(HOW GRAND!)

...*or making foreign flyers friends*

To visiting Russian and British allies it's good news to see fighting planes pouring out of American plants. And it's good to see our flying friends respond to the everyday American invitation *Have a "Coke"*—a way of saying *We're with you.* Coca-Cola wins a welcome from those who come from Moscow or Manchester. And in your home, there's always a welcome for "Coke" out of

your own refrigerator. Coca-Cola stands for *the pause that refreshes,*—has become a symbol of friendliness in many lands.

Our fighting men meet up with Coca-Cola many places overseas. Coca-Cola has been a globe-trotter "since way back when". Even with war, Coca-Cola today is being bottled right on the spot in over 35 allied and neutral nations.

Coca-Cola
the global
high-sign

It's natural for popular names to acquire friendly abbreviations. That's why you hear Coca-Cola called "Coke".

제2차 세계대전 시기의 코카콜라 광고
코카콜라는 미군을 따라 전 세계로 퍼지면서
세계적 제품이자 미국이 누리는 풍요의 상징이 되었다.
이미지 제공: Advertising Archives

헨리 포드가 리버 루지River Rouge에 지은 공장은 1940년 당시 세계 최대 규모로서
나중에 하루 1천 대의 비행기를 만드는 대량생산 체제의 핵심이 되었다.
이미지 제공: Bettmann, 이미지 출처: Getty

성장의 황금기

1955년 1월에 찍은 레빗타운의 항공 사진
레빗타운은 대량생산 기법을 주택 건설에 적용해 대다수 백인 노동자가 아메리칸 드림을 이룰 수 있도록 해주었다.
이미지 제공: Hulton Archive,
이미지 출처: Getty

교외의 꿈
아내와 딸이 출근하는 가장에게 인사하고 있다(1949년 1월). 전년에 실질 GDP는 4.2퍼센트 성장했다.
이미지 제공: ClassicStock/Alamy Stock Photo

1955년 4월 15일에 레이 크룩이 일리노이주 데스 플레인즈Des Plaines에 세운 맥도날드 1호점을 재현한 건물.
이미지 제공: Tim Boyle,
이미지 출처: Getty

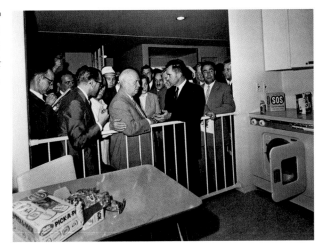

리처드 닉슨과 니키타 흐루쇼프Nikita Khrushchev가 1959년에 모스크바 소콜니키 공원Sokolniki Park에서 열린 미국국립박람회American National Exhibition를 참관하다가 이른바 '주방 논쟁'을 벌이고 있다.
이미지 제공: Universal History Archive,
이미지 출처: Getty

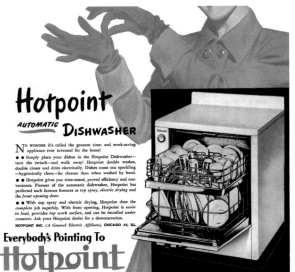

제너럴 일렉트릭의 1948년 자동 식기세척기 광고
'전자 하인'은 미국인들, 특히 여성들을 가사 노동으로부터 해방시켜 여가 시간을 크게 늘려주었다.
이미지 제공: Advertising Archives

IBM 360 컴퓨터는 장기적 사고의 성취였다. IBM은 연 매출의 세 배인 50억 달러를 들여서 360을 개발했으며, 투자액의 몇 배에 달하는 수익을 올렸다.
이미지 제공: INTERFOTO/Alamy Stock Photo

미국의 기술 대기업은 도금시대의 카네기 제철과 스탠더드 오일처럼 지배적인 입지를 구축했다.

캘리포니아주 쿠퍼티노Cupertino에 자리 잡은 애플 캠퍼스의 항공 사진(2018년).
이미지 제공: Kenneth Cantrell, 이미지 출처: ZUMA

워싱턴주 시애틀에 있는 아마존 본사.
이미지 제공: Politi Markovina/Alamy Stock Photo

는 합자회사였다. KKR은 거래를 성사시키고 경영자가 소유주처럼 생각하고 행동하게 만들어서 인수한 회사를 살리는 두 가지 드문 능력 덕분에 성공을 거뒀다.

드렉셀 번햄은 고수익 채권을 활용해 회사를 인수하는 기법을 개척했다. 1970년대 말, 월가가 아니라 비벌리힐스에 자리 잡은 마이클 밀켄은 '비투자등급' 시장을 위한 새로운 채권을 고안했다. 그 덕분에 너무 작거나 위험한 기업도 정식 채권을 발행해 채권시장에 접근할 수 있었다. 이른바 '정크본드'는 창업 혁명의 재원을 마련하는 데 도움을 주었다. 밀켄의 고객으로는 터너 브로드캐스팅Turner Broadcasting을 설립한 테드 터너Ted Turner, 뉴스 인터내셔널News International의 소유주인 루퍼트 머독Rupert Murdoch, 반스앤노블Barns & Noble의 창립자인 레너드 리지오Leonard Riggio, 장거리 통화에 대한 AT&T의 독점 체제에 처음으로 진지하게 도전한 MCI 커뮤니케이션스MCI Communications의 창립자인 윌리엄 맥고완William McGowan 등이 있었다. 정크본드는 또한 구조조정 전쟁에서 가장 가치 있는 도구가 되었다. 기업 사냥꾼은 정크본드를 활용해 노리던 기업의 지분을 사들였다. 인수한 회사의 자산으로 부채를 상환한다는 것이 그들의 계산이었다. 한편 인수 표적이 된 많은 기업은 웃돈을 주고 기업 사냥꾼으로부터 자사의 지분을 되샀다. 정크본드가 채권시장에서 차지하는 비중은 1977년에는 겨우 3.5퍼센트에 불과했으나 10년 뒤에는 무려 25퍼센트에 이르렀다. 마이클 밀켄은 1년에 5억 5천 만 달러의 급여를 받고 연례 '약탈자 무도회Predators' Ball'를 열면서 시대를 상징하는 인물이 되었다.

이런 양상 가운데 일부는 사실이기에는 너무 환상적이었다. 정크본드는 이름값을 했다. 1978~1983년까지 발행된 채권 중 5분의 1은 1988년까지 부도가 났다. 정크본드를 매입한 여러 상호저축은행은 파산했다. 1990년 2월에는 드렉셀 번햄 자체가 파산했다. 마이클 밀켄은 거의 100건에 달하는 갈취 혐의로 기소되었다가 결국 수감되었으며, 그의 회사인 드렉셀 번햄은 문을 닫아야 했다. 그럼에도 금융 혁신은 계속되었다. 1990년대에 창업투자기금이 기업 사냥꾼으로부터 자본주의의 조정자 역할을 넘겨받았다. 그들은 성숙한 기업이 아닌 신생 기업에 초점을 맞췄으며, 차입을 덜 활용했다. 미국에서 구할 수 있는 창업 자본은 나머지 국가를 전부 합한 것보다 더 많았다. 1990년대 중반 매사추세츠의 창업 자본은 영국보다 많았고, 캘리포니아의 창업 자본은 유럽 전체보다 더 많았다. 이 모든 창업 자본은 하이테크 산업의 급부상을 촉진했다. 창업투자사는 평균의 법칙을 바탕으로 기꺼이 베팅에 나섰다. 대다수 투자는 실패했지만 1건만 상장에 성공해도 큰 수익을 거둘 수 있었다. 창업투자사는 투자 회사에 귀중한 경영 자문과 계약도 제공했다.

미국의 금융 마법사들이 마법을 부리는 동안 월가는 번영을 구가했다. 1995~1996년에 다우지수는 세 개의 1천 단위 지표인 4천 포인트, 5천 포인트, 6천 포인트를 차례로 돌파했다. GDP 대비 투자자의 투자 총액 비율은 1990년에 55퍼센트였다가 1996년에는 113퍼센트가 되었다. 이는 강력한 '부의 효과'를 일으켰다. 보유 주식의 가치가 늘어난 데 상기된 투자자들은 편하게 돈을 빌려서 집과 소비재를 사들였다.

정책 입안자들은 주류 은행에 대한 규제 완화로 1990년대를 마무리했다. 이는 비이성적으로 과열된 분위기에 굴복한 것이라기보다 기존 규제가 최악의 결과를 초래했다는 인식에 따른 것이었다. 확실히 미국의 메인스트리트 은행은 비은행 금융기관이 (때로는 위험한 온갖) 혁신을 시도하지 못하도록 막지 않고도 유럽과 일본의 대형 은행과 경쟁할 수 없을 만큼 규모가 작았다(미국의 최대 대출 기관은 유럽과 일본의 경쟁 기관보다 절반의 수익밖에 올리지 못했다). 폴 볼커 같은 명망 높은 정책 입안자는 글래스-스티걸Glass-Steagall법을 폐지하고 은행 간 합병을 용이하게 만들어야 한다고 주장하기 시작했다. 연방 대법원 판결은 글래스-스티걸법이라는 장벽에 구멍을 냈다. 1999년, 클린턴 행정부는 마침내 메인스트리트 은행이 국내외에서 더 쉽게 경쟁할 수 있도록 만드는 포괄적인 금융개혁법을 통과시켰다. 그 결과가 전적으로 좋은 것은 아니었다. 정책 입안자들은 해외 은행과 경쟁하기에는 미국 은행의 규모가 너무 작다고 우려한 나머지 뜻하지 않게 망하기에는 너무 거대한 은행을 만들었다.

세계화

미국은 오랫동안 고립주의자와 세계화 찬성론자의 전장이었다. 고립주의자는 미국이 방대한 경제를 운용하고 양쪽에 드넓은 바다를 낀 대륙 규모의 강대국으로서 세계의 난맥상을 멀리해도 된다고 주장했다. 세계화주의자는 세계 최고의 경제대국으로서 미국의 번영은 세계의 번영에 좌우된다고 반박했다. 1970년대에 황금기 동안 밀려나 있던 세계화 반대론자가 영향력을 되찾기 시작했다. 1980년대와 특히 1990년대에는 세계화 찬성론자가 우위를 되찾았을 뿐 아니라 신조에 대한 정계의 공감을 얻어냈다. 보호무역론자는 조용히 있지 않았다. 급증하는 무역 적자에 대한 우려가 교역에 대한 모든 논의를 물들였다. 기업인은 긴 불경기

(1979~1982년)와 급등하는 달러 가치(1980~1985년)에 짓눌리고 있다고 불만을 터트렸다. 레이건은 물밀듯 들어오는 일본산 차에 대해 보호무역 장벽을 치고 앞서 언급한 대로 미국에 '이식' 공장을 세우라고 일본 기업을 압박했다. 아버지 부시는 이른바 '신세계질서'를 수용해 값비싼 대가를 치렀다. 그는 뉴햄프셔 예비선거에서 쇠스랑 부대를 이끄는 패트릭 부캐넌Patrick Buchanan에게 패배했다(그래서 공화당 전당 대회에서 부캐넌에게 한 자리를 내줘야 했다). 또한 로스 페로가 이끄는 보호무역주의 제3당은 공화당의 표를 갈라서 클린턴을 백악관으로 입성시켰다. 수많은 민주당 하원 의원은 멕시코 및 캐나다와 맺을 북미자유무역협정에 반대했다. 세계화에 대한 반감은 계속 커져서 결국 도널드 트럼프의 포퓰리즘이라는 형태로 터져 나왔다. 그러나 1980년 이후 30년 동안 환경을 조성한 쪽은 세계화 찬성론자들이었다.

미국 기업은 단지 해외 경쟁기업을 욕하기보다 그들의 경영기법을 배우기 시작했다. 특히 표준화 생산방식에 대한 과도한 의존, 부실한 품질 관리, 평범한 물건을 대량으로 만드는 중독적인 습관 등 최대 경영 문제를 해결하기 위해 일본 기업을 집중적으로 연구했다. 그리고 (모든 직원에게 품질에 대한 책임을 지우는) 전사적 품질관리, (직원에게 개선 방안에 대한 제안을 받는) 지속적 개선, (부품을 오랫동안 창고에서 묵히며 손상시키는 것이 아니라 필요할 때 공장에 투입하는) 적시 조달, 독자적 팀 같은 '일본식' 경영기법을 도입했다('일본식'이라고 따옴표를 붙인 이유는 많은 아이디어가 원래는 에드워즈 데밍 같은 미국의 경영 사상가에게서 나왔기 때문이다). 미국 기업이 일본식 경영기법을 모방하는 일을 돕기 위해 필립 크로스비 어소시에이츠Philip Crosby Associates가 설립되었다. 1986년까지 3만 5천 명의 미국 임원이 크로스비의 품질대학Quality College을 졸업했다. 1987년 미국은 일본의 데밍상Deming Prize에 해당하는 말콤볼드리지국가품질상Malcolm Baldrige National Quality Award 을 제정해 품질 개선을 이룬 기업에게 수여했다.

일본을 보고 배우는 미국의 능력은 혼다 소이치로와 스시 케이크의 이야기를 통해 잘 드러난다. 자기의 이름을 단 자동차 회사를 만든 82세의 창업자는 1989년 10월 디트로이트를 방문했다. 그는 환영 선물로 방으로 배달된 케이크에 크게 감동받아 참모들을 놀라게 했다. 그 케이크는 혼다의 나이를 감안해 부드러운 식감에 설탕을 넣지 않았으며, 스시 모양으로 만들어진 것이었다. 혼다는 참모들에게 이렇게 훈계했다. "자네들은 미국인을 앞질렀다고 생각하지. 그건 오만한 생각이야. 이 케이크를 봐. 이 케이크를 만든 사람은 분명히 내 입장을 고려했어." 뒤이어 그는 부름을 받고 온 제빵사가 겨우 20대임을 알고 감격했다. 그가 내린 결론은 "미국을 절대 과소평가해서는 안 된다"는 것이었다.[9]

제조업의 '일본화'는 두 가지 끈질긴 문제를 해결했다. 바로 독자적 팀이 수많은 결정을 내리게 만들어서 '경영자'와 '노동자'의 구분을 없애고 노동자가 자신의 일에 더 관심을 기울이도록 유도한 것이었다. 할리-데이비슨Harley-Davidson은 일본식 팀제를 도입해 일본 모터사이클 제조사와의 생산성 간극을 메웠다. 홀 푸즈Whole Foods는 노동력부터 재고까지 모든 것을 통제하는 독자적 팀으로 조직을 구성해 제곱미터당 이익 기준으로 전국에서 가장 수익성 높은 소매업체로서 입지를 굳혔다. 팀원은 신입사원을 팀에 합류시킬지 투표할 수 있었으며, 선반에 무엇을 전시할지도 집단적으로 결정했다.

동시에 미국의 인구는 좀 더 '세계적'인 성격을 띠게 되었다. 1970년부터 수십 년 동안 19세기 후반과 20세기 초반 이래 가장 많이 이민이 늘어났다. 1990년대 합법 이민자의 수는 900만 명을 넘어섰다. 이는 공식 인구 증가분의 약 3분의 1에 해당하며, 절대적 기준으로 가장 많고 공황 이후 인구 대비 비중에서 가장 큰 수치였다.

이 시기에 미국 역사상 이민자의 출신지도 가장 많이 변했다. 20세기 초에는 이민자의 90퍼센트가 유럽 출신이었다(초기에는 북유럽 출신이 주를 이루다가 갈수록 남유럽과 동유럽 출신의 비중이 늘기는 했지만 말이다). 그러나 1990년대에는 유럽 출신 이민자가 15퍼센트에 불과했다. 50퍼센트는 미주, 31퍼센트는 아시아 출신이었다. 2000년 기준으로 미국 인구의 12.5퍼센트는 남미계가 차지했다. 그에 따라 남미계가 전체 인구에서 차지하는 비중은 흑인보다 커졌다. 미국인의 18퍼센트는 집에서 영어가 아닌 다른 언어를 썼다. 이처럼 이민자가 급증하면서 기업은 인적 자본을 마음껏 쓸 수 있었다. 패스트푸드 레스토랑을 위한 저렴한 노동력과 실리콘밸리를 위한 숙련된 노동력이 넘쳐났다. 그 과정에서 미국 기업과 바깥세상의 연결 고리가 단단해졌다. 또한 고립주의자는 세계화에 맞서 반격을 펼치는 데 필요한 무기를 얻게 되었다.

1990년대가 흘러가면서 세계화는 성공 국면에 접어들었다. 클린턴 행정부는 필수 불가결한 나라로 미국의 역할을 재발명했다. 이제 공산주의를 패퇴시키는 데 성공한 미국은 세계화의 수호자라는 역할을 맡았다. 1980년대 미국은 국내 제조업을 보호하기 위해 일시적으로 교역 제한 조치를 취했다. 반면 1990년대에는 제한 조치를 철폐했으며, 야심 찬 무역 협상에 나서서 우루과이라운드Uruguay Round를 완료하고 세계무역기구를 만들었다. 또한 중국과 항구적 정상무역관계Permanent Normal Trade Relations

를 맺는 한편 멕시코 및 캐나다와 북미자유무역협정(나프타)을 맺었다. 나프타 발효 후 첫 10년 동안(1994~2004년) 미국이 국경을 가로질러 공장(마킬라도라maquilador)을 세우면서 국경 교역이 급증했다. 멕시코의 대미 수출액은 510억 달러에서 1,610억 달러로 늘었다. 미국은 멕시코 화폐에 이어 아시아 화폐를 금융 위기로부터 구해냈다. 또한 유럽 통합을 지원하기 위해 가능한 모든 일을 했다. 그 덕분에 유럽은 유로와 유럽중앙은행European Central Bank을 만드는 고지에 이르렀다.

미국의 기업 르네상스는 세계에서 미국이 맡는 역할을 낙관적으로 바라보는 폭넓은 시각을 형성했다. 기업은 구조조정을 거쳐 세계화의 이점을 십분 활용했다. 새로운 기업은 세계를 무대로 탄생했다. 기성의 다국적 기업은 다양한 국가 체제에 대응하기 위해 각 지역에 만든 영지를 버리고 세계적 규모로 사업부를 조직했다. IBM의 대표인 새뮤얼 팔미사노Samuel Palmisano는 향후 규모와 범위의 경제를 창출하기 위해 국가별 사업체를 한데 묶는 것이 아니라 조달, 제조, 연구, 판매, 유통 등 일련의 기능을 수행하는 전문화된 조직이 경제적으로 타당한 분야에서 협력할 것이라고 밝혔다. IBM과 더불어 이런 변화를 주도한 포드는 유럽과 북미에서 국가별 사업체를 없애고 전 세계를 위한 제품을 만드는 5개의 제품 팀으로 대체했다(그중 일부는 유럽에 본부를 두었다).

기업은 내부의 영지를 제거하려고 애쓰는 한편 전 세계의 전문 제조업체에게 최대한 많이 외주를 맡겼다. 많은 논평가는 이를 '나이키화Nikefication'라 불렀다. 나이키가 남아시아와 남미의 공장에서 신발을 생산하는 데 열성적이었기 때문이다. 마이클 델Michael Dell은 기업이 자체 공장에서 이루던 수직적 통합을 전 세계에 흩어진 하청업체와 맺은 장기 계약으로 대체하는 것을 가상 통합virtual integration이라 불렀다. 시스코Cisco는 판매하는 제품의 4분의 1만 직접 만들면서도 미국 최대의 제조 기업 가운데 하나가 되었다. 애플은 거의 모든 제조 작업을 중국에 외주로 넘겼다.

전자산업의 개척지

20세기의 마지막 25년 동안 미국은 또 다른 개척지를 정복했다. 바로 컴퓨터와 인터넷이라는 가상의 개척지였다. 마이크로프로세서 혁명으로 컴퓨터가 소형화되었다. PC 혁명은 컴퓨터를 모두의 책상 위에 올려놓았다. 끝으로 인터넷 혁명은 PC를 첨단 타자기에서 정보 고속도로의 노드로 만들었다.

IT 혁명은 오랜 산업경제를 뒤집어 놓았다. 강도 귀족의 시대에 부는 손으로 만질 수 있는 물건을 통해 창출되었다. 반면 정보시대에는 가상의 대상을 통해 창출되었다. 소프트웨어는 하드웨어를 집어삼키고, 정보는 모든 것을 집어삼켰다. 또한 강도 귀족의 시대에는 큰 것이 최고였다. 거대 기업들은 거대 공장과 거대 인력을 지니고 있었다. 반면 정보시대에는 반대가 되었다. 진공관부터 트랜지스터, 집적회로, 마이크로프로세서까지 컴퓨터산업은 갈수록 높아지는 연산력을 갈수록 작아지는 제품에 집어넣는 데 몰두했다. 메인프레임 컴퓨터는 개인용 컴퓨터에게, 개인용 컴퓨터는 스마트폰에게 자리를 내주었다. 또한 컴퓨터의 크기가 작아지면서 기업도 더욱 가상적 성격을 띠게 되었다. 인터넷 시대의 대기업은 철강과 석유 대기업보다 훨씬 적은 인력으로 운영된다.

미국이 IT 혁명을 독점한 것은 아니었다. 1980년대에는 한동안 후지쯔, 넥스NEX, 히타치, 도시바 같은 일본 대기업이 과거 소니와 마츠시타가 미국 소비자 가전 회사를 압도한 것처럼 미국 컴퓨터 회사를 압도할 것처럼 보였다. 월드와이드웹World Wide Web은 유럽원자핵공동연구소CERN에서 일하던 영국인(티머시 버너스-리Timothy Berners-Lee 경)이 개발했다. 그러나 미국 기업은 일본의 도전을 물리치고 인터넷을 상업화하는 데 영국이나 유럽 기업보다 훨씬 많은 역할을 했다. 20세기 말 무렵 미국은 19세기 말에 철강산업과 석유산업을 장악했던 것만큼 철저하게 정보 혁명을 장악했다. 현재 세계 최대의 IT 기업은 대부분 미국 기업이다. 애플과 구글은 스마트폰 시장, 구글은 검색 시장, 아마존은 전자상거래와 서버 시장을 장악하고 있다.

미국이 IT 혁명에서 그토록 지배적인 역할을 하게 된 이유는 무엇일까? 컴퓨터 혁명은 군산복합체부터 대기업, 학계, 컴퓨터 동호회까지 다양한 세계에 뿌리를 두고 있다. 미국은 애초에 이 다양한 세계를 만들어내고, 그들을 창의적인 공생 관계로 통합하며, 거기서 나온 아이디어를 상업화하는 세 가지 일을 잘해냈다.

앞서 바네바 부시가 미국 특유의 군산학military-industrial-academic 복합체를 만드는 데 핵심적인 역할을 했다는 사실을 언급했다. 부시는 특히 정보기술에 열성적이어서 선도적 전자회사인 레이시언을 창립했다. 또한 1945년에는 ('메멕스memex'라 부른) 개인용 컴퓨터의 가능성을 제시하는 논문까지 발표했다. 그 내용에 따르면 이 개인용 컴퓨터는 확장된 기억의 '친밀한 보완 장치'로서 모든 개인정보, 책, 편지, 파일, 기록 등을 한 공간에 저장해준다.[10]

군산복합체는 유례없는 규모의 자원을 자체 연구를 통해 직접적으로 혹은 종종 학계의 연구를 지원해 간접적으로 IT 부문에 투입했다. 1958년, 펜타곤은 곧 명칭을 바꾼 국방고등연구계획국Defense Advanced Research Projects Agency(다르파DARPA)이라는 새로운 기관을 만들었다. 다르파는 천재적인 상근 연구자인 J. C. R. 리클라이더J. C. R. Licklider가 은하 간 컴퓨터 네트워크Intergalactic Computer Network라 부른 네트워크 개발을 비롯한 기초과학 연구에 자금을 지원했다. 또한 컴퓨터들을 연결해 여러 명이 단일 메인프레임을 공유할 수 있는 시스템을 개발했다. 1969년 해당 연구팀은 UCLA와 스탠퍼드연구소Stanford Research Institute의 컴퓨터들을 연결하는 데 성공했다. 네트워크에 연결된 사이트의 수는 계속 늘어나서 1970년에는 20개였다가 1985년에는 2천여 개가 되었다. 누가 계획한 것도 아닌데 '네트net'는 학자들이 연구에 대한 이야기를 나누는 포럼이 되었다. 오랫동안 주된 사용자는 학자들이었다. 그러다가 사용자 수가 다시 급증했다. 1993년 무렵 약 9만 명의 미국인이 인터넷을 자주 사용했다. 2000년 무렵에는 그 수가 미국에서는 약 9천만 명, 전 세계적으로는 3억 2,700만 명으로 늘어났다.

동시에 미국의 대형 IT 기업은 컴퓨터 연구에 집중 투자했다. 1970년대 IBM은 20세기 최대의 기업 투자 가운데 하나로서 연 매출의 세 배인 50억 달러를 들여 시스템/360 컴퓨터를 개발했다. 이런 이름이 붙은 이유는 과학부터 국방, 사업까지 다목적으로 활용할 수 있었기 때문이다. 이 베팅은 큰 보상을 안겼다. IBM은 컴퓨터와 동의어가 되었다. 스탠리 큐브릭Stanley Kubrick은 〈2001 스페이스 오딧세이2001: A Space Odyssey〉에서 권력에 굶주린 컴퓨터의 이름을 IBM에서 한 글자씩 옮긴 할HAL이라고 지었다.

AT&T는 이론가, 소재공학자, 엔지니어가 아이디어를 교환하는 대형 '아이디어 공장'인 벨연구소Bell Labs를 지원했다. 1970년에 제록스는 AT&T의 모범을 따라 순수한 학문적 연구에 매진할 연구소를 세웠다. 이 연구소는 집단사고에 오염되지 않도록 본사에서 약 4,800킬로미터 떨어진 곳에 지어졌다.

벨연구소는 트랜지스터를 통해 컴퓨터 시대를 만든 돌파구를 열었다. 트랜지스터가 개발되기 전에는 진공관으로 컴퓨터를 작동시켰다. 그 결과 컴퓨터가 너무 크고 비싸져 MIT 같은 대형 기관만 사용할 수 있었다. 레밍턴 랜드Remington Rand가 1950년에 선보인 최초의 기업용 컴퓨터인 유니백Univac은 소형 트럭 크기였다. 1940년대 말에 초기 트랜지스터가 출시되면서 축소의 시대가 시작되었다. 이후 컴퓨터는 갈수록 저렴해지고 작아지면서 개인용으로 변모했다. 뒤이은 혁신은 소형화 혁명을 더욱 밀어붙였다. 1959년 로버트 노이스Robert Noyce는 이전에는 수많은 트랜지스터와 부품을 회로기판에 한데 엮어야 가능했던 다양한 기능을 하나의 작은 실리콘 칩 안에 통합한 집적회로를 발명했다. 이는 19세기에 강도 귀족이 피츠버그 같은 거대한 산업 중심지에서 다양한 생산요소를 한데 엮었던 것의 축소판이었다. 이후 과학자들은 소형화에 너무나 능숙해졌다. 인텔의 공동 창립자인 고든 무어Gordon Moore는 마이크로칩에 넣을 수 있는 트랜지스터의 수가 18개월마다 두 배로 늘어날 것이라는 무어의 법칙을 제시했다.

전쟁 이후 전자 혁명의 주도권은 동해안에서 북 캘리포니아의 산타클라라 계곡으로 넘어갔다. 이 계곡은 과수원과 과일 농장이 많아 이전에 '기쁜 마음의 계곡the valley of heart's delight'이라 불렸다. 1971년 업계지인 〈일렉트로닉 뉴스Electronic News〉의 돈 호플러Don Hoefler가 사방에 생기는 컴퓨터 제조사와 실리콘 가공업체를 가리키기 위해 '실리콘밸리'라는 말을 만들었다. 실리콘밸리는 기술산업을 대표하는 대다수 상징적인 기업(휴렛패커드, 인텔, 시스코 시스템스, 애플, 구글)의 본거지로서 곧 세계에서 가장 유명한 산업 클러스터가 되었다. 미국 전역과 전 세계에 걸쳐 실리콘밸리를 모방해 실리콘 데저트Silicon Desert(유타, 애리조나), 실리콘 앨리Silicon Alley(뉴욕), 실리콘 힐스Silicon Hills(오스틴), 실리콘 라운드어바웃Silicon Roundabout(런던) 같은 곳이 생겼다.

스탠퍼드 대학은 특히 공학과 컴퓨터 관련 학과를 육성하고, 아이디어를 사업화하는 데 적극적이었다. 공학과 학장을 거쳐 교무처장에 오른 프레더릭 터먼Frederick Terman은 그 누구보다 실리콘밸리의 아버지로 불릴 자격이 있었다. 그는 공학과를 세계적인 수준으로 키워냈다. 또한 서해안 지역에 하버드나 MIT 수준의 대학을 만들기 위해 포드 재단Ford Foundation을 설득해 거액의 지원금을 받아냈다. 무엇보다 그는 대학과 지역 기업이 긴밀하게 협력하는 데 도움을 주었다. 이는 단지 학식을 뽐내기 위한 것이 아닌 실용적인 지식을 제공한다는 설립자 릴런드 스탠퍼드의 유지를 받드는 동시에 우수한 학생들이 경력을 쌓기 위해 동해안으로 가지 않도록 만들기 위한 것이었다. 1939년, 그는 스탠퍼드 졸업생인 빌 휴렛Bill Hewlett과 데이비드 패커드David Packard에게 팔로알토Palo Alto에 있는 패커드의 집 차고에서 사업을 시작할 수 있도록 538달러(2017년 기준으로는 9,500달러)를 빌려주었다. 두 사람이 만든 회사는 나중에 10만 명이 넘는 직원을 고용하고 휴대용 계산기, 전자 의료기기, 잉크젯 및 레이저 프린터를 개발했다.

전후 호황기에 터먼은 늘어나는 학교의 영향력을 활용해 신생 기업에게 가장 필요한 두 가지를 제공했다. 그중 하나는 회사를 차릴 공간이었다. 그는 캠퍼스에 인접한 약 4제곱킬로미터 넓이의 부지에 스탠퍼드 산업단지Stanford Industrial Park(나중에 스탠퍼드 연구단지로 이름을 바꿈)를 조성했다. 다른 하나는 자금이었다. 그는 대학의 자금을 활용해 창업 자본을 제공했다. 스탠퍼드 산업단지의 첫 입주 업체는 1930년대 스탠퍼드 출신들이 군사용 레이더 부품을 제작하기 위해 설립한 베리언 어소시에이츠Varian Associates였다. 1953년에는 휴렛패커드가 입주했다. 터먼은 1954년 기업의 직원이 스탠퍼드에서 대학원 과정을 밟을 수 있도록 해주는 새로운 학위 제도를 만들었다. 터먼이 이룬 큰 성과 가운데 하나는 트랜지스터를 공동 발명해 노벨상을 탄 윌리엄 쇼클리William Shockley를 1955년 벨연구소에서 스탠퍼드 산업단지로 모셔온 것이었다. 쇼클리는 사실 대단히 자기 중심적이어서 인재를 끌어오기도, 밀어내기도 하는 까다로운 사람이었다. 1957년 아랫사람을 괴롭히는 쇼클리의 경영 스타일을 더 이상 참지 못한 '8인의 배신자'가 쇼클리 컨덕터Shockley Conductor를 떠나 페어차일드 세미컨덕터Fairchild Semiconductor를 설립했다.

실리콘밸리는 아이디어의 상업화에 필수적인 두 가지 다른 요소를 갖고 있었다. 바로 샌드 힐 로드Sand Hill Road를 중심으로 형성된 대규모 창업 투자 산업과 바로 공급되는 이민자였다. 장기간 인텔의 대표를 지낸 앤디 그로브Andy Grove는 헝가리 난민 출신이었다. 스티브 잡스는 (출생 후 바로 입양되기는 했지만) 시리아 난민의 아들이었다. 애너리 색스니언AnnaLee Saxenian에 따르면 1990~1996년 사이에 설립된 4천 개 사업체 중 27퍼센트(이전 10년보다 두 배)를 중국인 혹은 인도인이 경영했다. 실리콘밸리는 또한 대단히 유연한 형태의 자본주의를 개척했다. 색스니언은 실리콘밸리가 형성되던 초기에 동해안의 주요 경쟁지역인 매사추세츠의 128번

도로 접경 지역은 연구 자원과 창업 자본에 대한 접근성 측면에서 한 수 위였다고 지적했다. 그러나 1970년대 말 실리콘밸리는 하이테크 분야에서 128번 도로 접경 지역보다 더 많은 일자리를 창출했다. 또한 1980년대 중반 두 클러스터가 모두 침체되었을 때도 실리콘밸리는 훨씬 강한 회복력을 보였다. 그 이유는 동해안 지역에는 디지털 이큅먼트 코퍼레이션 Digital Equipment Corporation이나 데이터 제너럴Data General처럼 미니컴퓨터라는 한 제품에 집중하는 자족적인 대기업이 있는 반면 실리콘밸리는 훨씬 탈중심화되고, 자유분방하고, 투과성이 강했기 때문이다. 그 결과 끊임없이 기업이 형성되고 재형성되었다. 1990년대에 실리콘밸리에는 6천여 개의 기업이 자리 잡고 있었으며, 그중 다수는 신생 기업이었다. 선 마이크로시스템스Sun Microsystems, 인텔, 휴렛패커드 같은 대기업도 전반적으로 자유로운 분위기였다. 사람들은 이 일자리에서 저 일자리로, 이 회사에서 저 회사로 옮겨 다녔다. 인텔은 8인의 배신자에 속한 로버트 노이스와 고든 무어가 페어차일드를 떠난 뒤 앤디 그로브를 영입해 설립한 회사였다. 실리콘밸리는 미국의 다른 어느 지역보다 창조적 파괴의 원칙을 생생하게 구현했다. 오랜 기업이 몰락하고 새로운 기업이 부상하면서 자본과 아이디어 그리고 사람이 재배치되었다.

1970년대 중반부터 IT 혁명은 PC의 부상과 인터넷의 상업화라는 두 가지 동시적인 변화와 더불어 한층 기세를 올렸다. 1974년에 알테어Altair 와 함께 등장한 개인용 컴퓨터는 소프트웨어와 하드웨어 양쪽에서 왕성한 창의적인 활동을 촉발했다. 19세의 빌 게이츠는 역대 가장 놀라운 거래 가운데 하나를 통해 IBM이 모든 자사 컴퓨터에 마이크로소프트의 소프트웨어를 쓰도록 설득했다. 그 덕분에 윈도우는 산업 표준이 되었고, 빌 게이츠는 세계적인 부호가 되었다. IBM은 1981년 자체 PC를 제조하면서 새로운 기기를 승인함으로써 PC 혁명의 속도를 높였다. 누적 판매량은 1982년까지 250만 대, 1985년까지 600만 대였다. 한편 애플은 윈도우를 쓰지 않고 하드웨어와 소프트웨어를 통합한 컴퓨터를 제조했다.

1991년 12월, 스탠퍼드 선형 가속기 연구소Stanford Linear Accelerator System에 최초의 서버가 설치되면서 도래한 인터넷은 더 큰 혁명을 일으켰다. 처음에 인터넷 혁명과 PC 혁명은 따로 진행되었다. 그러다가 1990년대 둘이 충돌하면서 개인용 컴퓨터의 힘과 거대 네트워크의 힘이 결합되었다. 사람들은 책상에(혹은 노트북과 스마트폰이 등장한 뒤에는 스타벅스에) 앉아서 전 세계의 정보를 검색하고 다른 인터넷 사용자와 소통할 수 있었다. 창업자들은 웹을 '읽을' 새로운 브라우저를 설계했다. 짐 클라크Jim Clark는 1995년 8월에 넷스케이프Netscape를 상장시키면서 최초의 인터넷 억만장자가 되었다. 지미 웨일스Jimmy Wales는 위키피디아라는 형태로 세계 최대의 백과사전을 만들었다. 자발적 편집자들이 만드는 위키피디아는 보충과 수정을 통해 끊임없이 진화했다.

구글은 신세대 인터넷 기업 가운데 가장 성공한 기업이자 실리콘밸리를 대단히 특별한 지역으로 만든 요소를 말해주는 완벽한 사례였다. 세르게이 브린Sergey Brin과 래리 페이지Larry Page는 브린이 신입생에게 컴퓨터공학과를 소개하는 과정에서 처음 만났다. 둘 사이에 금세 불꽃이 튀었다. 두 사람은 서로를 불쾌하게 여겼지만 공통점이 많았다(브린의 아버지는 모스크바에서 탈출한 수학자였고, 페이지의 아버지는 컴퓨터공학자였다). 그들은 스파링 파트너이자 학문적 동료가 되었다. 그들은 웹에 나오는 수백만 개의 페이지를 빠르게 검색해 연관성에 따라 나열한다는 아이디어를 떠올렸다. 학교는 그들에게 세계적인 학자의 가르침뿐 아니라 세상에서 가장 강력한 컴퓨터를 쓸 수 있는 기회까지 제공했다(한때 브린과 페이지는 스탠퍼드 대학이 보유한 전체 대역폭의 절반을 썼다). 게다가 아이디어가 구체화되자 상업화를 위한 조언과 자금까지 제공했다. 두 사람은 실리콘밸리의 최고 창업투자사인 세쿼이어 캐피털Sequoia Capital과 클라이너 퍼킨스Kleiner Perkins로부터 모두 자금을 받았다. 클라이너 퍼킨스의 존 도어John Doerr는 경험 많은 경영자를 영입해 회사 운영을 맡기라고 조언했다. 브린과 페이지는 이 조언에 따라 에릭 슈미트Eric Schmidt를 영입했다.[11]

인터넷은 창업자들에게 철도가 1세기 전에 그랬던 것처럼 하늘 아래 있는 모든 사업에 혁신을 일으킬 기회를 제공했다. 1994년, 헤지펀드인 D. E. 쇼D. E. Shaw에서 애널리스트로 일하던 서른 살의 제프 베조스는 마이크로소프트 덕분에 기술산업의 중심지로 부상하던 시애틀에서 온라인 서점인 아마존을 창립했다. 아마존은 현재 세계 최대의 온라인 '만물' 판매업체일 뿐 아니라 세계 최대의 인터넷 서버 제공업체다. 베조스의 재산은 700억 달러에 이른다. 1995년, 이란계 부모를 둔 피에르 오미디아는 사람들이 온갖 물건을 사고팔도록 돕는 온라인 경매 사이트인 이베이를 창립했다. 현재 거의 300억 달러에 달하는 가치를 지닌 이베이는 기이한 물건부터 흔한 물건까지 수백만 건의 거래를 성사시킨다.

인터넷 혁명은 불가피하게 수많은 소동을 낳았다. 기술 기업 중심인 나스닥100지수는 1995년에 40퍼센트나 상승했다. 1998년에는 임직원이 637명인 인터넷 회사 야후가 임직원이 23만 명인 보잉과 같은 시가총액을 기록했다. 시장은 불가피한 조정에 들어갔다. 닷컴 붐은 닷컴 거품 붕괴로 이어졌다. 그러나 결국에는 우수한 경영진이 이끄는 한 무리의 기업이 앞장서면서 훨씬 탄탄한 토대에서 성장이 지속되었다.

　재편 과정의 승리자는 19세기 후반의 강도 귀족과 상당히 비슷했다. 그들은 문명의 물적 토대를 재구성했다. 빌 게이츠는 컴퓨터를 모든 책상 위에 놓았다. 래리 페이지와 세르게이 브린은 세상의 정보를 모두의 손가락 끝에 놓았다. 그들은 규모의 경제 논리를 활용해 시장을 지배했다. "가격을 내리고, 시장을 휩쓸고, 공장을 최대로 가동하라"나 "비용을 감시하면 이익은 저절로 생긴다"는 카네기의 주요 좌우명은 컴퓨터 제조사에게도 적용되었다. 품질을 반영한 컴퓨터 장비의 가격은 1959~2009년까지 50년에 걸쳐 해마다 16퍼센트씩 하락했다. 규모의 경제 논리는 네트워크의 크기로 유용성이 결정되는 소셜 미디어에 더 잘 적용된다. 매달 페이스북을 방문하는 사람의 수는 중국 인구보다 많다. 기술 기업들은 방대한 규모를 시장 지배력과 급증하는 매출로 탈바꿈시켰다.

　IT 혁명은 하이테크 부문뿐 아니라 미국의 산업 전반을 변화시켰다. 월마트와 다른 거대 유통업체는 전 세계 모든 매장의 일일 판매 자료에 나타나는 즉각적인 피드백을 바탕으로 상품을 진열했다. 제조 기업은 원자재 가격이나 계절별 수요 같은 변수를 처리하는 알고리듬을 활용해 재고를 '간결'하게 유지하고 비용을 낮췄다. 은행가는 수초 만에 복잡한 파생상품의 가치를 계산할 수 있었다.

프래킹 혁명

　대단히 인상적인 변화가 코드를 통해 이익을 뽑아내는 신경제가 아니라 땅에서 자원을 뽑아내는 구경제에서 일어났다. 유전은 오랜 미국의 상 징으로서 주로 남성들이 힘들게 땅에서 검은 물질을 뽑아내는 곳이었다. 그러나 석유산업은 20세기 후반기에 대단히 놀라운 혁명 가운데 하나를 겪었다. 그 결과 쇠약해지던 업계가 원기를 회복했다. 이는 전형적인 미국 의 창업자, 기발한 아이디어의 잠재력을 간파하고 뚝심 있게 밀어붙인 외 부자의 작품이었다.

1970년대에 미국의 에너지산업은 불가피한 쇠퇴의 길을 받아들였다. 전문가들은 석유와 천연가스가 바닥나고 있음을 보여주는 도표를 제시 했다. 대형 석유회사는 살아남기 위해 세계화에 나섰다. 조지 미첼은 이 런 추세가 터무니없다고 생각했다. 깊은 셰일층에 갇힌 방대한 유전이 풀 려나기를 기다리고 있었기 때문이다. 그는 이 유전을 캐기 위한 기술을 완벽하게 다듬느라 수십 년을 보냈다. 그 기술은 고압의 액체를 주입해 암반층을 파쇄하고(프래킹) 갇혀 있던 석유와 천연가스가 빠져나올 통로 를 만든 다음 밑으로, 이후 옆으로 구멍을 뚫어서(수평 굴착) 채굴량을 늘 리는 것이었다. 그 결과 프래킹 혁명이 일어났다. 셰일 석유와 천연가스가 전체 채굴량에서 차지하는 비중은 2000년에 겨우 1퍼센트였다가 지금은 절반 이상이 되었다. 미국 에너지정보청Energy Information Administration은 미국 이 2022년에 순 에너지 수출국이 될 것으로 예측했다.

미첼은 아메리칸 드림의 화신이었다. 그의 아버지는 가난한 그리스 출 신 이민자로서 염소를 기르다가 나중에 텍사스주 갤버스턴에서 구두닦 이를 했다.

미첼은 또한 창업 정신의 화신이기도 했다. 셰일 석유와 천연가스를 발 견한 것은 그가 아니었다. 그가 채굴을 시작하기 수십 년 전부터 지질 조사를 통해 이미 셰일 석유와 천연가스의 존재가 알려져 있었다. 심지어 프랙킹 공법을 개발한 것도 그가 아니었다. 이 공법은 1940년대부터 사용되고 있었다. 그의 뛰어난 측면은 이상과 끈기를 결합시킨 데 있었다. 기술을 통해 댈러스Dallas와 포트워스Fort Worth 지역에 있는 바넷 셰일층 Barnett Shale에서 방대한 석유를 채굴할 수 있다고 확신한 그는 마침내 풍부한 유전이 터지기 전까지 단단한 암반층과 씨름했다.

석유공학과 지질학을 공부한 미첼은 제2차 세계대전 때 육군 공병단 Army Corps of Engineers에서 복무했다. 제대 후 그는 대규모 조직을 불신하는 반골 기질과 도박꾼의 수완을 드러냈다. 그는 텍사스로 가서 대형 석유회사가 아니라 영세한 독립 채굴회사에서 일했다. 또한 경력을 쌓던 초기에 시카고의 중개업자와 계약을 맺고 '마구잡이 채굴꾼의 무덤'으로 불리는 지역의 채굴권을 사서 재빨리 13개의 유정을 뚫었다. 도시 개발업자로 두 번째 경력을 쌓은 그는 1974년 도시 팽창 문제를 해결하기 위해 휴스턴 북쪽의 소나무 숲에 우드랜즈Woodlands라는 계획도시를 만들었다. 이 도시에는 공공주택과 사무용 건물 그리고 백만 달러짜리 빌라가 뒤섞여 있었다.

끈기는 미첼의 가장 중요한 자질이었다. 대형 석유회사들이 조롱하고 투자자들이 어리석은 투자를 후회하는 가운데 그는 20년 동안 포트워스 주변 땅에 구멍을 뚫었다. 그는 "한 번도 포기하려고 생각한 적이 없다. 모두가 '조지, 돈 낭비야'라며 말릴 때도 그랬다"라고 말했다. 그러다가 미첼의 나이가 80대에 가까워지던 1998년에 그의 팀이 물 대신 끈끈한 채굴액을 써보자는 아이디어를 떠올렸다. 그 결과 채굴비용이 크게 줄어들었고, 바렛 셰일층은 금광으로 변신했다.

미첼은 19세기 후반의 뛰어난 기업인에게 친숙했을 법한 인물로서 기술적 혁신을 활용해 완고한 땅에서 자원을 캐내는 일에 집착했다. 그러나 그의 시대에는 물을 이용해 암반에서 석유를 캐내는 것보다 훨씬 록펠러 같은 사람을 놀라게 만들었을 두 가지 중대한 변화가 일어났다. 바로 경제의 핵심으로 지식노동자가 육체노동자를 대체한 것과 여성이 노동인구로 진입한 것이었다. 레이건, 부시, 클린턴은 기술적 혁명만 주재한 것이 아니었다. 그들은 거의 모든 미국 가정에 도달한 사회적 혁명도 주재했다.

새로운 노동인구

황금기의 미국을 지배한 것은 남성과 기계였다. 또한 제조업이 압도적으로 경제를 지배했다. 1950년에 비농업 부문 민간 노동자의 36퍼센트가 제조업 분야에서 일했다. 다우지수는 제너럴 모터스나 웨스팅하우스 같은 제조 기업이 좌우했다. 손으로 물건을 만드는 사람이 널리 존중받으며 학력 경쟁의 사상자가 아니라 미국식 미덕의 모범으로 여겨졌다. 또한 남성이 경제를 지배했다. 남성은 직장을 다니며 가족을 부양했고, 여성은 집에서 아이를 키우며 기껏해야 부업으로 살림에 보태는 정도였다.

1980년대와 1990년대에 **기계+남성=미국적 방식**이라는 공식이 무너졌다. 레이건의 정책이 명백히 변화를 앞당겼다. 1979~1983년까지 부분적으로 고금리와 달러 강세 때문에 제조업 일자리의 12퍼센트에 해당하는 약 240만 개의 일자리가 사라졌다. 그러나 이는 제조업체들이 효율성을 높이는 방법을 배우고 경제가 산업 중심에서 서비스 중심으로 옮겨가는 과정에서 불가피한 일이었다. GDP에서 제조업이 차지하는 비중은 1970년 23퍼센트였다가 1990년 17퍼센트가 되었다. 심지어 제조 부문은 호황일 때도 이전처럼 많은 일자리를 창출하지 못했다. 1983~1989년까지 제조 부문이 추가한 실질 가치는 30퍼센트 늘었지만 고용률은 5.5퍼센트만 늘었다. 해외 기업이 제기하는 살벌한 경쟁 때문에 제조 기업은 비효율적인 공장을 폐쇄하거나, 신기술을 받아들이거나, 해외로 사업을 이전하면서 제조 비용을 낮춰야 했다.

한편 지식노동자, 특히 IT와 금융서비스 부문에 종사하는 지식노동자는 빠르게 진보했다. 마이크로소프트와 애플 같은 두뇌 집약적 기업이 포드와 제너럴 모터스를 대신해 현대의 상징이 되었다. 구세대 기업도 좀 더 두뇌 집약적으로 변했다. 제조업체는 대중시장을 위해 표준화된 제품보다 정확한 틈새시장을 위해 고도로 가공된 제품을 생산하는 데 주력했다. 또한 광고와 브랜드 관리에 많은 돈을 들여서 제품 자체보다 제품에 대한 인식을 형성하는 데 더 노력을 기울였다. 헨리 포드는 "두 손만 요구했는데 뇌가 딸려 왔다"고 말한 적이 있었다. 그러나 20세기 말에는 손이 쓸데없어졌다.

동시에 남성 주도 경제는 좀 더 젠더 중립적 경제에 자리를 내주었다. 16~64세 사이의 남성 가운데 노동인구에 속하는 비중은 1950년에 91퍼센트였다가 2000년에 84퍼센트로 줄었다. 반면 여성의 비율은 37퍼센트에서 71퍼센트로 늘었다. 지식경제의 진전이 불러온 불쾌한 부작용 가운데 하나는 노동인구에서 완전히 탈퇴해 국가의 돌봄을 받는 사람이 크게 늘어난 것이었다.

이 시대에 산업사회의 자궁에서 대니얼 벨이 말한 '후기 산업사회'가

태동했다. 경제생활의 초점은 물건을 만드는 일에서 아이디어를 살리는 일로, 공장에서 상업 지구로, 제철소에서 대학으로 옮겨갔다. IT와 금융 부문 전문가에 대한 수요가 특히 많아졌다. GDP에서 금융과 보험 부문이 차지하는 비중은 1947년의 2.4퍼센트에서 2006년의 7.6퍼센트로 꾸준히 늘었다. 금융산업은 수학 박사와 물리학 박사 등 갈수록 드문 능력을 갖춘 인재를 끌어들였다. 2007년에 명문 캘리포니아공대 졸업생 가운데 4분의 1이 금융산업으로 취직했다.

두뇌가 근육을 대체하면서 경제에 일어난 중대한 변화를 확인하는 한 가지 방법은 경제의 전반적인 하중을 살피는 것이다. 고전적인 산업시대에 미국은 넓이가 수 킬로미터에 달하는 대형 공장이나 드넓은 땅을 헤집는 거대한 광산처럼 대상의 크기로 그 힘을 측정했다. 1980년대와 1990년대에 미국 경제는 "견고한 모든 것도 결국 녹아서 허공으로 사라진다"는 칼 마르크스Karl Marx의 예언을 실현하기 위해 최선을 다했다. 실리콘의 전기적 속성에 대한 발견과 소재공학의 진전 덕분에 일상적 물건이 더 작고 가벼워졌다. 라디오는 더 이상 진공관을 넣기 위해 커다란 캐비닛에 둘 필요가 없었다. 깡통의 두께는 얇아졌다. 가벼운 광섬유가 구리를 대체했다. 건축가는 집을 짓는 데 들어가는 콘크리트나 강철을 줄일 수 있었다. 동시에 서비스 부문이 확장되었다. 갈수록 많은 노동자가 공장이 아니라 상업 지구에서 일했다. 공장에서 일하는 노동자도 물건을 만들기보다 주로 생산 흐름을 조율했다.

이런 변화는 경제성장과 물리적 투입 및 산출 사이의 오랜 연결 고리를 끊었다. 미국의 실질 GDP는 1980년과 2000년 사이에 두 배로 늘었다. 그러나 미국 경제가 소비한 비연료 원자재의 양은 총 톤수 기준으로 비슷한 수준에 머물렀다. 이 사실은 GDP 성장률을 설명할 수 있는 유일한 근거가 아이디어의 세계에 있음을 뜻했다.

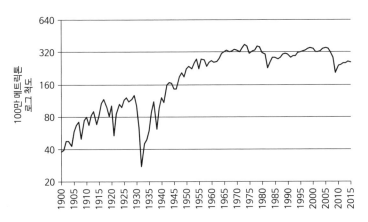

미국의 선별 광물* 원자재 소비량
(1900~2015년)
*알루미늄, 보크사이트(BAUXITE), 시멘트, 점토, 구리, 석고, 철광석, 석회, 니켈, 인광석, 황, 주석

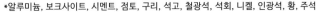

미국의 선별 광물* 원자재 소비량
(1900~2015년)
*알루미늄, 보크사이트, 시멘트, 점토, 구리, 석고, 철광석, 석회, 니켈, 인광석, 황, 주석

실질 GDP와 대비해 경제의 하중이 줄어드는 양상은 수많은 혜택을 안 겼다. 우선 낭비와 오염이 줄었다. 기업은 산출량 대비 투입량의 비율을 개선해 세상이 감수하는 부담을 덜어주었다. 국제 교역의 속도도 빨라졌다. 화물이 가벼울수록 국경을 넘어 옮기는 일이 쉽고 저렴해졌다. 이런 사실에 따른 논리적 귀결은 물리적 대상을 인터넷을 통해 다른 나라로 전송할 수 있는 가상의 대상으로 바꾸게 되는 것이다. 이제는 3차원 프린팅 기술을 활용해 물리적 대상을 가상의 형태로 전 세계에 전송할 수 있다.

여성 노동자의 진군은 미국식 삶의 기조를 바꾸었다. 이 점은 수치만 봐도 알 수 있다. 2000년 기준으로 여성은 미국 전체 노동인구의 거의 절반을 차지했으며, 여성 노동자 가운데 절반 이상이 기혼자였다. 이는 위상의 변화를 불러왔다. 여성은 전문 직종으로 빠르게 진입했다. 2014년에 펩시코PepsiCo, 아처 대니얼스 미들랜드Archer Daniels Midland, W. L. 고어W. L. Gore 같은 정상급 기업을 여성이 경영했고, 전문직 노동자의 51퍼센트가 여성이었다. 또한 대학 졸업자의 거의 60퍼센트가 여성이었고, 신생 기업의 약 40퍼센트를 여성이 창업했다.

여성주의 혁명은 너무나 성공적이어서 이런 변화가 얼마나 근래에 이뤄졌는지 잊기 쉽다. 여성은 일부 전문 직종에 일찍이 진입했다. 사무직에서 여성이 차지하는 비중은 1870년 2.5퍼센트였다가 1920년 50퍼센트가 되었다. 특히 타자수와 속기사의 약 90퍼센트는 여성이었다. 그러나 이런 직종은 고립되어 있고, 특수하며, 종종 지위가 낮았다. 미국은 제2차 세계대전 동안 여성 노동력을 활용했다. '리벳공 로지Rosie the Riveter'가 여성의 인식을 바꾸면서 520만 명의 여성이 노동인구로 진입했다. 그러다가 베이비붐 시대에 출산율이 1945년의 2.4명에서 1956년의 5.2명으로 늘고, 초혼 연령이 1950년의 21.5세에서 1970년의 20.4세로 낮아지면서 여성은 다시 가정으로 돌아갔다.

불과 1960년대만 해도 여성 노동자는 하찮은 일만 맡았으며, 일상적인 성차별에 시달렸다. 케네디가 꾸린 뉴 프런티어 내각에는 여성이 한 명도 없었다. 여성 상원 의원은 두 명에 불과했으며, 그나마 한 명은 남편의 자리를 물려받은 것이었다. 1960년의 직업별 여성 비중을 보면 의사는 6퍼센트, 변호사는 3퍼센트, 엔지니어는 1퍼센트 미만이었다.[12] 여성 정교수는 프린스턴과 예일 대학에는 아예 없었고, 하버드에 한 명 있었다. 하버드경영대학원의 학생은 전부 남성이었으며, 로스쿨 입학생 가운데 3.6퍼센트만이 여성이었다.

이처럼 낮은 수치는 깊이 자리 잡은 사회적 태도를 반영했다. 1961년에 대학 4학년생을 대상으로 실시한 조사에 따르면 대다수 여학생은 '높은 성취를 이룬 아이'의 어머니이자 '두각을 드러내는 남성'의 아내가 되고 싶어했다. 대학에 입학한 여성 가운데 약 60퍼센트는 종종 남편의 학업을 돕기 위해 중퇴했다. 래드클리프Radcliffe 여대 학장인 윌버 조던Wilbur Jordan은 신입생에게 앞으로 훌륭한 아내이자 어머니가 될 수 있도록, 궁극적으로는 하버드 대학 출신 남성과 결혼할 수 있도록 가르쳐주겠다고 말했다.

1966년, 예일대 홍보부는 예일대 입학을 '남자가 된다는 것'이 어떤 의미인지 배울 수 있는 기회로 홍보했다. 1969년, 하버드 대학 신입생 학생감인 프랜시스 스키디 본 스타드Francis Skiddy von Stade는 이렇게 말했다. "세븐 시스터즈Seven Sisters 여대를 나온 똑똑하고 많이 배웠지만 고루한 가정주부를 보면 하버드에서 남학생과 여학생의 비중을 바꾼다는 생각만 해도 솔직히 몸서리가 처진다. … 한마디로 나는 조만간 많은 교육을 받은 여성이 우리 사회에 기여하는 데 놀라운 진전을 이루리라 보지 않는다. 내 생각에 그들은 결혼해서 아이를 낳는 일을 멈추지 않을 것이다. 만약 멈춘다면 현재 여성이 맡고 있는 역할을 다하지 못하는 것이다."[13]

그러나 이처럼 오랫동안 뿌리 내린 태도는 놀라운 속도로 바뀌었다. 1960년대 중반에 베이비붐이 잦아들면서 노동인구로 진입하는 여성이 갈수록 늘었다. '핵심 연령prime age(25~54세)' 여성의 경제활동 참가율을 보면 1964년에는 44.5퍼센트, 1985년에는 69.6퍼센트, 1999년에는 76.8퍼센트였다. 수치와 함께 평등이 찾아왔다. 여성은 재빨리 고소득 직종으로 진출해 더 높은 급여를 받았다. 남성 대비 여성의 중간 연봉 수준은 1975년에는 58퍼센트, 1990년에는 71.6퍼센트, 2010년에는 77.4퍼센트였으며, 여성이 원하는 만큼 빠르지는 않더라도 계속 늘어나고 있다.

이런 변화는 종종 여성운동 혹은 베티 프리단Betty Friedan이 쓴 《여성성의 신화The Feminine Mystique》(1963년) 같은 과격한 문헌과 연계된다. 그러나 더 깊은 곳에는 경제적, 기술적 요인이 있었다. 지력보다 완력이 더 중요하던 시대에는 남성이 이점을 타고났다. 그러다가 지력이 더 중요해지면서 양성이 좀 더 공평한 경쟁을 벌이게 되었다. (여성이 남성과 경쟁할 수 있는) 서비스 부문이 부상하고 (여성이 남성과 경쟁할 수 없는) 제조업 부문이 쇠퇴하면서 기울어진 경기장이 바로잡혔다.

공급은 수요를 맞췄다. 직장에서 일할 의지와 능력을 갖춘 여성이 늘었다. 진공청소기는 나름의 역할을 했다. 개선된 기술은 전통적으로 여성이 하던 청소와 요리에 필요한 시간을 줄였다. 피임약은 더 큰 역할을 했다. 피임약이 보급되면서 여성이 더 늦게 결혼하게 되었을 뿐 아니라 능력, 특히 습득하기 어렵지만 오랫동안 보상을 얻을 수 있는 장기적인 능력을 습득하는 데 시간과 노력을 기울일 동기가 늘어났다. 아기를 낳기 위해 로스쿨을 중퇴하지 않아도 된다는 사실은 로스쿨을 더욱 매력적으로 만들었다.

대학 교육을 받는 여성이 늘면서 구직 전망이 밝아졌다. 그에 따라 취업시장에서 여성의 가치가 높아졌다. 여성이 바라는 모범은 가정주부에서 성공한 전문직 여성으로 바뀌었다. 교육을 많이 받은 여성은 아이를 낳은 후에도 다른 여성보다 취업할 가능성이 높았다. 1963년 기준으로 학력별 경제활동 참가율을 보면 고졸 여성은 46퍼센트인데 비해 대졸 여성은 62퍼센트였다. 또한 지금은 고졸 여성은 67퍼센트, 중졸 여성은 47퍼센트인데 비해 대졸 여성은 80퍼센트다.

여성 노동자가 늘면서 경제의 산출량과 생산 잠재력이 크게 증가했다. 경제의 다른 부문에서도 생산성이 늘면서 여성 취업률 증가에 기여했다. 이런 변화는 청소와 쇼핑이 더 쉬워졌다는 사실에 따른 것이었다.

"이런 시대에 살아서 우리는 참 운이 좋습니다."

20세기가 저무는 가운데 지평선에는 먹구름이 잔뜩 끼어 있었다. 금융 시스템은 보기보다 훨씬 취약했다. 세계화는 위기를 자주 불러일으켰다. 1994년에 발생한 멕시코 페소 위기에 이어 1997년에는 아시아 외환위기가 발생했다. 이 시대의 긍정적인 측면은 부정적인 측면으로 상쇄되었다. 교육받은 여성의 전진은 생산직 노동자의 후퇴와 겹쳤다. 55~64세 사이 남성의 경제활동 참가율은 1950년 87퍼센트였는데 비해 2000년에는 67퍼센트에 불과했다. 팔로알토나 시애틀 같은 실리콘 도시의 부상은 오하이오주 영스타운 같은 러스트 벨트 도시의 몰락과 겹쳤다. '대와해great unravelling'는 이미 진행되고 있었다.

12장에서 살피겠지만 복지제도의 급격한 확대로 저축이 밀려나는 과정은 소비자 부채의 급격한 증가를 수반했다. 1981~2007년까지 가처분 소득 대비 소비자 부채의 비중은 8퍼센트포인트, 주택담보부채의 비중은 57퍼센트포인트 늘어났다. 그만큼 국민의 불안도 깊어졌다. 정보기술은 이미 기계가 생산직 노동자를 대체한 것처럼 일부 사무직 특히 비서직과 경리직을 대체하기 시작했다. 그에 따라 기술적 노후화에 대한 끈질긴 불안이 생겨났다. 경기 순환의 저점인 1991년에 대기업 노동자를 대상으로 조사한 결과 25퍼센트가 해고될지 모른다고 걱정한다는 사실이 드러났다. 호황기로 접어든 1995~1996년에는 그 비율이 오히려 46퍼센트로 늘어났다.[14]

그러나 당시 이러한 부정적인 측면은 긍정적인 측면에 가려졌다. 주가와 달러의 가치는 급등했고, 실업률은 낮아졌으며, 교역은 급증했다. 로버트 고든 같은 비관론자도 '골디락스 경제Goldilocks economy'를 이야기하기 시작했다. 예산은 적자에서 흑자로 돌아섰다. 재정 흑자는 1998년 690억 달러였다가 2000년 2,370억 달러가 되었다. 이는 GDP에 대비해 역사상 두 번째로 큰 흑자 규모였다. 경제는 연 4퍼센트 넘게 성장했다. 이는 해마다 (러시아 전체 경제 규모에 해당하는) 5천억 달러어치의 부를 경제에 추가했음을 뜻했다.

'신경제'와 '생산성 기적'에 대한 온갖 말이 오가는 가운데 클린턴은 한

껏 도취된 분위기에서 임기를 마쳤다. 그는 2000년 연두교서에서 전후 관리 자본주의에 대한 합의만큼 오래갈 새로운 경제정책에 대한 합의를 이끌어내기 위해 이렇게 말했다. "이런 시대에 살아서 우리는 참 운이 좋습니다. 우리나라가 내부적 위기와 외부적 위협 없이 이토록 많은 번영과 사회 진보를 누린 적은 단 한 번도 없었습니다." 실제로 그 어느 때보다 일자리가 많았고 임금이 높았다. 재정 적자는 재정 흑자로 돌아섰고, 정체되어 있던 생산성 증가율은 급등했다. 시대에 뒤처진 이데올로기, 즉 모든 정부의 간섭은 쓸데없는 짓이라는 공화당의 이데올로기와 모든 일자리를 경기 변화로부터 보호하려 들던 민주당의 이데올로기는 친성장에 대한 새로운 합의로 대체되었다. 미국은 갈수록 폭넓은 영역에 정보기술을 적용해 전 세계에서 가장 흥미로운 기술 혁명을 이끌고 있었다. 클린턴은 "국민 여러분, 우리는 21세기로 건너가는 다리를 건넜습니다"라고 선언했다.

11장

대침체

조지 W. 부시는 2001년 1월 20일에 취임 선서를 할 때 운이 좋은 사람처럼 보였다. 전체 득표에서는 앨 고어에게 뒤지고, 플로리다에서 피 말리는 재검표 과정을 거쳤지만 결국 대권을 거머쥐었기 때문이다. 게다가 당분간 끝나지 않을 것 같은 호경기와 재정 흑자를 물려받았다. 그는 주위에 공화당 베테랑을 배치했다. 그중 다수는 이전에 아버지 밑에서 일하던 사람들이었다. 최초의 MBA 출신 대통령인 그는 딕 체니^{Dick Cheney}를 부통령에, 도널드 럼스펠드를 국방부 장관에, 폴 오닐^{Paul O'Neill}을 재무부 장관에 임명한 것을 비롯해 이전의 어느 대통령보다 많은 CEO를 내각에 앉혔다. 그리고 즉시 야심 찬 보수 정책을 추진하기 시작했다.

그러나 부시의 운은 금세 사라지고 말았다. 그의 임기는 엔론 파산, 예산 흑자에 대한 전망을 무너트리고 적자를 키운 9·11 테러 이후의 극심한 경기 위축, '중국 충격^{China shock}' 그리고 세계적 금융 위기 같은 경제 위기로 점철되었다. 빌 클린턴이 말한 '21세기로 향하는 다리'의 맞은편은 상상했던 것보다 훨씬 험난한 것으로 드러났다.

엔론과 다른 여러 대기업의 파산은 규제의 적절성에 대한 심각한 의문을 불러일으켰다. 미국의 최대 에너지 기업이던 엔론은 1990년대 정수처리장부터 광섬유 케이블까지 어지러울 정도로 많은 사업에 정신없이 투자했다. 또한 '자산 경량화asset-lite' 경영 접근법에 대한 맥킨지와 하버드경영대학원의 칭찬을 즐겼다. 엔론은 언제나 금융기법을 적극적으로 활용해 실적을 최대한 치장했다. 그러나 닷컴 거품이 꺼지면서 금융기법은 사기로 변질되었다. 엔론은 〈쥬라기 공원〉에 나오는 벨로시랩터의 이름을 딴 부외거래off-balance-sheet vehicles로 손실을 숨기는 등 회계 조작을 시도했다.

다른 기업도 비슷한 문제에 시달렸다. 과도한 사업 확장은 금융기법으로 정당화되고, 은닉으로 악화되었으며, 모두 투자자를 속이려는 의도로 저질러졌다. 정책 입안자는 기업이 실적을 꾸며내는 변명과 소문 그리고 회계 조작에 너무 능숙해지는 것은 아닌지 우려했다. 2002년 7월, 조지 부시는 1930년대 이후로 가장 광범위하게 기업 규제 방식을 뜯어고친 사베인-옥슬리법Sarbanes-Oxley Act에 서명했다. 그에 따라 감사와 회계 자료 공개에 대한 규칙이 강화되었으며, 무엇보다 경영진이 오류에 대한 책임을 더 많이 지게 되었다.

9·11 테러는 진주만 폭격 이후로 다른 어떤 사건보다 미국을 크게 뒤흔들었다. 그 여파로 미국은 대규모 군사적 대응에 나서서 아프가니스탄에 이어 이라크를 침공했다. 또한 테러가 재발하지 않도록 방지하는 데 엄청난 자원을 투입해야 했다. 9·11 테러는 전략적 문제뿐 아니라 경제적 문제도 제기했다. 경기는 급격하게 위축되었다. 물가상승률은 1.1퍼센트로 떨어졌으며, 더 떨어질 기미를 보였다. 9·11 테러 이전에도 정책 입안자는 미국이 1990년대 이후 일본을 괴롭힌 디플레이션과 저성장 국면으로 접어들고 있는 것은 아닌지 우려했다. 이제는 거기에 국제 교역 시스템

이 테러 위협과 테러 방지를 위한 엄격한 검사의 압력에 짓눌릴 수 있다는 우려까지 생겼다.[1] 이라크 침공을 둘러싸고 미국과 우방, 특히 프랑스 사이에 빚어진 격렬한 갈등은 세계 교역 질서가 위협받고 있다는 느낌을 더했다.

중국 충격으로 미국의 분위기는 더욱 어두워졌다. 1970년대 말 이후로 중국의 자본주의 수용은 덩샤오핑의 통치 아래 국가와 공산당이 주도하는 '중국식'으로 진행되었다. 그래도 1980~2010년까지 연 10.1퍼센트의 성장률을 기록하는 경제적 기적을 이뤄냈다. 중국은 장난감, 의류, 전자제품 같은 노동집약적 제품의 세계 최대 제조국일 뿐 아니라 다국적 기업에게 가장 인기 있는 공장 이전지였다. 중국이 세계 수출에서 차지하는 비중은 1980년에 겨우 1퍼센트였다가 2002년에 5퍼센트, 2015년에 14퍼센트가 되었다. 중국은 멕시코와 일본을 제치고 미국에 저렴한 수입품을

미국의 국가별 수입 비중
(1971~2016년)

가장 많이 제공하는 국가가 되었다.

중국의 성장은 축복이자 저주였다. 중국은 미국 소비자에게 저렴한 소비재를 제공했지만 많은 미국 노동자의 일자리를 빼앗아갔다. 데이비드 오터David Autor, 데이비드 돈David Dorn, 고든 핸슨Gordon Hanson이 계산한 바에 따르면 중국산 수입품 때문에 1990~2007년까지 제조업 부문 일자리의 21퍼센트, 무려 150만 개의 일자리가 사라졌다. 특히 미국이 2001년에 중국과 정상 무역관계를 맺으면서 곧이어 중국산 수입품이 급증했고, 제조업 고용률이 이례적으로 크게 떨어졌다. 일자리 손실은 향후 비슷한 급여를 받는 일자리를 구할 기회가 거의 없는 미숙련 노동자에게 집중되었다. 가령 의류산업의 경우 1995~2005년까지 약 50만 개의 일자리가 사라졌다.[2]

중국의 도전은 상업적 측면뿐 아니라 존재론적 측면에서도 제기되었다. 부시 집권 초기에 중국은 세계 2대 경제대국이 되었다. 미국은 앞서 1960년대와 1970년대에 일본과 독일의 부상으로 흔들린 적이 있었다. 그러나 중국 같은 대국에게 도전받은 적은 처음이었다. 마땅히 미국인들은 20세기가 미국의 세기였듯 21세기는 중국의 세기가 될지 모른다고 걱정했다. 덩샤오핑이 '중국식 자본주의'를 받아들인 이래 중국에서 급증한 경제활동은 장쩌민과 주룽지 총리가 집권하던 시기(1989~2002년)에 놀라운 수준으로 확산된 경제적 자유주의를 수반했다(아쉽게도 정치적 자유주의를 향한 진전은 근래에 시진핑이 주석 임기를 무기한 연장하면서 중단되었지만 말이다).

조지 부시는 아버지 부시와 클린턴 대통령이 연방 예산 적자를 줄이려고 힘들게 노력한 이후 다시 연방 예산 적자를 허용하면서 미국의 문제를 심화했다. 부시는 상반된 2대 공약을 반드시 실현한다는 의지를 품고 취임했다. 그 공약은 세금을 인하하는 것과 정부의 힘을 활용해 빈자를 돌보는 '온정적 보수주의'를 선보이는 것이었다. 1차 감세는 경제가 건강한 흑자를 내고 있어서 잉여분을 국민에게 되돌리지 않으면 정부가 남용할 수 있다는 논리로 정당화되었다("쿠키를 접시에 남겨두면 항상 누가 집어먹는다는 사실을 배웠습니다."). 게다가 백악관 예산관리국White House Office of Management and Budget, 의회 예산처Congressional Budget Office, 연준은 예산 흑자가 향후 무한정 이어져 결국에는 국가 부채를 청산할 수 있을 것으로 예측했다. 연준은 국가 부채를 청산할 경우 역사적으로 통화정책의 핵심이었던 정부 채권을 대체할 수단을 찾기 위한 태스크포스를 꾸렸다. 이 모든 것을 9·11 테러가 멈춰 세웠다. 이후 부시는 다시 경기를 진작하기 위해 강력한 재정적 지원이 필요하다는 이유로 2차 감세를 단행했다.

부시는 감세와 더불어 '온정적인' 지출에 나서면서 같은 텍사스 사람인 린든 존슨 이후 가장 많은 돈을 쓴 대통령이 되었다. 부시 행정부가 내린 가장 불행한 결정은 2003년에 처방 약까지 메디케어 보장 범위를 넓힌 것이었다. 이 확대 조치는 메디케어 역사상 가장 많은 비용을 초래했다. 게다가 재원이 마련되어 있지 않은 상태에서 소득과 무관하게 전체 은퇴자에게 혜택을 제공했다. 의회는 기꺼이 지출 확대에 동참했다. 정치인이 공적 자금으로 표를 사려고 혈안이 되면서 '선심성 예산earmarks(의원이 지역구의 사업을 위해 따로 확보한 예산)' 건수는 1996년 3,023건이었다가 2005년 1만 6천 건으로 늘었다. 부시는 이런 상황에 '소유권 사회ownership society'라는 개념을 추가했다. 2002년 6월, 그는 저소득층의 주택 구입을 쉽게 만들어주겠다는 계획(아메리칸 드림을 위한 청사진)을 발표해 주택시장에 끼는 거품을 키웠다.

아메리칸 드림에 대한 열띤 추구는 미국의 악몽으로 이어졌다.

금융 위기

2008년 9월 15일 월요일 오전 1시 43분, 미국의 4대 투자은행인 리먼브라더스Lehman Brothers는 파산을 신청해 대공황 이후 최대이자 어떤 측면에서는 역대 최대의 금융 위기를 앞당겼다. 1929년에는 주가 폭락 사태가 정점에 이르러 금리가 20퍼센트일 때도 단기자금시장은 돌아갔다. 그러나 리먼브라더스가 파산한 지 몇 시간 만에 그때까지 거의 위험이 없는 것으로 여겨지던 자금시장 뮤추얼펀드에 대한 대량 인출 사태가 발생했다. 또한 며칠 만에 금융 기업과 비금융 기업에 필수적인 신용을 제공하던 자금 조달 시장이 완전히 마비되어 갈수록 심각해지는 세계적 경기 위축을 촉발했다. 수십 년 동안 세심하게 구축되고 줄기차게 다듬어진 금융 규제 시스템이 그냥 무너져 버렸다.

리먼브라더스는 남북전쟁 이전 남부에 형성된 목화 경제에 뿌리를 두고 있었다. 바이에른 출신의 이민자로서 리먼브라더스를 설립한 헨리, 이매뉴얼, 메이어는 목화 재배 농가에 돈을 빌려주고 목화를 거래해 거부가 되었다. 이후 리먼브라더스는 다른 농산물로 거래 범위를 넓혔다. 또한 1900년부터는 투자은행으로 변신해 신흥 산업, 특히 영화와 소매처럼 J.P.모건과 다른 백인 앵글로색슨계 기업인이 저급하다고 여긴 산업의 자금 수요를 충족했다. 리먼 가문은 뉴욕 정치계에서도 확고한 입지를 다졌다. 메이어의 아들인 허버트 리먼Herbert Lehman은 루스벨트 재임 기간에 뉴욕 주지사를 지냈다. 리먼브라더스는 1980년대와 1990년대에 고전했다. 1984년 아메리칸 익스프레스American Express가 리먼브라더스를 인수한 뒤 증권사인 시어슨Shearson과 합병해 시어슨/리먼/아메리칸 익스프레스(이 회사는 뒤이어 E.F.허튼 앤드 컴퍼니E. F. Hutton and Co.와 합쳐져 시어슨 리먼 허튼Shearson Lehman Hutton이 된다)를 만들었다. 그러다가 1990년에 아메리칸 익스프레스는 제대로 돌아가지 않는 합병 체제를 바로잡으려는 시도를 마침내 포기하고 리먼브라더스를 원래 이름으로 분사시켰다. 이후 리먼브라더스 역사상 가장 역동적인 시대가 열렸다. 신임 CEO인 딕 풀드Dick Fuld는 사운을 되살렸다. 2008년 기준으로 리먼브라더스의 자산은 2,750억 달러에 이르렀다. 풀드는 월가에서 최장수 CEO가 되었다. 그러나 오지만디아스Ozymandias(이집트 파라오 람세스 2세의 그리스 이름—옮긴이)에게도 결정적인 약점이 있었다. 리먼은 부동산과 부동산 관련 상품에 대규모로 투자하다가 주택시장이 붕괴되면서 같이 무너져버렸다.

금융 위기는 리먼이 망하기 훨씬 전부터 기세를 키워가고 있었다. 2007년 8월, 프랑스 은행인 BNP 파리바Paribas가 비우량 주택담보대출 펀드의 인출을 막았다. 2007년 9월에는 영국 사람들이 뉴캐슬에 기반을 둔 은행인 노던록Northern Rock에서 예금을 인출하려고 줄을 섰다. 이는 1866년에 오버런드 거니 앤드 컴퍼니Overend, Gurney and Company가 망한 이후 처음 발생한 예금 인출 사태였다. 당시 월터 배젓Walter Bagehot은 이 사태를 계기로 중앙은행을 다룬 탁월한 저서 《롬바드가Lombard Street》(1873년)를 썼다. 영란은행은 어쩔 수 없이 노던록을 국유화했다. 2007년 10월 24일에는 메릴린치Merrill Lynch가 23억 달러라는 93년 역사상 최대 분기 손실액을 발표했다.

리먼의 붕괴는 시장을 공황 상태로 몰아넣고 국제금융시장을 태만하게 바라보던 사람조차 일이 크게 잘못되었다는 경각심을 갖게 만든 전환점 이었다. 9월 15일에 다우지수는 504포인트(4.4퍼센트)나 하락한 채 마감했다. 130개국에서 영업하는 1조 달러 규모의 보험사인 AIG의 주가는 절반 이상 하락했으며, 아직 남아 있는 2개의 투자은행인 모건스탠리Morgan Stanley와 골드만삭스Goldman Sachs의 주식은 가치의 8분의 1을 잃었다.

금융 위기는 곧 경제 전반으로 번졌다. 수백만 명의 주택 보유자가 집을 잃거나 집값보다 많은 빚을 졌다. 압류 건수는 2008년에 170만 건, 2009년에 210만 건에 이르렀다. 피해자의 범위가 티저 금리teaser rate(대출 상품을 홍보하기 위해 상환 초기에 낮게 설정한 금리—옮긴이)에 이끌려 비우량 주택담보대출을 받은 사람에서 일반 주택담보대출을 받은 사람으로 넓어지자 소비자 신뢰도가 붕괴되었다. 미시건 대학의 정기 가구 조사 결과 미국 소비자는 30년래 가장 비관적인 태도를 취하고 있다는 사실이 드러났다. 2008년 마지막 분기에 실질 GDP는 연율로 8.2퍼센트나 줄어들었다. 또한 연말 기준으로 세계 증시는 35조 달러가 넘는 가치를 잃었으며, 미국의 주택보유자는 7조 달러의 자산을 추가로 잃었다. 여기에 다른 형태의 기업(비상장 기업 및 비법인 기업)까지 추가하면 2008년에 전 세계 주식시장이 잃은 가치는 세계 GDP의 5분의 4에 해당하는 약 50조 달러였다.[3]

거품은 자본주의의 속성과 인간의 본성에서 기인한 것이었다. 17세기 초 네덜란드에서 투자자들이 튤립 구근에 엄청난 가격을 지불하면서 튤립 투기 광풍이 불었을 때나, 19세기 초 영국인들이 정부 채권을 판매하는 기업의 주식을 미친 듯이 사들이면서 사우스씨 컴퍼니의 거품이 커졌을 때를 생각해보라. 인간이 지닌 야성적 충동은 이성의 힘을 압도했으며, 사람들은 때로 끔찍한 수준으로 무모한 투자에 나섰다. 희망과 허풍이 현실과 충돌하면서 결국 모든 거품은 꺼지기 마련이다 그러나 그 결과가 모두 같은 것은 아니다. 어떤 거품은 심각한 경제적 타격 없이 꺼진다. 닷컴 거품이 꺼질 때가 그런 예로서 1987년 봄에 주가는 빠르게 회복되었다. 반면 다른 거품은 오랫동안 경제의 발목을 잡는 디플레이션 압력을 낳는다. 거품이 경제에 해를 입히려면 대개 금세 가치를 잃는 악성 자산 이상의 것이 필요하다. 해당 자산을 보유한 사람들이 높은 수준의 레버리지를 써야 한다. 2008년에는 1929년에 그랬던 것처럼 두 가지 요소가 모두 풍부했다.

위기의 뿌리

위기의 기원은 냉전 이후의 풍요로 거슬러 올라간다. 1989년 베를린장벽이 무너지면서 구소련식 중앙계획체제의 무능이 만천하에 드러났다. 구소련 정권을 구축하기 위해 수백만 명이 죽었을 뿐 아니라 구소련이 말하던 천국은 누추한 지옥으로 추락했다. 경제체제와 관련된 대조 실험에 가까운 사례로서 구소련이 쓴 왕관의 보석 같은 존재였던 동독이 기록한 생산성은 서독의 3분의 1 수준에 그쳤다. 구소련은 서구보다 훨씬 뒤처져 있었다.

소수의 광신도를 제외한 모든 사람이 중앙계획체제와 정부 통제의 본질을 오해했다는 사실을 깨달았다. 인도의 한 고위 관료는 이렇게 회고했다. "1989년 베를린장벽이 무너진 뒤부터 1991년 구소련이 붕괴할 때까지 35년 동안 빠져 있던 잠에서 깨어나는 기분이 들었다. 실행에 옮기려 했던 경제체제에 대한 모든 믿음이 틀린 것이었다."[4] 전 세계의 정부는 경쟁시장을 유일한 대안으로 받아들였다. 구소련은 페레스트로이카 perestroika(공산당의 부정부패를 일소하기 위한 개혁정책—옮긴이)와 글라스노스트glasnost(표현의 자유를 증진하고 서방과의 교류를 늘리는 개방정책—옮긴이)를 추진해 상반된 결과를 얻었다. 중국 지도부는 구소련의 길을 걷지 않기 위해 국가자본주의를 받아들였다. 오랫동안 페이비언 사회주의Fabian socialism(폭동이나 혁명이 아닌 의회를 통한 점진적 변화를 꾀한 사회주의—옮긴이)의 보루였던 인도는 면허 왕국Licence Raj을 해체하고 시장원리를 따르는 느린 변화를 시작했다.

세계화 유행이 절정에 이르면서 중국을 비롯해 갈수록 많은 신흥시장 국가가 아시아의 호랑이들(한국, 홍콩, 싱가포르, 대만)이 확립한 수출 중심 경제모델을 따라갔다. 그에 따라 저렴하고 교육 수준이 높은 노동력이 제1세계 수준의 기술 및 경영기법과 결합되었고, 기업은 안정된 경제정책과 법치로 보호받았다. 그 결과는 세계경제에 여파를 미치는 폭발적인 경제성장이었다. 2000~2007년까지 개도국의 실질 GDP 성장률은 선진국의 두 배 이상이었다. 다국적 기업은 신흥시장에 생산설비를 갖췄고, 신흥시장에서는 갑자기 기업들이 생겨났다. 국제통화기금이 추정한 바에 따르면 베를린장벽이 무너진 1989~2005년까지 약 5억 명의 노동자가 수출 중심 경제에 추가되었다. 게다가 구소련 지역을 중심으로 수억 명이 경쟁력의 영향을 받게 되었다.

개도국의 소비는 늘어나는 소득을 따라잡지 못했다. 대다수 신흥국은 질병과 빈곤에 대한 두려움 때문에 저축을 중시하는 오랜 전통을 갖고 있었으며, 소비자 금융 시스템은 기초적인 수준에 머물렀다. 1997년에 발생한 아시아 금융 위기도 저축의 미덕을 상기시켰다. 그에 따라 신흥국에서 명목 GDP 대비 저축률은 1999년에 23퍼센트였다가 2007년에 33퍼센트로 급등했다. 이는 투자율보다 훨씬 높은 수치였다. 동시에 다른 지역의 투자는 간극을 메우는 속도가 느렸다. 이런 초과 저축 불균형의 결과는 2000~2005년까지 명목 및 실질 국제 장기 금리의 두드러진 하락과 금리의 국제적 수렴이었다. 2006년에 전체 선진국 및 주요 개도국의 물가상승률과 장기 금리는 한 자릿수로 수렴했다. 금리와 물가상승률 하락은 뒤이어 자산 가격, 특히 주택가격을 밀어 올렸다. 또한 중요한 여파로서 통화정책과 장기 금리 사이의 연결 고리를 끊었다. 미국뿐 아니라 모든 부유한 국가에서 집값이 빠르게 뛰었다.

국제적 거품은 집값 급등과 증권화가 해로운 형태로 결합하면서 더욱 부풀었다. 미국의 평균 주택 가격은 2004년 16퍼센트, 2005년 15퍼센트 뛰었다. 흥미롭게도 최초에 주택담보대출을 내준 기업은 채권을 오래 보유하지 않았다. 그 대신 채권을 한데 모아서 증권으로 만든 다음 투자자에게 파는 전문 기업에게 넘겼다. 주요 증권화 기업은 최대 주택담보대출 업체인 컨트리와이드 파이낸셜Countrywide Financial과 리먼브라더스였다. 증권화를 지지하는 타당한 이론적 근거가 있었다. 증권화는 주택담보대출 업체가 방대한 국제 예금에 접근해 신규 대출에 필요한 자금을 마련할 수 있도록 해주었다. 또한 여러 지역의 채권을 모아서 위험을 줄여주었다. 그러나 2000년대 초반에 증권화는 위험을 줄이기보다 부풀렸다. 최초에 주택담보대출을 내주는 기업은 더 이상 채권을 오래 보유할 생각이 없기 때문에 대출 심사를 꼼꼼하게 하지 않았다. 또한 중개업체부터 대부업체, 월가 금융사까지 연관 업체의 사슬이 길어지면서 책임소재가 분산되었다. 컨트리와이드는 증권화를 통해 비교적 적은 자본으로 엄청난 건수의 주택담보대출을 제공한 뒤 다른 금융 중개 기관에 위험을 떠넘길 수 있다는 사실을 발견했다.

다양한 이유로 정규(우량) 주택담보대출을 받을 수 없는 사람에게 비우량 주택담보대출을 내주는 경우가 폭증하면서 상황이 더욱 악화되었다. 2000년 비우량 주택담보대출이 전체 주택담보대출 시장에서 차지하는 비중은 7퍼센트였다. 비우량 주택담보대출은 주로 우량 주택담보대출에 필요한 선금을 낼 돈은 없지만 이자를 낼 소득이 있는 사람이 대상이었다. 또한 대부분 고정금리로 대출이 이뤄졌으며, 적절한 액수만 증권화되었다.

그러다가 금융 혁신과 정치적 압력이 결합하면서 시장이 커지기 시작했다. 심사 절차가 유명무실화되는 가운데 대출을 받는 사람이 늘어났다. 2004년에 비우량 주택담보대출 가운데 3분의 1 이상은 대출자의 재정 상태에 대한 제대로 된 평가 없이 제공되었다.[5] 금융 기업은 비우량 주택담보대출 채권을 모아서 증권으로 포장하는 속도를 높이기 시작했다. 매수자를 찾는 데는 어려움이 없었다. 비우량 주택담보대출 주택저당증권은 매력적인 수익률과 1990년대 말에 하락한 압류율 덕분에 유럽에서 수요가 많았다. 실제로 여러 증권화 기업은 일반적인 사업 관행을 되돌려서 주택담보대출 대부업체에게 신규 대출을 늘려서 채권을 넘기라고 재촉했다.

동시에 주택도시개발부Department of Housing and Urban Development는 주택을

보유한 빈곤층의 수를 늘리라고 패니 매Fannie Mae와 프레디 맥Freddie Mac을 압박했다. 패니와 프레디는 정부보증기업goverment-sponsored enterprises 혹은 GSE로 불리는 특이한 기업이었다. 각각 1938년과 1970년에 연방 기관으로 출발한 패니와 프레디는 1968년과 1989년에 주주가 지분을 갖는 주식회사가 되었다. 이도 저도 아닌 이 기업들은 때로는 일반 사기업처럼 운영되었지만(그리고 분명 경영진에게 사기업 수준의 연봉을 제공했지만) 동시에 정부의 암묵적 보증(덕분에 저금리 대출이 가능해짐)을 받고 정치계와 긴밀한 관계를 맺었다. 정부의 암묵적 보증 아래 주택담보대출 채권을 주택저당증권으로 묶어서 투자자에게 판매하는 영업방식은 해외 예금이 미국 주택시장으로 쏟아져 들어오도록 촉진했다.

패니와 프레디가 미국 주택담보대출 시장에서 차지하는 비중은 1990~2000년까지 두 배로 늘어났다. 또한 그들은 완충작용을 하는 자기자본이 심하게 부족한 데도 불구하고 주택담보대출 채권의 약 절반을 감당했다. 그러나 조지 부시와 의회의 좌파는 당파성의 시대에 보기 드문 정치적 단합을 이루며 그들이 사업규모를 더 키워서 '비전통적 재정 상황'에 속하는 빈곤층에게도 '자기 집을 갖는 아메리칸 드림'을 실현할 기회를 주기를 원했다. 주택 부서는 패니와 프레디에게 너무나 야심 찬 목표를 제시했다. 결국 그들은 개별 주택담보대출을 내주기보다 비우량 주택담보대출 증권에 투자하면서 도매사업을 벌일 수밖에 없었다. 정부보증기업이 대차대조표에 보유한 비우량 주택담보대출 증권은 2002~2004년까지 다섯 배로 늘었다. 2004년에 정부보증기업은 투자자의 대차대조표에 오른 전체 신규 매입 비우량 주택담보대출 증권(거의 모두가 변동금리로 제공됨)의 42퍼센트에서 49퍼센트를 차지했다.

시장이 활발하게 돌아가면서 주택담보대출 기업이 전통적인 대출자를 찾기 어려워지기 시작했다. 그들은 대신 '비전통적인' 대출자, 즉 우량 주택담보대출을 받기 위한 선금이 없거나 고정금리 우량 주택담보대출의 월 상환액을 낼 소득이 없는 사람에게 눈길을 돌렸다. 증권화 업체는 시장을 계속 돌리기 위해 최초 대출기관에게 흔히 '티저 금리'로 알려진 낮은 초기 월 상환액에 변동금리 주택담보대출을 내주라고 부추겼다. 2005년과 2006년에 최초 비우량 주택담보대출은 전체 최초 주택담보대출의 20퍼센트로 급증했다. 이는 2002년보다 거의 세 배나 늘어난 비중이었다. 그중 상당수는 '티저 금리'를 적용한 것이었다. 대출 증권 인수 기준이 급격하게 후퇴하면서 변동금리 주택담보대출은 2007년 2분기에 최초 비우량 주택담보대출의 거의 62퍼센트로 급증했다. 새로운 '비전통적' 대출자 가운데 다수는 첫 월 상환액조차 내지 못했다. 2007년 1분기에는 상황이 심각해졌다. 거의 모든 신규 비우량 주택담보대출 채권이 증권화되었다. 반면 2000년에는 그 비중이 절반 이하였다. (심하게 부풀려진) 신용등급으로 보호받는 증권화 업체는 아이슬란드의 은행부터 아시아와 중동의 국부펀드까지 상품을 판매할 거의 무한해 보이는 국제 시장을 찾았다. 비우량 주택담보대출 증권의 장부가치는 2001년 말 수준의 거의 일곱 배인 8천억 달러에 이르렀다. 패니와 프레디는 부실한 회계 관리로 비우량 주택담보대출 문제의 규모를 숨겨서 상황을 악화시켰다.

월가의 조직 변화도 위험한 행동을 부추겼다. 투자은행은 줄곧 유형자본의 20배에서 30배에 이르는 대단히 높은 수준의 레버리지를 활용했다. 고위 경영진이 보기에 이점은 크고 단점은 적었기 때문이다. 투자은행은 전통적으로 동업자들이 파산에 대한 연대 책임을 지는 합자기업이었다. 그래서 부채를 아주 제한적으로 썼다. 그러나 1970년에 뉴욕증권거래소가 증권사들이 법인을 만들고 영구 자본을 쌓도록 허용하는 결정을 내리면서 레버리지에 대한 유행이 형성되었다. 1980년대와 1990년대에 대형 투자은행은 모두 합자회사에서 상장회사로 변신했다. 물론 베어스턴스와 리먼브라더스의 고위 간부는 주가 하락으로 수억 달러의 손실을 입었다. 그러나 이런 손실이 개인의 재산에까지 미친 것은 아니었다. 누구도 개인 파산을 신청할 필요가 없었으며, 대다수는 계속 왕처럼 살 수 있는 충분한 돈을 갖고 있었다.

또한 월가는 이자 분리 역변동금리채권inverse IO, 원금 분리 역변동금리채권inverse PO, 이자 분리 선도 역변동금리채권forward-inverse IO 같은 채권으로 분할한 다음 다수의 구매자에게 분산시켜 위험을 낮춰주는 복잡한 금융상품에 도취되어 있었다. 이런 상품은 대개 고위 경영자가 이해하기에 너무 복잡했다. 그래서 수학 박사학위를 소지한 '계량분석가quant'를 채용해 상품을 개발하고 판매해야 했다. 그럼에도 이런 상품은 금융시스템의 핵심을 차지했다. 직접 협상을 통해 거래된 파생상품의 약정금액은 1987년에 1조 달러 미만이었다가 1995년에 11조 달러 이상이 되었다.[6] 이제 금융기관은 경영자도 상황이 어떻게 진행되는지 모르는 가운데 다른 사람의 돈으로 과도한 위험을 감수할 수 있게 되었다.

그 결과 21세기 초에 도취에 따른 전형적인 거품이 금융시장을 뒤덮었다. 소비자는 집을 비롯한 자산의 상승한 평가 가치를 토대로 돈을 빌렸다. 계량분석가는 위험을 줄이기는커녕 전가하고 집중시키는 복잡한 금융상품을 개발했다. 금융기관은 경고신호를 무시했다. 너무 일찍 발을 빼면 위험을 덜 회피하는 다른 금융기관에게 시장점유율을 빼앗길지 모른다고 걱정했기 때문이다. 그들의 우려는 시티그룹의 회장 겸 CEO인 찰스 프린스Charles Prince가 금융 위기 직전인 2007년에 한 발언에서 잘 드러났다. 그는 이렇게 말했다. "유동성 측면에서 음악이 멈추면 상황이 복잡해집니다. 그러나 음악이 계속 연주되는 한 일어서서 춤을 춰야 합니다. 우리는 여전히 춤추고 있어요."

왜 당국자는 음악을 끄고 춤을 멈추게 하지 않았을까? 한 가지 이유는 근래에 있었던 일련의 '거품 붕괴'가 실물경제에 비교적 약한 타격만 입혔기 때문이다. 닷컴 거품의 파열은 세계 GDP에는 거의 영향을 주지 않은 채 제2차 세계대전 이후 가장 약한 불경기를 불러왔다. 1990~1991년의 불경기는 두 번째로 가장 정도가 약했다. 다우지수가 하루에 22.6포인트 떨어진 1987년의 주가 폭락이나 러시아가 대외 부채에 대한 채무불이행을 선언하면서 다우지수가 3일 동안 11.5퍼센트 떨어진 1998년의 주가 폭락도 GDP에 장기적인 영향을 미치지 않았다. 이런 경험 때문에 많은 전문 투자자는 다시 경기가 위축되어도 전형적인 전후 불경기보다 나쁘지 않을 것이라고 믿게 되었다. 또 다른 이유는 1980년대에 시작된 '대안정great moderation'이 레버리지에 대한 안일한 태도를 부추겼다는 것이었다. IMF는 2007년 4월에도 "국제적 금융 리스크는 2006년 이후로 감소했으며 … 미국 경제는 전반적으로 잘 유지되고 있다. … 다른 지역에서도 대단히 긍정적인 신호가 나오고 있다"라고 밝혔다. 바젤협약 Basel Accords에 따라 국제적으로 적용된 은행 규제는 위기가 발생하기 전까지 자본 요건을 약간 강화했다. 그러나 바젤 2로 정리된 국제적 자본 협약을 둘러싸고 바젤에서 벌어진 논쟁은 주로 은행의 자본 요건을 그대로 유지할지 혹은 심지어 **낮출지** 여부에 대한 것이었다. 그에 따라 레버리지가 크게 불어났다.

게다가 위험 관리의 수학적 모델에 대한 자신감이 과도했다. 파생상품에 대한 성공적인 가격 설정 패러다임을 만든 해리 마코위츠Harry Markowitz, 로버트 머튼Robert Merton, 마이런 숄즈Myron Scholes는 노벨상을 받았다(피셔 블랙Fischer Black도 살아 있었다면 수상자가 되었을 것이다). 이 패러다임은 학계, 중앙은행, 규제 당국으로부터 확실하게 승인받아 2006년에는 바젤 2에 구현된 국제 규제 기준의 핵심이 되었다. 수치를 분석해 수익성 있는 매매 원칙을 찾으려는 여러 정량적 투자기업은 위험 회피가 점진적으로 이뤄지는 한(대부분의 경우는 그랬다) 성공을 거뒀다. 그럼에도 위험 관리 패러다임은 치명적 결함을 안고 있었다. 도취적 분위기가 심화되는 가운데 위험을 관리하고 규제를 실행해야 하는 기관은 리먼 파산 이후 드러난 위험의 부정적 여파가 지닌 힘이나 그 규모를 파악하지 못했다.

이 모든 문제에 온갖 금융상품과 금융시장의 엄청난 복잡성이 추가되었다. 그에 따라 가장 잔혹한 형태로 의도치 않은 결과의 법칙이 실현되었다. 위험을 좀 더 효율적으로 평가하고 관리하기 위해 고안한 기법이 결국은 위험을 엄청나게 키우고 말았다. 수학적 기법의 복잡성에 좌절한 투자은행의 경영진은 관련 업무 가운데 상당수를 신용평가사라는 규제 '대피처'로 넘겼다. 신용평가사는 수십 년의 경험과 미국 정부의 인증 도장을 보유하고 있었다. 그러나 사실 신용평가사의 애널리스트도 전체 투자업계 인사만큼 새로운 금융상품이 초래하는 위험을 제대로 이해하지 못했다.

정교한 위험 관리 모델이 와해되고 신용평가사가 역할을 하지 못해도 위기를 막는 세 번째 보루인 규제 체제가 효율적으로 작동했다면 금융

시스템은 무너지지 않았을 것이다. 그러나 위기의 압력 속에 규제 체제도 작동하지 않았다. 이는 미국만의 문제가 아니었다. 높은 평가를 받던 영국 재정청Financial Services Authority은 노던락을 위협한 대량 인출 사태를 예견하지 못했다. 국제 신용평가사는 대단히 위험한 파생상품도 순항할 수 있도록 AAA등급을 부여했다. 전 세계 주요 금융 시스템의 규제 당국을 대표하는 바젤은행감독위원회Basel Committee on Banking Supervision가 제정한 자본 규칙은 위기가 절정에 이르렀을 때 대규모 자본과 유동성 완충장치가 필요하다는 사실을 감안하지 못했다. 연방예금보험공사는 불과 2006년 여름에 "전체 보험 대상 기관의 99퍼센트 이상이 가장 높은 수준의 자본 기준을 충족하거나 초과한다"고 밝혔다. 미국의 상업은행과 저축은행은 폭넓은 규제를 받는다. 오랫동안 10대에서 15대 은행은 일상적 운영을 감독하는 현장 조사관을 상시적으로 임명했다. 그러나 대다수 은행은 위기를 초래한 악성자산을 여전히 받아들였다.

일부 비판론자는 닷컴 거품이 꺼진 이후에도 저금리를 유지한 연준의 정책이 위기를 초래했다고 주장했다. 유능한 경제학자인 존 테일러John Taylor는 1959년 이래 신규주택건설 건수와 연준 금리 사이에 상당한 (지연된) 반비례 관계가 존재했으며, 2003~2005년까지 초저금리가 유지되면서 주택시장이 과열되었다고 지적했다. 그러나 통화정책 외에도 부동산 과열을 초래하는 수많은 요인이 있다. 무엇보다 부동산 과열은 연준이 2001년에 금리를 인하하기 훨씬 전인 1998년에 시작되었다. 또한 부동산 과열은 세계적인 문제였다. 영국은 미국보다 훨씬 엄격한 통화정책을 운영했다. 그래도 미국과 거의 비슷한 시기에 집값이 급등했다.

연준의 '느슨한 통화정책'을 비판하는 사람은 통화정책의 이완과 위기

사이에 명백한 연관성을 밝히지 못한다. 저금리 정책은 일찍이 금융 위기 6년 전에 미국이 일본식 디플레이션에 시달릴지 모른다는 우려 때문에 시작되었다(물론 가능성은 낮았지만 그래도 그런 일이 발생했다면 경제에 폭넓은 타격을 입혔을 것이다). 또한 비판론자는 (연준이 유일하게 통제하는 금리인) 연방기금금리를 통해 시중 금리에 영향을 미치는 연준의 능력이 세계적인 저축 과잉으로 제한되었다는 사실을 고려하지 못했다. (2003년 중반부터 2004년 중반까지 겨우 1퍼센트였던) 낮은 연방기금금리가 변동금리 주택담보대출의 금리를 낮췄다는 그들의 주장은 맞다. 그러나 변동금리 주택담보대출 건수는 집값이 고점을 찍기 2년 전에 이미 고점을 찍었다. 거품이 커지는 마지막 2년 동안 시장 수요는 분명 변동금리 주택담보대출 자금 없이도 집값을 밀어 올렸다.

대정체

2008년 금융 위기가 1930년대처럼 대공황으로 번지지 않은 한 가지 이유는 공식 대응이 월등히 뛰어났기 때문이다. 정책 입안자는 다행히 1930년대의 사례뿐 아니라 이후에 이뤄진 방대한 사고와 실험을 참고할 수 있었다. 또한 이점을 최대한 살릴 수 있을 만큼 능력도 뛰어났다. 연준과 재무부는 원활한 협력을 통해 새로운 문제에 신속하게 대응했으며, 실질적이면서 혁신적인 해결책을 마련했다.

정책 입안자는 세 가지 정책을 활용해 위기에 따른 추가 피해를 막았다. 첫 번째 정책은 단기 금리를 낮춰서 경기를 부양하고 시스템을 안정시키기 위한 유동성을 공급한 것이었다. 두 번째 정책은 베어스턴스와 AIG를 비롯한 주요 금융기관을 구제해 위기가 확산되지 않도록 차단한 것이었다. 세 번째 정책은 스트레스 테스트를 통해 금융 시스템의 약점을 파악한 것이었다. 연준과 재무부는 위험에 처한 금융기관의 주식을 매입해 파산을 막았다. 이 주식은 정부가 은행 시스템을 인수하는 것처럼 보이지 않도록 의결권이 없었다. 또한 정부(즉, 국민)가 일반 주주보다 배당을 먼저 받을 수 있도록 해주는 우선주였다. 연준은 가령 주택저당증권을 대규모로 매입하는 방식으로 장기 금리를 강제로 낮추는 실험적 정책을 추진했다. 또한 재무부 및 다른 금융기관과 협력해 예상 매출 및 손실에 대한 확고한 증거를 제공하는 스트레스 테스트를 통해 은행에 대한 신뢰를 회복했다.

정부가 위기 확산을 막는 데 성공했음에도 불구하고 경기 회복은 짜증스러울 만큼 느리고 미약했다. 2010~2017년까지 시간당 기업 산출량으로 측정한 생산성은 겨우 연 0.66퍼센트 성장했다. 반면 1948~2010년까지 연평균 생산성 성장률은 2.5퍼센트에 육박했다. 심각한 금융 위기 뒤에는 대개 장기간에 걸친 느린 성장세가 이어졌다.[7] 이번에는 가계 부채의 부담overhang이 너무나 무거웠으며, 부채를 해소하는 과정이 대단히 고통스럽고 지지부진했다. 신규주택건설 건수는 2005년에 200만 건 이상이었는데 반해 2011년에는 약 60만 건에 그쳤다.

우려스러운 점은 이런 미국의 정체가 좀 더 깊은 문제를 반영한 것일지 모른다는 것이다. 생산성 증가율이나 투자율처럼 경제의 건강상태를 말해주는 주요 지표가 금융 위기 발생 전부터 하락하기 시작했다. 실질 GDP 평균 증가율은 1990~1999년까지 3.2퍼센트였는데 반해

2000~2009년까지는 1.8퍼센트에 그쳤다. 연간 중위소득은 1990~2010년까지 겨우 2퍼센트 늘었다. 위기 후 회복이 느리고 평탄치 못했던 부분적인 이유는 미국의 경쟁력 문제가 리먼이 무너지기 훨씬 전부터 뿌리내리고 있었기 때문이다.

1998~2004년까지 이뤄진 급격한 성장은 기술 주도 성장의 신시대를 알리는 여명이라기보다 훨씬 긴 쇠퇴 과정의 일시적인 중단처럼 보인다. 연평균 생산성 증가율을 보면 1913~1950년까지는 3.1퍼센트, 1950~1973년까지는 3.0퍼센트였다. 또한 1973~1998년까지는 1.7퍼센트, 2004~2016년까지는 1.3퍼센트로 줄어들었다. 그러다가 1998~2004년까지 3.5퍼센트로 1970년 이전 수준을 회복했다(아래 그래프 참고). 경제학자들은 미국 경제의 성장 잠재력을 낮춰 잡기 시작했다. 의회 예산처는 생산요소를 전면 투입했을 때 '잠재성장률'을 1.7퍼센트로 제시했다. 이는 장기적으로 지속가능한 1인당 성장률이 1퍼센트에 훨씬 못 미친다는 것

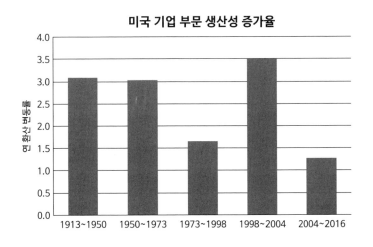

미국 기업 부문 생산성 증가율

을 뜻한다.

1990년대 말 새로운 경제적 경로를 개척하는 것처럼 보였던 미국은 이제 다른 선진국과 대단히 비슷해 보인다. 선진국의 거의 3분의 2는 지난 5년 동안 노동자당 연 산출량이 1퍼센트 미만, 가중치 없는 평균으로는 약 1퍼센트 늘어나는 데 그쳤다. 또한 노동자당 산출량 증가율을 보면 미국은 0.91, 일본은 0.62, 독일은 0.84, 영국은 0.8이었다.

평균 성장률이 2017년에 약간 증가한 주된 이유는 한계 기업에 대한 세율과 규제 부담이 크게 줄었기 때문이었다. 그마저도 회복세가 오래가지 못했다. 이면의 생산성 증가율은 계속 낮았고, 인플레이션 압력이 높아지고 있었다. 실업률이 4퍼센트 아래로 줄고 임금과 단위노동비용이 늘어나면서 노동시장은 경색되었다. 막 시작된 회복은 경제성장률이 정체된 가운데 물가상승률이 높아지는 해로운 상황인 스태그플레이션에 쉽게 길을 내줄 수 있었다.

미국은 점차 예외적인 국가라기보다 경제가 성숙기에 접어든 전형적인 국가처럼 보이고 있다. 그래서 큰 정부가 초래하는 과도한 부담을 지고 있고, 느린 성장에 발목이 잡혀 있으며, 미래에 대한 불안이 커지고 있다. 다음 장에서는 미국의 쇠퇴하는 역동성을 기술하고 설명할 것이다.

12장

쇠퇴하는 미국의 역동성

이 책은 미국의 최대 경쟁우위가 창조적 파괴를 이루는 능력에 있음을 거듭 밝혔다. 개척자들이 미국을 식민지로 만들었고, 더 나은 삶을 위해 흔치 않은 위험을 기꺼이 감수하려는 모험가들이 미국이라는 나라를 세웠다. 아르요 클라머Arjo Klamer는 미국을 유럽의 '성채' 사회와 대비되는 '대상caravan' 사회라 일컬었다. 미국인들은 언제나 새로운 기회를 찾아 이동한 반면 유럽인들은 이미 가진 것을 지키기 위해 성채를 지었다.[1] 19세기 후반기에 30세 이상의 미국인 가운데 거의 3분의 2가 나라 맞은편으로 이주했다. 반면 작은 국토의 맞은편으로 이주한 영국인은 4분의 1밖에 되지 않았다.[2] 나중에 링컨 행정부에서 법무부 장관이 되는 에드워드 베이츠Edward Bates는 1849년 "우리 가운데 이 나라에서 태어난 사람은 드물다. 우리는 모두 부와 명성을 좇아 먼 땅에서 온 모험가다"라고 썼다.[3] 프레더릭 잭슨 터너는 1893년에 개척지가 닫히면서 미국의 개척정신이 사라지는 것은 아닌지 걱정했지만 이동에 대한 미국의 열정은 변함없이 유지되었다.

미국은 자신을 다른 어떤 곳보다 쉽게 회사를 세우고 행운과 의지가 있다면 대기업으로 키울 수 있는 창업자의 땅으로 올바르게 인식했다. 미국의 위대한 창업자 가운데 다수는 불쑥 등장해 대기업을 만들어냈다. 앤드루 카네기는 무일푼 이민자였고, 존 록펠러는 약장수의 아들이었다. 미국에서 크게 성공한 기업인 가운데 다수는 평범한 사람의 욕구를 충족해 부를 쌓았다. 시어스와 로벅은 대규모 우편 주문 시스템을 구축해 벽지에 사는 농민에게 상품을 제공했고, 레이 크록은 햄버거로 제국을 건설했다. 영국의 경우 위대한 창업자들은 사업 규모를 서서히 줄이고 영지와 작위를 사서 성공을 축하했다. 반면 미국에서는 창업자라는 작위보다 더 높은 작위는 없었다.

동시에 미국은 현대 자본주의 경제에 필요한 인프라를 구축하는 데 뛰어났다. 미국은 도로와 운하를 건설해 산업이 번성할 수 있는 바탕을 마련했다. 또한 현대적 철도에 이어 고속도로 건설에서 세계를 선도했다. 미국은 비교적 저렴하고 광범위한 국내 항공 노선으로 전국을 연결한 최초의 국가이기도 했다.

미국이 번성한 주된 이유는 파괴가 창조의 대가라는 사실을 받아들였기 때문이다. 세계에서 가장 자유로운 파산법은 기업이 사업을 접을 수 있도록 허용했다. 세계 최대의 내수 시장은 사람들이 능력에 대한 보상을 더 많이 받을 수 있는 곳으로 이동하도록 해주었다. 미국은 유령도시와 문을 닫은 공장이 진보의 대가라는 사실을 받아들였다.

이 전형적인 미국의 모습 가운데 일부는 지금도 여전히 남아 있다.[4] 이 글을 쓰는 지금 전 세계에서 가장 높은 가치를 지닌 세 개의 기업인 애플, 구글, 마이크로소프트는 모두 미국의 기술 기업이다. 또한 아마존과 페이스북도 6위와 7위에 올라 있다. 미국 기업들은 전 세계 소셜미디어 사용자의 61퍼센트에게 서비스를 제공하고, 검색의 91퍼센트를 실행하며, 스마트폰 사용자의 99퍼센트가 쓰는 운영체제를 개발했다. 구글은 하루 40억 건의 검색을 처리한다. 또한 미국 기업들은 정보경제의 인프라를 관리한다. 아마존은 클라우드 컴퓨팅 시장의 거의 3분의 1을 차지했다. 아마존의 클라우드 서비스 사업부는 지난 1년 동안 50퍼센트 이상 성장했다.

다른 한편 미국은 국제금융의 주도권을 쥐고 있다. 유럽의 금융 기업이 위축되고 아시아의 금융 기업이 제자리걸음을 하는 가운데 월가 투자은행의 국제시장 점유율은 50퍼센트로 늘어났다. 현재 미국의 펀드매니저가 관리하는 자산이 전 세계 자산에서 차지하는 비중은 10년 전의 44퍼센트보다 늘어난 55퍼센트다. 상장지수펀드exchange-traded fund나 주택저당증권 같은 새롭고 복잡한 금융상품은 모두 미국에서 개발되었다.

미국은 세계 20대 대학 가운데 15개, 전 세계 창업 투자 자본의 60퍼센트 이상이 있는 곳이다. 미국이 세계 특허에서 차지하는 비중은 레이건이 대통령에 당선되는 때의 10퍼센트에서 현재의 20퍼센트로 늘었다. 중국의 부상에 대해 많은 말이 나오지만 중국 지도자들은 자녀를 미국 대학으로 보내며(또한 본국에서 일이 잘못될 경우에 대비해 뉴욕에 화려한 은신처를 두며), 알리바바 같은 중국의 혁신적인 기업은 상하이 증권거래소가 아니라 뉴욕 증권거래소에 상장되어 있다.

미국은 기술과 금융 부문 외 다른 부문에서도 세계 최고 기업을 다수 보유하고 있다. 코크 인더스트리스Koch Industries, P&G, 존슨 앤드 존슨Johnson & Johnson은 세계 어느 기업보다 뛰어나다. 미국 기업은 1980년대와 1990년대의 참변 이후 훨씬 강인해졌다. 그들은 반복적인 감량경영과 구조조정을 통해 과도한 지방을 뺐다. 또한 부가가치가 낮은 일을 해외로 넘겼다. 그들은 지난 30년 동안 가장 많은 영향을 끼친 경영 사상가들의 생각을 통합해 성공 방정식을 만들었다. 20세기 후반에 20년 동안 제너럴 일렉트릭을 이끈 잭 웰치는 기업에게 지배할 수 없는 시장에서 발을 빼라고 조언했다. 21세기의 가장 유명한 투자자인 워런 버핏Warren Buffett은 안정성과 가격 결정력을 제공하는 장벽인 '해자'를 갖춘 기업을 칭송했다.

그러나 이처럼 높은 생산성을 발휘하는 미국은 훨씬 정체된 면모도 갖고 있다. 지리적 이동성, 창업, 단절에 대한 내성 같은 창조적 파괴의 척도를 보면 모두 하향 곡선을 그리고 있다. 미국은 창조적 파괴를 다루는 측면에서 유럽이나 일본처럼 경제가 성숙기에 이르러 느리게 성장하는 나라들과 비슷해지고 있다. 클라머는 이런 사회를 '성채 사회'라 불렀으며, 성채의 많은 부분은 황폐해지고 있다.

인구조사국Census Bureau 발표에 따르면 지리적 이동성은 30년 동안 약화되고 있다. 주 간 이주율은 1948~1971년에 걸친 기간의 평균보다 51퍼센트 줄었으며, 1980년대 이후 꾸준히 떨어지고 있다. 같은 기간에 해외 이주율은 31퍼센트, 국내 이주율은 38퍼센트 줄었다. 이 새로운 비이동성은 특히 흑인에게서 두드러진다. 20세기 전반기에 대규모로 남부를 벗어난 그들은 이제 한곳에 머물고 있다. 2010년에 흑인 여성의 76퍼센트가 어머니와 같은 주에서 자녀를 낳았다. 반면 백인 여성의 경우 그 비율이 65퍼센트였다. 1952~1982년 사이에 태어난 4,800명의 흑인을 대상으로 조사한 결과 성인이 된 뒤 69퍼센트는 같은 도시에, 82퍼센트는 같은 주에, 90퍼센트는 같은 지역에 머물렀다. 반면 이전 세대의 경우 그 비중이 각각 50퍼센트, 65퍼센트, 74퍼센트였다.

미국인들이 경제 중심지로 이주하기가 갈수록 힘들어지고 있다. 일반적인 뉴욕 사람은 현재 전국 중간임금의 약 84퍼센트를 임대료로 내고 있다. 그래서 가령 캔자스에 사는 평범한 사람이 맨해튼으로 이주하는 일이 불가능해졌다. 번성하는 경제 중심지에 살려고 하는 사람이 너무 많기 때문에 집값은 항상 더 비싸기 마련이다. 그러나 현재 창의성의 수도들, 특히 샌프란시스코는 또한 주택 건설이나 창업을 훨씬 어렵게 만드는 규정과 제약으로 뒤덮인 지역이기주의NIMBY-ism의 수도이기도 하다. 창-타이 시에Chang-Tai Hsieh와 엔리코 모레티Enrico Moretti는 생산성 높은 도시로 이주하는 비용이 더 저렴해진다면 더 나은 일자리에서 얻는 이득 때문에 GDP가 9.5퍼센트 증가할 것이라고 추정했다.[5]

다른 형태의 이동성도 약해지고 있다. 가령 상방 이동이 더욱 어려워지고 있다. 스탠퍼드 대학의 라즈 체티Raj Chetty는 납세 기록을 폭넓게 조사한 뒤 같은 나이였을 때의 부모보다 더 많은 소득을 올리는 30세 미국인의 비율이 40년 전에는 86퍼센트였다가 지금은 51퍼센트가 되었다고 밝혔다.[6] 또한 세 명의 연준 경제학자와 노트르담Notre Dame 대학의 경제학자가 2015년에 조사한 바에 따르면 전직률이 오랫동안 줄어들고 있다. 한 가지 이유는 사람을 자르기가 갈수록 어려워지고 있기 때문이다. 실제로 공공 부문에서는 그렇게 하기가 거의 불가능하다. 또한 고용주는 애초에 채용에 따른 위험을 덜 감수하려 한다. 미국의 노동시장은 여전히 대다수 유럽 국가보다 유연하지만 일자리를 더 오래 보호받는 노동자와 공식 노동시장을 벗어난 사람이 늘어나면서 유럽의 방향으로 나아가고 있다.

또한 미국은 과거 미국을 상징하던 거친 개척정신을 잃어가고 있다. 1850년 허먼 멜빌Herman Melville은 '우리는 신세계에서 새로운 길을 뚫기 위해 미지의 황야로 파견된 세계의 개척자, 선봉대'라고 자랑했다.[7] 그러나 현재 이 개척자들의 많은 후손은 새로운 길을 나섰다가 다칠까 무서워한다. 문제는 학교에서 시작된다. 2013년에 메릴랜드 교육구는 아이를 그네에 태워 밀거나, 집에서 만든 음식을 학교로 가져오거나, 생일파티 초대장을 학교에서 돌리는 일을 금지했다.[8] 이런 일은 대학까지 이어져서 교수가 학생에게 '안전 공간'과 '민감한 내용에 대한 경고'를 제공한다. 이런 모습은 일상생활의 모든 측면으로 확대된다. 맥도날드의 커피잔에는 "내용물이 뜨거울 수 있습니다"라는 경고문이 인쇄되어 있다. 처칠은 한때 국민에게 "우리가 세기, 바다, 산맥, 초원을 가로지른 것은 나약한 사람들이 아니기 때문이다"라고 말했다.[9] 그러나 지금은 소송, 규정, 과보호 때문에 나약한 사람들이 사방에 넘쳐난다.

포트홀과 진전

교통 부문에 대한 공공 투자가 GDP에서 차지하는 비중은 1960년대 2.3퍼센트였다가 지금은 유럽보다 낮고, 중국보다 훨씬 낮은 1.7퍼센트가 되었다. 미국의 도로, 특히 북동부와 캘리포니아의 도로는 움푹 패인 포트홀로 가득하다. 뉴욕의 케네디 국제공항은 가령 상하이의 푸둥 국제공항과 비교하면 창피할 정도로 누추하다. 미국의 기차는 중국의 고속열차와 비교하면 느린 마차 수준이다.

2017년 미국토목학회American Society of Civil Engineers가 발표한 보고서를 보면 이런 전반적 인상을 뒷받침하는 구체적 수치가 나온다. 미국에 있는 9만 개 댐의 평균 연한은 56년이다. 또한 인구 밀집도가 높아지면서 '고위험' 댐의 숫자는 최소한 1만 5,500개로 늘었다. 1년에 24만 개의 수도관이 터져서 7조 6천억 리터 이상의 식수가 낭비되는 것으로 추정된다. 공항의 정체와 지연에 따른 연 비용은 거의 220억 달러에 이른다. 미국에 있는 61만 4천 개의 교량 가운데 40퍼센트는 지어진 지 50년이 지났으며, 10퍼센트는 구조적 결함을 안고 있다. 미국에 있는 갑문의 절반 이상은 연한이 50년을 넘었으며, 갑문을 이용하는 선박의 거의 절반이 지연을 겪는다. 변압기의 평균 연한은 40년이다. 배전망의 전선은 너무 오래되어 때로 북동부에서 남부로 남는 전력을 보낼 수 없다.[10]

소재기술과 공학기술이 발전하면서 물리적 창조의 경계를 넘을 수 있게 된 덕분에 21세기 동안 건설 부문에서 너무나 놀라운 일이 이뤄졌다. 2008년에 두바이에 건설된 버즈 칼리파Burj Khalifa는 약 828미터로 세계에서 가장 높은 빌딩이다. 두바이는 2억 명 이상의 승객을 수용할 수 있는 세계 최대 공항, 두바이 월드 센트럴Dubai World Central도 짓고 있다. 2005년에 상하이와 심수항 도시인 양산을 잇는 동하이 대교가 완공되었다. 이 다리는 총연장이 32킬로미터로 세계에서 가장 긴 다리 가운데 하나다. 그러나 중국은 이미 늘어나는 물동량을 처리하기 위해 두 번째 다리를 짓고 있다. 창피하게도 이런 경이로운 건축물이 미국에서 지어지는 경우는 거의 없다.

미국인들은 한 세대 전보다 회사를 만드는 데 어려움을 겪고 있으며, 회사를 키우는 데는 더 큰 어려움을 겪고 있다. 전체 사업 부문에서 (5년 이하) 신생 기업이 차지하는 비중은 1978년에 14.6퍼센트였다가 2011년에는 겨우 8.3퍼센트가 되었다. 이 기간에 파산율은 8~10퍼센트로 대략 일정했는데도 말이다. 신생 기업이 총 고용에서 차지하는 비율은 1980

년대 말에는 18.9퍼센트였다가 대침체 직전에는 13.5퍼센트가 되었다. 기업 지분을 보유한 30세 이하 청년의 비율도 1989년에 10.6퍼센트였다가 2014년에 3.6퍼센트가 되었다.[11]

창조 활동이 줄어드는 경향은 심지어 기술 부문으로도 확대되었다. 신생 기술 기업의 수는 2000년 정점에 이른 이후 감소했다. 연평균 상장 건수는 1990년대 547건에서 근래에는 192건으로 급감했다. 1990년대 기술 부문 창업자는 회사를 상장시켜서 또 다른 빌 게이츠가 된다는 꿈을 꾸었다. 그러나 지금은 회사 혹은 좋은 아이디어를 기성 대기업에게 넘기는 꿈을 꾼다. 기존 질서를 획기적으로 바꾸는 것이 아니라 기존 질서에 빌붙게 된 것이다.

동시에 대기업은 경제에 대한 주도권을 강화하고 있다. 애플, 구글, 아마존 같은 기업은 루스벨트의 시대에 유에스 스틸, 스탠더드 오일, 시어스 로벅 앤드 컴퍼니가 경제를 장악한 것만큼 확고하게 오늘날의 경제를 장악하고 있다. 〈포천〉지 선정 100대 기업의 매출이 〈포천〉지 선정 500대 기업의 매출에서 차지하는 비중은 1994~2013년 사이에 57퍼센트에서 63퍼센트로 늘어났다.

대기업이 더욱 커지고 창업률이 줄어든다는 것은 경제가 갈수록 심하게 집중화되고 있음을 뜻한다. 1997~2013년까지 상장사 수가 6,797개에서 3,485개로 거의 반토막이 났다. 2013년 상장사의 중간 매출은 20년 전보다 세 배 늘었다. 〈이코노미스트〉는 미국 경제를 경제 총조사에 포함되는 900여 개의 업종으로 나눴다. 그중 3분의 2는 1997~2012년 사이에 더욱 집중화되었다. 또한 각 업종에서 상위 4대 기업이 차지하는 가중 평균 비중은 26~32퍼센트로 늘어났다. 특히 지식집약산업에서 이런 통합

이 두드러졌다.[12]

1980년대 이후 창업률이 줄었다고 해서 창업 정신이 쇠퇴했다고 말할 수는 없다. 수많은 소기업은 생산성을 높이는 데 아무런 역할을 하지 않는 모방 기업일 뿐이다. 미국에서는 마이크로소프트, 아마존, 구글처럼 업계를 혁신하는 신생 기업의 수가 늘어났다. 존 디어 같은 기성 대기업도 좀 더 모험적으로 변했다. 집중화가 약탈적 독점의 증거도 아니다. 조지프 슘페터는 집중화가 성공의 원인이자 결과가 될 수 있다고 주장했다. 성공한 기업은 일시적 독점의 이점을 누리기 위해 경쟁 업체를 앞지른다. 또한 선두를 유지하기 위해 일시적 독점에서 얻은 막대한 이익을 연구개발에 투자한다. 그의 표현에 따르면 위대한 기업은 "대개 결실을 창조한다."

그렇기는 해도 깊이 우려할 만한 이유가 있다. 기업은 온갖 장벽과 해자를 구축해 경쟁을 막고 있다. 특히 기술 대기업이 그렇다. 그들은 네트워크 효과를 활용해 시장을 지배한다. 네트워크에 속한 사람이 많을수록 네트워크의 가치가 높아진다. 또한 그들은 편의성을 내세워 잠재적 경쟁 업체를 몰아낸다. 가령 아이패드는 아이폰과 같이 쓰기에 아주 좋다. 그리고 그들은 적극적으로 특허를 사들이고, 경쟁 업체를 특허 침해로 고소한다.[13]

통합이 경제 전반에 혁신이 전파되는 속도를 늦춘다는 증거가 늘어나고 있다. 슘페터는 자본주의가 대단히 역동적인 한 가지 이유는 성공한 기업도 '발밑에서 부서지는' 토대 위에 서 있기 때문이라고 주장했다. 패스트 팔로어는 언제나 앞선 기업의 비밀을 '훔쳐서' 개선한다. 이는 선도 기업에게는 불편한 일이지만 새로운 아이디어가 경제 전반에 더 빨리 퍼지기 때문에 사회 전체로서는 좋은 일이다. 걱정스럽게도 OECD 연구원인 댄 앤드루스Dan Andrews, 키아라 크리스쿠올로Chiara Criscuolo와 피터 갤 Peter Gal은 좋은 아이디어가 확산되는 데 과거보다 오랜 시간이 걸린다고 주장했다.[14] '첨단 기업frontier firms'으로 불리는 상위 5퍼센트의 엘리트 기업은 과거보다 더 오래 상위를 유지하면서 생산성을 높이는 반면 나머지 95퍼센트의 기업은 정체되어 있다. 정보기술 산업은 최첨단superfrontier 기업을 낳고 있다. 상위 2퍼센트에 속하는 IT 기업의 생산성은 나머지 엘리트 기업의 생산성보다 더 증가했다. 동시에 기술 확산은 부분적으로 첨단 기업이 최고의 인재를 채용하고 최고의 대학 및 컨설팅 회사와 관계를 맺으면서 정체되고 있다.

절망사

사회의 하층부는 수많은 사람을 일할 수 없게 만드는 여러 질병에 시달린다. 일부 지역, 특히 과거 산업혁명의 요람이었던 지역에서는 무직이 생활방식이 되어가고 있다. 펜실베이니아주 스크랜턴Scranton에서는 18세 이상 인구 가운데 41퍼센트가 경제활동을 하지 않고 있다. 뉴욕주 시러큐스의 경우는 그 수치가 42.4퍼센트다.[15] 무직은 종종 경범죄와 마약중독에 찌든 삶을 수반한다. 특히 만연하는 아편류와 메스암페타민은 수명을 줄이고 사회문제를 악화시킨다.

근래에 일어난 가장 두드러진 변화 가운데 하나는 과거에는 주로 흑인과 연계되던 사회문제가 지금은 백인에게로 확산되고 있다는 것이다. 고졸 백인의 혼외 출산율은 1982년 4퍼센트였다가 2008년 34퍼센트로 늘었다. 고등학교 중퇴자의 경우 그 수치는 21퍼센트에서 42퍼센트로 늘었다. 흑인은 그 수치가 각각 48퍼센트에서 70퍼센트, 76퍼센트에서 96퍼센트로 늘었다. 가정 파탄은 박탈의 고리를 만든다. 편모 가정에서 자란 아동은 학교를 중퇴하거나, 혼외자를 낳거나, 범죄자가 될 가능성이 더 높다. 미국의 수감률은 유럽의 큰 나라보다 8~10배 더 높다. 그 이유는 비교적 가벼운 마약 범죄를 저지른 사람도 장기간 수감하는 가혹한 법을 줄기차게 적용하기 때문이다. 징역은 자포자기를 불러일으킬 뿐 아니라 해마다 740억 달러의 혈세를 소비한다. 또한 학업을 마치지 못하도록 막고, 다른 수감자와 엮이게 만들며, 영구적인 딱지를 붙인다. 한 연구 결과에 따르면 석방된 사람 중 60퍼센트는 1년 뒤에도 실직 상태였다.

프린스턴 대학의 앵거스 디턴Angus Deaton과 앤 케이스Anne Case는 백인 노동계급 미국인의 기대수명이 실제로 줄어들기 시작했다고 밝혔다.[16] 이는 산업혁명 이후에 일어난 적이 없는 일이었다. 기대수명이 줄어든 이유는 '절망사deaths from despair'가 늘었기 때문이다. 약물, 알코올 관련 간 질환, 자살에 따른 사망 건수가 늘어나는 반면, 중년의 건강을 위협하는 심장병이나 암을 퇴치하는 활동은 진전 속도가 느려지고 있다. 두 사람은 이 모든 변화를 설명하는 가장 타당한 원인은 고임금 일자리가 사라지고 사회적 기능장애가 쌓이면서 '1970년대 초 전성기를 누린 백인 고졸 노동계급이 점차 무너졌기 때문'이다. 노동계급 미국인은 황금기 동안 안정된 삶과 장기적인 진전을 기대할 수 있었다. 그러나 이제는 건강이 나빠지는 가운데 복지제도의 부담을 더할 위태로운 삶을 살아가고 있다.

정체에 대한 설명

미국이 자랑하는 역동성이 쇠퇴하는 이유는 무엇일까? 세 가지 설명이 주로 제시된다. 첫 번째는 미국이 경제적 리더십에 필요한 오랜 원천을 잃어간다는 것이다. 미국은 19세기에 대중 초등교육 체제를 만들고, 20세기에 대중 고교교육 체제 및 대학교육 체제를 만들면서 세 번의 중대한 교육 혁명을 통해 세계를 선도했다. 고교 과정을 마치는 17세 인구의 비중은 1900년 6.4퍼센트였다가 1970년 77퍼센트가 되었다. 대학 입학률도 1960년 45퍼센트였다가 2000년 63퍼센트가 되었다. 하버드 대학의 클로디아 골딘Claudia Goldin과 로런스 카츠Lawrence Katz가 추정한 바에 따르면 1890~1970년까지 80년 동안 10년마다 연 0.8퍼센트씩 교육 정도가 높아졌으며, 이런 개선은 생산성 및 1인당 산출량 증가에 연 0.35퍼센트포인트씩 기여했다.

1980년 이후 미국은 교육 부문의 우위를 잃었다. 고졸자 비율은 척도에 따라 정체되거나 감소했다(제임스 헤크먼James Heckman은 '진정한' 졸업장을 받는 18세 인구의 비중이 2000년에 74퍼센트로 줄었다는 사실을 발견했다). 고졸자 비율에서 미국의 현재 순위는 선진국 중 11위다. 4년제 대학을 졸업하는 25~34세 사이 인구의 비중은 25퍼센트에서 32퍼센트로 조금 늘었다. 그러나 이 수치는 여러 중대한 문제를 가리고 있다. 가령 18~24세 사이 인구의 대학 진학률에서 미국의 순위는 세계 1위였다가 15위 아래로 추락했다. 교육을 받은 기간이 아니라 교육 정도를 보면 미국의 순위는 더욱 우울하다. 2013년도 OECD 국제학업성취도평가Programme for International Student Assessment 결과 미국의 15세 학생들은 독해 과목에서 17위, 과학 과목에서 20위, 수학 과목에서 27위를 기록했다.

여러 연령집단을 비교해 보면 미국의 상대적 입지가 하락하는 양상을 파악할 수 있다. 55~64세 사이의 미국인은 OECD 34개 회원국의 동년배보다 더 많이 고등학교를 졸업했다. 반면 24~34세 사이 인구의 경우 미국은 고졸자 비율에서 다른 4개 국가와 함께 9위에 올랐다. 또한 미국은 24~34세 사이 인구의 고졸자 비율이 55~64세 사이 인구보다 높지 않은 유일한 나라다.

미국 교육체제의 긍정적인 면은 약화된 반면 부정적인 면은 더욱 두드러졌다. 무엇보다 학업에 흥미가 없는 학생을 대상으로 한 직업교육이 부실하다. 제2차 세계대전 이전에 뉴욕시 고등학교에서는 목공과 배선 작업을 비롯한 '기술shop' 교육을 의무적으로 시행했다. 그러나 이후 기업들이 숙련된 육체노동자가 부족하다고 불평하는데도 기술 교육이 점차 중단되었다. 교육계는 교육비를 통제하는 능력도 대단히 부족하다. 고등교육 비용은 1950년 이후 10배로 늘어났으며, 학생들은 교육비를 충당하기 위해 점점 더 빚에 매달리고 있다. 현재 학자금 대출액은 신용카드 대금이나 자동차 대출액보다 많은 1조 5천억 달러에 달한다.

미국은 역사상 대부분의 기간에 걸쳐 전 세계의 인재를 끌어들였다. 2010년 기준으로 〈포천〉지 선정 500대 기업 가운데 18퍼센트를 이민자가 설립했다(예를 들어 AT&T, 듀퐁, 이베이, 구글, 크래프트, 하인츠, P&G). 여기에 이민자의 자녀까지 추가하면 그 비중은 40퍼센트에 이른다. 또한 2012년 기준으로 이민자는 미국 인구의 약 13퍼센트밖에 안 되지만 52개의 실리콘밸리 신생 기업을 만들었고, 전 세계 특허의 25퍼센트 이상을 출원했으며, 과학 및 공학 부문에서 학사학위 소지 인력의 25퍼센트, 박사학위 소지 인력의 47퍼센트를 차지했다. 그러나 이제는 이민에 대한 태도가 갈수록 적대적으로 바뀌고, 다른 나라에서 기회가 늘어나면서 미래의 창업자와 전문가를 공급할 원천이 차단되고 있다. 캐나다나 호주 같은 다른 부국은 적극적으로 우수한 자질을 갖춘 이민자를 끌어들이고 있다. 또한 인도와 중국의 대졸자는 자국에서 더 많은 기회를 얻고 있다.

이 모든 것에는 많은 진실이 담겨 있다. 미국은 분명 국제적인 석차가 하락하고 있다. 또한 성과가 부진한 수많은 학교가 초래하는 문제를 안고 있다. 그래도 미국은 제2차 세계대전 이후 누린 세계적인 주도권을 어느 정도 유지할 것이다. 미국은 여전히 세계적으로 고등교육을 선도하는 나라다. 세계 20대 대학 가운데 15개가 미국에 있다. 또한 사람들에게 두 번째 기회를 제공하는 일도 대부분의 다른 나라보다 잘한다. 대학 진학자가 늘어난다고 해서 경제에 도움이 된다는 증거는 없다. 대졸자의 약 40퍼센트는 대졸 학력이 필요한 일자리를 얻지 못했다. 미국에는 대졸 바리스타가 더 필요치 않다.

두 번째 주장은 IT 혁명이 이전의 기술 주도 혁명에 비해 실망스럽다는 것이다. 19세기 말에 일어난 2차 산업혁명은 모든 측면에서 사람들의 생활을 바꾼 폭넓은 혁신을 초래했다. 차는 말을, 비행기는 열기구를, 전등은 석유등과 가스등을 대체했다. 반면 앞선 주장에 따르면 IT 혁명은 좁은 영역의 활동에만 영향을 미칠 뿐이다.

이 주장은 설득력이 부족하다. IT 혁명은 갈수록 많은 일상생활의 영역을 건드리고 있다. 아이폰은 수천 가지 일을 할 수 있다. 가령 가고 싶은 곳을 찾아주고, 가상 비서 역할을 해주고, 책과 신문을 정리해준다. 우버는 정보를 활용해 택시 사업을 혁신했다. 에어비앤비는 정보를 활용해 호텔 사업을 혁신했다. 아마존은 방대한 가상 카탈로그에서 물건을 주문하고 며칠 혹은 몇 시간 만에 받을 수 있도록 해준다. 모건스탠리가 추정한 바에 따르면 무인자동차는 주로 주행 중에도 노트북으로 작업을 할 수 있도록 해줌으로써 연간 5,070억 달러의 가치를 지니는 생산성 향상을 이룰 것이다.

IT 혁명은 우리가 제조 부문에서 접한 생산성 향상을 서비스 부문으로 확장할 기회를 제공한다. IBM과 베일러 의대Baylor College of Medicine는 니트KnIT('지식통합도구Knowledge Integration Toolkit')라는 시스템을 개발했다. 이 시스템은 의학 문헌을 스캔해 연구 문제와 관련된 새로운 가설을 창출한다. 다양한 소프트웨어는 종종 특허 분쟁부터 연방 대법원 소송까지 폭넓은 사안에 대한 판결 결과를 법률 전문가보다 잘 예측한다. 신기술은 전문가가 하던 여러 일상적 작업을 기계와 준전문가가 할 수 있도록 해준다. 신생 기업인 켄쇼Kensho가 개발한 프로그램은 프라이버시에 대한 불안이 생겼을 때 기술주가 겪을 변화 등 금융과 관련된 질문에 대한 답을 제공한다. 간호사와 보조 의사는 컴퓨터와 진단장비를 갖추고 과거 의사가 하던 일을 점차 더 많이 하고 있다. 온라인 서비스와 스마트폰 앱은 전문가의 도움을 받을 필요를 완전히 없애주거나 적어도 전문가를 상대할 때 협상력을 높여준다. 매달 1억 9천만 명이 웹엠디WebMD를 방문한다. 이는 미국에서 일반 의사를 찾아가는 사람의 수보다 많은 수치다. 교육 앱은 게임에 이어 애플의 앱스토어에서 가장 인기 있는 부문이다. 무크MOOC(온라인 공개강좌massive open online course)는 수백만 명의 학생을 끌어들인다. 판사와 변호사는 점차 '전자 판결e-adjudication'을 통해 소액사건을 해결하고 있다. 이베이도 이 기술을 활용해 해마다 사용자들 사이에 발생하는 6천만 건 이상의 분쟁을 조정한다. 서비스 부문의 생산성 향상은 제조 부문보다 본질적으로 저조할 수밖에 없다는 윌리엄 보몰William Baumol 같은 경제학자의 우려와 달리 현재 생산성 향상을 제한하는 것은 시장의 구성요소(제조 부문 대 서비스 부문)가 아니라 혁신가가 신기술을 개발하는 능력이다. 이와 관련해 기업이 1920년대에 공장을 재구성하기 전까지는 전기가 생산성에 큰 영향을 미치지 못했다는 폴 데이비드의 통찰을 기억할 필요가 있다. IT 혁명이 생산성, 특히 서비스 부문의 생산성을 높이는 과정은 이제 겨우 시작되었을 뿐인지도 모른다.

세 번째 주장은 노동인구의 증가 속도가 느려지고 있다는 것이다. 미국 경제는 처음에는 더 높은 급여를 주는 도시의 일자리를 얻기 위해 농촌을 떠난 농촌 노동자, 근래에는 급여가 없는 가사 노동을 떠나 노동인구로 진입한 여성 같은 신선한 새로운 노동자의 등장으로 거듭 추진력을 얻었다. 그러나 이제는 정반대의 문제에 시달리고 있다. 노동자는 노동인구에서 이탈해 연금을 신청하기 시작했다. 총 인구에서 은퇴 연령에 이른 사람의 비중은 1940년 6.8퍼센트였다가 1980년 11.3퍼센트, 2010년 13.1 퍼센트가 되었으며, 향후 25년 동안 계속 늘어날 전망이다.

인구 요인에 대한 주장은 IT 혁명에 대한 주장보다 설득력이 더 떨어진다. 이 주장이 지닌 가장 큰 문제점은 베이비붐 세대의 은퇴가 이제 막 시작되었다는 것이다. 게다가 더 미묘한 문제도 있다. 사람들은 더 오래 건강하게 살고, 과거만큼 일하는 데 힘이 많이 필요치 않기 때문에 노년에도 계속 일할 수 있다. 스웨덴이나 영국 같은 나라는 늘어나는 수명에 맞춰서 은퇴 연령을 늦추고 있다.

그렇다면 미국이 정체를 겪는 이유는 무엇일까? 가장 중요한 이유는 생산성을 억누르는 복지제도, 미국인들이 단지 미국인이라서 누리는 복지 혜택(주로 사회보장연금, 메디케어, 메디케이드)이 늘어난 것이다. 복지제도는 제2차 세계대전 이후 급증한 것을 제외하면 1935년에 사회보장법이 제정된 이래 30년 동안은 비교적 조금씩 늘어났다. 그러다가 갑자기 늘어나서 1965~2016년까지 복지 비용이 연평균 9퍼센트씩 증가했다. 복지 비용이 GDP에서 차지하는 비중은 4.6퍼센트에서 14.6퍼센트로 엄청나게 커졌다.

미국은 현재 각종 복지제도로 뒤덮여 있다. 전체 가구의 55퍼센트는 적어도 하나의 주요 연방복지제도를 통해 현금이나 현물 지원을 받는다. 65세 이상의 미국인은 거의 모두가 사회보장연금과 메디케어 혜택을 받는다. 편모 가정에 속한 미국인 가운데 80퍼센트는 복지 혜택을 받으며, 미국 아동 가운데 58퍼센트는 복지 혜택을 받는 가정에서 산다. 약 1억 2천만 명의 미국인(수혜자의 3분의 2)은 두 가지 이상의 복지 혜택을 받으며, 약 4,600만 명(수혜자의 약 3분의 1)은 세 가지 이상의 복지 혜택을 받는다.

이런 복지 체제는 실질적 필요와 긴밀하게 연계되어 있지 않다. 사회보장 지원의 90퍼센트 이상은 필요가 아니라 연령에 따른 단일 인구집단, 즉 65세 이상 인구에게 제공된다. 2016년에 정부는 전체 가구의 중간 소득보다 겨우 6천 달러 적은 약 5만 달러를 66세에 은퇴한 전형적인 부부에게 사회보장연금과 메디케어 비용으로 분배했다. 이 은퇴자들은 미국 역사상 가장 풍요로운 시대를 살았다. 또한 그들은 이전의 은퇴자들보다 더 오래 살 것이다. 이 황금 세대를 부양하는 부담은 어른들보다 훨씬 적은 기회를 얻었고, 자녀도 부양해야 하는 현재의 노동자에게 돌아갈 것이다.

복지 지출의 속성은 대부분 자동으로 이뤄진다는 것이다. 일단 사람들이 가입하고 나면 급여액은 고정된 수식을 따른다. 경기가 어떻든 대통령이 누구든 상관없이 고정된 비율로 늘어난다. 대통령은 작은 정부의 미덕을 얼마든지 이야기할 수 있다. 그래도 노령화가 진행되고, 물가가 상승하고, 의료비용이 증가함에 따라 핵심 복지제도는 불가피하게 확장될 것이다. 세 가지 주요 복지제도인 사회보장연금, 메디케어, 메디케이드에 소요되는 비용은 현재 연방 예산의 거의 50퍼센트를 차지한다. 이 비중은 당파적 이익과 무관하게 앞으로 계속 늘어날 것이다.

대통령이 증가 속도를 늦출 수는 있다. 1965년 이후 복지 지출은 통념과 달리 민주당 소속 대통령 치하보다(연 7.3퍼센트) 공화당 소속 대통령 치하에서(연 10.7퍼센트) 더 빨리 늘었다. 클린턴은 레이건보다 복지 지출을 더 잘 통제했을 뿐 아니라(4.6퍼센트 대 7.3퍼센트) 복지제도를 획기적으로 변화시켰다(공화당의 촉구 때문이었다고 밝히기는 했지만 말이다). 조지 부시는 재원도 마련하지 않고 처방 약으로 지원 범위를 넓혔다. 클린턴처럼 보수적으로 재정을 운영하는 대통령은 절대 그렇게 하지 않았을 것이다. 양당은 표를 얻기 위해 경쟁 입찰을 벌인다(일부 공화당 정치인은 자신이 쓰지 않으면 민주당이 쓸 것이라는 핑계로 공공자금 지출을 정당화한다). 작은 정부를 선호하는 보수적 유권자도 복지제도와 맺어졌다. 오바마에게 '자신'의 메디케어에서 손 떼라고 말한 티파티Tea Party 활동가들이 이런 입장을 가장 잘 보여준다.

이 이야기는 개혁을 너무나 어렵게 만드는 복지제도의 특이점을 드러낸다. 미국인들은 자신이 복지 혜택을 받을 권리를 '획득'했다고 생각한다. 즉, 신탁기금에 넣어둔 돈을 이자와 함께 돌려받을 뿐이라는 것이다.

그들은 세금으로 마련한 (삭감 가능한) '지원금'과 (신성한) '납입금에 대한 급여'를 명확하게 구분한다. 미국은퇴자협회AARP의 광고에 나오는 한 은퇴자는 "내가 번 돈으로 메디케어와 사회보장연금을 받는다"고 주장한다. 이는 사실 착각이다. 미국인들은 받는 돈보다 적은 돈을 납입한다. 이 간극을 메우려면 세금을 3분의 1만큼 영구적으로 올리거나 급여액을 4분의 1만큼 영구적으로 줄여야 한다.[17] 이런 변화가 없는 한 사회보장신탁기금은 2034년까지, 메디케어 기금은 2029년까지 고갈될 것이다. 그러나 "내 돈을 돌려받는다"는 생각은 개혁을 거의 불가능하게 만들 만큼 강력한 착각이다. 빅토르 위고Victor Hugo는 정치에서 자신의 때가 왔다는 생각만큼 강력한 것은 없다는 말을 남겼다. 이 말은 틀렸다. 정치에서 가장 강력한 것은 정부가 상당 부분을 지원하는데도 수혜자가 비용을 전부 지불했다고 믿는 복지 혜택이다.

가장 중요한 점은 연방 복지제도가 재량 지출을 줄이고 있다는 것이다. 스틸리 로퍼 재정 민주주의 지수Steuerle-Roeper Fiscal Democracy Index는 재정과 관련된 정부 결정 가운데 자동으로 이뤄지는 것과 재량에 맡겨지는 것이 얼마나 되는지 측정한다. 1962년 기준으로 모든 연방 지출의 약 3분의 2는 재량에 따라 결정되었다. 그러다가 잭슨의 복지정책 때문에 1960년대 중반부터 이 수치가 급격하게 줄어들기 시작했다. 1982년 30퍼센트 미만으로 떨어진 이 수치는 2014년 약 20퍼센트에 이르렀으며, 2022년까지 10퍼센트 아래로 떨어질 전망이다.

연방 복지제도는 국내 저축을 몰아낸다. 다음 쪽 그래프는 놀라운 통계적 안정성을 보여준다. 개인에 대한 복지 혜택(복지 비용)과 국내총저축의 합(둘 다 GDP 대비 비중)은 1965년 이후 별다른 추세를 형성하지 않는

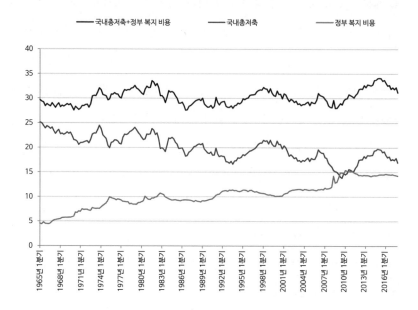

국내총저축과 정부 복지 비용

분기별, 1965년 1분기~2017년 4분기

다. GDP 대비 복지 비용의 비중이 꾸준히 늘어나는 경향은 평균적으로 GDP 대비 국내총저축의 비중이 하락하는 추세와 대비된다. 이는 복지 혜택이 국내 저축을 거의 금액에 비례하는 수준으로 몰아내고 있음을 말해준다.

생산성(시간당 산출량)을 향상시키는 주된 동인은 자본금(혹은 누적 순투자)이다. 국내총투자(순투자+감가상각)의 재원은 ①국내총저축 그리고 1992년 이후에는 ②해외에서 빌린 순저축(근본적으로는 미국의 경상수지 적자)이다. 무한정 해외에서 돈을 빌려올 수는 없다. 이 부채는 2016년 2분기까지 이미 8조 달러나 쌓였다. 국내 투자는 근본적으로 저축을 통해 자본금을 확보하는 국민적 성향에 의존한다. 그러나 이 성향은 계속 약화되고 있다. 우려스럽게도 급증한 복지 지출의 상당 부분을 개인이 저축할 돈을 정부가 세금으로 걷어서 대고 있다는 통계적 증거가 대단히 많다. 이 돈이 저축으로 갔다면 국내 자본 투자와 생산성 향상에 필요한 재원이 되었을 것이다.

투자 의지와 직결되는 기업 신뢰도의 중요한 척도 가운데 하나는 이른바 자본지출비율cap-ex ratio이다. 이는 기업이 비유동적 설비나 건물로 전환하는 유동적 현금흐름의 비율을 말한다. 다소 놀랍게도 단 두 개의 금융 자료로 향후 2분기 동안 이뤄질 자본지출비용의 변동 가운데 거의 4분의 3을 '설명'할 수 있다. 2분기는 대략 투자 배정 후 실제 지출까지 걸리는 기간이다. 첫 번째 자료는 주기 조정 연방 예산 적자 혹은 흑자다. 이는 개인 투자 지출을 끌어들이거나 밀어내는 정도를 말해주는 지표다.

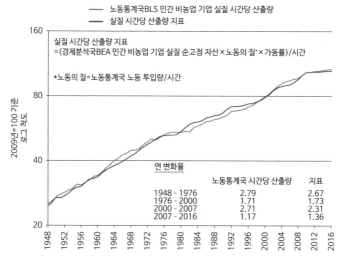

자본금과 생산성
(1948~2016년)

— 노동통계국BLS 민간 비농업 기업 실질 시간당 산출량
— 실질 시간당 산출량 지표

실질 시간당 산출량 지표
=(경제분석국BEA 민간 비농업 기업 실질 순고정 자산×노동의 질*×가동률)/시간

*노동의 질=노동통계국 노동 투입량/시간

2009년=100 기준 로그 척도

연 변화율	노동통계국 시간당 산출량	지표
1948 - 1976	2.79	2.67
1976 - 2000	1.71	1.73
2000 - 2007	2.71	2.31
2007 - 2016	1.17	1.36

두 번째 자료는 미 국채 30년물 금리와 5년물 금리의 차이다. 이 대리지표는 갈수록 수명이 길어지는 자산에 대한 물리적 자본 투자와 관련된 불확실성의 정도를 말해준다. 가령 소프트웨어의 기대수명은 3년에서 5년, 산업설비의 기대수명은 19년이다. 연방 흑자 혹은 적자는 통계적으로 1970년 이후 자본지출비율 변동치의 절반을 설명한다. 나머지 절반은 금리 차와 파악되지 않은 다른 요인 사이에 균등하게 나눠진다. 또한 자본스톡이 생산성(시간당 산출량)의 주된 동인이라는 점을 감안할 때, 자본투자의 재원이 되는 저축이 계속 복지 지출로 전용된다면 생산성 향상은 더욱 저해될 것임을 알 수 있다.

기업들은 현재 (제2차 세계대전이라는 특수한 상황을 제외하면) 1930년대 이후보다 장기 투자를 더 꺼리고 있다. 예산 적자 확대, 분노의 정치, 실망스러운 성장률 등 불확실성을 높이는 여러 요인이 있지만 복지 위기가 이 모든 요인을 악화한다. 복지 위기는 예산 적자를 키우고, 생산성 증가율을 낮추며, 그 결과 GDP 증가율과 정치에 악영향을 끼친다(다음 쪽 그래프 참고).

훨씬 나쁜 상황은 아직 닥치지 않았다. 향후 20년 동안 65세 이상 인구는 3천만 명이 더 늘어나는 반면 노동연령(18~64세 사이) 인구는 겨우 1,400만 명이 더 늘어날 것으로 추산된다. 엄청난 수의 은퇴자와 수십 년에 걸쳐 자유화되고 확대된 복지제도의 유산은 지금까지 접하지 못했던 재정적 난관을 초래할 것이다. 이전에 연방 지출이 많고 부채가 늘어나던 시기는 대개 결국에는 끝나기 마련인 전쟁에서 비롯되었으며, 군사비용이 줄어들면서 부채도 줄어들었다. 그러나 이제는 복지제도 때문에 연방 지출과 부채가 늘어나는 기간으로 접어들고 있다. 게다가 수렁이 너무 깊

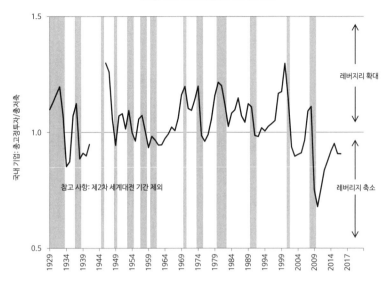

기업의 고정자산 투입 현금 흐름 비율

연도별, 1929~2017년, 불경기 기간 짙게 표시

국내 기업: 총고정투자/총저축

레버지리 확대

레버리지 축소

참고 사항: 제2차 세계대전 기간 제외

어서 언제 벗어날 수 있을지 알 수 없다. 그대로 방치할 경우 앞으로 부채는 계속 불어나고 재정위기가 반복될 것이다.

　세 번째 문제는 기업인에게 가장 소중한 자산인 시간과 새로운 것을 시도하는 능력을 제한하는 규제의 증가다. 1950년대 모든 새로운 규제를 기록하는 〈페더럴 레지스터Federal Register〉는 매해 평균 1만 1천 페이지에 이르렀다. 그러다가 21세기의 첫 10년 동안에는 매해 평균 7만 3천 페이지로 늘어났다. 연방 법규와 규제는 현재 1억 자 이상이다. 여기에 주와 시 차원의 규제가 20억 자를 더한다. 도드-프랭크법은 2,319페이지 분량이다. 2010년에 제정된 건강보험개혁법Affordable Care Act은 2,700페이지 분량이며, '고등학교'에 대한 28자 분량의 정의를 포함한다. 메디케어는 '우주선 사고'와 관련된 21개의 별도 범주를 포함해 14만 개의 환급 범주를 정

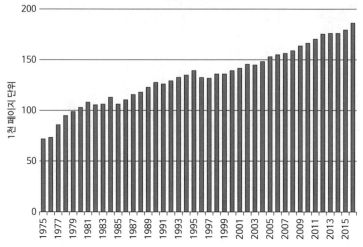

연방 규제 법안의 페이지 수
(1975~2016년)

해두고 있다. 게다가 미국의 세법은 340만 자 분량이다. 이는 자유의 땅이 사실상 세계에서 가장 많은 규제를 받는 사회가 되었음을 뜻한다. 가령 2013년에 미국은 제품 및 시장 규제와 관련해 OECD 35개 회원국 가운데 27위를 기록했다.

2001년에 발생한 엔론 파산 사태는 미국의 과도한 규제를 더욱 악화했다. 1970년 이후 인기를 얻은 탈규제에 대한 목소리는 갑자기 철 지난 것이 되어버렸다. 엔론 파산 이후 2002년에 제정된 사베인-옥슬리법은 전반적인 기업 감독을 재구성했다. 2010년에 제정된 도드-프랭크법은 수천 페이지에 달하는 세세한 규제로 금융서비스산업을 미시적으로 관리하려 들었다. 규제기구는 근래의 정체 기간 전체에 걸쳐 더욱 커지고 간섭적으로 변했다. 증권거래위원회의 예산은 1995년 3억 달러였다가 2018

년 16억 달러로 늘었다. 법무부는 1977년에 제정된 해외부패방지법Foreign Corrupt Practices Act을 활용해 해외에서 문제가 될 만한 행동을 한 기업을 2000년 이전보다 근래에 훨씬 강력하게 단속하고 있다. 이 법안에 따른 문제를 해결하는 데 들어간 평균 비용은 2005년 720만 달러였다가 2014년 1억 5,700만 달러로 늘었다.

과도한 규제는 미국이 문제를 해결하고 혁신을 일으키는 사람들의 사회라는 이미지를 살리기 힘들게 만든다. 또한 공무원이 너무나 많은 걸림돌(특히 요즘에는 환경 관련 걸림돌)을 뛰어넘어야 하기 때문에 대다수 인프라 프로젝트를 몇 년 동안 지체시킨다. 대공황 당시 금문교를 짓는 데 4년이 걸렸다. 현재 대규모 고속도로 프로젝트는 실제 공사를 시작하기 전에 다양한 관료적 난관을 통과하는 데만 10년이 걸린다. 뉴욕항만청New York Port Authority은 스태튼 아일랜드Staten Island와 뉴저지를 잇는 아름다운 아치형 다리인 베이온교Bayonne Bridge를 신형 초대형 유조선이 지날 수 있도록 개조하기로 결정했다. 이를 위해 그들은 2009~2013년 중순까지 19개의 정부 부처로부터 47건의 승인을 받아야 했다. 뉴욕 항만청 간부로서 해당 프로젝트를 추진한 조안 파파조지스Joann Papageorgis는 이렇게 말했다. "승인 절차는 문제점을 해결하는 것이 아니라 문제점을 찾아내는 데 초점이 맞춰져 있었습니다. 그냥 거절해도 곤란한 일이 생기지 않았어요."[18]

과잉 규제는 창업자가 여러 정부 부처를 방문하고 끝없이 복잡한 양식을 작성해야 하는 카프카식 악몽을 견디도록 강요한다. 가령 뉴욕에서 레스토랑을 개업하려면 11개 시 기관을 상대해야 한다. 과잉 규제는 미국인들이 엄청난 비용과 시간을 들이게 만든다. 소득 신고를 하기 위해 전문가를 고용하는 비중을 보면 영국인은 소수에 불과한 데 반해 미국인은 절반에 이른다. 심지어 과잉 규제는 자선기금을 모으는 아동까지 범죄자로 만든다. 2011년에 메릴랜드주 베데스다Bethesda시는 유에스 오픈 U.S. Open 골프 대회장 근처에서 아이들이 소아암 환자를 위한 자선기금을 모으려고 만든 레모네이드 가판대를 철거했다. 그 이유는 영업 허가를 받지 않았다는 것이었다.[19]

기업 규제는 불가피하게 중소기업에게 훨씬 많은 부담을 지운다. 규제를 따르는 일은 높은 고정비용을 수반하기 때문이다. 라파예트Lafayette 대학의 니콜 크레인Nicole Crain과 마크 크레인Mark Crain이 계산한 바에 따르면 연방 규제를 따르는 데 드는 종업원당 비용은 500인 이상 사업장의 경우 7,755달러인 데 반해 19인 이하 사업장의 경우 1만 585달러다. 또한 규제 체제의 복잡성은 중소기업에게 불이익을 안긴다. 대기업은 산더미 같은 규제에 대처하는 데 필요한 전문가를 고용할 여력이 있다. 실제로 도드-프랭크법은 곧 '변호사 및 컨설턴트 완전고용법'으로 불렸다. 제너럴 일렉트릭의 세금 부서에는 900명이 일한다. 2010년에 제너럴 일렉트릭은 세금을 거의 내지 않았다. 중소기업은 돈을 들여서 외부 변호사를 써야 하고, 국세청의 종종 상반되는 규정에 걸리지 않을지 계속 걱정해야 한다. 세계경제포럼은 중소기업을 대상으로 실시한 조사 결과를 토대로 규제 준수의 용이성 측면에서 미국의 순위를 사우디아라비아 바로 아래인 29위로 매겼다.

과잉 규제는 대기업에게 단기적인 이점을 안기기는 하지만 장기적으로는 관료적 측면을 강화하고 혁신적 측면을 약화해 부담을 안긴다. 기성기업은 혁신을 추구하는 부서가 아니라 규제에 대처하는 부서의 규모를 키운다. 또한 제품을 개선하기보다 정치인과 한담이나 나누고 관료의 환심을 사는 데 시간을 들이는 고위 경영자를 채용한다. 규제가 초래하는 가장 큰 비용은 자본주의의 관료화로 이어져서 진취적 혁신의 기운을 죽이는 것이다.

규제의 문제점을 보여주는 대단히 우울한 사례는 면허 왕국의 부상이다. 1950년에는 면허가 필요한 일자리의 비중이 5퍼센트에 불과했다. 그러나 2016년에는 그 비중이 30퍼센트로 늘었다(영국의 경우는 13퍼센트다). 면허 왕국은 플로리스트, 수리공, 레슬러, 투어 가이드, 냉동 디저트 판매원, 중고 서적 판매원, 인테리어 디자이너처럼 보건이나 안전을 위협하지 않는 직종으로도 촉수를 뻗는다.[20] 면허를 따려면 시간이 많이 걸린다. 텍사스에서 이발사가 되기 위해서는 1년 넘게 연수를 받아야 하고, 가발 제조사가 되려면 300시간의 수업을 받고 실기시험뿐 아니라 필기시험을 통과해야 한다. 앨라배마에서 매니큐어 미용사가 되려면 750시간의 수업을 받아야 실기시험을 칠 수 있다. 플로리다에서 인테리어 디자이너가 되려면 4년제 대학을 마치고 2년 동안 수습기간을 거친 다음 이틀에 걸친 시험을 통과해야 한다. 미네소타 대학의 모리스 클라이너Morris Kleiner 가 계산한 바에 따르면 면허는 면허 소지자의 소득을 약 15퍼센트 높여준다. 다시 말해서 면허는 임금에 노조 가입과 같은 영향을 미친다(면허로 보호받는 노조원의 경우 시간당 임금이 24퍼센트 상승한다). 클라이너는 면허제가 일자리 창출 속도를 늦춘다고 주장한다. 그가 일부 주에서만 규제 대상이 되는 직종의 일자리 증가율을 조사한 결과 1999~2000년까지 규제가 없는 일자리가 규제가 있는 일자리보다 20퍼센트 더 늘어났다. 직업 면허의 증가는 지리적 이동도 줄인다. 새로운 면허를 따려면 시간과 노력을 많이 투자해야 하기 때문이다.

이런 규제 확대의 기원은 뉴딜 그리고 정부가 경제와 관련된 의사 결정의 훨씬 많은 부분을 통제해야 한다고 굳게 믿었던 루스벨트의 두뇌위원회로 거슬러 올라간다. 문제는 규제 확대가 자기 강화적 성격을 지닌다는 것이다. 새로운 '규제기구'는 대응해야 하는 (실제 혹은 가상의) '문제'를 재빨리 찾아냈으며, 정부가 뒷받침하는 해결책은 새로운 집행 및 감독 인력을 요구했다. 이런 일은 끝없는 과정 속에서 계속 반복된다.

트럼프의 등장

스태그네이션은 불가피하게 사회 분위기를 침울하게 만들고, 정치계에 요동을 일으켰다. 2008년 금융 위기 이후 실시된 거의 모든 여론조사에서 대다수 유권자는 미국이 잘못된 길을 걷고 있다고 말했다. 티파티 같은 이단적 정치집단이 난데없이 등장해 대중의 심리를 사로잡았다. 2016년에 공직을 한 번도 맡은 적이 없는 부동산 재벌인 도널드 트럼프가 대선에서 '미국을 다시 위대하게Make America Great Again'라는 슬로건을 내걸고 대단히 경험 많은 정치인인 힐러리 클린턴을 꺾어서 미국과 전 세계 그리고 아마도 자신까지 놀라게 만들었다. 역사적으로 트럼프와 가장 유사한 인물은 '보통사람'을 위하는 열정과 귀족적 기득권에 대한 혐오를 바탕으로 대권까지 거머쥔 앤드루 잭슨이다. 그러나 잭슨의 포퓰리즘은 금본위제라는 원칙에 대한 확고한 지지와 나란히 존재했다. 실제로 잭슨은 지폐(그리고 널리 알려진 대로 2차 중앙은행)를 너무나 싫어한 나머지 정부가 국유지를 매입할 때 모두 정화로 지불하도록 요구했다. 반면 트럼프의 포퓰리즘에는 그런 원칙이 없다.

트럼프가 당선된 뒤 경기가 거의 10년에 걸친 부진에서 회복되기 시작했다. 투자자들이 좀 더 친기업적인 환경이 조성될 것을 예상하면서 대선 이후 주가가 급등해 신고점에 이르렀다. 실업률은 계속 떨어졌다. 생산직의 임금 성장률은 다른 직종을 넘어섰다. 부의 효과가 발동했다. 주가 및 기업 자산 가치의 급등과 더불어 집값이 계속 상승하면서 GDP를 크게 높였다. 트럼프는 기업에게 가장 시급한 문제를 처리했다. 연방 기관은 새로운 규제를 거의 중단했다. 이 현상이 의도적 정책에 따른 것인지 아니면 대통령이 관리자를 제때 임명하지 못해서 그런 것인지는 불분명하지만 말이다. 공화당이 장악한 의회를 통과해 2017년 12월 22일에 발효된 트럼프의 세법 개정안은 법인세를 대폭 삭감했다. 이 개정안은 1998년에 32퍼센트이던 법인세를 2003년에 12.5퍼센트로 낮춘 아일랜드의 영향을 받은 것처럼 보인다. 다른 한편으로 그는 위험한 교역정책을 추진했다. 가령 환태평양경제동반자협정Trans-Pacific Partnership에서 탈퇴하고 중국을 비롯한 여러 국가에서 수입하는 철강에 25퍼센트, 알루미늄에 10퍼센트의 관세를 부과했으며, 중국산 수입품에 1,500억 달러 규모의 추가 관세를 부과하겠다고 위협했다.

미국의 좀 더 뿌리 깊은 문제도 커지고 있다. 기성 기업은 트럼프가 물을 빼내는 데 완전히 실패한 '늪(트럼프가 대선 기간에 고인 물로 가득한 워싱턴 정계를 빗대어 쓴 표현—옮긴이)'을 능숙하게 상대할 줄 아는 덕분에 계속 기반을 굳힌다. 규제 기관은 여전히 비대하다. 트럼프의 세제 개혁으로 촉진되는 자본 환류capital repatriation는 투자자들이 적절한 수익률을 얻을 수 있어야만 국내 자본 투자를 늘릴 것이다. 그렇지 않으면 늘어난 현금

흐름은 주주 배당과 유동자산을 늘리는 데 그칠 것이다. 세금을 삭감하는 동시에 지출, 특히 인프라 지출을 늘리려는 트럼프의 정책은 만약 실행된다면 결국 부채를 늘릴 것이다. 또한 정책 입안자는 브레이크를 밟지 않을 수 없을 것이다. 특히 백악관이 갈수록 불어나는 복지 비용(아래 그래프 참고)에 대처하는 데 아무 관심이 없는 상황에서는 더욱 그렇다.

연방 공공 부채
1789~2017년, 2018~2037년(의회 예산처 추정)

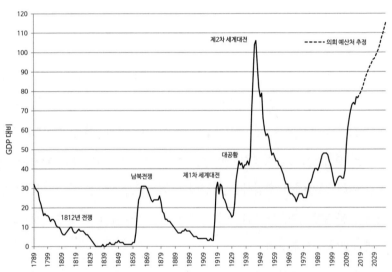

이 글을 쓰는 현재 미국이 스태그플레이션의 초기 단계에 있다는 신호가 강해지고 있다. 스태그네이션과 인플레이션의 위험한 조합은 처음에는 경기를 진작하지만 결국에는 1970년대처럼 커다란 피해를 불러온다. 기록적으로 낮은 실업률은 임금에 압력을 가한다. 한편 2011~2016년까

지 비농업 기업의 시간당 산출량이 연 1퍼센트 미만으로 증가하는 역사적으로 낮은 생산성 증가율의 유산은 계속 경제를 따라다닌다. 현재의 호전에도 불구하고 미국의 역동성이 쇠퇴하는 깊은 원인은 여전히 해결되지 않았다.

결론

1933년 시카고의 고위 관료들은 도시 건설 100주년을 기념하기 위해 세계박람회를 열기로 결정했다. 미국 경제가 대공황에 깊이 매몰된 상태였지만 주최 측은 세계박람회의 주제를 '진보의 세기'로, 모토를 "과학은 발견하고, 산업은 적용하며, 대중은 수용한다"로 정했다. 두어 해에 걸친 불황은 시카고가 벽지의 무역항에서 미국 심장부의 중심 도시로 부상한 것에 비하면 아무것도 아니었다.

이 책《미국 자본주의의 역사》는 미국이 어려움에 처한 시기에 출판된다. 길게 이어진 경기 부진은 수많은 정치적 폐해를 낳았다. 미국 국민들은 남북전쟁 이후 그 어느 때보다 분열되어 있으며, 정치계는 그 어느 때보다 마비와 기능장애에 시달리고 있다. 그럼에도 이 책의 부제는 그냥 '역사'가 아니라 '진보의 역사'로 붙여야 할 것이다. 근래에 닥친 온갖 난관에도 불구하고 미국의 경제사는 압도적으로 개선의 역사였다. 지금 그 어느 때보다 많은 미국인이 더 나은 삶을 산다.

초기에 미국인의 삶은 '고독하고, 가난하고, 불편하고, 잔인하고, 짧은' 진정한 홉스식 삶이었다. 당시 미국인은 세계에서 가장 높을 뿐 아니라 평균적으로 이전의 식민지 주인인 영국인보다 나은 생활수준을 누렸을 것이다. 그래도 현대적 척도로 보면 그들의 삶은 비참했다. 1790년에 미국인의 출생 시 평균 기대수명은 약 40세였다. 미국인 가운데 4분의 3은 농업이 생긴 이래 줄곧 그랬던 것처럼 밭을 갈고 씨를 뿌려서 먹고살았다. 한 번의 재난만 닥치면 궁핍을 면할 수 없었다. 흉년은 가정을 파괴했고, 난파는 무역상을 극빈자로 전락시켰다. 여가는 사치였다. 양초나 동물성 기름을 쓰는 등은 너무 비싸서 해가 진 뒤에는 잠자리에 들고 동이 트기를 기다리는 수밖에 없었다. 1제곱마일당 인구는 4.5명에 불과했다. 이 수치는 1800년 6.1명으로 늘어났다가 1810년 다시 4.3명으로 줄었다. 인구 가운데 약 5퍼센트만 인구조사에서 도시로 분류하는 지역에 살았다.[1] 여행은 느리고 위험했다. 고립된 채 초췌하게 살아가는 평균적인 미국인이 바랄 수 있는 최선은 링컨이 말한 '뱀이 숨어 있지 않은 깨끗한 침대'였다.

여성과 흑인 같은 주변부 집단의 경우는 상황이 더욱 비참했다. 여성은 본성과 양육 양면의 시련에 시달렸다. 가임기 여성은 평균 7~8명의 자녀를 낳았으며, 그중 절반은 첫해에 사망했다. 힘든 가사 노동은 여성의 몫이었다. 미국 법은 영국의 '가부장coverture' 관습을 받아들였다. 윌리엄 블랙스톤의 말에 따르면 혼인은 "남편과 아내 사이의 인적 결합으로서 법적으로 부부는 하나이기 때문에 혼인 기간 동안 여성의 존재는 유예되며, 남편의 존재와 완전히 통합된다." 다시 말해서 남편은 법적으로 아내의 행동을 통제할 수 있었으며, 아내가 만든 모든 것을 소유할 수 있었다.[2]

미국의 대다수 흑인은 노예였다. 1790년 흑인이 인구에서 차지하는 비중은 19퍼센트로 지금의 13퍼센트보다 훨씬 많았다. 지역별로 보면 버지니아에서는 43퍼센트, 노스캐롤라이나에서는 27퍼센트, 사우스캐롤라이나에서는 44퍼센트, 조지아에서는 36퍼센트를 차지했다. 그들에게 다양한 형태의 억압이 가해졌다. 흑인 여성과 아동은 남성과 같이 밭에서 일했다. 1860년 노예의 유아사망률은 1천 명당 최대 350명이었을 것으로 추정된다. 반면 전체 인구의 유아사망률은 1천 명당 197명이었다.[3]

오늘날의 삶은 이 모든 측면에서 엄청나게 개선되었다. 고독? 대다수 미국인은 도시에서 살며, 농촌에 사는 사람도 인터넷부터 화장실까지 모든 것을 통해 도시 문명과 연결되어 있다. 빈곤? 미국인은 세계의 어떤 대국보다 높은 생활수준을 누린다. 불편? 문명이 탄생한 이래 인류를 따라다닌 대다수 불편은 사라지거나 약화되었다. 이제는 출산이나 발치의 고통을 줄여주는 약물이 있다. 화장실은 생리작용을 세련되게 처리하도록 해준다. 에어컨은 무더위로부터 보호해준다. 또한 스위치만 켜면 불을 켤 수 있고, 마우스만 누르면 메시지를 보낼 수 있으며, 심지어 로봇청소기로 마루까지 청소할 수 있다. 1790년에 미국에서 가장 유명한 사람이었던 조지 워싱턴은 수많은 의치를 끼고 있었으며, 그중 일부는 상아로 만들어진 것이었다. 반면 현재 자기 이빨을 갖지 않은 사람은 3.8퍼센트에 불과하다. 단명? 현대 미국인의 기대수명은 국가 수립 때보다 두 배 이상 늘었다.

창조적 파괴의 문제

이런 진보의 핵심 기제는 모든 평형상태를 깨트리고 모든 조합combobulation을 해체하는 줄기찬 힘인 창조적 파괴다. 진보가 그저 어둠에서 빛으로,

빈곤에서 번영으로 나아가는 것이라면 역사는 아주 단순할(그리고 약간 지루할) 것이다. 문제는 구세계를 조금이라도 파괴하지 않으면 신세계를 만들 수 없다는 것이다. 파괴는 단지 창조의 불행한 부작용이 아니다. 파괴는 창조와 함께 변화를 구성한다. 자원을 좀 더 생산적인 활동으로 돌리는 것은 새로운 일자리를 창출하고 새로운 기업을 만들 뿐 아니라 불가피하게 기존의 일자리를 파괴하고 기존의 공장을 폐쇄시킨다. 중대한 혁신은 산업 전체를 파괴할 수 있다. 1900년에 미국에는 10만 9천 개의 마차 및 마구 제조업체가 있었다. 물론 지금은 손에 꼽을 정도만 남아 있다. 주로 성숙한 산업에서 이뤄지는 단조로운 혁신도 일자리를 파괴한다. 가령 통신산업에서 전화교환수의 수는 연간 장거리 통화 건수가 98억 건이던 1970년에 42만 1천 명이었다가 장거리 통화 건수가 1,060억 건이던 2000년에 15만 6천 명으로 줄었다.

　창조적 파괴의 이면에서 작용하는 보이지 않는 힘은 시장, 즉 매순간 이뤄지는 수많은 거래다. 창조적 파괴는 또한 창업자와 기업이라는 두 가지 가시적 힘에 이끌린다. 미래의 가능성을 감지하고 의지력과 지력으로 실현시키는 능력을 갖춘 창업자는 창조적 파괴의 영웅이다. 창업자는 회사를 만들거나, 제품을 출시하거나, 인간의 본성에 따라 부자가 된다는 꿈을 추구함으로써 장기적으로 생산성을 향상시킨다. 그러나 그들이 소탈하거나 착한 영웅인 경우는 드물다. 그들은 거의 언제나 영혼의 제국주의라 부를 만한 죄를 범한다. 그들은 기업 왕국을 건설하고 방어하기 위해 자신의 평온부터 주위사람의 삶까지 모든 것을 희생시킨다. 위대한 창업자는 결코 쉬는 법이 없다. 그들은 생존하기 위해 계속 구축하고 혁신해야 한다. 그들은 노르웨이 사람들이 말하는 '스토르만스갈스카프

Stormannsgalskap' 혹은 '위인의 광기'에 취약하다.[4]

미국이 크게 성공한 이유 가운데 하나는 이처럼 결함 있는 영웅을 대량생산하는 능력이 뛰어나다는 것이었다. 찰스 굿이어는 경화 고무에 집착한 나머지 세 명의 자녀가 어린 나이에 죽을 만큼 가족을 가난하고 비참한 삶으로 몰아넣었다. 아이작 싱어는 복혼을 저지르고 자녀를 방치했을 뿐 아니라 아내 중 한 명의 목을 졸라 기절시켰으며, 동업자를 속여서 회사에서 몰아냈다. 내셔널 캐시 레지스터 컴퍼니National Cash Register Company의 창업자인 존 헨리 패터슨John Henry Patterson은 유행하는 식단과 운동에 집착했으며, 하루 다섯 번씩 목욕을 하고 37일 동안 단식을 한 적도 있었다.[5] 헨리 포드는 세상을 개선하기 위한 야심 찬 일련의 계획을 추진했다. 그중에는 자신이 싫어하는 소들을 없앤다는 것도 있었다. 1915년에는 제1차 세계대전을 끝내고 '소년들을 참호에서 꺼내기' 위해 다른 주요 기업인 및 평화운동가들과 배를 타고 유럽으로 건너갔다. 〈뉴욕타임스〉는 이 소식을 다룬 기사에 '크리스마스를 끝장낸 세계대전을 멈추려고 포드가 나서다'라는 제목을 달았다. 토머스 왓슨은 IBM을 '누구도 꺾을 수 없는 용기를 지닌 우리의 친구이자 인도자'에 대한 사가社歌까지 있는 추종 집단으로 만들었다.

파괴가 창조만큼 중요하듯 이 창업자들의 추한 면은 존경할 만한 면만큼 성공에 중요한 영향을 미친 경우가 많다. 과도한 일을 하지 않으면 무에서 회사를 만들고 전체 산업을 재편할 수 없다. 창업자의 부정적인 성격은 특히 나이가 들면서 악화될 경우 결국 자신이 건설한 제국을 무너트릴 수 있다. 사람들이 차를 몰 도로가 많이 생기기 전부터 차를 대량생산하게 만든 포드의 끈기는 미국 소비자가 다양성을 원한다는 사실을 무시하게 만들기도 했다. 포드의 잘못은 제너럴 모터스가 약진할 길을 열었다.

위대한 기업은 위대한 창업자의 업적을 키운다. 위대한 기업은 포드가 가격을 낮추거나, 제너럴 모터스가 선택지를 넓히거나, 현재 테슬라가 기본적인 제품을 재발명하듯이 오직 소비자에게 커다란 혜택을 안김으로써 성공할 수 있다. 동시에 기업은 경쟁 업체를 억눌러서 성공할 수 있다. 그들은 규모의 경제를 활용해 더 작고 덜 효율적인 기업을 몰아낸다. 또한 생산의 효율성을 활용해 노동 수요를 줄인다. 그들은 경쟁 업체보다 빠르게 확장하고 경쟁에 맞서기 위해 정치계의 인맥을 기꺼이 활용한다. 페이팔의 창립자인 피터 틸Peter Thiel은 《제로 투 원Zero to One》(2014년)에서 "망한 기업은 모두 경쟁에서 벗어나지 못했다는 점에서 같다"고 지적했다.[6]

창조적 파괴는 불편을 불러올 수밖에 없다. 돌풍이 거셀수록 불편이 커진다. 자리 잡은 삶의 패턴은 뿌리 뽑힌다. 오랜 산업은 파괴된다. 창조적 파괴에 대한 적대적 목소리는 대개 좌파 쪽에서 더 크다. 월마트가 신규 매장을 열거나, 공장주가 공장을 닫거나, 생체공학자가 신제품을 개발하는 것을 반대하는 시위에서 그 목소리를 들을 수 있다. 그러나 우파와 중도파도 창조적 파괴에 상당한 적의를 보인다. 1930년대 남부의 산업화에 반대하는 운동에 나선 남부농업후원단Southern Agrarians은 자본주의의 문제는 항상 '가속한다'는 것이라고 주장했다. 그들에게 '자본주의는 결코 구체적인 목표를 제시하지 않으며 무한한 확장을 시작할 뿐'이었다. 패트릭 뷰캐넌은 세계화된 자본주의를 '거대한 배반'이라고 묘사했다. '부서진 집, 뿌리 뽑힌 가정, 사라진 꿈, 청소년 비행, 기물 파손, 범죄, 이런 것들은 자유무역의 숨겨진 비용'이었다. 케네디파 민주당원인 아서 슐레진저 주니어는 '파괴적 결과를 낳는 자본주의의 진격'을 비판했다. 또 다른 중도파인 대니얼 벨은 자본주의의 '끝없는 불만족'을 걱정했다.

이런 불안은 절호의 시기에도 창조적 파괴의 필요성을 설득하기 어렵게 만든다. 게다가 창조적 파괴는 세 가지 큰 문제점을 안고 있다.

첫 번째는 창조적 파괴의 비용이 혜택보다 명백한 경우가 많다는 것이다. 창조적 파괴의 혜택은 장기적으로 분산되지만 비용은 집중되고 일찍 드러난다. 창조적 파괴의 혜택을 가장 크게 누리는 것은 가난한 주변부 사람들이다. 조지프 슘페터는 다음과 같이 문제의 핵심을 짚어냈다. "엘리자베스 (1세) 여왕은 실크 스타킹을 갖고 있었다. 자본주의의 성과는 대개 여왕에게 더 많은 실크 스타킹을 제공하는 것이 아니라 투입되는 노력의 양을 꾸준히 줄인 대가로 공장의 여공도 실크 스타킹을 가질 수 있도록 해주는 것에 있다. … 자본주의 절차는 우연이 아니라 그 작동방식의 미덕에 따라 대중의 생활수준을 점진적으로 높여준다." 그러나 가난한 주변부 사람은 가장 큰 손해를 볼 수도 있다. 이 손실은 이득보다 훨씬 눈에 띈다. 수백만 개의 실크 스타킹보다 실크 공장 때문에 일자리를 잃은 실크 직공이 더 잘 보이기 마련이다.

이는 두 번째 문제로 이어진다. 창조적 파괴는 자기를 무력화한다. 자본주의는 번영을 창출함으로써 지식인과 정치인이라는 편안한 계급을 만들어낸다. 그들은 자본주의의 무덤을 판다. 창조적 파괴의 적들은 대개 감정을 자기편에 두고 있다. 그들은 '파괴'의 명백한 해악을 지적할 수 있다. 경제적 역동성을 주장하기보다 불의를 종식하거나 최저임금을 올려야 한다고 주장하기가 항상 더 쉽다. 또한 기술 혁신은 카메라나 인터넷 계정을 가진 모든 사람에게 '파괴'의 사례로 이목을 끌 수 있는 능력을 부여함으로써 그 일을 한층 더 쉽게 만들어준다. 그들은 '집단행동의 논리'도 자기편에 두고 있다. '파괴'의 수혜자들이 한데 뭉치기보다 피해자들이 한데 뭉쳐서 개선을 요구하기가 더 쉽다.

그래서 창조적 파괴라는 '지속적 돌풍'은 정치적 반발에 직면한다. 사람들은 위협받는 일자리를 보호하고 죽어가는 산업을 구하기 위해 서로 팔짱을 낀다. 그들은 자본가의 무자비한 탐욕을 고발한다. 그 결과는 정체다. 그들은 가령 일자리나 공장을 보존하기 위해 창조적 파괴를 억누르다 결국 죽이고 만다. 복지 비용은 생산적 투자를 몰아낸다. 규제는 창업을 불가능하게 만든다. 사람들은 자기 몫의 케이크를 챙겨서 먹으려다가 결국 더 작은 케이크를 얻는다.

세 번째 문제는 창조적 파괴가 때로 파괴만 하고 창조를 하지 않을 수 있다는 것이다. 이런 일은 돈의 세계에서 가장 자주 일어난다. 활발한 금융 부문이 없으면 자본주의 경제를 성공적으로 운용할 수 없다. 상업은행, 투자은행, 헤지펀드 등은 사회의 저축을 가장 생산적인 산업과 해당 산업 내의 가장 생산적인 기업에 배분한다. 최선의 경우 금융은 가장 순수한 형태의 창조적 파괴다. 자본은 다른 어떤 생산요소보다 기민하고 가차 없다. 반면 최악의 경우 금융은 순전한 파괴에 불과하다.

금융 공황은 스스로 증식한다. 위험한 금융기관에서 예금을 인출하려는 사람들의 욕구는 다른 사람들이 예금을 인출한다는 사실로 더욱 강화된다. 사람들은 군중심리로 투자하듯 군중심리로 공황에 빠진다. 또한 금융기관은 종종 서로에게 자금을 빌려주면서 상호 연계되어 있다. 그래서 공황은 한 금융기관에서 다른 금융기관으로, 뒤이어 금융경제에서 실물경제로 번진다. 게다가 금융 공황은 예측하기 대단히 어렵다. 공황은 종종 오랜 안정기 뒤에 일어난다. 은행들은 상황이 너무 좋아서 위험한 대출도 그냥 내주는 습관에 빠진다. 일부 심각한 공황은 비교적 작은 문제에서 기인했다. 1907년 심각한 불황을 불러일으킨 전국적 공황은 한 무리의 투기꾼이 유나이티드 코퍼 컴퍼니United Copper Company의 주식을 매점하려다가 시작되었다. 매점은 실패했고, 투자자들은 큰 손실을 입었다. 예금자들은 투기꾼들과 조금이라도 관련 있는 모든 은행에서 돈을 빼냈다. 투기꾼들은 모두 금융계 기득권층과 깊이 연계되어 있어서 공황이 확산되었다.

금융 경기의 하강은 거의 언제나 상승보다 더 두드러진다. 공포가 탐욕보다 더 강력한 감정이기 때문이다. 사람들은 지금까지 노력해서 얻은 모든 것이 완전히 파괴될지 모른다는 공포에 사로잡힌다. 그래서 전염되는 피해로부터 자신을 구하려고 거의 모든 것을 시도한다. 공포는 대단히 전염성이 강하다. 시장이 상승할 때는 단순한 **군중 행동**herding이던 것이 시장이 하강할 때는 **군중 쇄도**stampede가 된다. 공황은 폭넓은 경제에도 심각한 피해를 입힌다. 투자자들은 가장 안전하고 유동적인 자산만 보유하려 든다. 현금이 왕이 되고 모두가 현금 앞에 머리를 조아린다. 대부자들은 최고의 대출자에게만 돈을 빌려준다. 신용은 말라버린다. 기업들은 무너진다. 사람들은 해고된다. 이 과정 역시 자기 강화적으로 진행된다. 공황은 위축을, 위축은 추가적인 공황을 낳는다.

창조적 파괴에서 집단적 번영으로

첫 번째 문제, 즉 비용이 혜택보다 더 가시적이라는 사실을 살필 최선의 시기는 강도 귀족의 시대에서 집단적 번영의 시대로 넘어가는 전환기다.

이 책은 남북전쟁이 끝나고 미국이 제1차 세계대전에 참전하기 전까지의 시기에 많은 공간을 할애했다. 이 시기가 창조적 파괴의 전성기였기 때문이다. 철도는 장거리 운송에서 말과 마차를 대체했다. 강철은 연철과 나무를 대체했다. 고층 건물은 하늘 높이 치솟았다. 제1차 세계대전 직전의 시기는 거리에 대한 인류의 가장 성공적인 공격수단인 자동차 및 비행기의 발명과 함께 절정에 이르렀다.

이 모든 일이 일어나는 동안 다수의 미국인은 창조보다 파괴에 주목했다. 농민은 자신이 착취당한다고 불평했다. 소상공인은 거상이 사기를 친다고 불평했다. 인정사정없는 자본주의를 사랑하는 허버트 스펜서조차 환경오염을 불평했다. 이런 불평에는 타당한 이유가 있었다. 경제적 진전을 이끄는 산업화와 도시화는 인구 과잉, 위험한 작업, 대기 오염을 불러왔다.[7] 피츠버그에서는 10만 명당 산업재해 사망자가 1870~1900년 사이 123명에서 214명으로 거의 두 배가 되었다.[8]

루스벨트나 윌슨 같은 정치인은 이 모든 불만을 성공적인 정치운동으로 결집했다. 수정 헌법 16조는 최초로 소득세를 도입했다. 그러나 이 모든 창조적 파괴는 역사상 최고로 생활수준이 향상될 수 있는 토대를 마련했다. 기술 혁신은 경제에 대한 투입물(특히 석유와 철강)의 비용에 이어 생활필수품 및 비필수품의 가격을 낮췄다. 강도 귀족의 시대는 보통사람의 시대를 위한 토대를 마련했다. 이 시대에 생활의 거의 모든 측면은 엄청나게 그리고 때로는 몰라볼 정도로 나아졌다.

일상용품의 가격은 급감했다. 헨리 데이비드 소로Henry David Thoreau는 《월든Walden》(1854년)에서 '물건의 가격은 그 물건과 교환하기 위해 즉시 혹은 오랫동안 소모해야 하는 삶의 양'이라고 설명했다. 댈러스 연준은 이 통찰을 토대로 1897년의 주요 물품 가격을 1997년 수준으로 환산했다. 환산 기준은 노동자가 해당 물품을 사기 위해 들여야 하는 노동시간이었다. 그 결과 전화기의 가격은 1,202달러, 자전거의 가격은 2,222달러였다. 실제 1997년 가격은 이보다 훨씬 낮았다는 사실은 임금 조정 물가가 얼마나 많이 떨어졌는지 말해준다.

식품 가격이 특히 많이 하락했다. 평균적인 미국인의 식비가 소득에서 차지하는 비중은 2000년에 10분의 1인데 반해 1900년에는 절반이었다. 1900년에는 잘 먹는 미국인도 과일과 채소를 충분히 섭취하지 못해서 괴혈병, 니코틴산 결핍증, 갑산선종, 구루병이 흔했다. 음식이 너무나 귀해서 윌리엄 매킨리는 1896년 대선에서 '제대로 된 저녁식사the Full Dinner Pail'라는 공약을 내걸었다. 2000년에 가장 큰 문제는 비만이었다. 미국인 가운데 27퍼센트는 공식적으로 비만으로 분류되었다. 반면 프랑스의 비만율은 6퍼센트, 일본의 비만율은 2퍼센트에 불과했다. 또한 비만은 식비 지원을 받지 않는 사람들보다 받는 사람들 사이에서 더 만연했다.

비만 문제는 식생활 측면에서는 진보가 생활의 다른 측면만큼 단순하지 않다는 사실을 말해준다. 미국인이 섭취하는 식품 가운데 다수는 지방과 설탕이 가득한 가공식품이다. 다만 맥도날드와 다른 패스트푸드 체인이 부상하기 전에도 부실한 식품은 많았다. 1900년 미국 가정의 95퍼센트는 라드lard를, 83퍼센트는 소금에 절인 돼지고기를, 90퍼센트는 옥수수 가루를 썼다. 반면 1980년에는 그 비중이 각각 9퍼센트, 4퍼센트, 22퍼센트로 줄었다.[9] 패스트푸드 혁명은 운송 비용이 줄어들고 냉장기술이 발전한 덕분에 온갖 신선식품이 연중 제공되는 신선식품 혁명과 같이 일어났다.

  주택의 품질도 엄청나게 개선되었다. 버지니아 울프^{Virginia Woolf}가 문명화된 삶의 전제 조건으로 든 자기만의 방은 드문 것에서 흔한 것이 되었다. 1900년 전체 미국 가구 가운데 절반은 방 하나에 두 명 이상이 살았다. 1980년에는 그 비중이 4.5퍼센트로 줄었다. 1900년 25퍼센트의 가구는 임차인과 집을 나눠 썼다. 1980년에는 그 비중이 2퍼센트로 줄었다.[10] 주택은 더 넓어졌을 뿐 아니라 더 편안해졌다. 1900년 대다수 주택에는 화장실이 없었다. 과잉 밀집된 공동주택의 환경은 속이 메스꺼울 지경이었다. 한 기록에 따르면 "옥외 변소는 지저분하기 짝이 없었고, 개수대는 오물로 가득했으며, 계단을 따라 구정물이 흘러 내렸다. 또한 아이들은 벽에 소벽을 봤고, 계단은 위험할 정도로 파손되었으며, 하수관은 불이 붙을 만큼 독한 하수 가스가 새어나오는 구멍 투성이였다."[11] 반면 1970년까지 99퍼센트의 가구에 상수도가 설치되었다.

  생활은 전반적으로 훨씬 깨끗해졌다. 1900년에는 농촌뿐 아니라 도시에도 사방에 동물이 있었다. 도시에 사는 140만 마리의 말들은 매일 약 11킬로그램의 배설물을 생산했고, 배설물 1톤당 90만 마리의 구더기가 살았다. 이 구더기들이 성장하면서 생긴 60억 마리의 파리가 동물의 배설물 무더기와 사람의 식판 사이를 부지런히 오갔다.[12] 양초, 석유등, 가스등 같은 다양한 조명 수단은 공기를 연기로 가득 채웠다. 공장은 모든 것을 검게 물들이는 매캐한 매연을 내뿜었다. 반면 2000년까지 미국은 철저하게 청소되었다. 슈퍼마켓은 수백 종의 청소용품을 판다. (주로 이민자인) 대규모 청소부들은 사무실과 공장을 깔끔하게 유지한다. 식당은 청결 검사를 통과하지 못하면 문을 닫아야 한다.

수명은 두 배로 늘었다. 1900년 평균적인 미국인은 약 48년 동안 살았다. 3대 감염병인 결핵, 폐렴, 콜레라로 인한 사망이 전체 사망 건수의 약 절반을 차지했다. 1918년에 발생한 독감은 미국에서 50만 명에서 60만 명, 전 세계에서 1억 명을 죽인 것으로 추정된다. 이는 제1차 세계대전 때 죽은 사람보다 훨씬 많은 수였다. 의학 수준은 너무나 후진적이어서 에이브러햄 플렉스너Abraham Flexner는 1910년에 발표한 유명한 의학 교육 보고서에서 임의의 의사에게 진찰 받는 임의의 환자가 실질적인 도움을 받을 확률이 50퍼센트에 불과하다고 밝혔다. 반면 2000년 평균적인 미국인의 기대수명은 77세였다. 3대 감염병은 거의 퇴치되었으며, 주된 사망 원인은 감염병에서 주로 식습관, 흡연, 운동 같은 개인의 선택에 따른 퇴행적 과정으로 옮겨갔다.

소수인종과 여성의 삶이 특히 많이 개선되었다. 비백인의 기대수명은 1900년에 백인 평균보다 15년 짧은 33년이었다가 2000년에는 백인 평균보다 약간 짧은 수준으로 늘어났다. 또한 1900년에는 여성 100명당 최대 1명이 아이를 낳다가 죽었다. 1세기 뒤 이 수치는 1만 명당 1명이 되었다. 가장 두드러진 진전은 아동 사망에 맞선 투쟁에서 이뤄졌다. 1900년에 아동 10명 중 1명이 유아기에 죽었다. 일부 지역에서는 그 수치가 최대 4명 중 1명이었다. 반면 2000년에는 약 150명의 아기 중 1명만 생후 첫해에 죽었다.

과학 발전이 이 진전에 기여했다. 루이 파스퇴르Louis Pasteur와 로버트 코흐Robert Koch의 연구는 질병이 병원균에 따른 것이라는 이론의 수용과 저온 살균 우유처럼 생명을 구하는 혁신으로 이어졌다. 발전하는 지식은 더 나은 행동으로 이어졌다. 도시들은 쓰레기를 치우고, 상수도를 정화하고, 하수를 처리하기 시작했다. 시민들은 손을 씻었으며, 개인적인 습관을 개선했다. 질환에 맞선 투쟁은 너무나 성공적이어서 2000년 무렵 실리콘밸리의 일부 과학자는 죽음을 담대하게 접근해야 할 사실이 아니라 해결해야 할 문제로 여기기 시작했다. 그러나 가장 중요한 동인은 사람들이 더 나은 음식, 더 크고 깨끗한 집, 개선된 의료를 누릴 수 있도록 해준 향상된 생활수준이었다.

기대수명이 늘어나는 한편 근로시간은 줄었다. 1900년 공장 노동자의 평균 근로시간은 거의 주 60시간으로 1년 내내 매일 10시간씩 일하는 셈이었다. 이 수치는 1950년까지 약 40시간으로 줄어든 뒤 줄곧 비슷한 수준에 머물렀다. 전문 직종에 속하는 일부 사람들은 분명 이보다 훨씬 오래 일한다. 긴 시간 동안 일하지 않고는 1급 학자나 변호사 혹은 저널리스트가 될 수 없다. 그러나 일도 더 좋아졌다. 1900년에 일은 때로 위험하고 대개 등골이 휠 만큼 힘들었다. 농민은 땅을 갈기 힘들게 만드는 가뭄부터 농작물을 침수시키는 홍수 그리고 농작물을 갉아먹는 벌레까지 온갖 자연재해와 씨름해야 했다. 육체노동자는 제대로 다루지 않으면 사망사고나 절단사고를 초래하는 무거운 기계와 씨름해야 했다. 반면 2000년 무렵에 일은 대체로 사무실에 앉아서 하는 것이 되었다. 10만 명당 산업재해 사망자는 1900년 38명이었다가 2000년에는 4명으로 줄었다.

노동기간도 줄었다. 1900년에 사람들은 어린 나이에 일을 시작해서 은퇴 후 두어 해 안에 죽었다. 반면 2000년에 미국인은 평균 62세에 은퇴하고 추운 북동부에서 남쪽의 선 벨트로 이주해 거의 20년을 살았다. 은퇴기는 자녀와 함께 거주하며 사망 대기실에서 잠깐 머무는 기간에서 거의 전적으로 골프, 테니스, 카드놀이 그리고 불가피하게 노화 극복에 할

애하는 새로운 삶의 단계가 되었다. 댈러스 연준의 수석 경제학자를 지낸 마이클 콕스Michael Cox가 계산한 바에 따르면 20세기 동안 사람들의 평생 노동시간이 약 25퍼센트 감소했다.

가장 두드러진 진전 가운데 하나는 세탁기, 가스레인지, 전자레인지, 식기세척기 같은 '전자 하인' 덕분에 가사 노동이 줄어든 것이다. 1900년에 하인을 둘 형편이 안 되는 노동계층 여성에게 결혼은 무기 가사 노동형과 다를 바 없었다. 스탠리 레버고트Stanley Lebergott가 추정한 바에 따르면 평균적인 가정주부는 매주 식사 준비와 설거지에 44시간, 세탁에 7시간, 청소에 7시간을 들였다. 이는 보수적인 수치일 수 있다. 같은 해 하인의 노동량을 과장할 이유가 없는 고용주들이 제시한 평균 노동시간은 주 72시간이었다. 지금은 간단한 일도 당시에는 시간을 많이 잡아먹었다. 일반적인 가정주부는 해마다 3만 4천 리터의 물을 길어와 대부분을 끓여야 했으며, 네 명의 아이를 위해 기저귀를 4만 번이나 빨았다.[13]

정확한 수치가 무엇이든 가사 노동의 양은 계속 줄었다. 네요미 래모로가 계산한 바에 따르면 1925~1927년까지 매주 기본적인 가사 노동에 할애된 시간은 식사 준비에 27시간, 세탁에 6시간, 청소에 9시간으로 줄었다. 또한 1975년에는 각각 10시간, 1시간, 7시간으로 줄었다.

공식 경제와 가정 경제에서 이뤄진 이 두 가지 변화는 평범한 사람들, 특히 여성들이 누릴 수 있는 여가 시간을 엄청나게 늘렸다. 1900년에 미국의 공휴일은 독립기념일과 크리스마스뿐이었으며, 이 이틀 외에 휴가를 즐기는 가족의 비율은 2퍼센트 미만이었다. 오락비용이 소비에서 차지하는 비중은 겨우 3퍼센트였다.[14] 그러다가 영화, 라디오, 텔레비전, 인터넷 같은 오락거리가 계속 쌓여서 지금처럼 다양한 주문형 오락거리가 제공되는 수준에 이르렀다. 2000년에 미국인이 쓴 평균 오락비용은 1900년보다 10배, 1950년보다 다섯 배 늘었다.

조명 덕분에 여가 시간도 길어졌다. 1900년에 사람들의 생활은 일출과 일몰에 좌우되었다. 밤에는 일이나 카드놀이를 할 수 없었다. 대다수 가정에서 조명용으로 쓰는 양초나 심지의 밝기가 약했기 때문이다. 또한 양초나 심지는 위험하기도 해서 끄는 것을 깜박하면 집에 불이 날 수 있었다. 1900년에 뉴욕의 공동주택 화재사고 가운데 3분의 1은 양초, 성냥, 석유등 때문에 발생한 것이었다. 지금은 푼돈으로 일주일 내내 불을 밝힐 수 있다.

변화하는 미국의 사회구조

미국의 직업구조는 몰라볼 정도로 변했다. 대다수 사람들이 농업에 종사하던 미국은 최초로 산업경제를 구축했고, 지금은 산업 및 서비스 경제를 구축했다. 캘리포니아 대학 리버사이드Riverside 캠퍼스의 수전 카터Susan B. Carter가 제안한 바에 따르면 이 변화를 이해하는 최선의 방법은 역사상 다섯 시점에서 직업 구조를 파악하는 것이다.[15]

1800년

미국은 농업사회였다. 노동자 가운데 4분의 3은 평생 땅을 일궜다. 전국 노동인구 중

30퍼센트 이상, 남부 노동인구 중 50퍼센트는 노예였으며, 그중 다수는 수출용 담배를 재배했다. 대부분의 자유노동자는 자작농이었다. 모두가 자기 몫의 노동을 했다. 주부들은 가사 노동을 했다. 큰 아이들은 곡물을 심거나 땅을 개간하는 일을 도왔다. 어린 아이들은 잡다한 집안일을 했다. 농업 외에 주된 직업은 (무역, 포경, 어업 등) 배에서 일하거나 하인으로 일하는 것이었다.

1860년

미국은 1800년보다 더욱 분명하게 두 개의 경제권으로 나누어졌다. 북부 경제는 자유노동을 바탕으로 삼고, 시장의 기제로 작동하며, 비교적 낮은 수준의 불평등이 특징인 진보적인 문명의 모범이었다. 대다수 사람들은 여전히 가족 소유 농장이나 작은 사업체에서 일했다. 그러나 규모와 범위의 논리가 자리 잡기 시작했다. 공장 노동자는 숙련된 장인을 몰아냈다. 직물공, 석공, 목공, 금속공은 모두 대량생산 이전에 물러나고 있었으며, 직종별 노조가 결성되기 시작했다. 개선된 교통(특히 운하 혁명)은 농민들이 서부로 가서 더 저렴하고 비옥한 땅을 활용하고 특정 작물을 전문적으로 재배하도록 부추겼다. 동부는 낙농과 과수 재배에 집중한 반면 서부는 곡물에 집중했다.

젊은 여성과 외국인이 노동자 가운데 현저한 비중을 차지했다. 젊은 여성은 가족 소유 농장을 떠나 급여를 받는 직장, 특히 뉴잉글랜드의 직물공장으로 많이 들어갔다. 1860년에 로드아일랜드Rhode Island의 노동인구 가운데 22.4퍼센트, 매사추세츠의 노동인구 가운데 21.2퍼센트가 여성이었다. 외국인(특히 아일랜드 노동자)은 운하와 철도를 건설하고 새로 생긴 공장에 노동력을 제공하는 데 선도적인 역할을 했다.

남부는 다른 역사적 시대에 속했다고 볼 수 있다. 노예경제는 그 어느 때보다 수익성이 좋았다. 조면기가 발명되면서 생산성이 높아졌다. 특히 영국의 직물 제조 부문에서 일어난 산업혁명은 수요를 촉진했다. 또한 남부 주가 서쪽 지역, 특히 텍사스와 캔자스로 확장되면서 노예들이 일할 목화밭으로 바꿀 수 있는 땅이 늘어났다. 노예들은 사우스캐롤라이나, 조지아, 미시시피 같은 코튼 벨트Cotton Belt 중심 주에서 노동력의 약 70퍼센트를 차지했다. 노예주들은 대개 노예화된 농업 노동력의 형태로 부를 보유했기 때문에 산업이나 인프라(도시, 도로, 학교)처럼 부를 창출하는 다른 수단에 투자할 동기가 없었다.

1910년

노예제는 폐지되었고, 총 고용에서 농업의 비중은 3분의 1 미만으로 줄어들었으며, 산업의 비중은 5분의 1로 불어났다. 또한 문자해독능력이 거의 보편적으로 확산되어 대다수가 노예의 자녀인 7.7퍼센트만 글을 읽지 못했다. 대규모 기업은 흔히 물, 석탄, 증기, 전기 같은 자원에서 동력을 얻었다. 사무직 부문에서 상대적으로 고용이 가장 크게 늘어났다. 기업에는 경영자, 회계원, 비서, 전화교환수가 필요했다. 사무직 노동자가 노동인구에서 차지하는 비중은 1870년에 8퍼센트 미만이었으나 1910년에는 19퍼센트가 되었다.

급격하게 커진 미국 노동시장의 덕을 가장 많이 본 사람들은 본국에서 일자리를 찾지 못한 유럽인이었다. 대서양 횡단을 훨씬 쉽게 만든 원양 항해 증기선이 발명되면서 이민자가 대규모로 미국에 들어왔으며, 남부 유럽인이 북부 유럽인의 이민 행렬에 합류했다.[16] 이민자는 자연스럽게 일자리가 가장 풍부하고 임금이 가장 높은 지역에 자

리 잡았다. 1910년에 해외 출생 노동자가 차지하는 비중은 전체 노동자 중에서는 22

퍼센트였지만 농업노동자 중에서는 9퍼센트 미만이었다.

갱신된 직업구조의 덕을 가장 많이 본 집단은 여성이었다. 여성이 전체 노동인구에서

차지하는 비중은 1870년에 15퍼센트였다가 21퍼센트로 늘었다. 또한 전문직에서는

1870년에 27퍼센트였다가 45퍼센트로 늘었다. 그 주된 이유는 교사직에서 여성이

늘었기 때문이었다. 다만 여성의 취업은 주로 학교 졸업과 결혼 사이의 기간으로 한

정되었다.

1950년

미국의 경제규모는 압도적으로 세계 최대였으며, 생활수준은 압도적으로 세계 최고

였다. 어떤 의미에서 미국 경제는 한껏 활성화된 구경제였다. 제조업은 최대 경제 부

문이었으며, 제조업 노동자는 노동인구의 약 4분의 1을 차지했다. 다른 한편으로 미

국 경제는 배아 상태에 있는 아주 다른 경제였다. 전문 직종 및 서비스로 구성된 사무

직 부문이 빠르게 성장하고 있었다. 여성 노동자 가운데 거의 3분의 1은 사무실에서

일했다. 사무직 일자리 가운데 상당수는 정부에 속해 있었다. 펜타곤은 세계 최대 건

물이었으며, 사무직 공무원은 빠르게 늘어났다. 고등학교 졸업장은 흔해졌다. 대학

교육은 긴 성장세로 접어들었다.

1921년과 1924년의 이민법은 성장의 원천 가운데 하나를 차단했다. 1950년에 이민자

가 노동인구에서 차지하는 비중은 150년 이래 최저 수준인 9퍼센트에 불과했다. 그

러나 원천 차단이 긍정적인 결과를 초래할 수도 있다. 노동력 부족은 임금 상승과 기

술 개발로 이어졌다. 또한 북부의 산업도시에서 일자리를 얻기 위해 낙후된 남부를

버린 흑인에게 기회를 열어주었다. 남부 이외 지역에 거주하는 흑인의 비중은 1910년에 11퍼센트였다가 1950년에 32퍼센트가 되었다. 역설적으로 유럽 노동시장과의 연결 고리를 끊는다는 미국의 결정은 북부와 남부의 노동시장을 통합하는 데 도움을 주었다.

2000년

미국의 노동인구와 관련해 가장 인상적인 점은 육체노동보다 정신노동에 훨씬 더 의존한다는 것이었다. 대다수 노동자는 물건을 만드는 것이 아니라 기호를 조작했다. 노동자 가운데 30퍼센트는 대졸자였으며, 고등학교를 졸업하지 못한 노동자는 10퍼센트 미만이었다. 또한 노동자 가운데 절반 이상은 사무직으로서 전문 직종과 서비스 직종에 종사했다.

후기 산업 경제의 확장이 지닌 이면은 구 산업경제의 위축이었다. 노동인구 가운데 제조업에 종사하는 비중은 13퍼센트, 농업에 종사하는 비중은 2퍼센트에 불과했다. 노조는 약화되었다. 노동인구 가운데 13퍼센트만 노조에 가입했으며, 노조 가입률은 민간 부문보다 공공 부문에서 더 높았다. 동시에 농업과 제조업은 좀 더 지식집약적으로 변했다. 농민은 수확량이 많은 곡물을 심었다. 공장은 표준화된 제품을 장기적으로 생산하지 않고 맞춤화된 제품을 단기적으로 생산했다.

여성과 남성의 상대적 비중은 몰라보게 달라졌다. 2000년에 여성은 노동인구의 거의 절반을 차지했으며, 이 여성 노동자 가운데 절반 이상은 기혼자였다. 여성은 더 이상 가정을 꾸리기 위해 경력을 포기하지 않았다. 노동인구에 속하는 16세 이상 여성의 비중은 1950년에 34퍼센트였다가 2000년에 60퍼센트가 되었다. 한편 동일 연령집단

남성의 경우는 그 비중이 각각 86퍼센트에서 75퍼센트로 줄었으며, 향후 계속 줄어

들 것으로 전망된다.

노동인구와 관련해 두드러지는 다른 큰 변화는 1965년에 1920년대의 이민법이 폐지

되면서 대규모 이민이 재개된 것이다. 새로운 이민자는 1920년 이전의 이민자와 많이

달랐다. 무엇보다 유럽이 아닌 아시아와 남미에서 오는 이민자의 비중이 크게 늘었

다. 또한 교육받은 이민자의 비중이 높아졌다. 1920년 이전에 대다수 유럽 이민자는

농민이었다. 그러나 1965년 이후에는 주로 남미에서 온 임시 농업 노동자와 전 세계

에서 온 고학력 노동자라는 두 집단으로 나누어졌다. 2000년 무렵에는 남미계가 노

동인구의 거의 12퍼센트를 차지했다.

기술 대 복지

20세기는 미국의 세기였을 뿐 아니라 평범한 미국인의 세기이기도 했
다. 그토록 많은 보통사람이 그토록 큰 물질적 풍요와 경제적 기회를 누
린 적은 역사상 한 번도 없었다. 그러나 지금까지 21세기의 첫 20년은 좀
더 험난했다. 미국의 군대가 이라크와 아프가니스탄에서 벌어진 장기화
된 전쟁에 발목이 잡혀 있듯이 미국의 경제는 2009년 이후 장기화된 정
체에 발목이 잡혀 있다. 미국의 번영을 이끄는 엔진은 더 이상 과거처럼
효율적으로 작동하지 않는다. 2011~2016년까지 비농업 기업의 시간당
산출량 증가율은 겨우 연평균 0.7퍼센트이며, 실질 GDP 성장률은 연 2.2

퍼센트에 불과하다.

게다가 경기 부진은 성장 엔진을 더욱 둔하게 만드는 포퓰리즘적 반발을 불러온다. 사이먼 쿠즈네츠는 이렇게 말한 적이 있다. "우리 미국인은 1인당 생산성 측면에서 경제성장이 오랫동안 이어진 데 익숙해진 나머지 인류 역사상 이만한 규모의 성장이 얼마나 이례적인지 모르고 당연하게 받아들이는 경향이 있다." 사람들은 대개 당연하게 생각하던 것을 잃는 일에 잘 대처하지 못한다. 그래서 처음에는 잃었다는 사실을 부정하면서 아무것도 변하지 않은 것처럼 번영의 수익을 소비한다. 그러다가 시간이 지나면 불평하고 분노한다.

철도 시대부터 정보 시대까지 온갖 변화가 일어났지만 미국은 창업자를 키워내는 일에서는 여전히 다른 나라보다 월등하다. 미국은 전 세계의 인재를 빨아들인다. 앤드루 카네기가 가난한 스코틀랜드 직공의 아들이었던 것처럼 세르게이 브린은 러시아 이민자의 아들이다. 또한 미국은 실패를 용인한다. 스티브 잡스와 헨리 포드(그리고 R. H. 메이시와 H. J. 하인츠)의 공통점은 모두 파산한 적이 있다는 것이다. 그리고 미국은 야심을 부추긴다. 마크 트웨인과 찰스 더들리 워너는 《도금시대》(1873년) 서문에서 "미국에서는 거의 모든 사람이 사회적으로 혹은 금전적으로 더 잘살기 위한 꿈과 계획을 갖고 있다"고 주장했다. 이 주장은 그때만큼이나 지금도 여전히 유효하다.

현 세대의 창업자는 강도 귀족이 그랬던 것처럼 문명을 근본적으로 재구성하고 있다. 또한 그들은 강도 귀족을 사로잡았던 '위인의 광기'에 사로잡혀 있다. 세르게이 브린은 줄기세포에서 고기를 만들어내고 싶어한다. 일론 머스크는 밀폐된 튜브를 통해 승객을 실어 나르는 철도를 '재발명'하고 싶어한다. 페이팔의 피터 틸은 '현대 세계가 아직 완수하지 못한 중대한 과제는 죽음을 삶의 고정된 사실에서 풀어야 할 문제로 바꾸는 것'이라고 주장한다.

이런 중대한 혁명은 19세기에 철강과 석유 혁명이 그랬던 것처럼 개선된 번영의 토대를 놓을 것이다. 프래킹 공법은 소비자와 기업 모두를 위해 석유와 천연가스 부문에 가격 하락 압력을 가하고 있다. IT 혁명의 영향은 협소하게 정의된 정보부터 전반적인 서비스까지, 가상세계부터 현실세계까지 갈수록 폭넓은 경제 부문으로 확산되고 있다.

미국이 처한 경제 문제의 원천은 다른 곳, 바로 복지 비용의 증가와 금융 시스템의 불안정에 있다.

미국의 성장 엔진 고치기

이런 문제에 대응하는 미국의 능력에 대해 비관적인 입장을 취하기는 쉽다. 사회보장이 정치계의 뜨거운 감자로 불리는 데는 그만한 이유가 있다. 금융 시스템은 산업혁명이 일어난 이래 경기 과열과 급냉에 취약했다. 미국이 현재 처한 정치적 위기는 뿌리가 깊다. 특히 미국 복지 혜택의 역사는 지출과 재원을 맞추지 못하는 오랜 무능을 드러낸다. 그럼에도 불구하고 이 문제들을 해결하는 일은 황무지를 세계에서 가장 강력한 경제대국으로 바꾼 나라에게는 전혀 불가능하지 않다.

복지제도를 개혁하는 데 성공한 나라의 여러 모범적인 사례가 있다. 이 사례들은 격려와 함께 실질적인 청사진을 제공한다. 가장 고무적인 사례는 스웨덴이다. 스웨덴 정부는 20세기 대부분의 기간에 걸쳐 계속 커졌다. 또한 국민들에게 갈수록 많은 복지 혜택을 제공했으며, 재원을 마련하기 위해 갈수록 높은 세금을 거뒀다. GDP 대비 공공 지출의 비율은 1960~1980년까지 거의 두 배로 늘었으며, 1993년에 67퍼센트로 정점을 찍었다. 1950~1990년까지 공공 부문은 100만 명 이상을 신규 채용한 데 반해 민간 부문에서는 일자리가 전혀 순증하지 않았다. 1976년,《말괄량이 삐삐Pippi Longstocking》의 작가인 아스트리드 린드그렌Astrid Lindgren은 소득의 102퍼센트에 해당하는 세금고지서를 받았다. 이에 저술 활동을 포기하고 연금을 받으며 유유자적하는 폼페리포사Pomperipossa라는 작가가 등장하는 소설을 발표했다. 경제학자들은 이 이야기를 바탕으로 폼페리포사 효과라는 말을 만들어냈다.

결국 스웨덴의 복지 체제는 벽에 부딪혔다. 1991년 스웨덴은 현지에서 '암흑의 밤 위기black-of-night crisis'로 불리는 위기에 빠졌다. 은행 시스템은 마비되었고, 해외 투자자는 정부에 대한 신뢰를 잃었으며, 주택담보대출 금리는 일시적으로 500퍼센트까지 치솟았다. 칼 빌트Carl Bildt가 이끄는 보수 정권은 나라를 구하기 위해 일련의 급진적인 조치를 단행했다. 그에 따라 GDP 대비 공공 지출의 비율은 1993년에 67퍼센트였다가 지금은 49퍼센트가 되었다. 또한 최고 세율이 도입되었고 부동산, 선물, 부, 유산에 대한 복잡한 세금이 철폐되었다. 정부는 전체 경기 주기에 걸쳐 흑자를 내야 하는 엄격한 재정 원칙을 준수했다. 그 덕분에 GDP 대비 정부 부채의 비율은 1993년 70퍼센트였다가 2010년에는 37퍼센트로 줄었다. 또한 같은 기간에 예산은 11퍼센트 적자에서 0.3퍼센트 흑자로 돌아섰다. 1998년에는 연금 체제가 확정급여형에서 확정기여형으로 바뀌면서 지급능력이 확보되었다. 또한 국민이 연금 가운데 일부를 민간 연금 상품에 넣을 수 있도록 허용하면서 민영화 요소를 도입했다. 현재 스웨덴 인구 가운데 절반 이상은 일정한 시점에 민간 연금 상품을 적극적으로 선택한다 (민간 연금 상품에 가입하지 않는 가입자의 연금은 국가가 운용하는 투자펀드로 들어간다). 무엇보다 스웨덴은 은퇴 연령을 67세로 올리고 기대수명과 함께 은퇴 연령을 자동으로 올리는 방식을 도입했다. 심지어 불경기 때 발동하는 안전장치도 마련되어 있어서 형편이 안 될 경우 급여액이 줄어든다.

스웨덴 사람들은 복지국가를 건설한 사람들이 말한 '국민의 집'이 살림을 책임감 있게 꾸려야만 생존할 수 있다는 인식 아래 당파를 초월한 합의를 토대로 급진적인 개혁을 단행했다. 또한 그들은 살림 문제에 대한 걱정을 쉬지 않는다. 그래서 스웨덴 정부는 인구 노화에 대처하기 위해 '미래위원회commission on the future'를 구성했다.

미국은 스웨덴보다 훨씬 큰 나라다. 실제로 스웨덴 인구는 뉴욕시 인구와 거의 비슷하다. 또한 미국은 스웨덴보다 합의를 훨씬 덜 중시한다. 그래도 스웨덴은 미국에 중요한 교훈을 제시한다. 특히 연금을 확정급여형 체계에서 확정기여형 체계로 바꿔서 재원 문제를 자동으로 해결하려는 의지가 그렇다(더 이상 들어오는 돈보다 많은 돈이 나갈 수 없다). 스웨덴이 이룬 다른 많은 변화도 미국에 적용할 수 있다. 스웨덴 사례는 정부의 도움에 가장 심하게 중독된 나라도 경로를 바꿀 수 있음을 보여준다. 정부는 확장할 수 있는 만큼 축소될 수 있다. 스웨덴은 모든 민주주의 국가에서 활용할 수 있는 방식을 선보였다. 바로 개혁 작업을 한 무리의 현명한 사람들에게 맡겨서 복지 지출 문제를 탈정치화하고 은퇴 연령을 기대수명과 연계하는 것 같은 자동적인 공식에 최대한 의존하는 것이다.

또한 미국은 노화의 달라진 양상에서 약간의 도움을 얻을 수 있다. 돈을 아끼는 가장 쉬운 방법은 은퇴 연령을 올리는 것이다. 현재 은퇴 연령은 2022년에 67세까지 오르도록 되어 있다. 의회 예산처가 계산한 바에 따르면 시기를 앞당기거나, 연령을 67세가 아닌 70세로 올리고 기대수명과 연계하는 등 약간의 조정만 해도 GDP를 1퍼센트 늘릴 수 있다. 연금을 임금상승률이 아니라 물가상승률과 연계하기만 해도 돈을 아낄 수 있다.

이 문제에 시급하게 대처해야 할 필요성은 사회보장신탁기금의 계리사들이 2017년 연례보고서에서 밝힌 내용으로 더욱 강조된다. 그들은 현행 체계로는 재원이 심각하게 부족하다는 사실을 인식하고 장기적으로 지불능력을 확보하려면 당장 두 가지 조치 가운데 하나(혹은 둘 다)를 선택할 수밖에 없다고 주장했다. 하나는 급여세를 4.3퍼센트포인트(3분의 1 이상의 인상) 올리는 것이고, 다른 하나는 향후 급여를 25퍼센트 삭감하는 것이다. 메디케어신탁위원회Medicare Board of Trustees도 2017년 연례보고서에서 우려의 목소리를 더했다. 그들은 메디케어가 "향후 입법을 통해 해결해야 할 상당한 재원 부족"에 직면해 있으며, "입법을 서둘러서 수급자, 제공자, 납세자가 받을 영향을 최소화해야 한다"고 주장했다.

물론 국가 연금을 받기 전까지 사람들이 더 오래 일하도록 만드는 것은 야만적이라는 주장도 있다. 그러나 은퇴 연령은 기대수명이 훨씬 짧을 때 설정되었다. 현재 65세 은퇴자가 평균적으로 더 살 수 있는 수명은 19.5년이다. 반면 (1935년에 은퇴 연령 산정 체계가 수립된 지 5년 뒤인) 1940년에는 남성은 12.7년, 여성은 14.7년이었다. 또한 은퇴 연령은 대다수 사람이 힘든 육체노동으로 몸을 혹사하던 때에 설정되었다. 요즘 사람들은 더 오래, 더 건강하게 산다. 싱크탱크인 도시연구소Urban Institute가 계산한 바에 따르면 미국의 일자리 중 46퍼센트는 힘을 쓸 일이 거의 없다.[17] 기업은 나이 많은 직원이 좀 더 편하게 일할 수 있도록 환경을 조성하는 법을 배우고 있다. 가령 BMW는 새로운 의자, 더 편한 작업화, 돋보기, 조절 가능한 테이블 같은 '노령 친화적'인 요소를 일부 생산라인에 추가했다. 그 덕분에 나이 많은 직원도 젊은 직원과 비슷한 생산성을 올릴 수 있게 되었다. 미국의 대형 의료기업인 애벗 래버러토리즈Abbott Laboratories는 베테랑 직원이 주 4일만 근무를 하거나 일 년에 25일 동안 추가 휴가를 갈 수 있도록 해준다. 1996년과 2007년 사이에 설립된 미국 기업을 대상으로 카우프만 재단Kauffman Foundation이 실시한 조사 결과에 따르면 창업 활동이 가장 활발한 연령은 55~64세 사이, 가장 저조한 연령은 20~34세 사이였다.[18] 레이 크록은 50대 때 맥도날드 프랜차이즈 시스템을 구축하기 시작했고, 커넬 할랜드 샌더스Colonel Harland Sanders는 60대 때 켄터키 프라이드 치킨 체인사업을 시작했다.

중대한 두 번째 문제는 2008년 금융 위기가 노출한 금융 시스템의 취약성이다. 이 위기는 이미 10년에 걸친 경기 부진으로 이어졌다. 금융 위기가 재발한다면 대중심리에 기댄 분노가 이미 맹렬한 시기에 전체 시스템의 정당성을 무너트려서 더욱 큰 피해를 불러일으킬 것이다.

현대 자본주의 경제가 효율적으로 작동하려면 혁신적인 금융 시스템이 필요하다. 혁신적인 금융 시스템은 새로운 공장과 아이디어에 자금을 제공하는 방식을 개선하고, 그에 따라 생산성 및 생활수준을 높일 것이다. 1980년대에 새로운 형태의 채권이 기존의 틀을 깨는 기업이 생기는 데 도움을 준 것을 생각해보라. 부진한 자본 시스템은 경제 전반에 필요한 투자를 줄여 성장을 억제하고 생활수준을 후퇴시킬 것이다. 다만 근래에 이뤄진 혁신은 레버리지를 촉진하거나 투명성을 낮춰서 위험을 높이는 등 문제 있는 경우가 너무 많았다. 이런 혁신은 금융인을 생산성 향상의 중개자가 아니라 지대추구자로 만든다.

이런 현실은 미묘한 문제를 제기한다. 어떻게 해야 금융 혁신의 건설적 측면을 무디게 만들지 않고 파괴적 측면을 막아낼 수 있을까? 금융기관이 하는 일을 일일이 규제하는 해법은 별로 도움이 되지 않았다. 이는 도드-프랭크법이 금융 시스템의 작동방식과 관련해 시장의 현실과 동떨어진 이해를 토대로 취한 접근법이었다. 이 접근법은 위험으로 가득해서 형식주의 문화를 촉진하고, 혁신을 지체시키고, 로비단체의 힘을 키우며, 가장 치명적으로는 금융 혁신가들이 관료들의 의표를 찌를 수많은 여지를 제공한다.

훨씬 나은 해법은 더 간단하기도 하다. 바로 은행이 영업을 하기 위해 유지해야 하는 준비금을 늘리는 것이다. 금융 위기로 나아갈 무렵 은행들은 평균적으로 자산의 약 10퍼센트를 자기자본으로 보유했다. 리먼브라더스의 유형 자산은 약 3퍼센트로 줄어들었다. 규제 당국이 금융 위기의 뿌리인 연쇄 부도의 가능성을 줄이기 위해 이 수치를 가령 25퍼센트 혹은 더 낫게는 30퍼센트로 유지하도록 강제했다면 2008년의 위기는 심장마비가 아니라 협심증 수준으로 그쳤을 것이다. 비금융 기업은 자산의 거의 절반을 자기자본으로 보유하기 때문에 지급 불능 사태에 직면하는 일이 드물다. 베어스턴스와 리먼브라더스는 모두 합자회사로서 출자 자본에 대한 위험을 지는 출자자들이 모든 투자를 날카롭게 감시했기 때문에 대공황에서 살아남았다. 다른 투자은행들이 상장하는 가운데 합자회사로 남은 브라운 브라더스 해리먼Brown Brothers Harriman은 월가에서 너무나 흔해진 위험한 관행을 멀리한 덕분에 금융 위기에도 사실상 아무 타격을 입지 않았다. 또한 신용등급이 높고, 대차대조표가 훨씬 작지만 모범적이다. 안타깝게도 투자은행들에게 과거 재난으로부터 잘 지켜준 합자회사 형태로 돌아가라고 강제할 수는 없을 것이다. 세계화된 시장에서 영업을 하려면 너무나 많은 자본이 필요하다. 엄격한 규율이 없는 상황에서 우리가 할 수 있는 최소한의 일은 상장기업에게 상장의 혜택을 누리는 대가를 요구하는 것이다. 그 대가는 다른 사람의 돈으로 도박을 하고 싶은 유혹에 대한 보호장치로서 대량의 완충 자본을 의무적으로 보유하는 것이다.

모든 금융 중개 기관에 이런 자본 요건을 적용해야 한다는 주장에 반대하는 목소리도 있다. 반론의 근거는 여러 해에 걸쳐 순차적으로 자본 확보를 진행한다 해도 은행의 매출과 대출을 억제한다는 것이다. 그러나 역사는 다른 사실을 말해준다. 미국의 경우 1870~2017년까지 드문 예외를 제외하고 상업은행의 자기자본 대비 순이익 비율은 완충 자본의 규모와 무관하게 5퍼센트에서 10퍼센트 사이였다. 이 비율은 2008년 금융 위기로 나아가는 시기에 뚜렷하게 강화된 상업은행의 힘과 함께 더 커진 위험을 반영해 약간 더 올라갔지만 그 정도는 미미했다.

은행은 자본금을 놓고 다른 모든 기업과 경쟁한다. 비금융 기업의 순자산 대비 세후 순이익의 비율은 1890년 이후 보통주에 대한 주식 수익률이 그랬던 것처럼 거의 1세기 동안 비슷한 수준을 유지했다. 수십 년에 걸쳐 발생한 여러 은행 위기 직후에는 은행의 자기자본 대비 이익률이 급감했지만 곧 되돌아왔다. 예를 들면 2008년에 급감했다가 2011년 무렵 반전되었다. 순이익은 약간 하락하다가도 안정된 역사적인 범위로 금세 회복되었다. 2016년에는 이익률이 9퍼센트였다. 유일하게 중대한 예외는 대공황 때 발생했다. 그러나 당시에도 1936년 무렵 1929년 수준으로 돌아왔다.

1870년 이후 은행의 꾸준한 이익률을 특히 인상적으로 만드는 것은 자산 대비 자기자본율이 뚜렷한 감소세 이후 약간의 회복세를 보였다는 사실이다. 가령 은행의 자산 대비 자기자본율은 1870년에 36퍼센트였다가 1950년에 7퍼센트까지 떨어졌다. 그 이유는 준비금이 통합되고 지불 체계가 개선되었기 때문이었다. 이후 자기자본율은 지금의 11퍼센트까지 천천히 상승했다. 따라서 역사를 지침으로 삼는다면 (자기자본 대비 이익률이 지속적으로 안정된 수준을 유지했다는 점을 감안할 때) 자산 대비 자기자본율 요건은 장기적으로 실적을 저해하지 않을 것이다. 자산 대비 순이익률이 산술적 필요에 따라 과거에 그랬던 것처럼 강화된 자기자본 요건의 비

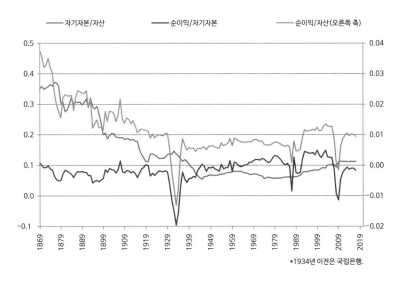

상업은행* 재무 자료
연도별, 1869~2017년

— 자기자본/자산   — 순이익/자기자본   — 순이익/자산(오른쪽 축)

*1934년 이전은 국립은행.

용을 상쇄할 수 있을 만큼 경쟁적으로 높아질 것이기 때문이다. 예대금리차는 커질 것이고 비이자 수익은 늘어날 것이다.

대출 위험이 급격하게 축소되면 은행에 대한 감독과 규제를 크게 줄이는 일이 타당해질 것이다. 의회와 규제 당국은 은행이 보유한 대출과 증권 포트폴리오의 질을 훨씬 덜 걱정해도 될 것이다. 모든 손실은 납세자가 아니라 주주들이 흡수할 것이기 때문이다. 그러면 정부는 2010년에 제정된 괴물 같은 도드-프랭크법을 철폐할 수 있을 것이다. 또한 국가의 희소한 저축으로 가장 생산성 높은 투자에 자금을 대는 은행의 주된 경제적 기능에 더 이상 간섭할 필요가 없을 것이다. 그리고 훨씬 필요한 일, 바로 사기를 몰아내는 데 규제 역량을 집중할 수 있을 것이다.

완충 자본을 보강하고 사기를 단속한다고 해서 금융 중개 기관의 모든 문제가 해결되지는 않을 것이다. 그래도 그것은 중요한 일이다. 사람들은 언제나 너무 많은 위험을 축적할 것이다. 혁신은 언제나 위험한 불장난을 할 것이다. 그림자은행 시스템이 다음 위기의 근원이 될지도 모른다. 자본주의는 결코 멈출 수 없으므로 결코 위험을 벗어날 수 없다. 그러나 앞서 말한 대책은 지금처럼 의도는 좋지만 방향이 잘못된 제도를 적용하는 것보다 전염의 위험을 줄이는 한편 금융 시스템의 역동성을 보존하는 데 더 도움이 될 것이다.

미국의 성장 잠재력 되살리기

우리는 1620년 스위스 다보스에서 오늘날과 같은 세계경제포럼이 열렸다면 미국이 나중에 패권국이 될 줄 누구도 예상치 못했을 것이라는 주장과 함께 이 책을 시작했다. 그래서 비슷한 질문에 답하면서 이 책을 마무리하는 것이 적당할 듯하다. 미국은 지난 100년처럼 앞으로도 계속 세계를 지배할까? 아니면 과거의 부상처럼 예상하지 못한 몰락을 보게 될까?

미국은 영국을 대신해 세계 최고의 경제대국이 된 이래 처음으로 또 다른 경제대국의 도전을 받고 있다. 중국의 경제 규모는 구매력평가 purchasing power parity로 따지면 미국보다 크다. 구매력평가 기준으로 2016년 미국의 GDP는 18조 6천억 달러인데 비해 중국의 GDP는 21조 3천억 달러다. 중국의 제조업 산출량은 10여 년 전에 미국을 앞질렀다. 수출량도 50퍼센트나 더 많다. 2017년에 퓨Pew가 조사한 바에 따르면 중국의 경제력이 미국보다 강하다고 생각하는 사람의 비율이 영국(46퍼센트 대 31퍼센트), 독일(41퍼센트 대 24퍼센트), 캐나다(42퍼센트 대 32퍼센트)에서 더 많았다. 중국은 영국과 아주 다른 상대다. 인구나 국토 면적 같은 물리적 측면에서 훨씬 클 뿐 아니라 근래에 경제성장률도 10퍼센트에 달할 만큼 훨씬 역동적이다.

중국은 현재 성공 가도를 달리는 반면 미국은 가끔 길을 잃은 것처럼 보인다. 미국의 정치계는 포퓰리즘으로 선회했다. 미국은 때로 20세기에 자신이 만들고 그 힘을 키우기 위해 대단히 많은 일을 한 국제기구(IMF, 세계은행, WTO, 심지어 나토)에 불만을 품은 듯 보인다.

아마 21세기에 미국의 지배력은 20세기보다 약해질 것이다. 중국이 세계 GDP에서 차지하는 비중은 갈수록 늘어날 것이며, 유럽은 20세기처럼 스스로 분열하지 않을 것이다. 그래도 미국은 1인당 GDP 측면에서 5만 7,609달러 대 8,123달러(혹은 구매력평가 기준으로는 1만 5,395달러)로 중국보다 여전히 많이 앞서 있다. 또한 세계 GDP에서 차지하는 비중을 유지하는 일도 유럽보다 잘해내고 있다.

중국도 세계경제의 조정자로서 미국을 대체할 기미를 보이지 않고 있다. 미국은 인공지능, 로봇공학, 무인자동차, 금융 등 미래를 발명하는 모든 산업을 주도한다. 또한 포퓰리즘에 따른 온갖 문제에도 불구하고 중국이 갖지 못한 귀중한 것을 갖고 있다. 그것은 바로 대통령의 권력을 제한하고 차기 지도자에게로 성공적인 권력 승계가 이뤄지도록 해주는 안정된 정치체제다. 지금까지 미국의 억만장자가 상하이나 베이징에 도피처를 구매했다는 이야기는 들려오지 않고 있다.

지금까지 미국은 거듭 이전의 실패를 극복했다. 1930년대에 미국은 역사상 가장 길고 깊은 불황에 시달렸다. 그러다가 제2차 세계대전이 끝난 뒤에는 세계 최고의 경제대국으로 부상해 20년에 걸친 지속적인 성장세를 구가했다. 1970년대에 미국 경제는 스태그플레이션에 시달렸으며, 기업들은 독일과 일본 기업에게 패배했다. 그러다가 1980년대와 1990년대에 IT 혁명과 세계화가 안긴 기회를 잡아서 세계에서 가장 역동적인 경제대국의 위상을 회복했다. 미국이 다시 같은 능력을 발휘할 수 있다고 믿는 데는 그만한 이유가 있다.

현재 미국이 직면한 문제들은 노화된 기술이 아니라 부실한 정책에 따른 것이다. 그렇다고 해서 이 문제들이 사소하다는 말은 아니다. 이 문제들을 해결하지 않으면 미국의 성장률은 계속 감소할 것이다. 그래도 최소한 이 문제들은 해결 가능하다. 일각에서는 미국이 저성장의 늪에 빠졌다고 주장한다. 우리는 그보다 미국이 스스로 만든 족쇄를 차고 있다고 생각한다. 걷잡을 수 없이 비대해진 복지제도와 부실하게 수립된 규제는 미국이 잠재력을 살리지 못하게 만들고 있다. 복지제도는 자원을 자본 지출과 그에 따른 생산성 개선의 재원이 되는 저축이 아니라 소비로 돌린다. 규제는 미래에 대한 불확실성을 높여서 기업이 장기적으로 보상을 얻을 수 있는 사업에 대한 투자를 꺼리게 만든다. 족쇄 비유는 낙관적인 시각을 담고 있다. 늪은 본질적으로 빠져나오기 힘들다. 반면 족쇄는 열쇠만 있으면 벗을 수 있다.

지금까지 우리는 미국이 족쇄를 벗는 데 필요한 모든 열쇠를 가졌다는 사실을 보여주었다. 중대한 문제는 미국이 그 열쇠를 돌릴 정치적 의지를 가졌는지 여부다.

부록 자료와 방법론

   미국의 경제사를 저술하는 데 가장 큰 어려움 가운데 하나는 초기 자료가 부족하다는 것이다. 이는 초기 시대에 대한 명확한 그림을 제공하는 일을 어렵게 만들 뿐 아니라, 국가 수립 시기(및 그 이전 시기)로 거슬러 올라가는 시계열을 구성하기 어렵게 만든다.

   국가 수립 초기와 관련된 자료가 부족하다는 사실은 경제적 자료에 대한 기업의 수요가 미미했음을 말해준다. 당시 거의 모든 경제활동은 국가적 자료는 거의 필요 없고 지역의 기후에 주로 의존하는 농업과 관련되어 있었다. 그러다가 19세기 말부터 전국적 기업 활동의 대리지표로 간주되는 철도 화물 적재량과 (금융계를 지배한 뉴욕시를 제외한 기타 지역의) 은행 결제액이 집계되었다.

   대공황이라는 유례없는 충격이 있고 나서야 전국적 경제 통계의 필요성을 느낀 정부는 사이먼 쿠즈네츠와 전미경제연구소를 통해 경제활동의 가장 포괄적 지표인 국민소득계정에 대한 자료를 체계적으로 수집하기 시작했다. 1934년 상무부는 1929년까지 거슬러 올라가는 최초의 자료를 발표했다. 이 자료는 뒤이어 통계국, 노동통계국, 농무부(경제연구소

Economic Research Service), 연준이 정리한 분석 자료로 보완되었다.

현대 역사학자들은 1929년 이전 시기에 대해 주로 1790년부터 헌법에 따라 승인된 10년 단위 조사 결과를 중심으로 한 통계자료에 의존해야 했다. 그래도 1929년부터 현재까지의 자료를 살펴보면 1929년 이전의 경제상황에 대해 많은 것을 알 수 있다. 가령 1929~2017년까지 시간당 산출량 증가율이 연 2.5퍼센트라는 사실을 바탕으로 1790년의 상황을 그려보면 생활수준이 우리가 당대의 기록을 통해 알게 된 생활수준보다 상당히 낮았을 것이라고 가정할 수 있다. 또한 당대의 글(및 그림)뿐 아니라 지금까지 남은 사례를 통해 사람들이 어떤 형태의 집에서 살았고, 어떤 종류의 운송 수단을 활용했는지 알 수 있다. 독립군이 먹은 전투식량(칼로리 기준)뿐 아니라 일부 경우에는 일반인이 먹는 음식을 자세히 설명한 자료도 있다. 이런 자료는 1929년과 2017년 사이보다 19세기와 20세기 초에 생산성이 느리게 향상되었음을 말해준다.

지금까지 종종 새로운 통계기법으로 이 통계적 간극을 메우는 연구자들이 계속 늘어나고 있다.[1] 일부 역사학자는 우리가 보기에 가장 신뢰할 만한 수준으로 역사적 명목 및 실질 GDP와 관련된 다양한 추정치를 제시했다(밀레니엄 에디션Millennial Edition 시리즈).[2] 이 추정치는 1929년 이전 시기와 관련해 우리가 활용한 자료 체계의 기틀을 제공했다. 앞서 말한 통계기법은 《미국의 역사적 통계 밀레니엄 에디션Historical Statistics of the United States Millennial Edition》에 자세히 설명되어 있다.[3] 이 통계집은 1949년부터 통계국이 발표한 다양한 역사적 통계를 정리한 것이다. 우리는 다양한 자료를 활용해 밀레니엄 시리즈에 제시된 실질 GDP를 가계 부문(비영리기관 포함), 정부 부문(연방, 주, 시), 기업 부문(농업 및 비농업)으로 나눴다. 또한 모든 경우에 1929년부터 현재에 이르는 시기와 관련해 경제분석국이 발표한 자료를 사실로서 참고했다.

우리가 1929년 이전 시기의 주요 경제 부문별 GDP를 추정한 방식은 다음과 같다.

주로 자가 소유 주택의 귀속집세imputed rent로 구성되는 가계 부문 GDP는 다양한 조사에서 나온 자가 소유 주택 수(1890년~현재)[4] 및 가구 수(1850년~현재)[5]와 데이비드 위어David Weir[6] 및 토머스 와이스Thomas Weiss[7]가 조사한 1800년 이후의 노동인구 자료를 바탕으로 추정했다. 정부 부문 GDP는 연방 정부, 주 정부, 시 정부의 지출 자료를 바탕으로 추정했다. 1789년까지 거슬러 올라가는 연방 정부 지출 자료는 재무부에서 구할 수 있다.[8] 1902년까지 거슬러 올라가는 주 정부 및 시 정부 지출 자료는 상무부에서 구할 수 있다.[9] 1902년 이전의 지출은 쉴라Sylla, 레글러Legler, 월리스Wallis가 조사한 세수(1800~1900년) 및 부채 변동(1838~1902년) 자료를 바탕으로 추정했다.[10] 농업 부문 GDP는 로버트 마틴Robert Martin이 조사한 농가 소득(1869~1937년) 자료[11]와 마빈 타운Marvin Towne 및 웨인 라스무센Wayne Rasmussen이 조사한 농가 산출량(1800~1900년) 자료[12]를 바탕으로 추정했다. 그다음 가계, 정부, 농업 부문 GDP를 밀레니엄 에디션 시리즈의 GDP에서 빼는 방식으로 비농업 기업 부문 GDP를 도출했다. 생산성은 전통적으로 기업 부문에 대해서만 측정된다.

우리는 총 업무시간을 추정하고 그 수치를 기업 산출량과 비교해 생산성을 도출했다. 구체적으로는 먼저 농업 및 비농업 기업 고용 인원을 추정한 다음 두 부문의 주간 평균 업무시간에 대한 추정치와 곱했다. 이때 위어[13]와 와이스[14]가 조사한 총 고용 인원과 농업 부문 고용 인원 자료를 활용했다. 총 고용 인원에서 농업 부문 고용 인원을 빼면 비농업 부문 고용 인원이 나온다. 이 수치를 조정해 비농업 기업 고용 인원을 도출했다. 시간당 산출량을 계산하려면 일관된 연(혹은 주) 평균 근로시간 자료가 필요하다. 19세기 초에 공장 노동자가 아주 오랜 시간 일했다는 일화적 증거, 특히 아동 노동과 관련된 증거는 많다. 이 자료 계열에서 우리가 기준으로 삼은 것은 존 켄드릭John Kendrick이 1869년까지 거슬러 올라가 조사한 제조업 부문 평균 근로시간 자료다. 1869년의 주 평균 근로시간은 57.7시간 혹은 주 6일 동안 하루 거의 10시간이다. 우리는 이 자료가 모든 노동자에게 해당되며, 1869년 이전에는 근로시간이 약간 더 길었다고 가정했다.

이후 근로시간은 조금씩 줄어들기 시작하다가 1914년에 급격하게 줄어들었다. 당시 헨리 포드는 공장 직원의 급여를 두 배로 늘리고 하루에 8시간 일한 뒤에는 생산성이 별로 늘지 않는다는 판단 아래 근로시간을 9시간에서 8시간으로 줄였다. 이후 생산성과 수익성이 늘어난 것을 보고 대다수 기업도 곧 뒤를 따랐다.

뉴딜은 1938년에 제정된 공정노동기준법Fair Labor Standards Act을 불러왔다. 이 법은 전체적으로 노동인구의 약 5분의 1을 고용하는 여러 산업에 적용되었으며, 최장 근로시간을 40시간으로 정하고 연장 근무에 대해 추가 보상을 하도록 만들었다. 이후 평균 근로시간은 대개 안정적으로 유지되었다.

농업 부문의 주 평균 노동시간에 대한 추정치는 다양한 일화적 자료에 의존했다. 한 가지 두드러진 문제는 계절별 조정을 통해 (아마도) 파종기 및 추수기 동안의 긴 노동시간과 겨울 동안의 짧은 노동시간 사이에 균형을 맞추는 방법이었다. 그래야만 1년 전체에 걸쳐 주 평균 노동시간을 타당하게 도출할 수 있었다. 또 다른 고민은 가족농장의 경우 일출부터 일몰까지 다른 집안일이 아니라 순수하게 농사일만 한 시간이 얼마나 되는지 파악해야 한다는 것이었다. 다양한 자료를 참고해 주 노동시간을 추정하기는 했지만 특히 켄드릭이 조사한 생산성 추세가 많은 도움을 주었다.[15] 비농업 기업 부문의 주 평균 근로시간에 대한 추정치는 보우든 Bowden[16]과 켄드릭[17]이 정리한 제조업 부문 자료에 의존했다. 농업 기업 고용 인원과 비농업 기업 고용 인원을 각각의 주 평균 근로시간과 곱하면 총 주 근로시간이 나온다. 이 수치를 연율로 환산하면 총 근로시간이 도출된다.

농업 기업 및 비농업 기업 생산성은 농업 기업 및 비농업 기업 GDP 추정치를 각각의 총 근로시간으로 나눠서 계산했다. 그다음 이 추정치를 토대로 노동통계국이 1947년부터 발표한 수치를 참고해 1800년에 대한 추정치를 도출했다.

또한 우리는 역사적 농업 및 비농업 GDP에 대한 추정치를 바탕으로 노동통계국이 1948년부터 발표한 다요소생산성 자료를 참고해 1900년에 대한 추정치를 도출했다. 이때 노동통계국의 자세한 추정치를 단순화시킨 형태를 활용했다.[18] 우리는 국가 자본 및 감가상각률에 대한 레이먼드 골드스미스Raymond Goldsmith의 자료에서 자본 서비스를 도출했다.[19] 또한 진학 자료를 바탕으로 기술 수준을 반영한 근로시간 추정치로부터 노동 투입량을 산출했다.[20] 노동 소득의 비중은 로버트 마고[21]와 스탠리 레버고트[22]의 소득 자료에서 도출했다.

1855~1970년까지의 '기업 활동'에 대한 전미경제연구소 자료는 경제분

석국 자료와 연계해 분기별 기업 가동률 계열을 구성하도록 해주었다. 이 자료는 초기의 경기 주기를 분석하는 데 특히 유용했다.

남북전쟁은 물론 미국의 경제사에서 특이한 시기였다. 우리는 북부 연방과 단명한 남부 연합에 대해 연 단위 하위 데이터 세트를 구성하려고 노력했다. 또한 1790~1919년까지의 전미경제연구소 기업 연감(1926년 출판)은 정량적 자료가 거의 없는 가운데 정성적 측면에서 경기의 단기적 방향을 파악하는 데 도움이 되었다. 정량적 자료를 구할 수 있는 가장 유용한 원천은 세인트루이스 연준의 방대한 데이터베이스였다.

감사의 글

우리가 이 책을 쓰는 데 도움을 준 많은 사람들에게 감사의 말을 전할 수 있어서 기쁘다. 그린스펀 어소시에이츠Greenspan Assoicates의 제프리 영Jeffrey Young은 수많은 도표와 그래프를 만들고 모든 수치를 확인했다. 앨리슨 서베니Allison Theveny는 지치지 않는 팩트 확인자였을 뿐 아니라 현실적이고 조직적인 도움을 주었다. 〈이코노미스트〉의 셀리나 던롭Celian Dunlop은 이미지를 모으는 데 도움을 주었다. 실라 앨런Sheila Allen, 잉그리드 에슬링Ingrid Esling, 마크 도일Mark Doyle, 레이첼 호우드Rachel Horwood는 날카로운 눈으로 교정 작업을 해주었다. 사브리나 발레이든Sabrina Valaydon, 팻시 드라이든Patsy Dryden, 제니퍼 브라운Jennifer Brown은 귀중한 도움을 주었다. 울드리지는 특히 우리가 워싱턴 DC에서 오랫동안 같이 일할 수 있도록 3개월 휴직을 허가해준 재니 민턴 베도스Zanny Minton Beddoes 편집장에게 감사드린다. 그밖에 윌로우비 후드Willoughby Hood와 조셉 애시Joseph Ashe는 팩트 확인을 도와주었다. 펭귄 프레스Penguin Press의 경우 꼼꼼하게 일해준 교열 담당자와 소시지 제조 과정을 최대한 입맛 당기게 보여준 편집자, 크리스토퍼 리처즈Christopher Richards와 미아 카운슬Mia Council에게 감사드리고 싶다. 또한 우리를 연결하고, 프로젝트를 제안하고, 제목을 구상하며, 그것으로도 부족하다는 듯 신중하게 박차와 굴레를 활용해 우리를 계속 나아가게 해준 스코트 모이어스Scott Moyers에게 특히 고마움을 전한다. 여전히 이 책에 남은 모든 오류나 부적절한 내용은 당연히 전적으로 우리의 책임이다.

그래프와 표 출처

58쪽 콘티넨털 화폐 할인율 대 잔고: Eric P. Newman, *The Early Paper Money of America*, 5판, Iowa, Wisconsin: Krause Publications, 2008, pp. 61-71, 481.

61쪽 비농업 기업 가동률: National Bureau of Economic Research, Index of American Business Activity for United States [M12003USM516NNBR], 링크, FRED, Federal Reserve Bank of St. Louis; https//fred.stlouisfed.org/series/M12003USM516NNBR. Federal Reserve Board, Institute for Supply Management, U.S. Bureau of Economic Analysis.

101쪽 뉴올리언스의 젊은 농장 노동자 평균 가격: Susan B. Carter, Scott Sigmund Gartner, Michael R. Haines, Alan, L. Olmstead, Richard Sutch, and Gavin Wright, editors, *Historical Statistics of the United States: Millennial Edition*. New York: Cambridge University Press, 2006. Series Bb209, vol. 2, p. 381.

104쪽 남부 연합 주별 과세 재산 현황(1861년): Historical Statistics, series Eh50 and Eh57, vol. 5, p. 787.

107쪽 1인당 실질 GDP: Richard Sutch, "National Income and Product," in *Historical Statistics*; Richard Easterlin, "Interregional Differences in Per Capita Income, Population, and Total Income, 1840-1950," in The Conference on Research in Income and Wealth, *Trends in the American Economy in the Nineteenth Century*, Princeton: Princeton University Press, 1960; Peter H. Lindert and Jeffrey G. Williamson, "American Incomes 1774-1860," in NBER Working Paper Series, Working Paper 18396, National Bureau of Economic Research: 2012. 링크, http://www.nber.org/papers/w18396.pdf; Willard Long Thorp and Hildegarde E. Thorp, "The Annals of the United States of America," in Willard Long Thorp, *Business Annals*, National Bureau of Economic Research, 1926.

108쪽 남부 연합 통화량과 물가 수준: *Historical Statistics*, series Eh18 and Eh128, vol. 5, pp. 792-793.

111쪽 연방 주의 농장 및 농업 산출량: *Historical Statistics*, series EH8-Eh39, vol. 5, pp. 784-785.

121쪽 비농업 기업 생산성과 혁신: 〈부록〉 자료와 방법론 참고.

126쪽 철도 건설량: *Historical Statistics*, series DF882, DF883, and Df884, vol. 4, p. 917; *Historical Statistics*, series Df928, vol. 4, p. 923

129쪽 베서머 강철의 도매가: Historical Statistics, series Cc244, vol. 3, p. 213.

131쪽 등유와 원유 가격: Ethel D. Hoover, "Retail Prices After 1850," in The Conference on Research in Income and Wealth, *Trends in the American Economy in the Nineteenth Century*, Princeton: Princeton University Press, 1960; National Bureau of Economic Research, http://www.nber.org/databases/macrohistory/contents/chapter04.html.Series 04091 and 04182, U.S. Energy Information Administration.

179쪽 철강 도매가: *Historical Statistics*, series Cc244 and Cc245, vol. 3, p. 213.

182쪽 특허권 부여 내역: *Historical Statistics*, series Cg31, Cg32, Cg33, vol. 3, p. 427.

191쪽   연방 정부 지출: 〈부록〉 자료와 방법론 참고.

193쪽   유권자 투표율: *Historical Statistics*, series Eb153, vol. 5, p. 173; U.S. Census Bureau, Federal Election Commission.

211쪽   물가와 임금: *Historical Statistics*, series Ba4218, vol. 2, p. 256; *Historical Statistics*, series Ca13, vol. 3, p. 23; *Historical Statistics*, series Cc114, vol. 3, p. 181.

233쪽   파업 노동자 수: Historical Statistics, series Ba4955 and Ba4962, vol. 2, pp. 354-355.

249쪽   광고 지출: https://galbithink.org/ad-spending.htm.

267쪽   다우존스 산업평균지수: 〈월스트리트저널〉

273쪽   미국 공식 금 보유고: 재무부 장관 연례보고서, 복수 연도, https://fraser.stlouisfed.org/title/194; 국제통화기금.

297쪽   노조 가입률: *Historical Statistics*, series Ba4783 and Ba4788, vol. 2, p. 336.

331쪽   제조업 부문 노동자 비중: Historical Statistics, series Dd4 and Dd5, vol. 4, p. 579; U.S. Bureau of Labor Statistics.

349쪽   해외 출생 인구: Historical Statistics, series Aa22 and Aa32, vol. 1, p. 36.

355쪽   민간 기업 시간당 산출량 증가율: U.S. Bureau of Labor Statistics.

363쪽   미국 공식 금 보유고: 재무부 장관 연례보고서, 복수 연도, https://fraser.stlouisfed.org/title/194; 국제통화기금.

368쪽   원산지별 미국 자동차 판매량: *Historical Statistics*, series Df347, Df348, Df350, and Df351, vol. 4, p. 832; U.S. Bureau of Economic Analysis; Thomas H. Klier, "From Tail Fins to Hybrids: How Detroit Lost Its Dominance of the U.S. Auto Market," in *Economic Perspectives*, vol. 33, no. 2, 2009, Federal Reserve Bank of Chicago; *Ward's Automotive Yearbook*, 2012, Ward's Automotive Group, Penton Media Inc., Southfield, Michigan, 2012.

370쪽   미국 철강 통계: U.S. Geological Survey, 2014, 철강 통계 출처, T. D. Kelly and G. R. Matos, comps.; 광물 및 원자재 관련 역사적 통계 출처, U.S. Geological Survey Data Series 140, 링크, http://minerals.usgs.gov/minerals/pubs/historical-statistics/.

423쪽   미국의 선별 광물 원자재 소비량: U.S. Geological Survey, 2014, 복수 통계, T. D. Kelly and G. R. Matos, comps.; 광물 및 원자재 관련 역사적 통계 출처, U.S. Geological Survey Data Series 140, 검색처, http://minerals.usgs.gov/minerals/pubs/historical-statistics/.

435쪽   미국의 국가별 수입 비중: 국제통화기금.

453쪽   미국 기업 부문 생산성 증가율: U.S. Bureau of Labor Statics.

476쪽   국내총저축과 정부 복지 비용: U.S. Bureau of Economic Analysis.

477쪽   자본금과 생산성: U.S. Bureau of Economic Analysis; U.S. Bureau of Labor Statistics.

479쪽   기업의 고정자산 투입 현금 흐름 비율: U.S. Bureau of Economic Analysis; National Bureau of Economic Research.

480쪽   연방 규제 법안의 페이지 수: George Washington University Regulatory Studies Center.

486쪽   연방 공공 부채: 의회 예산처.

517쪽   상업은행 재무 자료: Office of the Comptroller of the Currency; Federal Reserve Board; Federal Deposit Insurance Corporation.

주석

머리글

1 Alan Macfarlane, *The Origins of English Individualism: The Family Property and Social Transition* (Oxford: Basic Blackwell, 1979).

2 Angus Maddison, *The World Economy: A Millennial Perspective* (Paris: OECD, 2001), 28.

3 Daniel J. Boorstin, *The Americans: The National Experience* (New York: Vintage Books, 1965), 115.

4 Robert D. Kaplan, *Earning the Rockies: How Geography Shapes America's Role in the World* (New York: Random House, 2017), 133.

5 Alan Greenspan, *The Map and the Territory 2.0: Risk, Human Nature, and the Future of Forecasting* (New York: Penguin Press, 2013), 152-76.

6 Susan B. Carter, Scott Sigmund Gartner, Michael R. Haines, Alan L. Olmstead, Richard Sutch, and Gavin Wright, eds., *Historical Statistics of the United States: Millennial Edition* (New York: Cambridge University Press, 2006).

7 Charles R. Morris, *The Dawn of Innovation: The First American Industrial Revolution* (New York: Public Affairs, 2012), 242-43.

8 David M. Kennedy, *Freedom from Fear: The American People in Depression and War, 1929-1945* (New York: Oxford University Press, 1999), 615.

9 https://www.history.co.uk/history-of-america/transcontinental-railroad.

10 1860년 3월 26일, 〈뉴욕 해럴드New York Herald〉는 센트럴 오버랜드 캘리포니아Central Overland California와 파이크스 피크 익스프레스 컴퍼니Pike's Peak Express Company가 뉴욕에서 '샌프란시스코까지 8일 만에 우편물을 배달하는' 서비스를 제공한다는 기사를 실었다. 이 기사에 따르면 "포니 익스프레스의 첫 운송편은 4월 3일 오후 5시에 미주리강에서 출발하고, 이후 매주 정기적으로 출발하며, 편지만 배달한다." 첫 중계 구간인 뉴욕과 미주리주의 세인트 조셉St. Joseph은 전신으로 연결되었지만 전신선은 거기서 끝났다.

11 Ann Norton Greene, *Horses at Work: Harnessing Power in Industrial America* (Cambridge, MA: Harvard University Press, 2008), 1-2.

12 상동, 41.

13 Paul David, "Computer and Dynamo: The Modern Productivity Paradox in a Not-Too-Distant Mirror," Center for Economic Policy Research, No. 339, Stanford University, 1989. 7. 추가 참고 문헌: "The Dynamo and the Computer: A Historical Perspective on the Modern Productivity Paradox," *American Economic Review* 80, no. 2(1990. 5). Papers and Proceedings of the Hundred and Second Annual Meeting of the American Economic Association, 355-61.

14 Stanley Lebergott, *Pursuing Happiness: American Consumers in the Twentieth Century* (Princeton, NJ: Princeton University Press, 1993), 37-39.

15 집안일은 GDP에 기여하는 투입요소로 간주되지 않으므로 생활수준에 이런 중대한 진전이 있어

도 시간당 산출량이나 다요소생산성에서 포착되지 않는다.

16 Deirdre Nansen McCloskey, *Bourgeois Equality: How Ideas, Not Capital or Institutions, Enriched the World*(Chicago: University of Chicago Press, 2016), 154.

17 Ernest Freeberg, *The Age of Edison: Electric Light and the Invention of Modern America*(New York: Penguin Books, 2013), 76-80.

1장 상업공화국: 1776~1860년

1 John McCusker, ed., "Colonial Statistics," in *Governance and International Relations*, vol. 5 of *Historical Statistics of the United States: Millennial Edition*, ed. Susan B. Carter et al.(New York: Cambridge University Press, 2006), 627; Richard Sutch, ed., "National Income and Product," in *Economic Structure and Performance*, vol. 3 of *Historical Statistics of the United States: Millennial Edition*, 3.

2 Robert H. Wiebe, *Self-Rule: A Cultural History of American Democracy*(Chicago: University of Chicago Press, 1995), 17.

3 Gordon S. Wood, *The American Revolution: A History*(New York: Modern Library, 2002), 9.

4 Alan Taylor, *American Revolutions: A Continental History, 1750-1804*(New York: W. W. Norton, 2016), 375.

5 인용 출처: Douglas A. Irwin, *Clashing over Commerce: A History of U.S. Trade Policy*(Chicago: University of Chicago Press, 2017), 121.

6 Taylor, *American Revolutions*, 23.

7 Ann Norton Greene, *Horses at Work: Harnessing Power in Industrial America*(Cambridge, MA: Harvard University Press, 2008), 48.

8 Alan L. Olmstead and Paul W. Rhode, ed., "Crops and Livestock," in *Economic Sectors*, vol. 4 of *Historical Statistics of the United States: Millennial Edition*, 18.

9 Oscar Handlin and Lilian Handlin, *Liberty in Expansion 1760-1850*(New York: Harper & Row, 1989), 246-47.

10 W. B. Todd, ed., *An Inquiry into the Nature and Causes of "The Wealth of Nation,"* vol. 2 of Glasgow Edition of the Works and Correspondence of Adam Smith(Oxford: Clarendon Press, 1976), 578.

11 "Fin Tech: The First Venture Capitalists," *The Economist*, 2015. 12. 30.

12 Walter A. McDougall, *Freedom Just Around the Corner: A New American History 1585-1828*(New York: HarperCollins, 2004), 40.

13 David Reynolds, *America, Empire of Liberty*(London: Allen Lane, 2009), 144-45.

14 McDougall, *Freedom Just Around the Corner*, 490.

15 Taylor, *American Revolutions*, 23.

16 U.S. Debt and Foreign Loans, 1775-1795, Department of State, Office of the Historian, https://history.state.gov/milestones/1784-1800/loans.

17 베어링 브라더스는 1800~1804년까지 프랜시스 베어링 앤드 컴퍼니Francis Baring and Co.였다가 1804년에 베어링 브라더스로 이름을 바꾸었다.

18 Robert Gallman, "Growth and Change in the Long Nineteenth Century," in *The Long Nineteenth*

Century, vol. 2 of *The Cambridge Economic History of the United States*, ed. Stanley Engerman and Robert Gallman(Cambridge: Cambridge University Press, 2000), 13.

19 James McPherson, *Battle Cry of Freedom*(Oxford: Oxford University Press, 1988), 6.

20 Wiebe, *Self-Rule*, 43.

21 상동, 41.

22 "Median Age of the Population, by Race, Sex, and Nativity: 1790 to 1970," Bureau of the Census, *Historical Statistics of the United States: Colonial Times to 1957*, vol. 1(Washington, D.C.: U.S. Government Printing Office, 1975), 19.

23 Walter A. McDougall, *Throes of Democracy: The American Civil War Era 1829-1877*(New York: HarperCollins, 2008), 140.

24 Daniel J. Boorstin, *The Americans: The National Experience*(New York: Vintage Books, 1965), 25.

25 상동.

26 Louis P. Cain, "Entrepreneurship in the Antebellum United States," in *The Invention of Enterprise*, ed. David S. Landes, Joel Mokyr, and William J. Baumol(Princeton, NJ: Princeton University Press, 2010), 348.

27 상동, 349.

28 H. W. Brands, *Masters of Enterprise: Giants of American Business from John Jacob Astor and J. P. Morgan to Bill Gates and Oprah Winfrey*(New York: Free Press, 1999), 33.

29 Gavin Wright, ed., "Natural Resource Industries," in *Economic Sectors*, vol. 4 of *Historical Statistics of the United States: Millennial Edition*, 275.

30 U.S. Energy Information Administration, "Annual Energy Review 2011," 표 E1.

31 McDougall, *Throes of Democracy*, 143.

32 Greene, *Horses at Work*, 55.

33 상동, 166.

34 George Rogers Taylor, *The Transportation Revolution 1815-1860*(New York: M. E. Sharpe, 1951), 15-17.

35 상동, 132-33.

36 Greene, Horses at Work, 52.

37 Louis Cain, ed., "Transportation," in *Economic Sectors*, vol. 4 of *Historical Statistics of the United States: Millennial Edition*, 762.

38 Greene, *Horses at Work*, 78.

39 Daniel Walker Howe, *What Hath God Wrought: The Transformation of America, 1815-1848*(Oxford: Oxford University Press, 2007), 214.

40 Cain, "Transportation," in *Economic Sectors*, vol. 4 of *Historical Statistics of the United States: Millennial Edition*, 770.

41 상동.

42 Albert Fishlow, *American Railroads and the Transformation of the Ante-bellum Economy*(Cambridge, MA: Harvard University Press, 1965), and *Robert Fogel, Railroads and American Economic Growth*(Baltimore: Johns Hopkins University Press, 1964).

43 Richard Tedlow, *The Rise of the American Business Corporation*(Chur, Switzerland: Harwood Academic Publishers, 1991), 13-14.

44 Fogel, *Railroads and American Economic Growth*.

45 McDougall, *Throes of Democracy*, 143.

46 Howe, *What Hath God Wrought*, 695.

47 Richard White, *Railroaded: The Transcontinentals and the Making of Modern America* (New York: W. W. Norton, 2011), 37.

48 Wiebe, *Self-Rule*, 56.

49 McDougall, *Freedom Just Around the Corner*, 178-79.

50 Michael Haines, ed., "Population Characteristics," in *Population*, vol. 1 of *Historical Statistics of the United States: Millennial Edition*, 21.

51 Sutch, "National Income and Product," in *Economic Structure and Performance*, vol. 3 of *Historical Statistics of the United States: Millennial Edition*, 17.

52 McPherson, *Battle Cry of Freedom*, 10.

2장 두 개의 미국

1 Thomas Jefferson, "Letter to John Jay," in *Jefferson: Writings*, ed. Merrill D. Peterson (New York: Library of America, 1984), 818.

2 헌법 기초자들은 의회가 '세금, 관세, 수입세, 소비세를 부과하고 징수할' 권한을 지닌다고 명시하면서 연방 정부에 과세권을 부여했다.

3 Jon Meacham, *Thomas Jefferson: The Art of Power* (New York: Random House, 2013), 348.

4 상동, 349.

5 상동, 350.

6 Daniel Walker Howe, *What Hath God Wrought: The Transformation of America, 1815-1848* (Oxford: Oxford University Press, 2007), 133.

7 상동, 535.

8 상동, 534.

9 James McPherson, *Battle Cry of Freedom* (Oxford: Oxford University Press, 1988), 19.

10 Douglas A. Irwin, *Clashing over Commerce: A History of U.S. Trade Policy* (Chicago: University of Chicago Press, 2017), 133-34.

11 McPherson, *Battle Cry of Freedom*, 14.

12 Howe, *What Hath God Wrought*, 533.

13 Walter A. McDougall, *Throes of Democracy: The American Civil War Era 1829-1877* (New York: HarperCollins, 2008), 130.

14 Jeremy Atack, Fred Bateman, and William Parker, "The Farm, the Farmer, and the Market," in *The Long Nineteenth Century*, vol. 2 of *The Cambridge Economic History of the United States*, ed. Stanley Engerman and Robert Gallman (Cambridge: Cambridge University Press, 2000), 272.

15 McDougall, *Throes of Democracy*, 131.

16 McPherson, *Battle Cry of Freedom*, 21.

17 Sven Beckert, *Empire of Cotton: A New History of Global Capitalism* (London: Allen Lane, 2014), 100.

18 상동, 114.

19 상동, 108.

20 Robert Wiebe, *The Opening of American Society: From the Adoption of the Constitution to the Eve of Disunion*(New York: Alfred A. Knopf, 1984), 359.

21 Beckert, *Empire of Cotton*, 105.

22 상동, 243.

23 Jacob Metzer, "Rational Management, Modern Business Practices, and Economies of Scale in Ante-Bellum Southern Plantations," *Explorations in Economic History* 12(1975. 4): 123-50.

24 Beckert, *Empire of Cotton*, 110.

25 Kevin Phillips, *Wealth and Democracy: A Political History of the American Rich*(New York: Broadway Books, 2002), 22.

26 Beckert, *Empire of Cotton*, 113.

27 Howe, *What Hath God Wrought*, 60.

28 Beckert, *Empire of Cotton*, 199-241.

29 Bhu Srinivasan, *Americana: A 400-Year History of American Capitalism*(New York: Penguin Press, 2017), 129.

30 Stephen B. Oates, ed., *The Whirlwind of War: Voices of the Storm, 1861-1865*, 46, 1860년 12월 서신에서 인용.

31 Jeremy Atack and Fred Bateman, eds., "Manufacturing," vol. 4 of *Historical Statistics of the United States: Millennial Edition*, ed. Susan B. Carter et al.(New York: Cambridge University Press, 2006), 573.

32 McPherson, *Battle Cry of Freedom*, 40.

33 상동.

34 Roger Ransom, ed., "Confederate States of America," in *Governance and International Relations*, vol. 5 of *Historical Statistics of the United States: Millennial Edition*, 77-78.

35 Michael Barone, *Shaping Our Nation: How Surges of Migration Transformed America and Its Politics*(New York: Crown Forum, 2013), 154.

36 Richard White, *Railroad: The Transcontinentals and the Making of Modern America*(New York: W. W. Norton, 2011), 467.

37 Richard White, *The Republic for Which It Stands: The United States During Reconstruction and the Gilded Age, 1865-1896*(New York: Oxford University Press, 2017), 28.

38 Irwin, *Clashing over Commerce*, 211.

39 Stanley Engerman, "Slavery and Its Consequences for the South," in *The Long Nineteenth Century*, vol. 2 of *The Cambridge Economic History of the United States*, 356.

40 Ransom, ed., "Confederate States of America," in *Governance and International Relations*, vol. 5 of *Historical Statistics of the United States; Millennial Edition*, 776.

41 Roger Ransom and Richard Sutch, *One Kind of Freedom: The Economic Consequences of Emancipation*(Cambridge: Cambridge University Press, 1977); Susan Carter, ed., "Labor," in *Work and Welfare*, vol. 2 of *Historical Statistics of the United States; Millennial Edition*, 20.

42 Srinivasan, *Americana*, 127.

43 White, *The Republic for Which It Stands*, 220.

44 상동, 47-48.

45 Beckert, *Empire of Cotton*, 113.

46 E. Merton Coulter, *James Monroe Smith, Planter: Before Death and After*(Athens: University of Georgia Press, 1961), 67.

47 White, *The Republic for Which It Stands*, 422.

48 McDougall, *Throes of Democracy*, 553.

49 Barone, *Shaping Our Nation*, 157.

50 Friedrich Ratzel, *Sketches of Urban and Cultural Life in North America*, trans. and ed. Stewart A. Sehlin(1876: New Brunswick, NJ: Rutgers University Press, 1988), quoted in Michael Lind, *Land of Promise: An Economic History of the United States*(New York: Harper, 2012), 125.

3장 자본주의의 승리: 1865~1914년

1 사실 하인츠의 제품은 57종보다 많았다. 이는 광고에서 지나친 겸손을 드러내는 드문 사례였다.

2 호아킨 밀러는 필명이며, 본명은 신시나터스 하인 밀러Cincinnatus Heine Miller였다.

3 Marianne Ward and John Devereux, "Measuring British Decline: Direct Versus Long-Span Income Measures," *Journal of Economic History* 63, no. 3(2003. 9): 826-51.

4 Robert J. Gordon, *The Rise and Fall of American Growth: The U.S. Standard of Living Since the Civil War*(Princeton, NJ: Princeton University Press, 2016), 198.

5 Charles Hirschman and Elizabeth Mogford, "Immigration and the American Industrial Revolution from 1880 to 1920," *Social Science Research* 38, no. 4(2009. 12. 1): 897-920.

6 Albert Fishlow, "Transportation in the 19th and Early 20th Centuries," in *The Long Nineteenth Century*, vol. 2 of *The Cambridge Economic History of the United States*, ed. Stanley Engerman and Robert Gallman(Cambridge: Cambridge University Press, 2000), 601.

7 Samuel P. Hayes, *The Response to Industrialism 1885-1914*(Chicago: University of Chicago Press, 1957), 8; Jack Beatty, ed., *Colossus: How the Corporation Changed America*(New York: Broadway Books, 2001), 111.

8 Richard White, *Railroaded: The Transcontinentals and the Making of Modern America*(New York: W. W. Norton, 2011), xxiv.

9 John Steele Gordon, *An Empire of Wealth: The Epic History of American Economic Power*(New York: HarperPerennial, 2004), 242.

10 Fishlow, "Transportation in the 19th and Early 20th Centuries," 595.

11 인용 출처: Daniel Yergin, *The Prize: The Epic History of Oil, Money & Power*(New York: Simon & Schuster, 1991), 79.

12 Gordon, *The Rise and Fall of American Growth*, 119.

13 Ron Chernow, *The House of Morgan: An American Banking Dynasty and the Rise of Modern Finance*(New York: Touchstone, 1990), 142.

14 Gordon, *The Rise and Fall of American Growth*, 158.

15 상동, 154-55.

16 상동, 131.

17 상동, 181-82.

18 상동, 185.

19 Richard White, *The Republic for Which It Stands: The United States During Reconstruction and the Gilded Age, 1865-1896*(New York: Oxford University Press, 2017), 119.

20 Charles R. Morris, *The Dawn of Innovation: The First American Industrial Revolution*(New York: Public Affairs, 2012), 275.

21 H. W. Brands, *American Colossus: The Triumph of Capitalism, 1865-1900*(New York: Anchor Books, 2010), 251-52.

22 상동, 249-50(인용), 249-56(노다지 농장에 대한 전반적 내용).

23 White, *The Republic for Which It Stands*, 296.

24 Alan Olmstead, ed., "Agriculture," in Economic Sectors, vol. 4 of *Historical Statistics of the United States: Millennial Edition*, ed. Susan B. Carter et al.(New York: Cambridge University Press, 2006), 11.

25 상동.

26 White, *The Republic for Which It Stands*, 219.

27 Naomi Lamoreaux, "Entrepreneurship in the United States, 1865-1920," in *The Invention of Enterprise*, ed. David S. Landes, Joel Mokyr, and William J. Baumol(Princeton, NJ: Princeton University Press, 2010), 371.

28 Jeremy Atack, Fred Baleman, and William Parker, "The Farm, the Farmer and the Market," in *The Long Nineteenth Century*, vol. 2 of *The Cambridge Economic History of the United States*, ed. Stanley Engerman and Robert Gallman(Cambridge: Cambridge University Press, 2000), 260.

29 Morris, *The Dawn of Innovation*, 205-6.

30 상동, 207.

31 상동, 205-6.

32 Daniel J. Boorstin, *The Americans: The National Experience*(New York: Vintage Books, 1965), 315.

33 Gordon, *The Rise and Fall of American Growth*, 74.

34 White, *The Republic for Which It Stands*, 515.

35 Atack et al., "The Farm, the Farmer and the Market," in *The Long Nineteenth Century*, 253.

36 Thomas Weiss, "Long Term Changes in U.S. Agricultural Output per Worker, 1800 to 1900," NBER Working Paper Series on Historical Factors in Long Run Growth, No. 23, National Bureau of Economic Research, 1991.

37 White, *The Republic for Which It Stands*, 219.

38 Boorstin, *The Americans*, 323.

4장 거인의 시대

1 Richard S. Tedlow, *Giants of Enterprise: Seven Business Innovators and the Empires They Built*(New York: HarperBusiness, 2001), 421-22.

2 인용 출처: Bhu Srinivasan, *Americana: A 400-Year History of American Capitalism*(New York: Penguin Press, 2017), 66-67.

3 Richard Tedlow, *The Rise of the American Business Corporation*(Chur, Switzerland: Harwood Academic Publishers, 1991), 41.

4 Peter Collier and David Horowitz, *The Rockefellers: An American Dynasty*(New York: Holt, Rinehart and Winston, 1976), 25.

5 H. W. Brands, *Masters of Enterprise: Giants of American Business from John Jacob Astor and J. P. Morgan to Bill Gates and Oprah Winfrey*(New York: Free Press, 1999), 81.

6 H. W. Brands, *American Colossus: The Triumph of Capitalism, 1865-1900*(New York: Anchor Books, 2010), 71-72.

7 John Steele Gordon, *An Empire of Wealth: The Epic History of American Economic Power*(New York: HarperPerennial, 2004), 231.

8 Ron Chernow, *The House of Morgan: An American Banking Dynasty and the Rise of Modern Finance*(New York: Touchstone, 1990), 46.

9 상동, 111.

10 참고 자료: Tarun Khanna, Krishna G. Palepu, and Jayant Sinha, "Strategies That Fit Emerging Markets," *Harvard Business Review*, 2005. 6.

11 참고 자료: John Micklethwait and Adrian Wooldridge, *The Company: A Short History of a Revolutionary Idea*(New York: Modern Library Chronicles, 2005), 55-79.

12 Jack Beatty, ed., *Colossus: How the Corporation Changed America*(New York: Broadway Books, 2001), 19.

13 Tedlow, *The Rise of the American Business Corporation*, 12.

14 John Bates Clark, *The Control of Trusts*(New York: Macmillan, 1901), 17.

15 Tedlow, *The Rise of the American Business Corporation*, 14.

16 상동, 16.

17 Richard White, *Railroaded: The Transcontinentals and the Making of Modern America*(New York: W. W. Norton, 2011), 2.

18 상동, 209.

19 Tim Sullivan, "Blitzscaling," *Harvard Business Review*, 2016. 4.

20 Charles Morris, *The Tycoons: How Andrew Carnegie, John D. Rockefeller, Jay Gould, and J. P. Morgan Invented the American Supereconomy*(New York: Times Books, 2005), 174; Srinivasan, *Americana*, 209.

21 Naomi Lamoreaux, "Entrepreneurship, Organization, Economic Concentration," in *The Long Nineteenth Century*, vol. 2 of *The Cambridge Economic History of the United States*, ed. Stanley Engerman and Robert Gallman(Cambridge: Cambridge University Press, 2000), 430.

22 Thomas McCraw, "American Capitalism," in *Creating Modern Capitalism: How Entrepreneurs, Companies and Countries Triumphed in Three Industrial Revolutions*, ed. Thomas K. McCraw(Cambridge, MA: Harvard University Press, 1995), 325.

23 Naomi Lamoreaux, ed., "Business Organization," in *Economic Structure and Performance*, vol. 3 of *Historical Statistics of the United States: Millennial Edition*, ed. Susan B. Carter et al.(New York: Cambridge University Press, 2006), 487.

24 Lamoreaux, "Entrepreneurship, Organization, Economic Concentration," in *The Long Nineteenth Century*, 427.

25 Naomi Lamoreaux, "Entrepreneurship in the United States, 1865-1920," in *The Invention of Enterprise*, ed. David S. Landes, Joel Mokyr, and William J. Baumol(Princeton, NJ: Princeton

University Press, 2010), 386.

26 Robert J. Gordon, *The Rise and Fall of American Growth: The U.S. Standard of Living Since the Civil War*(Princeton, NJ: Princeton University Press, 2016), 572.

27 Lamoreaux, "Enterpreneurship in the United States, 1865-1920," in *The Invention of Enterprise*, 387.

5장 자유방임주의에 맞선 저항

1 Richard White, *The Republic for Which It Stands: The United States During Reconstruction and the Gilded Age, 1865-1896*(New York: Oxford University Press, 2017), 841.

2 H. W. Brands, *American Colossus: The Triumph of Capitalism, 1865-1900*(New York: Anchor Books, 2010), 547-48.

3 A. Scott Berg, *Wilson*(London: Simon & Schuster, 2013), 260.

4 Thomas McCraw, "American Capitalism," in *Creating Modern Capitalism: How Entrepreneurs, Companies and Countries Triumphed in Three Industrial Revolutions*, ed. Thomas K. McCraw(Cambridge, MA: Harvard University Press, 1995), 346.

5 Kevin Phillips, *Wealth and Democracy: A. Political History of the American Rich*(New York: Broadway Books, 2002), 305.

6 William Leuchtenburg, *The American President: From Teddy Roosevelt to Bill Clinton*(Oxford: Oxford University Press, 2015), 4-6.

7 Samuel P. Hayes, *The Response to Industrialism 1885-1914*(Chicago: University of Chicago Press, 1957), 144.

8 White, *The Republic for Which It Stands*, 275.

9 상동, 831-35.

10 Robert Wiebe, *The Search for Order, 1877-1920*(New York: Hill and Wang, 1967), 41.

11 Richard Hofstadter, *Social Darwinism in American Thought*(Philadelphia: University of Pennsylvania Press, 1944), 32.

12 Wiebe, *The Search for Order*, 1877-1920, 135.

13 White, *The Republic for Which It Stands*, 363.

14 David Reynolds, *America, Empire of Liberty*(London: Allen Lane, 2009), 249-50.

15 White, *The Republic for Which Its Stands*, 500.

16 Robert J. Gordon, *The Rise and Fall of American Growth: The U.S. Standard of Living Since the Civil War*(Princeton, NJ: Princeton University Press, 2016), 219.

17 White, *The Republic for Which It Stands*, 478-81.

18 Gordon, *The Rise and Fall of American Growth*, 310.

19 상동, 237.

20 Claude S. Fischer, *Made in America: A Social History of American Culture and Character*(Chicago: University of Chicago Press, 2010), 24.

21 Matthew Josephson, *The Robber Barons*(New York: Harcourt Brace and Company, 1934), 234.

22 인용 출처: Michael C. Jensen, "The Modern Industrial Revolution, Exit, and the Failure of Internal Control Systems," *Journal of Finance* 48, no.3(1993. 7): 832.

23 White, *The Republic for Which It Stands*, 799-800.

24 Walter Lippmann, *Drift and Mastery*(New York: Mitchell Kennerley, 1914), 80-81.

25 Robert Margo, "The Labor Force in the Nineteenth Century," in *The Long Nineteenth Century*, vol. 2 of *The Cambridge Economic History of the United States*, ed. Stanley Engerman and Robert Gallman(Cambridge: Cambridge University Press, 2000), 238.

26 White, *The Republic for Which It Stands*, 201-2.

27 J. R. Pole, *The Pursuit of Equality in American History*(Berkeley: University of California Press, 1978), 264.

28 Reynolds, *America, Empire of Liberty*, 274.

29 Ken Gormley, ed., *The Presidents and the Constitution: A Living History*(New York: New York University Press, 2016), 332.

30 인용 출처: Brands, *American Colossus*, 479.

31 Edmund Morris, *The Rise of Theodore Roosevelt*(New York: Modern Library, 1979), 568.

32 Leuchtenburg, *The American President*, 63.

33 Hugh Rockoff, "Until It's Over, Over There: The U.S. Economy in World War Ⅰ," NBER Working Paper No. 10580, National Bureau of Economic Research, 2005. 1.

34 Thomas Leonard, *Illiberal Reformers: Race, Eugenics and American Economics in the Progressive Era*(Princeton, NJ: Princeton University Press, 2016), 47-48.

35 Rockoff, "Until It's Over, Over There: The U.S. Economy in World War Ⅰ."

36 Michael Edelstein, "War and the American Economy in the Twentieth Century," in *The Twentieth Century*, vol. 3 of *The Cambridge Economic History of the United States*, ed. Stanley Engerman and Robert Gallman(Cambridge: Cambridge University Press, 2000), 331-32.

6장 미국의 본업은 사업

1 William Leuchtenburg, *The American President: From Teddy Roosevelt to Bill Clinton*(Oxford: Oxford University Press, 2015), 122.

2 상동, 130.

3 David M. Kennedy, *Freedom from Fear; The American People in Depression and War, 1929-1945*(New York: Oxford University Press, 1999), 30.

4 James Grant, *The Forgotten Depression: 1921: The Crash That Cured Itself*(New York: Simon & Schuster, 2013).

5 Liaquat Ahamed, *Lords of Finance: The Bankers Who Broke the World*(New York: Penguin Press, 2009), 271-74.

6 Kevin Phillips, *Wealth and Democracy: A Political History of the American Rich*(New York: Broadway Books, 2002), 58.

7 Robert J. Gordon, *The Rise and Fall of American Growth: The U.S. Standard of Living Since the Civil War*(Princeton, NJ: Princeton University Press, 2016), 167.

8 Charles R. Morris, *A Rabble of Dead Money: The Great Crash and the Global Depression, 1929-1939*(New York: Public Affairs, 2017), 35.

9 Kennedy, *Freedom from Fear*, 17.

10 Gordon, *The Rise and Fall of American Growth*, 160.

11 상동, 158.

12 상동, 132.

13 Anthony Mayo and Nitin Nohria, *In Their Time: The Greatest Business Leaders of the Twentieth Century*(Boston, MA: Harvard Business School Press, 2005), 91.

14 Louis Cain, ed., "Transportation," in *Economic Sectors*, vol. 4 of *Historical Statistics of the United States*: Millennial Edition, ed. Susan B. Carter et al.(New York: Cambridge University Press, 2006), 773.

15 Gordon, *The Rise and Fall of American Growth*, 123.

16 Adolf Berle and Gardiner Means, *The Modern Corporation and Private Property*(New York: Macmillan, 1932), 60.

17 상동, 35.

18 상동, 3.

19 Mayo and Nohria, *In Their Time*, 87.

20 Thomas K. McCraw, *American Business Since 1920: How It Worked*(Wheelan, IL: Harland Davidson, 2000), 21.

21 Oliver E. Williamson, *Markets and Hierarchies: Analysis and Antitrust Implications*(New York: Free Press, 1975).

22 Richard Tedlow, *The Rise of the American Business Corporation*(Chur, Switzerland: Harwood Academic Publishers, 1991), 57-59.

23 McCraw, *American Business Since 1920*, 30.

24 상동, 30-31.

25 Bhu Srinivasan, *Americana: A 400-Year History of American Capitalism*(New York: Penguin Press, 2017), 313.

26 Claude S. Fischer, *Made in America: A Social History of American Culture and Character*(Chicago: University of Chicago Press, 2010), 68.

27 Charles Rappleye, *Herbert Hoover in the White House: The Ordeal of the Presidency*(New York: Simon & Schuster, 2016), 42.

28 상동, 11.

29 Kennedy, *Freedom from Fear*, 11.

7장 대공황

1 Charles R. Morris, *A Rabble of Dead Money: The Great Crash and the Global Depression, 1929-1939*(New York: Public Affairs, 2017), 111-12.

2 Charles Rappleye, *Herbert Hoover in the White House: The Ordeal of the Presidency*(New York: Simon & Schuster, 2016), 103.

3 David M. Kennedy, *Freedom from Fear: The American People in Depression and War, 1929-1945*(New York: Oxford University Press, 1999), 35.

4 상동, 41.

5 상동, 40.

6 Ron Chernow, *The House of Morgan: An American Banking Dynasty and the Rise of Modern Finance*(New York: Touchstone, 1990), 302.

7 상동, 346.

8 Alan Greenspan, *The Map and the Territory 2.0: Risk, Human Nature, and the Future of Forecasting*(New York: Penguin Press, 2013), 73-87.

9 Alan Greenspan, "The Crisis," Brookings Papers on Economic Activity, 2010년 봄.

10 Adam Cohen, *Nothing to Fear: FDR's Inner Circle and the Hundred Days That Created Modern America*(New York: Penguin Press, 2009), 1.

11 Harold Cole and Lee Ohanian, "New Deal Policies and the Persistence of the Great Depression: A General Equilibrium Analysis," *Journal of Political Economy* 112, no. 4(2004. 8): 779-816.

12 Burton Folsom Jr., *New Deal or Raw Deal? How FDR's Economic Legacy Has Damaged America*(New York: Threshold Editions, 2008), 2.

13 Liaquat Ahamed, *Lords of Finance: The Bankers Who Broke the World*(New York: Penguin Press, 2009), 131.

14 상동, 164.

15 "The Battle of Smoot-Hawley," *Economist*, 2008. 12. 18, https://www.economist.com/node/12798585.

16 Douglas A. Irwin, *Clashing over Commerce: A History of U.S. Trade Policy*(Chicago: University of Chicago Press, 2017), 386.

17 Kennedy, *Freedom from Fear*, 77.

18 은행이 하나뿐이면 거기서 모든 수표를 추심할 것이다. 이런 조건에서는 부도가 발생하지 않을 것이다. 은행이 4개면 2만 5천 개인 경우보다 금융 전염financial contagion의 위험이 낮다.

19 Ahamed, *Lords of Finance*, 4.

20 상동, 173-74.

21 '후버촌'이라는 말을 만든 사람은 민주당 전국위원회 홍보위원장인 찰스 미켈슨Charles Michelson이었다.

22 Chernow, *The House of Morgan*, 314.

23 Morris, *A Rabble of Dead Money*, 245.

24 Cohen, *Nothing to Fear*, 60-61.

25 Kennedy, *Freedom from Fear*, 121.

26 William Leuchtenburg, *The American President: From Teddy Roosevelt to Bill Clinton*(Oxford: Oxford University Press, 2015), 149.

27 Kennedy, *Freedom from Fear*, 153.

28 상동, 276-77.

29 Cohen, *Nothing of Fear*, 286.

30 Ahamed, *Lords of Finance*, 441.

31 Leuchtenburg, *The American President*, 181.

32 Robert Underhill, *The Rise and Fall of Franklin Delano Roosevelt*(New York: Algora Publishing, 2012), 46.

33 Cohen, *Nothing to Fear*, 47.

34 Michael Barone, *Our Country: The Shaping of America from Roosevelt to Reagan*(New York:

Free Press, 1990), 31.

35 Kennedy, *Freedom from Fear*, 280.

36 John F. Cogan, *The High Cost of Good Intentions: A History of U.S. Federal Entitlement Programs* (Palo Alto, CA: Stanford University Press, 2017), 93.

38 Ira Katznelson, *Fear Itself: The New Deal and the Origins of Our Time* (New York: W. W. Norton, 1994), 385-403.

39 Cole and Ohanian, "New Deal Policies and the Persistence of the Great Depression," 779-816.

40 상동.

41 Leuchtenburg, *The American President*, 157.

42 Folsom Jr., *New Deal or Raw Deal?*, 71.

43 Kennedy, *Freedom from Fear*, 197.

44 Barone, *Our Country*, 71.

45 Kennedy, *Freedom from Fear*, 351.

46 상동, 282.

47 상동, 283.

48 상동, 351.

49 Cole and Ohanian, "New Deal Policies and the Persistence of the Great Depression," 779-816.

50 Folsom Jr., *New Deal or Raw Deal?*, 242-44.

51 Kennedy, *Freedom from Fear*, 617.

52 Robert J. Gordon, *The Rise and Fall of American Growth: The U.S. Standard of Living Since the Civil War* (Princeton, NJ: Princeton University Press, 2016), 536.

53 Kennedy, *Freedom from Fear*, 621.

54 상동, 653.

55 상동, 646.

56 상동, 648.

8장 성장의 황금기: 1945~1970년

1 Tony Judt, *Postwar: A History of Europe Since 1945* (London; Pimlico, 2007), 17.

2 Jeffry Frieden, *Global Capitalism: Its Fall and Rise in the Twentieth Century* (New York: W. W. Norton, 2006), 261.

3 Ian Kershaw, *To Hell and Back: Europe 1914-1949* (London: Allen Lane, 2015), 470.

4 Judt, *Postwar*, 16-17.

5 James Patterson, *Grand Expectations: The United States, 1945-1974* (New York: Oxford University Press, 1996), 139.

6 Kershaw, *To Hell and Back*, 488.

7 Patterson, *Grand Expectations*, 184.

8 Judt, *Postwar*, 94.

9 Frieden, *Global Capitalism*, 261.

10 William Leuchtenburg, *The American President: From Teddy Roosevelt to Bill Clinton* (Oxford: Oxford University Press, 2015), 330.

11 Anthony Mayo and Nitin Nohria, *In Their Time: The Greatest Business Leaders of the Twentieth Century* (Boston, MA: Harvard Business School Press, 2005), 160.

12 Jerome Karabel, *The Chosen: The Hidden History of Admission and Exclusion at Harvard, Yale and Princeton* (New York: Houghton Mifflin, 2005), 164.

13 Walter Isaacson, *The Innovators: How a Group of Hackers, Geniuses, and Geeks Created the Digital Revolution* (New York: Simon & Schuster, 2014), 220.

14 Leuchtenburg, *The American President*, 356.

15 Karabel, *The Chosen*, 263.

16 Price Fishback and Melissa Thomasson, eds., "Social Welfare: 1929 to the Present," in *Work and Welfare*, vol. 2 of *Historical Statistics of the United States: Millennial Edition*, ed. Susan B. Carter et al.(New York: Cambridge Univeristy Press, 2006), 715.

17 Robert J. Gordon, *The Rise and Fall of American Growth: The U.S. Standard of Living Since the Civil War* (Princeton, NJ: Princeton University Press, 2016), 466.

18 Patterson, *Grand Expectations*, 318.

19 Earl Swift, *The Big Roads: The Untold Story of the Engineers, Visionaries, and Trailblazers Who Created the American Superhighways* (Boston: Houghton Mifflin Harcourt, 2011), 6.

20 Gordon, *The Rise and Fall of American Growth*, 390.

21 Rick Wartzman, *The End of Loyalty: The Rise and Fall of Good Jobs in America* (New York: Public Affairs, 2017), 107.

22 Peter Drucker, "The New Society 1: Revolution by Mass Production," *Harper's Magazine*, 1949. 9. 21-30.

23 Robert Reich, "How Business Schools Can Help Reduce Inequality," *Harvard Business Review*, 2014. 9. 12.

24 Wartzman, *The End of Loyalty*, 111.

25 상동, 133.

26 Mayo and Nohria, *In Their Time*, 162-63.

27 상동, 165-70.

28 상동, 202-7.

29 Douglas A. Irwin, *Clashing over Commerce: A History of U.S. Trade Policy* (Chicago: University of Chicago Press, 2017), 535.

30 Mayo and Nohria, *In Their Time*, 199.

31 Geoffrey Jones, *Entrepreneurship and Multinationals: Global Business and the Making of the Modern World* (Cheltenham, UK: Edward Elgar, 2013), 77.

32 Patterson, *Grand Expectations*, 338.

9장 스태그플레이션

1 William Leuchtenburg, *The American President: From Teddy Roosevelt to Bill Clinton* (Oxford: Oxford University Press, 2015), 577.

2 Steven F. Hayward, *The Age of Reagan: The Fall of the Old Liberal Order: 1964-1980* (New York: Forum, 2001), 321.

3 Mancur Olson, *The Rise and Decline of Nations*(New Haven, CT: Yale University Press), 299.

4 Leuchtenburg, *The American President*, 399.

5 Sebastian Mallaby, *The Man Who Knew: The Life and Times of Alan Greenspan*(New York: Penguin Press, 2016), 104-5.

6 Marc Levinson, *An Extraordinary Time: The End of the Postwar Boom and the Return of the Ordinary Economy*(New York: Basic Books, 2016), 261.

7 상동, 5.

8 John F. Cogan, *The High Cost of Good Intentions: A History of U.S. Federal Entitlement Programs*(Palo Alto, CA: Stanford University Press, 2017), 203.

9 Leuchtenburg, *The American President*, 495.

10 Cogan, *The High Cost of Good Intentions*, 231-65.

11 상동, 265.

12 Peter Lindert, "Twentieth-Century Foreign Trade and Trade Policy," in *The Twentieth Century*, vol. 3 of *The Cambridge Economic History of the United States*, ed. Stanley Engerman and Robert Gallman(Cambridge: Cambridge University Press, 2000), 432, 435.

13 Rick Wartzman, *The End of Loyalty: The Rise and Fall of Good Jobs in America*(New York: Public Affairs, 2017), 212-13.

14 Lindert, "Twentieth-Century Foreign Trade and Trade Policy," in *The Twentieth Century*, 419, 423.

15 상동, 428.

16 Thomas McCraw, *American Business Since 1920: How It Worked*(Wheelan, IL: Harlan Davidson, 2000), 98-112.

17 Michael C. Jensen, "The Modern Industrial Revolution, Exit, and the Failure of Internal Control Systems," *Journal of Finance* 48, no. 3(1993. 7): 847-48, 851.

18 Anthony Mayo and Nitin Nohria, *In Their Time: The Greatest Business Leaders of the Twentieth Century*(Boston, MA: Harvard Business School Press, 2005), 259.

19 Wartzman, *The End of Loyalty*, 290.

20 Mayo and Nohria, *In Their Time*, 213.

21 Neal R. Peirce and Jerry Hagstrom, *The Book of America: Inside Fifty States Today*(New York: W. W. Norton, 1983), 258-59.

22 Carol Heim, "Structural Changes: Regional and Urban," in *The Twentieth Century*, vol. 3 of *The Cambridge Economic History of the United States*, 155.

23 Mayo and Nohria, *In Their Time*, 271-78.

24 상동, 279.

10장 낙관의 시대

1 Daniel Yergin and Joseph Stanislaw, *The Commanding Heights: The Battle Between Government and the Marketplace That Is Remaking the Modern World*(New York: Simon & Schuster, 1998), 334.

2 William Leuchtenburg, *The American President: From Teddy Roosevelt to Bill Clinton*(Oxford:

Oxford University Press, 2015), 592.

3 Anthony Mayo and Nitin Nohria, *In Their Time: The Greatest Business Leaders of the Twentieth Century*(Boston, MA: Harvard Business School Press, 2005), 292.

4 Naomi Lamoreaux, ed., "Business Organization," in *Economic Structure and Performance*, vol. 3 of *Historical Statistics of the United States: Millennial Edition*, ed. Susan B. Carter et al.(New York: Cambridge University Press, 2006), 491.

5 Mayo and Nohria, *In Their Time*, 307.

6 Gerald F. Davis, *Managed by the Markets: How Finance Re-Shaped America*(Oxford: Oxford University Press, 2009), 21.

7 Adrian Wooldridge, *Masters of Management: How the Business Gurus and Their Ideas Have Changed the World-for Better and for Worse*(New York: HarperBusiness, 2011), 30.

8 Michael Jensen and William H. Meckling, "Theory of the Firm: Managerial Behavior, Agency Costs and Ownership Structure," *Journal of Financial Economics* 3, no. 4(1976. 10): 305-60.

9 Michael Schuman, *The Miracle: The Epic Story of Asia's Quest for Wealth*(New York: HarperCollins, 2009), 181-82; Wooldridge, *Masters of Management*, 432.

10 Walter Isaacson, *The Innovators: How a Group of Hackers, Geniuses, and Geeks Created the Digital Revolution*(New York: Simon & Schuster, 2014), 263.

11 Thomas McCraw, *American Business Since 1920: How It Worked*(Wheelan, IL: Harlan Davidson, 2000), 238-39.

12 Robert J. Gordon, *The Rise and Fall of American Growth: The U.S. Standard of Living Since the Civil War*(Princeton, NJ: Princeton University Press, 2016), 506.

13 Jerome Karabel, *The Chosen: The Hidden History of Admission and Exclusion at Harvard, Yale and Princeton*(New York: Houghton Mifflin, 2005), 444.

14 Alan Greenspan, *The Age of Turbulence: Adventures in a New World*(London: Allen Lane, 2007), 169.

11장 대침체

1 Sebastian Mallaby, *The Man Who Knew: The Life and Times of Alan Greenspan*(New York: Penguin Press, 2016), 594.

2 Douglas A. Irwin, *Clashing over Commerce: A History of U.S. Trade Policy*(Chicago: University of Chicago Press, 2017), 666-67.

3 Alan Greenspan, *The Map and the Territory 2.0: Risk, Human Nature, and the Future of Forecasting*(New York: Penguin Press, 2013), 38.

4 Daniel Yergin and Joseph Stanislaw, *The Commanding Heights: The Battle Between Government and the Marketplace That Is Remaking the Modern World*(New York: Simon & Schuster, 1998), 168.

5 Mallaby, *The Man Who Knew*, 617.

6 상동, 466.

7 참고 자료: Carmen M. Reinhardt and Kenneth S. Rogoff, *This Time Is Different: Eight Centuries of Financial Folly*(Princeton, NJ: Princeton University Press, 2011).

12장 미국의 쇠퇴하는 역동성

1 Deirdre Nansen McCloskey, *Bourgeois Equality: How Ideas, Not Capital or Institutions, Enriched the World* (Chicago: University of Chicago Press, 2016), 500.

2 Tyler Cowen, *The Complacent Class: The Self-Defeating Quest for the American Dream* (New York: St. Martin's Press, 2017), 25. 코웬Cowen의 책은 이 장을 쓰는 데 필요한 자료와 참고 자료를 제공하는 매우 귀중한 원천이었다.

3 Oscar Handlin and Lilian Handlin, *Liberty in Expansion 1760-1850* (New York: Harper & Row, 1989), 13.

4 참고 자료: Patrick Foulis, "The Sticky Superpower," *Economist*, 2016. 10. 3.

5 Chang-Tai Hsieh and Enrico Moretti, "Why Do Cities Matter? Local Growth and Aggregate Growth," NBER Working Paper No. 21154, National Bureau of Economic Research, 2015. 5; Cowen, *The Complacent Class*, 8.

6 Raj Chetty et al., "The Fading American Dream: Trends in Absolute Income Mobility Since 1940," NBER Working Paper No. 22910, National Bureau of Economic Research, 2017. 3.

7 Handlin and Handlin, *Liberty in Expansion*, 141.

8 Philip K. Howard, *The Rule of Nobody: Saving America from Dead Laws and Broken Government* (New York: W. W. Norton, 2014), 33.

9 Thomas Friedman and Michael Mandelbaum, *"That Used to Be Us": What Went Wrong with America and How It Can Come Back* (New York: Little, Brown, 2011), 26.

10 Howard, *The Rule of Nobody*, 13.

11 Robert J. Gordon, *The Rise and Fall of American Growth: The U.S. Standard of Living Since the Civil War* (Princeton, NJ: Princeton University Press, 2016), 585.

12 "Too Much of a Good Thing," *Economist*, 2016. 3. 26.

13 Adrian Wooldridge, "The Rise of the Superstars," *Economist*, Special Report, 2016. 9. 17.

14 Dan Andrews, Chiara Criscuolo, and Peter Gal, *Frontier Firms, Technology Diffusion and Public Policy: Micro Evidence from OECD Countries*, OECD Productivity Working Paper, 2015.

15 Gordon, *The Rise and Fall of American Growth*, 629.

16 Anne case and Angus Deaton, "Rising Morbidity and Mortality in Mid-Life Among White Non-Hispanic Americans in the 21st Century," *Proceedings of the National Academy of the United States* 112, no. 49; Anne Case and Angus Deaton, "Mortality and Morbidity in the 21st Century," Brookings Institution, Brookings Paper on Economic Activity, 2017. 3. 23.

17 연방노년및유족보험신탁위원회Board of Trustees of the Federal Old-Age and Survivors Insurance 와 연방장애보험신탁기금Federal Disability Insurance Trust Funds 2017년 연례보고서, 199.

18 Howard, *The Rule of Nobody*, 8.

19 상동, 21.

20 "Rules for Fools," *Economist*, 2011. 5. 12.

결론

1 Michael Haines, ed., "Population Characteristics," in *Population*, vol. 1 of *Historical Statistics of the United States; Millennial Edition*, ed. Susan B. Carter et al.(New York: Cambridge University

Press, 2006), 21.

2 Susan Carter et al., eds., "Labor," in *Work and Welfare*, vol. 2 of *Historical Statistics of the United States: Millennial Edition*, 10.

3 Michael Haines, ed., "Vital Statistics," in *Population*, vol. 1 of *Historical Statistics of the United States: Millennial Edition*, 388.

4 Richard S. Tedlow, *Giants of Enterprise: Seven Business Innovators and the Empires They Built*(New York: HarperBusiness, 2001), 427.

5 상동, 200.

6 Peter Thiel, *Zero to One: Notes on Start-ups, or How to Build the Future*(New York: Crown Business, 2014), 34.

7 상동, 387.

8 Robert J. Gordon, *The Rise and Fall of American Growth: The U.S. Standard of Living Since the Civil War*(Princeton, NJ: Princeton University Press, 2016), 270-71.

9 Stanley Lebergott, *Pursuing Happiness: American Consumers in the Twentieth Century*(Princeton, NJ: Princeton University Press, 1993), 82.

10 상동, 98.

11 Gordon, *The Rise and Fall of American Growth*, 103.

12 Lebergott, *Pursuing Happiness*, 24.

13 상동, 112-13.

14 상동.

15 Carter et al., "Labor Force," in *Work and Welfare*, vol. 2 of *Historical Statistics of the United States: Millennial Edition*, 17-23.

16 상동, 20.

17 "Age Shall Not Wither Them," *Economist*, 2011. 4. 7.

18 "Researchers Find Risk-Taking Behavior Rises Until Age 50," University of Oregon, Media Relations, 2011. 11. 10, https://uonews.uoregon.edu/archive/news-release/2011/11/researchers-find-risk-taking-behavior-rises-until-age-50.

부록 자료와 방법론

1 주요 연구자로는 로버트 고든, 크리스티나 D. 로머Christina D. Romer, 로버트 E. 갤먼Robert E. Gallman, 폴 데이비드, 스탠리 L. 엔거먼Stanley L. Engerman, 존 켄드릭John Kendrick이 있다.

2 Richard Sutch, ed., "National Income and Product," in *Economic Structure and Performance*, vol. 3 of *Historical Statistics of the United States: Millennial Edition*, ed. Susan B. Carter et al.(New York: Cambridge University Press, 2006).

3 *Historical Statistics*(2006), 3-27, 3-28.

4 *Historical Statistics*, 계열 Dc662, 4-500.

5 *Historical Statistics*, 표 Ae-A, 1-654.

6 David R. Weir, "A Century of U.S. Unemployment, 1890-1990," in *Research in Economic History*, vol. 14, ed. Roger L. Ransom, Richard Sutch, and Susan B. Carter(Stamford CT: JAI Press, 1992).

7 Thomas Weiss, "Estimates of White and Nonwhite Gainful Workers in the United States by Age

Group, Race, and Sex; Decennial Census Years, 1800-1900." *Historical Methods* 32(1): 1999.

8 U.S. Department of the Treasury, *Statistical Appendix to the Annual Report of the Secretary of the Treasury*(1970, 1971).

9 U.S. Department of Commerce, "Historical Statistics on Government Finance and Employment," in *Census of Governments, 1982*, vol. 6, 225-64.

10 Richard E. Sylla, John B. Legler, and John Joseph Wallis, *State and Local Government[United States]: Source and Uses of Funds, City and Country Data, Nineteenth Century*, computer file number 9728, Inter-University Consortium for Political and Social Research, 1993; John Joseph Wallis, "American Government Finance in the Long Run: 1790 to 1900," *Journal of Economic Perspectives* 14(2000): 61-82.

11 Robert F. Martin, *National Income in the United States, 1799-1938*(New York: National Industrial Conference Board, 1939).

12 Marvin W. Towne and Wayne E. Rasmussen, "Farm Gross Product and Gross Investment During the Nineteenth Century," in *Studies in Income and Wealth*, vol. 24(Washington, D.C.: National Bureau of Economic Research, 1960).

13 Weir, "A Century of U.S. Unemployment."

14 Weiss, "Estimates of White and Nonwhite Gainful Workers in the United States"; Weiss, "U.S. Labor Force Estimates and Economic Growth, 1800-1860," in *American Economic Growth and Standards of Living Before the Civil War*, ed. Robert E. Gallman and John Joseph Wallis(Chicago: National Bureau of Economic Research and University of Chicago Press, 1992).

15 John W. Kendrick, "Appendix B: Agriculture, Forestry, and Fisheries" in *Productivity Trends in the United States*(Princeton, NJ: National Bureau of Economic Research and Princeton University Press, 1961).

16 Witt Bowden, "Wages, Hours, and Productivity of Industrial Labor, 1909 to 1939," *Monthly Labor Review* 51, no. 3. U.S. Bureau of Labor Statistics, U.S. Department of Labor(1940. 9).

17 Kendrick, "Appendix D: Manufacturing" in *Productivity Trends in the United States*.

18 "Technical Information About the BLS Multifactor Productivity Measures," U.S. Bureau of Labor Statistics, 2007. 9. 26, https://www.bls.gov/mfp/mprtech.pdf.

19 Raymond W. Goldsmith, "The Growth of Reproducible Wealth of the United States of America from 1805 to 1950," in International Association for Research in Income and Wealth, *Income and Wealth of the United States: Trends and Structure*, Income and Wealth Series II(Bowes and Bowes, 1952), 306; Raymond W. Goldsmith, *The National Wealth of the United States in the Postwar Period*(Princeton, NJ: Princeton University Press, 1962), appendix A, B.

20 "120 Years of American Education: A Statistical Portrait," U.S. Department of Education, 1993. 1, https://nces.ed.gov/pubs93/93422.pdf.

21 Robert A. Margo, *Wages and Labor Markets Before the Civil War*(Chicago: University of Chicago Press, 2000).

22 Stanley Lebergott, *Manpower in Economic Growth: The American Record Since 1800*(New York: McGraw-Hill, 1964).

미국 자본주의의 역사

초판 1쇄 발행 2020년 3월 5일
      7쇄 발행 2024년 5월 30일

지은이 앨런 그린스펀, 에이드리언 울드리지 | 옮긴이 김태훈 | 감수 장경덕
펴낸이 오세인 | 펴낸곳 세종서적(주)

주간 정소연 | 기획 노만수 | 편집 장여진 | 표지 디자인 co*kkiri | 디자인 HEEYA
마케팅 유인철 | 경영지원 홍성우
인쇄 천광인쇄 | 종이 화인페이퍼

출판등록 1992년 3월 4일 제4-172호
주소   서울시 광진구 천호대로132길 15, 세종 SMS 빌딩 3층
전화   (02)775-7011 | 팩스 (02)776-4013
홈페이지 www.sejongbooks.co.kr | 네이버 포스트 post.naver.com/sejongbook
페이스북 www.facebook.com/sejongbooks | 원고 모집 sejong.edit@gmail.com

ISBN 978-89-8407-780-5 (03320)

돈을 찍어내는 제왕, 연준
미국 중앙은행은 어떻게 세계 경제를 망가뜨렸나

크리스토퍼 레너드 지음 | 김승진 옮김 | 468쪽 | 25,000원

세계 경제와 인플레이션을 이해하는 필수 키워드 '연준(Fed)'을 내부자의 시선으로 그려낸 최초의 책. 연준은 세계의 구원자일까, 위기와 불평등의 진원지일까? '연준 해설가' 오건영 팀장은 "연준은 협의체이기 이전에 인간이 만들어낸 기구이다. 연준의 결정이 시장을 뒤흔드는 이 시기, 한국 독자들이 이 책을 통해 미국 중앙은행을 한층 가까이에서 심층적으로 들여다보는 좋은 기회"라고 추천의 글을 썼다.

★〈월스트리트저널〉 2022 올해의 책★

세금의 흑역사
두 경제학자의 눈으로 본 농담 같은 세금 이야기

마이클 킨, 조엘 슬렘로드 지음 | 홍석윤 옮김 | 568쪽 | 22,000원

IMF 조세 권위자와 이그 노벨경제학상 수상자가 함께 쓴 제법 재밌는 세금과 경제 이야기. 세금은 국가와 시민 간에 영원한 도전과 응전이다. 시민들은 언제 순순히 세금을 내고, 언제 저항을 했을까? 경제사의 핵심 중에 하나는 세금의 역사이며, 고령화가 심화되고 복지가 강조되는 증세의 시대에 '절세'는 곧 부의 이면이다. "역사학의 아버지" 헤로도토스가 '약탈'이라고 묘사한 이것! 블록체인을 닮은 명나라의 하천 통과세, 세금을 통한 부의 배분 문제, 미래에 등장할 로봇세와 유전자 과세까지.

★Axiom 비즈니스 북 금상 수상★